DK古文明
大百科

（修订版）

DK | Penguin
Random
House

Original Title: Eyewitness Guides Ancient Egypt
Copyright © 1990, 2002, 2007 Dorling Kindersley Limited, London
A Penguin Random House Company
Original Title: Eyewitness Guides Ancient Greece
Copyright © 1992, 2007 Dorling Kindersley Limited, London
A Penguin Random House Company
Original Title: Eyewitness Guides Ancient Rome
Copyright © 1990, 2002, 2008 Dorling Kindersley Limited, London
A Penguin Random House Company
Original Title: Eyewitness Guides Castle
Copyright © 1994, 2002, 2008 Dorling Kindersley Limited, London
A Penguin Random House Company
Original Title: Eyewitness Guides Arms & Armor
Copyright © 1988, 2003, 2011 Dorling Kindersley Limited, London
A Penguin Random House Company

本书中文简体版专有出版权由Dorling Kindersley授予电子工业出版社。未经许可，不得以任何方式复制或抄袭本书的任何部分。

本书各部分的作者、译者、审校者如下：
《古埃及》　　　乔治·哈特 著，张静 译，郑一奇 审
《古希腊》　　　安妮·皮尔森 著，付巧 译，郑一奇 审
《古罗马》　　　西蒙·詹姆斯 著，史青玲 译，郑一奇 审
《城堡》　　　　克里斯托弗·格莱维特 著，张根生 译，郑一奇 审
《武器与铠甲》　马歇尔·拜恩 著，白艳艳 译，郑一奇 审
参与本书编译工作的还有王晓静。

版权贸易合同登记号　图字：01-2018-3985
审图号：GS（2018）3099号
本书中第12、72、74、81、129、135页地图系原文插图。

图书在版编目（CIP）数据
DK古文明大百科 / 英国DK公司编著；张静等译. —修订本.—北京：电子工业出版社，2019.1
ISBN 978-7-121-35564-6

Ⅰ. ①D… Ⅱ. ①英… ②张… Ⅲ. ①世界史–古代史–文化史–少儿读物 Ⅳ. ①K12-49

中国版本图书馆CIP数据核字（2018）第260302号

策划编辑：董子晔
责任编辑：杨　鸲
印　　刷：鸿博昊天科技有限公司
装　　订：鸿博昊天科技有限公司
出版发行：电子工业出版社
　　　　　北京市海淀区万寿路173信箱　邮编：100036
开　　本：889×1194　1/16　印张：20.75　字数：669千字
版　　次：2013年1月第1版
　　　　　2019年1月第2版
印　　次：2023年5月第17次印刷
定　　价：158.00元

凡所购买电子工业出版社图书有缺损问题，请向购买书店调换。若书店售缺，请与本社发行部联系，联系及邮购电话：（010）88254888，88258888。
质量投诉请发邮件至zlts@phei.com.cn，盗版侵权举报请发邮件至dbqq@phei.com.cn。
本书咨询联系方式：（010）88254161转1865，dongzy@phei.com.cn。

FSC® C018179
混合产品
纸张 |
支持负责任林业
www.fsc.org

For the curious
www.dk.com

DK

DK古文明
大百科

（修订版）

英国DK公司 编著 张静 等译 郑一奇 审

电子工业出版社
Publishing House of Electronics Industry
北京·BEIJING

目　录

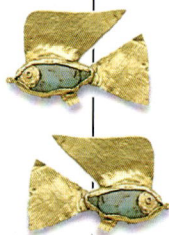

第三章　古罗马

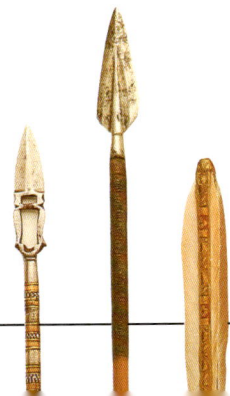

第一章
古埃及

我们常说的"古埃及"是指从公元前3100年左右美尼斯统一埃及开始的法老时代。埃及人大多生活在尼罗河两岸及其支流，这里有肥沃的黑色淤泥，孕育出了繁盛的古埃及文明。

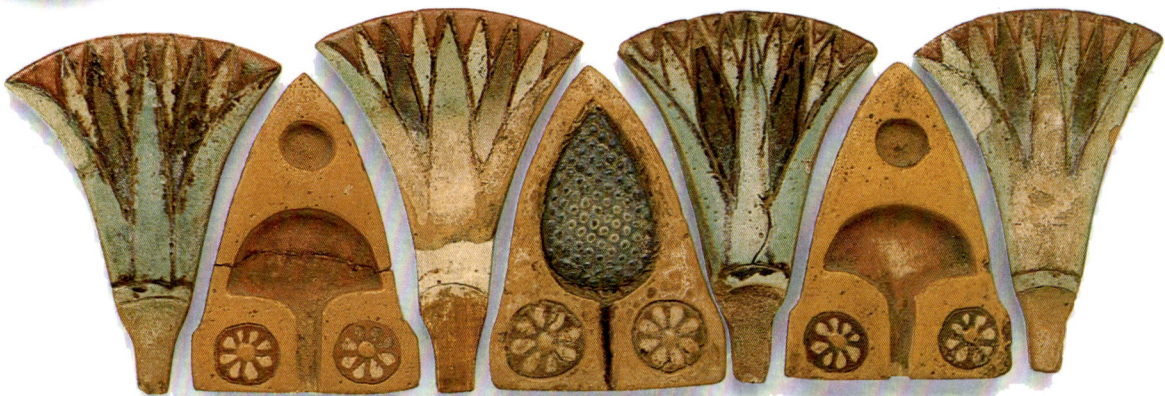

史前时代的埃及

权标头
这是一种给受伤之敌以致命一击的武器，有着光滑的表面和精美的工艺，可能是统治者或高级指挥官在庆典时使用的。

我们通常所说的"古埃及"是指从公元前3100年左右美尼斯统一埃及开始的法老时代。在此之前的埃及又是什么样呢？石器时代早期，埃及人主要生活在从尼罗河三角洲到阿斯旺之间的高地上。约公元前5000年，埃及的农业已有相当程度的发展，开始种植小麦和大麦，驯养家畜。他们还在洪水冲积而成的平原上建起泥屋，形成一个个村落。这些地区相对比较安全，一般不受尼罗河每年一度的洪水影响。随着农业逐渐繁荣，国家形成了。近年考古发现证明，到公元前3500年，有部分埃及人生活在城市里，并尝试着进行书写和记录。他们留存下来许多物品，如雕刻精美的象牙、研磨颜料的石板以及做工精细的陶罐。这些物品通常作为陪葬品与其主人一起被埋进砖砌的墓穴。

梳子与侍妾

工匠们将非洲大象和河马的长牙制作成各种工艺品。上图中这把梳子的上半部分像非洲的羚羊角，大概是其主人喜欢猎杀羚羊。右图大眼睛的女子雕像是一件随葬品，其目的是让坟墓的主人来世有个侍妾陪伴。

古　尸

当时木乃伊制作技术尚未出现，人们通常将死者的肘和膝靠在一起，摆出一个睡眠的姿势，然后将尸体连同陪葬的物品一起埋入深坑，上面盖上沙子，用以吸收尸中的水分，使之易于保存，也便于死者的灵魂辨认且附在尸体上。这幅图中的男子死了大约5000年了，但头发和面容仍然保存完好。

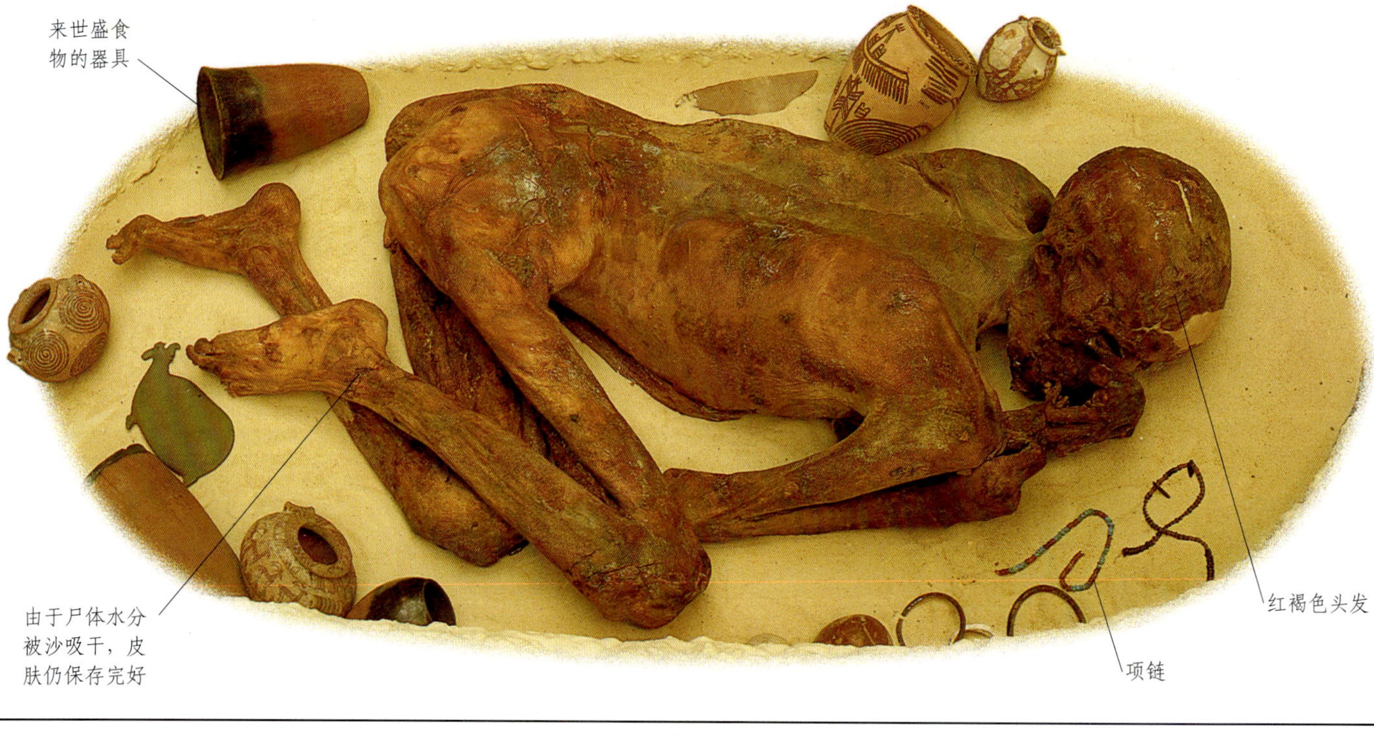

来世盛食物的器具

由于尸体水分被沙吸干，皮肤仍保存完好

红褐色头发

项链

10

石制花瓶

这个花瓶是由一种被称为角砾岩的带有花纹的石头制成的，表面用简单的燧石或铜制工具雕刻之后，再用石英打磨光滑。

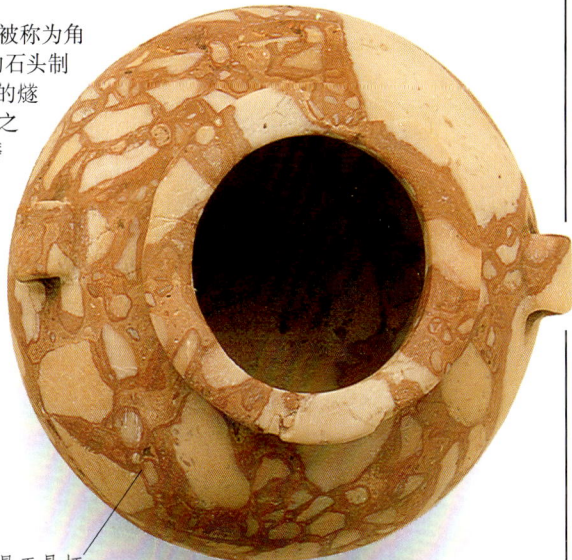

玛瑙

长石

项　链

早期珠宝匠使用的材料多是沙漠中半成色的宝石，尤其是长石和玛瑙。这些奢侈品的出现表明：在法老时代之前，并不是所有的劳动者都靠农牧业为生，手工工匠已成为社会中的尊贵成员。

简易工具打磨成的光滑表面

象牙镶嵌的眼睛

陶瓷花瓶

尼罗河冲积平原边缘的淤泥和黏土是工匠制陶的天然原料。图中这个花瓶下半部逐渐变细，正好安放在某个台架或地面的凹陷处。

螺旋图案

磨制梳妆颜料的石板

早期的埃及文物中有一些磨制颜料的石板。石板表面用来研磨制作眼彩的矿物颜料。

尼罗河畔

埃及百分之九十以上的土地是沙漠，被称为"红土地"。沙漠里只有小片的河谷和绿洲适合人类居住。埃及人大多生活在尼罗河两岸及其分支流域，这里有肥沃的黑色淤泥，被称为"黑土地"，适宜农作物的生长，孕育出繁盛的古埃及文明。直到现在，大部分埃及人还是依靠开发富饶的农业资源来生活。尼罗河的洪水泛滥标志着埃及农民一年劳作的开始。当水位上涨时，青尼罗河和白尼罗河在苏丹北部的喀土穆汇合。河水带来大量泥沙，当泥沙沉淀下来，农民们就在上面种植大麦和小麦，夏季通常都会有不错的收成。

饥　荒

如果碰到极端恶劣的气候，庄稼收成不好，可能引起饥荒，这个乞讨者雕像展现了这种状况。

河边的民族

古埃及人生活在尼罗河两岸的狭长地带。尼罗河洪水让这片土地变得非常肥沃。图中绿色区域代表洪水覆盖的区域。

尼罗河　　红海

沙漠

书吏和书写板

放牧人用棍棒驱赶牛

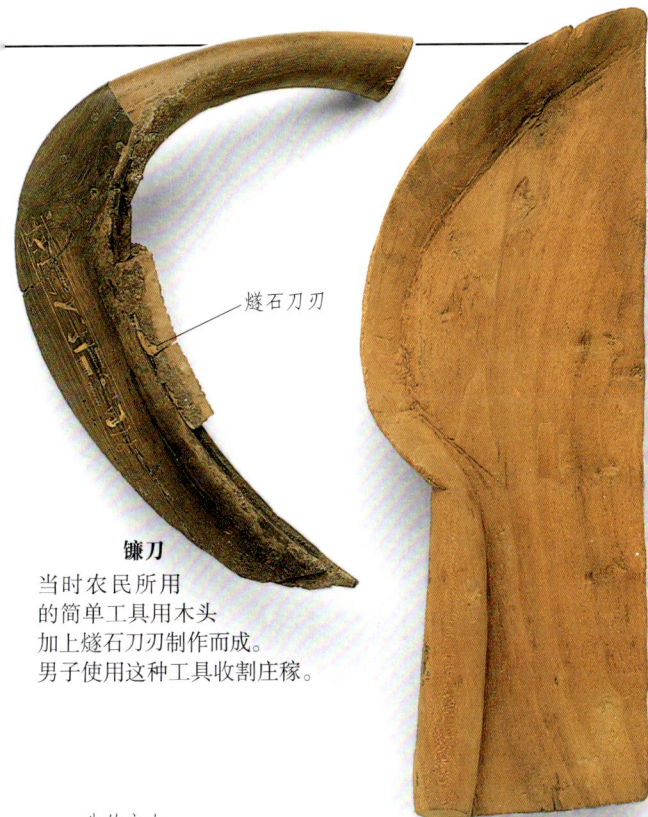

镰刀
当时农民所用
的简单工具用木头
加上燧石刀刃制作而成。
男子使用这种工具收割庄稼。

燧石刀刃

扬场
人们将谷物扬撒向空中，谷壳被风吹走，谷子落到地上。扬场上的
人们都戴着亚麻织成的头巾，防止谷壳落进头发里。

扬场簸箕
人们用扬场簸箕（图中
这样的木制簸箕）将谷
子和谷壳分离开来。

桔槔
洪水退去后，埃及人开挖一些
沟渠把河水引到远离河岸的地
方。为了将河水引导到高处的
沟渠中，埃及人发明了一种沿
用至今的装置——桔槔。桔槔
由一根木杆、一个支撑的架子
以及一个用于维持平衡的配重
物组成。使用方法非常简单，
提水前先把水桶挂在杆的末
端，没入水中，然后利用杆另
一端物体的重力把水提上来。

牛的主人
麦克特瑞

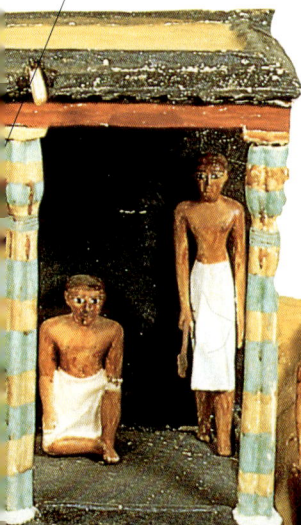

麦克特瑞的儿子

清点牛的数量
古埃及衡量财富的一个重要标准
就是拥有牛的数量。这一组墓穴
出土雕塑展现的是一位名为"麦
克特瑞"的人的故事，他曾于约
公元前2000年任底比斯市市长。
图中麦克特瑞的牛正被赶着经过
他及其上级官员和书吏身旁，
人们逐一清点，记录下数
目，以作为征税的
参考。

13

举世闻名的古埃及法老

图中的椭圆形边框被称为涡卷饰，里面的象形文字是法老图特摩斯的名字。

在古埃及，法老不仅拥有最高权力和地位，而且是神的化身。"法老"一词是对古埃及君主的尊称，本指国王居住的宫殿，后逐渐演变成对国王的一种尊称。同样，王后被视为女神，但更多情况下则是"法老的妻子"。在古埃及，王后独揽大权极为少见。埃及拥有一套有效的机制培养未来的继承人。通常，当权的法老让继承人与其共主朝政，以便在死后王权能够顺利交接。但有时王子要等很长时间才能正式登基，如法老帕皮二世。他6岁时便登上王位，直到100岁时还依然在位，这是我们已知埃及法老中在位时间最长的一位。

无臂王后

这尊雕像是生活于公元前700年左右的埃及王后。像羽饰王冠一样，她的胳膊也都是单独附上去的，现已丢失。

冥界之神奥西里斯

埃赫那顿

哈特舍普苏特

这个强悍而果敢的女人统治埃及长达20年，在这尊雕像中，她戴着有眼镜蛇标志的上埃及法老王冠和象征身份与地位的礼仪性胡须。

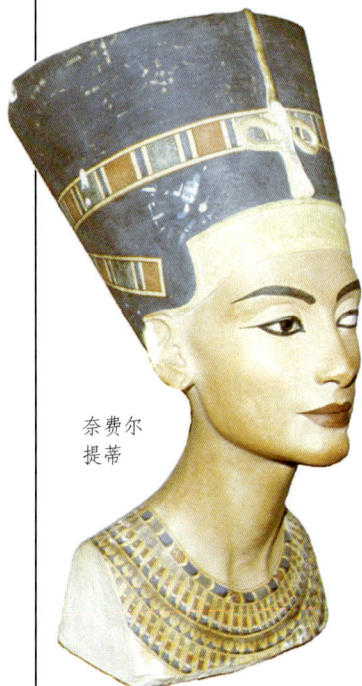

奈费尔提蒂

埃赫那顿和奈费尔提蒂

在埃赫那顿统治时期，传统的众神崇拜均被废止，只尊崇太阳神。为了断绝与其他众神的联系，埃赫那顿建立新都，关闭了其他众神的庙宇。王后奈费尔提蒂在确立太阳神阿吞的一神崇拜中发挥了重要的作用。埃赫那顿死后，法老图坦卡蒙及继承者们恢复了对原来众神的信奉。

神秘的斯芬克斯

受希腊神话的影响，人们一直对古埃及的斯芬克斯，即狮身人面像存有疑惑。在希腊俄狄浦斯王的神话中，斯芬克斯是残暴的狮身人面女怪。传说她常叫过路行人猜谜，猜不出就会被她吃掉。但是，埃及人认为斯芬克斯长着狮子的身体和统治者的头面。狮子是太阳神的代表，象征统治者是太阳神拉的后代，其力量也象征了君主至高无上的权力。

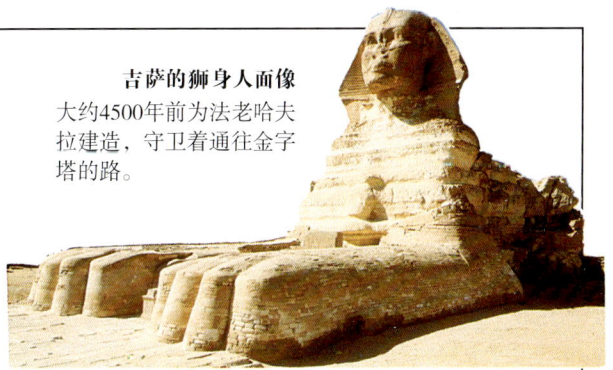

吉萨的狮身人面像
大约4500年前为法老哈夫拉建造，守卫着通往金字塔的路。

斯芬克斯及其囚徒
这个制作于3600多年前的斯芬克斯象牙雕塑是法老权力的象征。

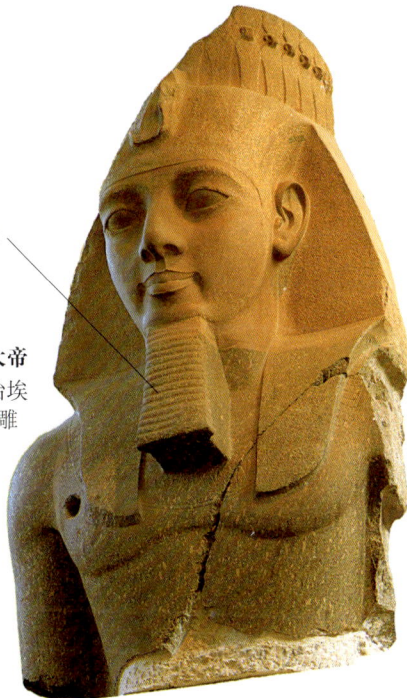

礼仪性胡须

拉美西斯大帝
公元前13世纪，拉美西斯二世统治埃及长达67年。他建造的纪念碑和雕像比埃及历史上任何法老都多。在所有建筑中，有一座位于底比斯河西岸的殡葬建筑群，现被称为"拉美西斯宫"，图中的雕像就来自那里。法老所戴的头巾被称为"尼美斯"，是王权的象征，上面刻有眼镜蛇女神标志的王冠。

眼镜蛇女神

头巾

盛圣液的罐子

图特摩斯四世
他因将被掩埋的斯芬克斯从吉萨的沙漠中清理出来而闻名。图中他双膝跪地手持两坛圣液，额前有眼镜蛇女神乌加特的护佑标志。在古埃及，只有法老和王后才有权佩戴眼镜蛇女神的标志。

图坦卡蒙
他登上王位时年仅9岁，被高官们所控制，致力于恢复在法老埃赫那顿时代被取缔的众神信仰。图中这个著名的黄金面具即出自他的坟墓。

王室宫廷

在一些重要的场合，如王室的周年庆典或者赏赐宠臣时，法老和王室成员便会聚集到一起，上层官员、外交官、高级祭司也会参加。在觐见法老时，大臣们通常会先亲吻法老脚下的地面。有时，法老也在宫中轻松一下。据说有一次法老斯奈夫鲁感到无聊，便从后宫中挑出20名漂亮的侍女为他划船。正当一切都很顺利时，突然一个宫女停止划桨，并开始哭泣。原来她的绿松石垂饰掉进了湖里。最后，法老只好让御用巫师分开湖水从湖底拾回她的饰品。

皇家头像
这个玻璃肖像可能是镶嵌在王宫的家具或窗户上的饰品。

鱼形发饰
孩子们通常戴着鱼状的护身发饰，可能是用来躲避来自尼罗河的危险。

护身符
保护性的符咒（写在莎草纸上）或护身法宝，可放在上图这样的器物里，挂在脖子上。

牡蛎壳状耳坠
早期的埃及饰品通常用贝壳制成，后来珠宝匠用黄金来模仿贝壳的形状，图中的饰品上刻有法老森乌塞特的名字。

王室的座椅
王后赫特弗瑞斯是法老胡夫的母后。她的墓地被盗之后，里面一些华贵的家具被重新埋在她儿子的金字塔附近。图中便是其木制座椅。

狮爪形椅子腿

礼仪性掷杖
廷臣们一般使用木掷杖来捕鸟。图中的掷杖是用易碎的彩釉陶制成的，并不实用，只用于礼仪性场合。

王室花瓶
法老使用的器具都是质地最好的。上图是两个打磨光滑并带有斑纹的石瓶，金质的盖子上装饰着黄金仿做的麻绳，它们是法老卡塞凯姆威的用品。

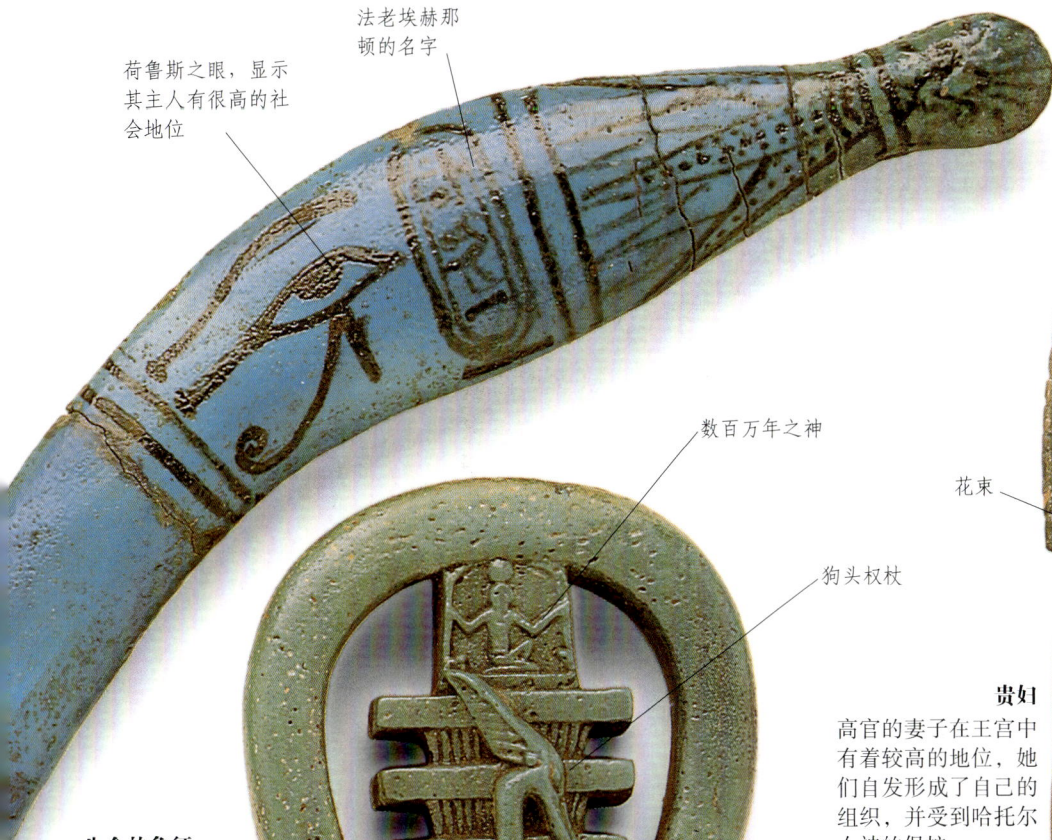

荷鲁斯之眼，显示
其主人有很高的社
会地位

法老埃赫那
顿的名字

数百万年之神

狗头权杖

花束

贵妇
高官的妻子在王宫中
有着较高的地位，她
们自发形成了自己的
组织，并受到哈托尔
女神的保护。

生命的象征
只有法老、王后和
诸神才能佩戴这种
标志。它被称作"安
卡"，是一种T形十字
章，是生命的象征，显示
佩戴者有权赐予或剥夺其
臣民的生命。图中彩陶制
作的安卡上刻有狗头状权
杖，象征着法老的权力。

奥西里斯
神柱

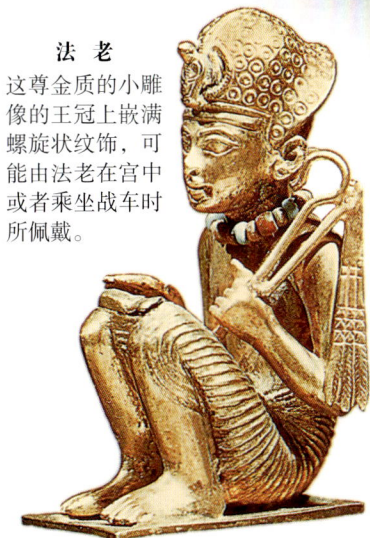

有褶的
裙子

法老
这尊金质的小雕
像的王冠上嵌满
螺旋状纹饰，可
能由法老在宫中
或者乘坐战车时
所佩戴。

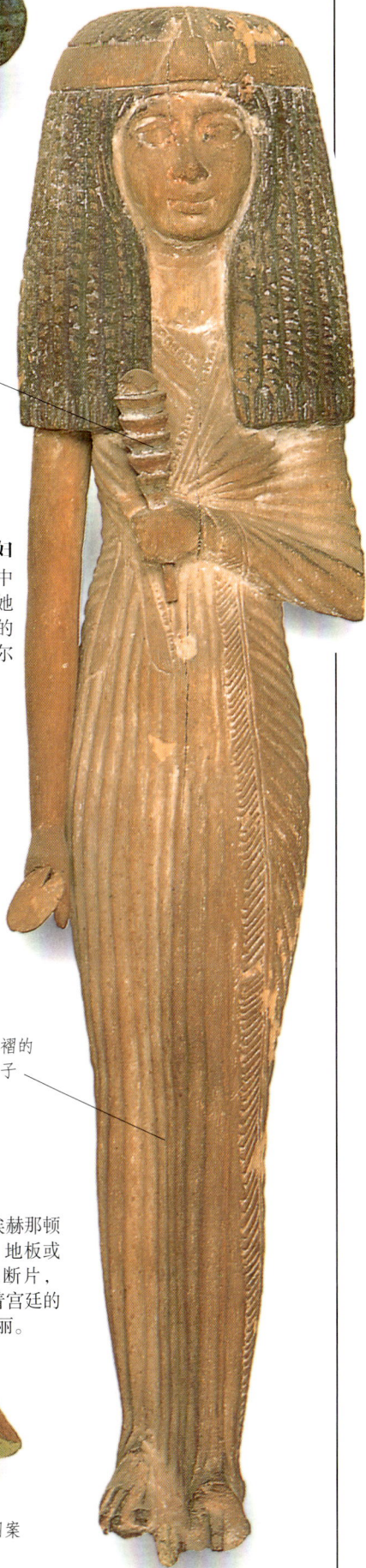

莲花状瓦片
这块瓦片是法老埃赫那顿
的王宫墙壁、地板或
家具上的断片，
展示着宫廷的
华丽。

莲花图案

丧葬仪式

古埃及人害怕有朝一日眼前的世界突然消失，出于对某种未来观念的迷信，他们发展出一系列丧葬仪式。他们相信这种仪式可以使人永生，但前提是要保存好死者的躯体。通常，在人死之后，埃及人把尸体送往一个名为"培尔–那非尔"（即"美丽之屋"）的地方。他们先用燧石刀剖开尸体左侧腹，取出肝脏和肺脏，经干燥处理后，放到一个叫"坎努帕斯罐"的专门容器里。脑浆也取出，但心脏留在身体里面，以便死后在阴间审判称量。之后在尸体表面覆盖上晶体状泡碱粉，用以防止尸体腐烂，最后再缠绕上亚麻布。

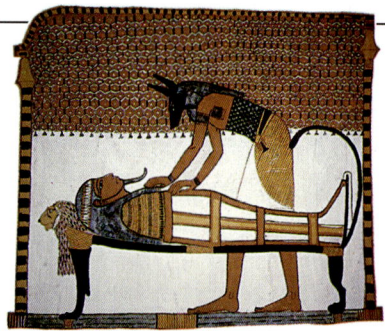

这块圣甲虫宝石安放在法老的心脏处。埃及人认为这有助于法老死后顺利通过阴间的审判。

阿努比斯神
阿努比斯神负责制作木乃伊，守卫防腐之地。

"开口"工具

罐子

蜡 板
用来覆盖在死者尸体的切口上，上面绘有荷鲁斯之眼，被认为具有保护及愈合的功效，象征着死者身体的完整。

"开口"器具
葬礼仪式最重要的一项就是保证死者的生存需求，也就是使木乃伊能够吃、喝、四处走动。图中模具箱内盛放着一些"开口"仪式所用的器具：装圣液的罐子、盛祭酒的杯子，以及用于探触尸棺嘴部的叉状工具。

"开口"仪式
一个头戴阿努比斯神面具的祭司将棺材直立起来。在悲痛的死者妻女身后，祭司们挥洒着净水，并用专门的仪式器具去探触木乃伊尸棺的嘴巴。

坎努帕斯罐

埃及人认为身体的每个部位都有相应的咒语。他们把死者的肠、胃、肝、肺等内脏取出，经烘干后用亚麻布包裹起来，分别盛放在不同的容器里。这种特殊的容器叫坎努帕斯罐。

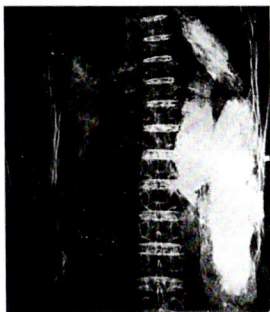

一探究竟

经过X射线照射发现，腹腔内装的不是人体器官而是别的填充物。

木乃伊标签

小木片系在木乃伊身上用来标明死者的身份，也起到保佑木乃伊的作用。这块木标签上绘有黑色的阿努比斯神。黑色在古埃及代表生命的颜色。

泡 碱

一种碳酸钠和重碳酸钠的混合物，用于烘干尸体。尸体置于泡碱粉中大约40天后，就会变干不再腐烂，此时就可以将尸体包裹上亚麻布了。

包裹用的亚麻布

包裹层内部

由于泡碱阻止了尸体的腐烂，整个尸体，甚至连手指甲和脚指甲都保存得非常完好。

永恒的躯体

防腐处理的最后一步就是将尸体放到棺材里。富人的棺材通常制作精细，有各种各样的精美装饰。尸体在棺材里面很好地保存下去，许多东西并不会随之消亡，而是继续存活下去。其中最重要的就是人的"卡"（精灵），这是肉体的另一种形态，可以使尸体重生；另一个是"巴"（魂），它有着已故者的头和鹰的身体。因此，埃及人制作木乃伊是将腐烂的肉体变为永恒的身体，为"卡"提供一个来世的家。

木乃伊的手臂，
能看出皮肤和
指甲。

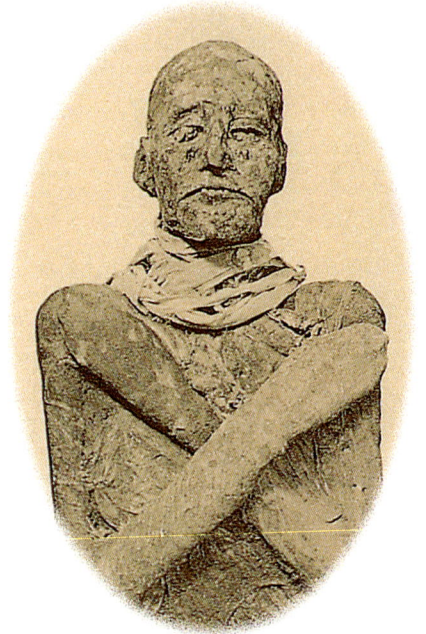

拉美西斯
拉美西斯三世是公元前12世纪的法老。从上图的木乃伊能看出，他的眼眶里塞着亚麻布，手臂放的样子仿佛是拿着曲柄手杖和连枷。

木乃伊棺
因为有亚麻布绷带的包裹，死者尸体可以免于腐烂。但也正因此，死者的家属就看不到木乃伊制作的过失。木乃伊棺内部通常用冥界之神装饰，外面则绘有绚丽的象形文字符咒，使死者在冥界得到护佑。

理想的死
者肖像

红色带子通常表
明死者的身份是
祭司

太阳圆盘

天空女神努特

猎鹰

亚麻布
保护躯体

象形文字符咒

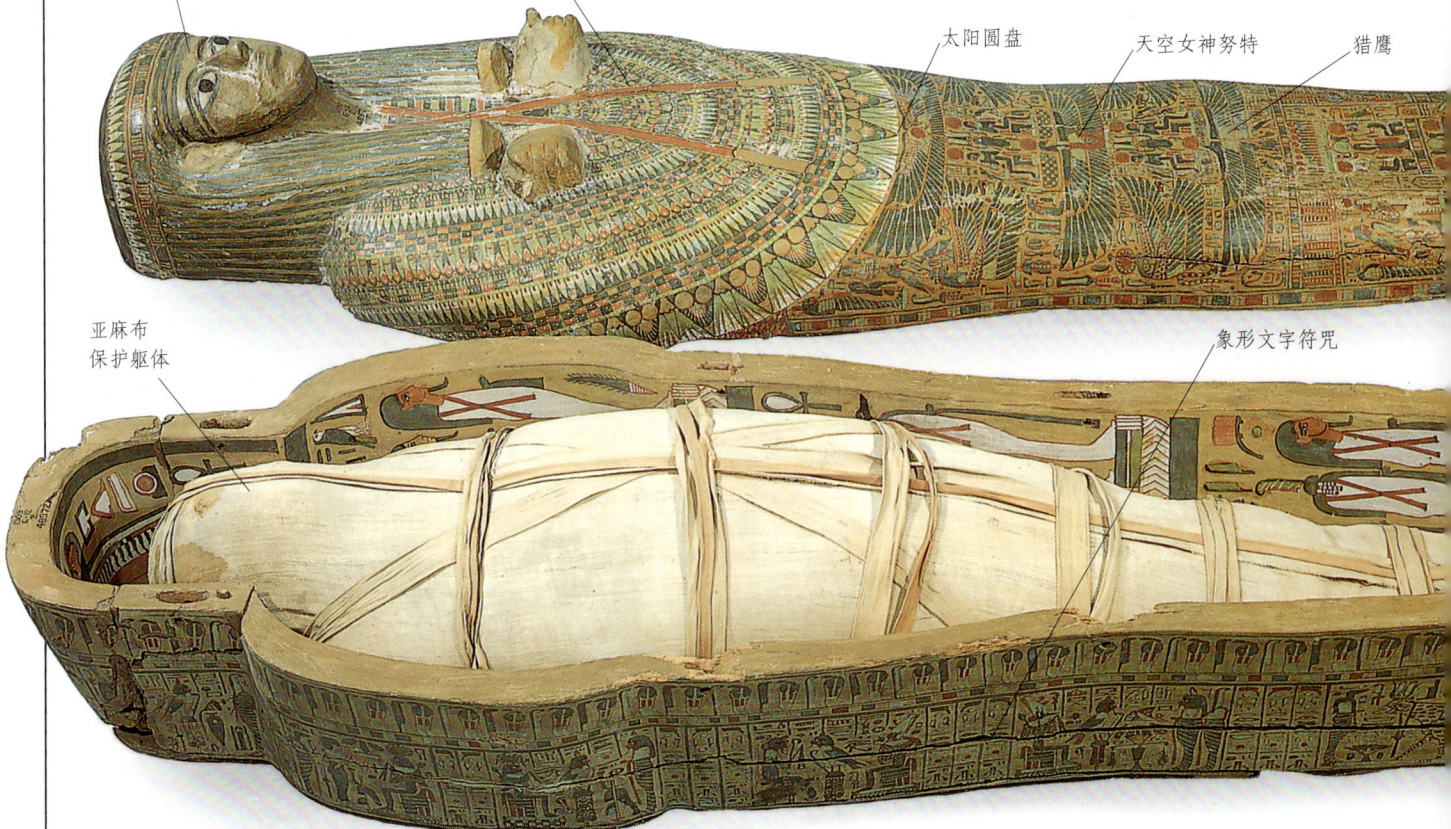

木乃伊头颅

如果揭掉木乃伊亚麻包裹层，便是右图的情形。古埃及防腐技术非常精湛，但也使鲜活的面容变得干枯黯淡。图中木乃伊的眼睛被泡碱烧毁，为了使眼眶不会凹陷下去，他们在眼眶里塞入亚麻布衬垫。眼睑合上后这些衬垫便被遮住了。亚麻布包裹层压坏了鼻子。由于尸体表面涂有油脂和树脂，亚麻布经常黏附在皮肤上。

用亚麻布衬垫
填充的眼眶

黏附在皮肤上
的亚麻包布

或许是包得
过紧而损坏
的鼻子

因食用粗糙的
埃及面包而被
磨损的牙齿

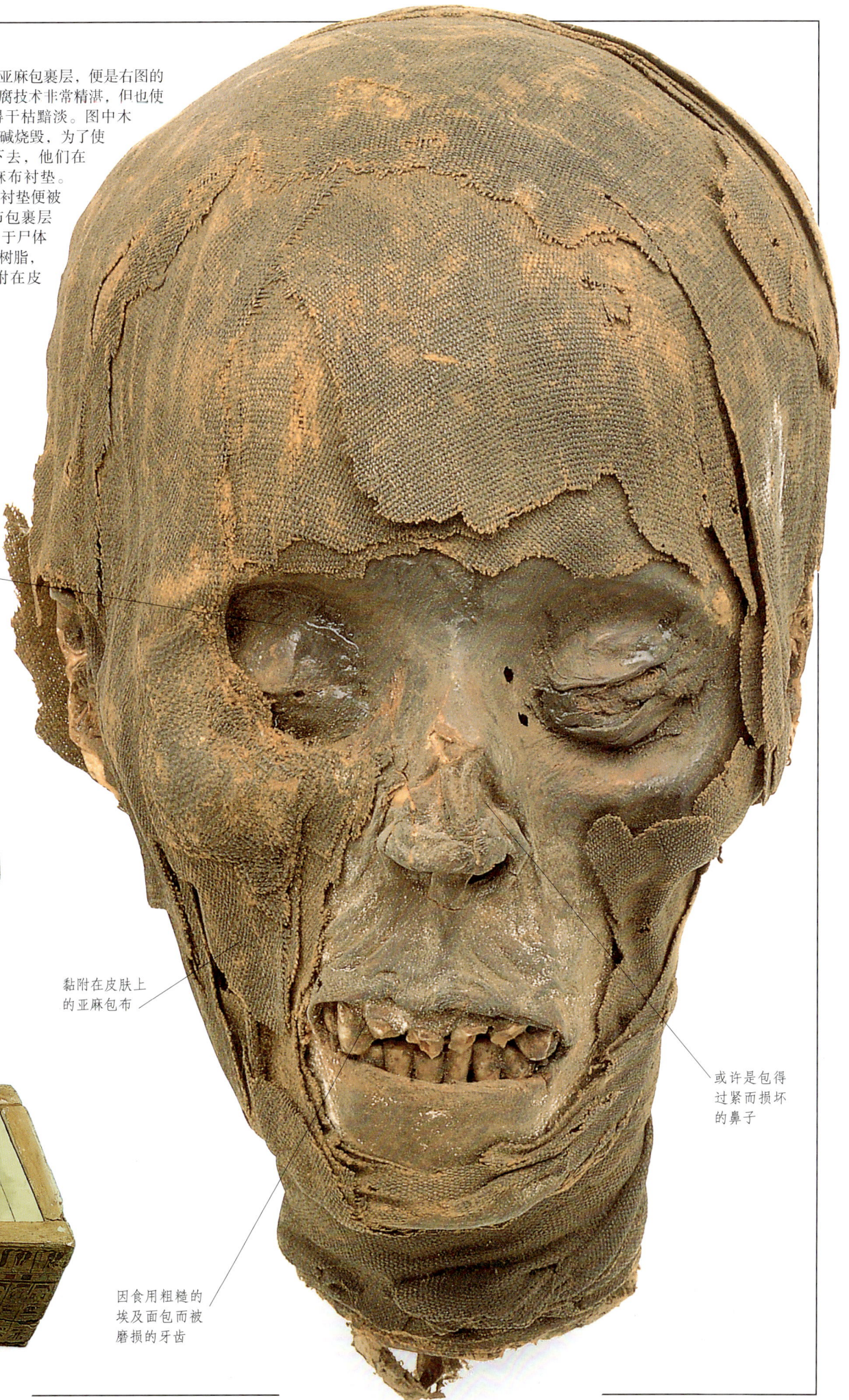

冥世之旅

伸展的双臂象征神的力量超越自己

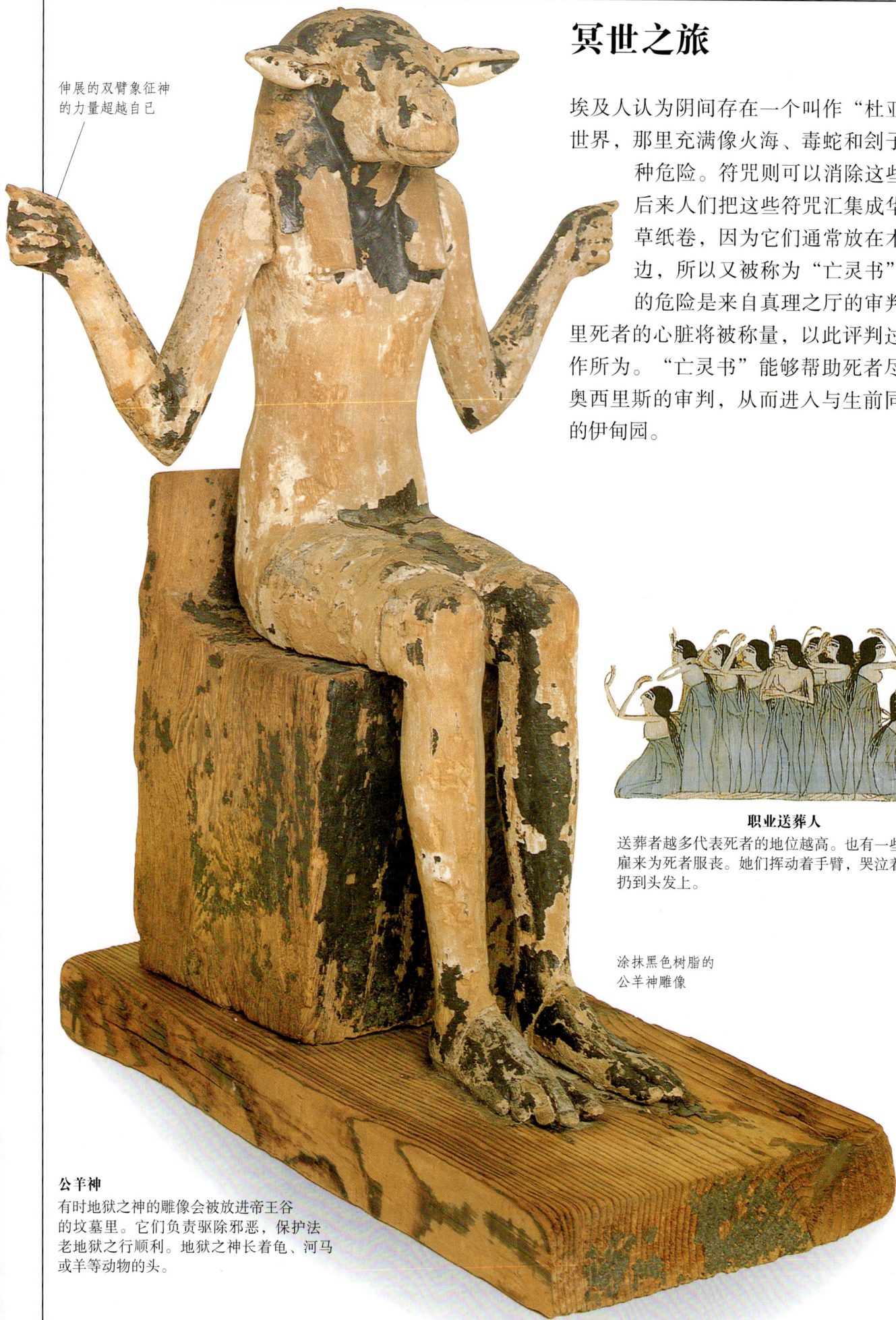

埃及人认为阴间存在一个叫作"杜亚特"的世界，那里充满像火海、毒蛇和刽子手等各种危险。符咒则可以消除这些危险。后来人们把这些符咒汇集成华丽的莎草纸卷，因为它们通常放在木乃伊旁边，所以又被称为"亡灵书"。最终的危险是来自真理之厅的审判，在那里死者的心脏将被称量，以此评判过去的所作所为。"亡灵书"能够帮助死者尽量通过奥西里斯的审判，从而进入与生前同样幸福的伊甸园。

职业送葬人

送葬者越多代表死者的地位越高。也有一些妇女被雇来为死者服丧。她们挥动着手臂，哭泣着把尘土扔到头发上。

涂抹黑色树脂的公羊神雕像

公羊神

有时地狱之神的雕像会被放进帝王谷的坟墓里。它们负责驱除邪恶，保护法老地狱之行顺利。地狱之神长着龟、河马或羊等动物的头。

死者的心脏记录着他生前的所作所为，死后都要被放在大平上称量。纸卷顶端42位代表埃及各个地区的评判官正在对死者进行一一质询。如果死者讲的是事实，长着朱鹭头的智慧之神托特会写下"所言属实"，这样死者就会进入奥西里斯的王国。如果死者不诚实，天平上会显示出来，食尸兽会马上吃掉死者的心脏，死者将无法重生。

死者	负责木乃伊制作的阿努比斯	食尸兽	长着朱鹭头的智慧之神托特	天空之神荷鲁斯	冥界之神奥西里斯	死者守护神伊希斯和娜芙提斯（白衣）

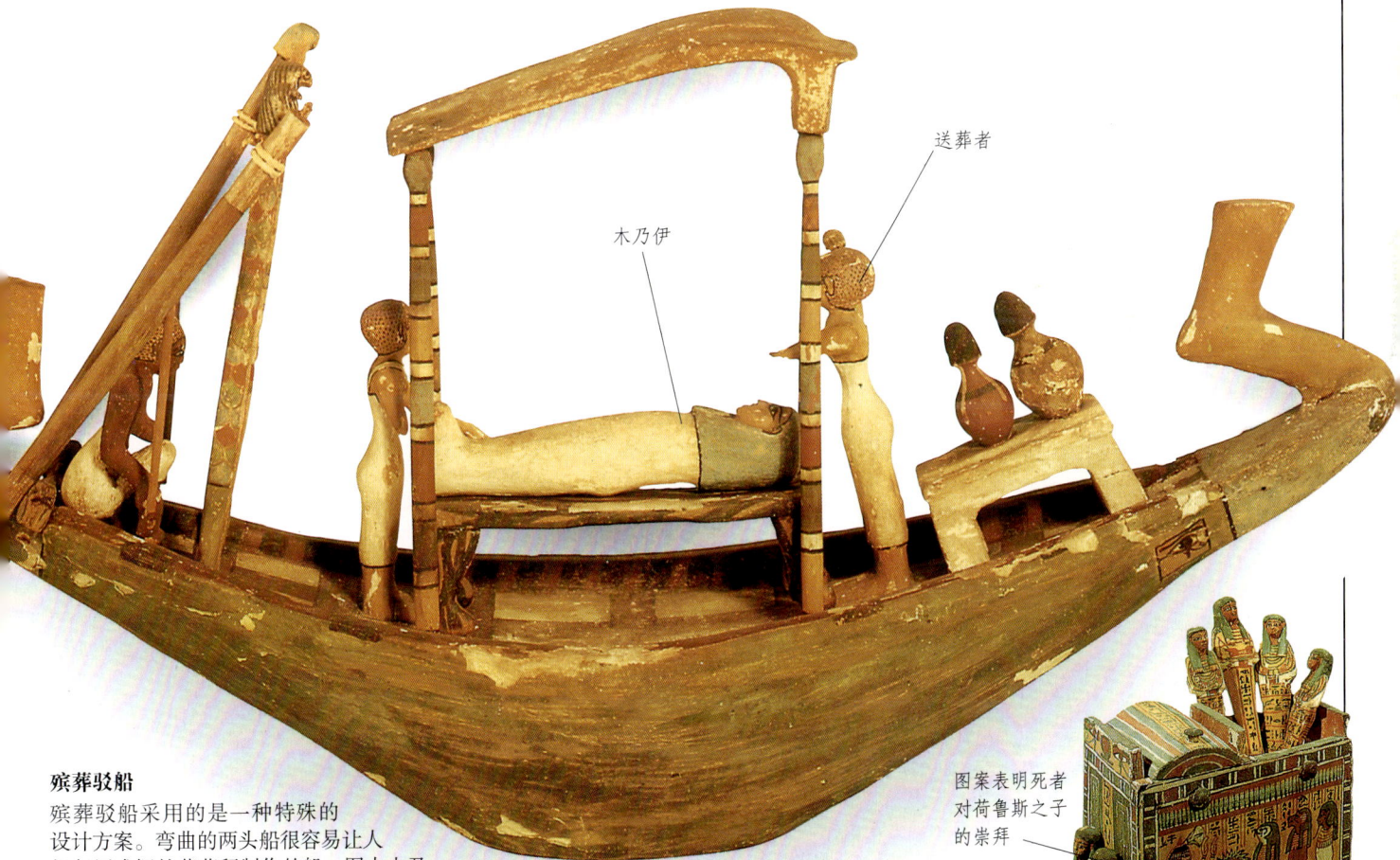

送葬者

木乃伊

殡葬驳船

殡葬驳船采用的是一种特殊的设计方案。弯曲的两头船很容易让人想起用成捆的莎草秆制作的船。图中木乃伊被放在华盖下面，边上有两个削光头发的女送葬者，代表女神伊希斯和娜芙提斯。船尾有两支船桨，由一位坐着的水手操纵。船两侧的绿颜色象征死后重生。

仆人模型

冥界之神奥西里斯可能会要求死者在阴间做一些体力活。但如果你是书吏或者祭司，肯定不愿做这些，因此他们的坟墓里应当陪葬着人俑（夏勃悌）。据说，奥西里斯能使它们复活，代替死者做体力活。

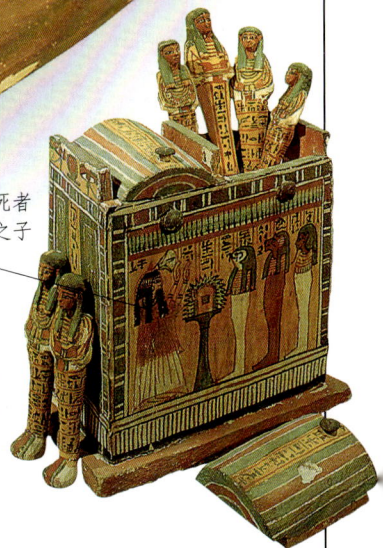

图案表明死者对荷鲁斯之子的崇拜

伟大的金字塔

最早的金字塔是公元前2650年左右法老左塞尔命令天才建筑师伊姆霍特普修建的。它由下而上共分6层，因而被称作阶梯金字塔。后来的法老也修建了一些阶梯金字塔。在法老斯奈夫鲁统治时期，另一种侧面倾斜的真正意义上的金字塔发展起来了。所有金字塔中最大的是位于吉萨的大金字塔，是在公元前2589年左右为胡夫法老修建的。金字塔修建的最初目的是为了保护放在里面的法老木乃伊，因此金字塔上刻有护佑法老的符咒。花岗岩巨石和假通道可以阻止盗墓者进来盗窃陪葬的大量财宝，但是到公元前11世纪，几乎所有的金字塔都被盗窃过。

攀爬金字塔

现今的埃及法律禁止游客攀爬金字塔。爬上金字塔不是很难，但一旦从上面掉下来，再想回到原来的地方就几乎是不可能了。

大走廊

这个走廊长47米，高8.5米，向上直通法老墓室。大走廊的上方是花岗岩巨石，当葬礼过后，顶部巨石被缓缓落下，封住通往法老墓室的路。法老的石棺不是从走廊被运进墓室的，因为石棺比走廊宽得多，而是在金字塔修建之初就被放置进去的。

小金字塔，法老胡夫3个宠妃的墓地

葬祭庙，用于祭祀

大金字塔

大金字塔约4500年前为法老胡夫而建，是世界七大奇迹之一。它使用了从2.5吨到15吨不等的大小石灰石共计230多万块。工人们用杠杆把石块运到工地。整个金字塔大约耗时20年才建造完成。通常有一支由工匠和劳工组成的常备队伍负责金字塔的建设。每年3个月的尼罗河泛滥时期队伍更加壮大，大量农民被征为劳役去修建金字塔。而金字塔只是法老葬礼的一个部分。

连接金字塔与河谷庙的提道

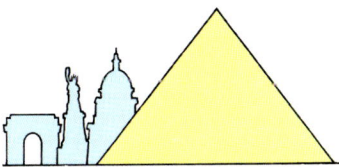

顶石

金字塔内部

大金字塔模型的纵切图，能让我们更好地看清其内部情况。图中展现的石灰石外围保护层，在中古时期被剥下来装饰开罗城，现已不存。最初的设计中位于沙质基岩中底层的石室可能是墓室，也可能仅是迷惑盗墓者之用。中间的房间可能是另一个被遗弃的墓室，最上层是最终安放法老胡夫的场所，上面5个空室用来分散顶部石块的重力。

多高？

大金字塔的高度为138米，高于凯旋门（49.5米）和自由女神像（92米），也高于圣保罗大教堂（110米）。

减轻顶部压力的减压室

法老的墓室

大走廊

石灰石内层

弃用的墓室

石灰石外层

逃生通道

花岗岩封闭门

覆有保护层的入口

最初的墓室

沙质基岩

沿尼罗河运送法老尸体的船的停靠处

25

帝王谷

金字塔时代大约结束于公元前2150年。图特摩斯一世（公元前1504年）到拉美西斯十一世（公元前1070年）期间的所有法老都被埋在帝王谷。帝王谷位于尼罗河西岸的悬崖下面，远离洪水泛滥区。一些金字塔位于悬崖峭壁的高处，以防止盗墓者发现其入口；另一些金字塔则有精心设计的显眼入口。金字塔通常都有一个长长的走廊，也就是著名的"太阳神之路"。在走廊尽头有一眼井，用来贮存雨水及阻止盗墓者；在走廊的另一端是"金厅"，是法老埋葬的地方。金厅里放置着陪葬的家具、珠宝、皇袍、王冠等。公元前1000年左右的法老图坦卡蒙的金字塔，是唯一幸免于盗贼之手的陵墓。

拉美西斯六世
法老拉美西斯六世死于公元前1136年，被安放在重达数吨的花岗岩石棺中，图为石棺盖子的一部分。

冥界之神
这个长着河马头的神是在图特摩斯三世的金字塔中发现的，外表涂有黑色树脂。它看上去非常凶恶，但只对法老的敌人发怒，可能是奥西里斯地府守卫神之一。

圣蛇
据说帝王谷由梅雷瑟格女神保护，她被描绘成眼镜蛇的样子。修建金字塔的劳工们认为她会弄瞎或毒死发伪誓的人。

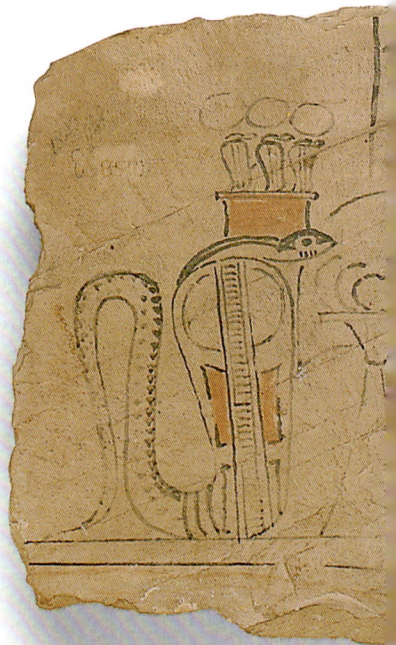

河谷景象
19世纪的艺术家大卫·罗伯茨所画的这幅帝王谷图一片荒凉。今天的帝王谷一派繁忙景象。

工头和他的儿子
图中所示的是工头安赫哈和他的儿子。他们负责将金属工具分配到每个劳工的手里，组织墓穴中的所有工人，协调泥水匠、粉刷匠和石匠的进度，确保工作的持续运转。这幅画来自于安赫哈的彩绘坟墓。

无名法老
这个雕像是在法老图坦卡蒙的陵墓里发现的。红色王冠显示着他对下埃及的统治权，曲柄手杖代表王权，连枷象征着土地的肥沃。

戴尔美狄纳工人村
这些石质结构是在帝王谷和王后谷从事陵墓建筑的工人村遗址。它建于公元前16世纪，一直延续了5个世纪，纵贯整个帝王谷时期。

图坦卡蒙陵墓

这位年轻法老的安息之地，是新王国法老中唯一一个没有被破坏的墓地。它于1922年被霍华德·卡特发现，是帝王谷墓群中最后一个被发现的。墓葬品包括武器、衣服、家具、珠宝、乐器、模具船，还有著名的木乃伊棺和黄金面具。

全部包装起来
从法老图坦卡蒙陵墓里发掘出的文物，在被运到开罗博物馆前都必须经过精心包装。

古埃及众神

古埃及人信奉的神有成百上千个之多，有时很难分辨清楚。许多神用动物来象征，例如，一只狒狒可能象征智慧之神托特，也可能象征月神孔斯。古埃及42个行政管理区都有各自的神。总的来说，太阳神在古埃及人的信仰中占据着统治地位。他往往以不同的形象出现。清晨，他是凯普里神——一只在东方地平线上滚动太阳圆盘的圣甲虫，晚上又成了阿图姆神——一个老年男子；他还可以变成拉-哈拉凯蒂神——一只在天空中翱翔的神鹰。法老埃赫那顿即位后，把其他众神驱逐出神庙，并尊崇阿吞神为唯一的太阳神。阿吞神的形象是一个太阳圆盘。法老埃赫那顿死后，他的儿子图坦卡蒙又恢复了对原来众神的崇拜。

神像制作者

这幅19世纪的油画展示的是一个手工作坊，人们正在制作神像。那只猫正在充当贝斯特女神像的模特。

护身符

"乌加特之眼"象征太阳神的复仇之眼和荷鲁斯神的眼睛。人们认为戴上它可以避邪。圣甲虫象征着太阳神凯普里。朱鹭代表托特神，是智慧和治愈之神。

乌加特之眼

乌加特之眼

圣甲虫

朱鹭

挥舞翅膀的圣甲虫

阿蒙-拉神

在新王国时期，阿蒙-拉神成为主神。他把征服者的弯刀授予那些像图特摩斯三世一样伟大而英勇善战的法老。

托特神

托特神传播书写、医药和数学方面的知识，是书吏的保护神。

阿努比斯

阿努比斯胡狼神经常出没于墓地，埃及人认为胡狼神能保护死者的领地。

丰饶之神

两位神正在将象征上埃及和下埃及的莲花和纸莎草绑在一起，意思是象形文字"联合"。这两位神是"尼罗河神"，象征着尼罗河每年一度的泛滥所带来的丰饶。

面对面
埃及法老是神圣的荷鲁斯神的化身。这幅浮雕描绘了图特摩斯三世正站在神面前。鹰头神荷鲁斯也是一位太阳神，是一只高翔在天空中的神鹰。

贝斯特女神
猫神贝斯特是太阳神拉的女儿，代表太阳使农作物成熟的力量。

奥西里斯神
古埃及绝大多数的墓葬位于尼罗河西岸。奥西里斯神是那里最重要的神，因为他是冥界之神。

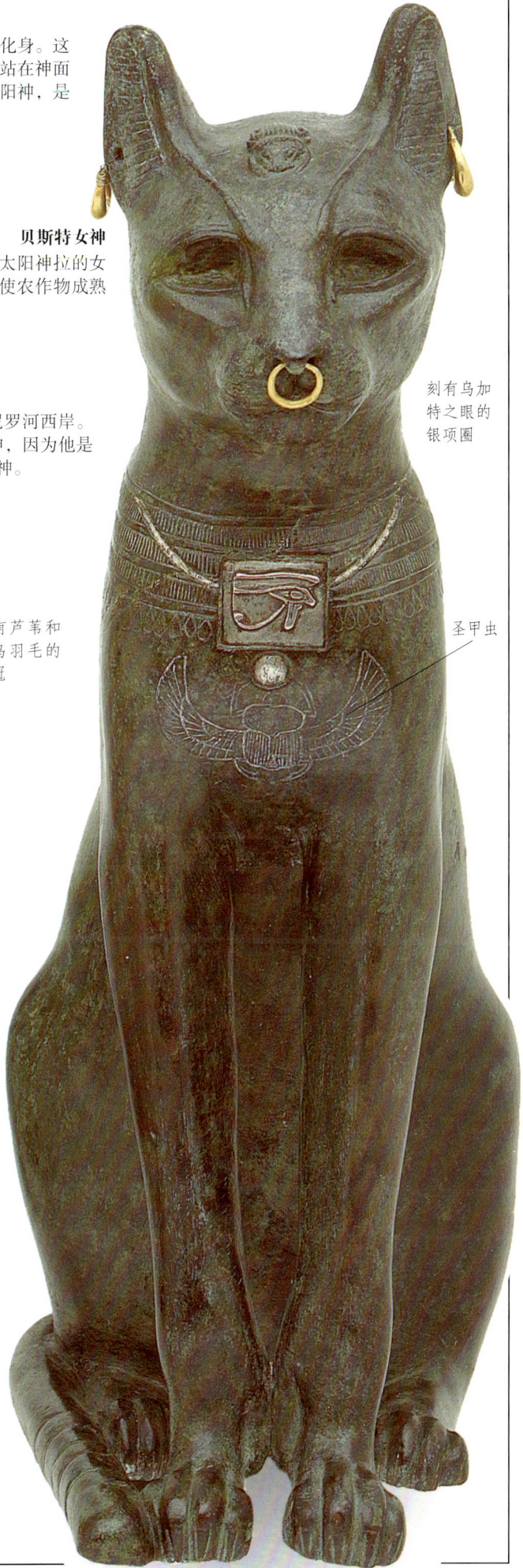

曲柄手杖和连枷表明奥西里斯是冥界之王

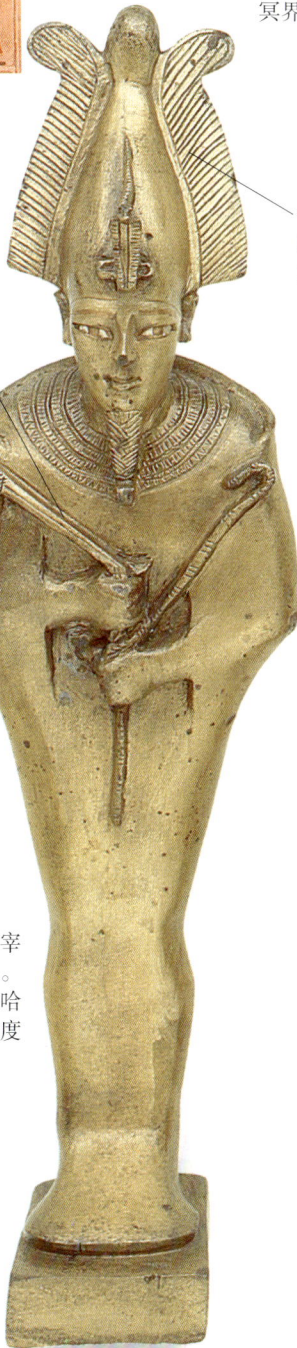

饰有芦苇和鸵鸟羽毛的王冠

刻有乌加特之眼的银项圈

圣甲虫

库努姆神
公羊神库努姆主宰着尼罗河大瀑布。按照他的命令，哈比神发动每年一度的尼罗河洪水。

巫术和医学

古埃及人崇拜神灵，但众神对古埃及人生命的护佑作用不大。在面对分娩、夭折、发烧等生命危险时，人们往往求助于巫术。古埃及人拥有高超的医术。现存的古埃及莎草纸医书中描述了各种疾病的治疗方法，并详细讲解了解剖方面的知识，还记录了心脏的重要性。古埃及人治疗常常是医生、巫师通力合作，药物、符咒双管齐下。他们还佩戴护身符或符咒来避邪。

海瑟坟墓中的木刻作品，他是公元前2700年法老的牙科医生。

头枕状护身符

护身符
护身符被人们系在项链和手镯上，或被包裹在亡者的木乃伊内以使其在来生得到庇护。护身符被认为有驱邪恶的作用，用来避免受到伤害，有时上面还附有咒语。

饰有绳结的护身符

柱形护身符

神奇的植物

无论在巫术还是在医学中，植物都扮演着非常重要的角色。古埃及人经常从黎巴嫩进口杜松子这种药材。大蒜不仅在医疗中有着广泛应用，还被用于巫术。

莲花
莲花在古埃及人的生活中非常重要。人们用莲花来装饰神庙和饰物。

莲花

杜松子
古埃及人常把杜松子放在木乃伊或坟墓的花篮里。此外，它们的汁液还常用来清洗尸体。

听我们的祈祷
这块石碑上刻的是给卜塔神的祷文，周围环绕的耳朵是帮助他听到人们的祈祷。

指甲花染料
用于染头发和皮肤，也可避邪。

大蒜
大蒜主要在葬祀上使用，还被用来驱蛇和清除人体内的绦虫。

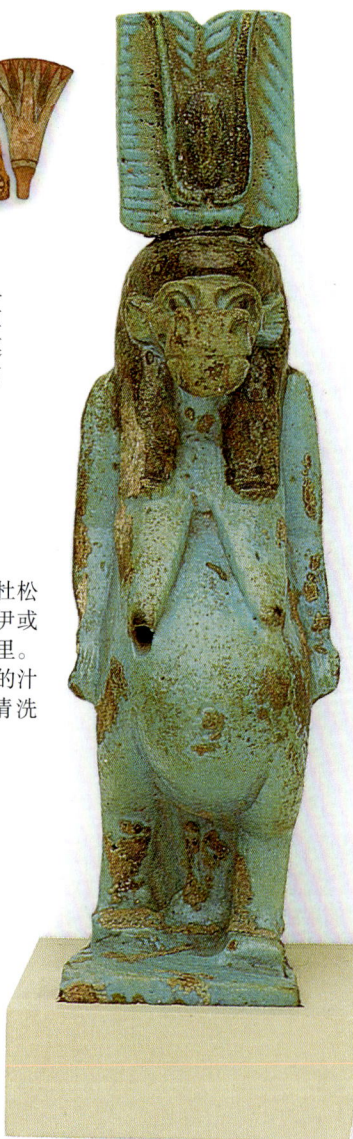

生育女神
生育女神塔沃里特是一只怀孕的河马。她的样子看起来很凶恶，保护孕妇在生育时免受邪恶的攻击。

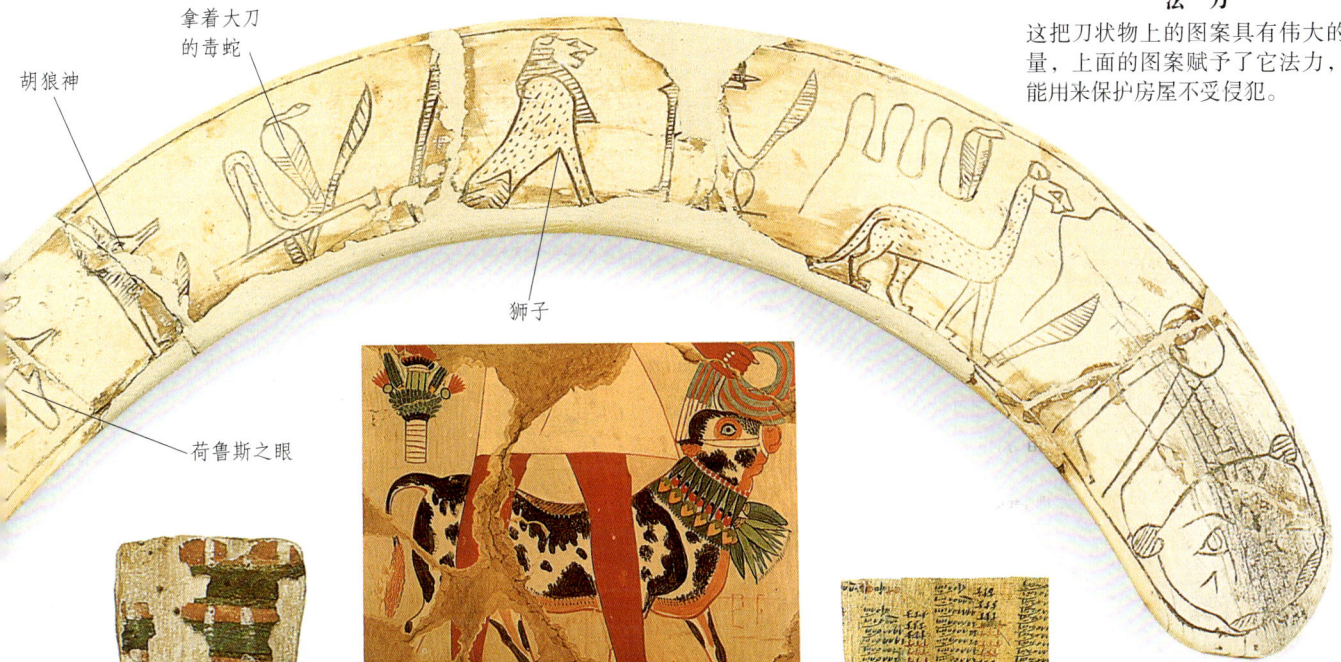

胡狼神

拿着大刀的毒蛇

法 刀
这把刀状物上的图案具有伟大的力量，上面的图案赋予了它法力，可能用来保护房屋不受侵犯。

狮子

荷鲁斯之眼

祭祀准备
图中的小牛是将用于祭祀的祭品。食物用来祭祀众神。

日历
在这张莎草纸日历上，大多数日期是用黑色标记的。红色的日期表示凶日。

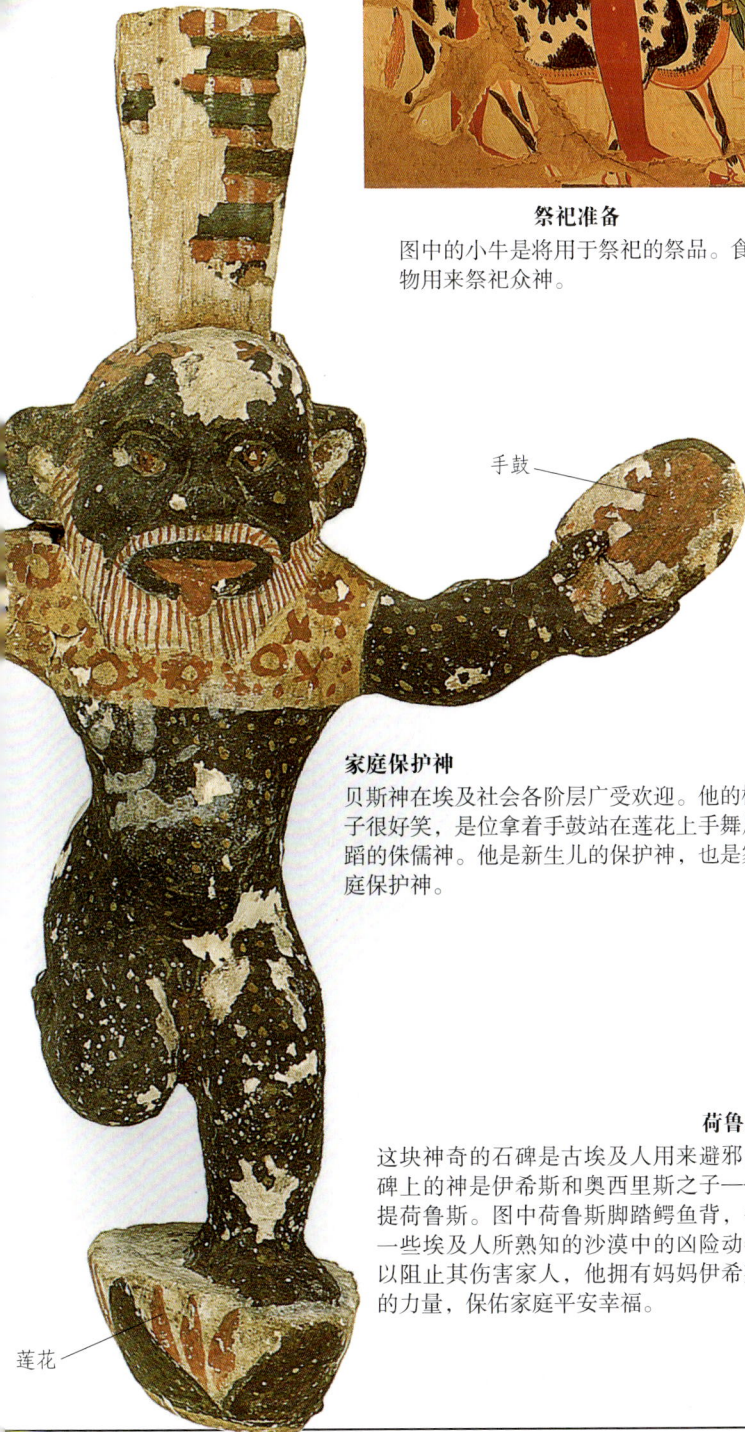

手鼓

家庭保护神
贝斯神在埃及社会各阶层广受欢迎。他的样子很好笑，是位拿着手鼓站在莲花上手舞足蹈的侏儒神。他是新生儿的保护神，也是家庭保护神。

莲花

荷鲁斯神
这块神奇的石碑是古埃及人用来避邪的。碑上的神是伊希斯和奥西里斯之子——孩提荷鲁斯。图中荷鲁斯脚踏鳄鱼背，手抓一些埃及人所熟知的沙漠中的凶险动物，以阻止其伤害家人，他拥有妈妈伊希斯神的力量，保佑家庭平安幸福。

喂 鸟

古埃及人崇拜托特神，因此朱鹭也备受尊敬。在这幅充满想象力的19世纪的油画中，一名女祭司正在喂食一群朱鹭。

祭司和神庙

埃及神庙最高祭司理论上由法老担任，但实际通常由大祭司所取代。大祭司的职位通常由家族世袭，直至法老委派新祭司。他们在神庙的领地上握有极大的权力，掌管着神庙宝库及所属的大片地产。祭司被称作"神的仆人"，头衔前附以"第一""第二"或"第三"来区分具体职位。低等级的祭司叫"净化者"或"神父"，负责轮值看管神庙的财产，记录神庙的日常事务。

侧边发辫

跪着的祭司

图中祭司被称为"Yun-mutef"，意即"母亲的支柱"，象征孩提时的荷鲁斯。

供桌

穿着豹皮

假 门

大臣的坟墓中都有带假门的祭堂，假门代表墓室与祭堂的通道。

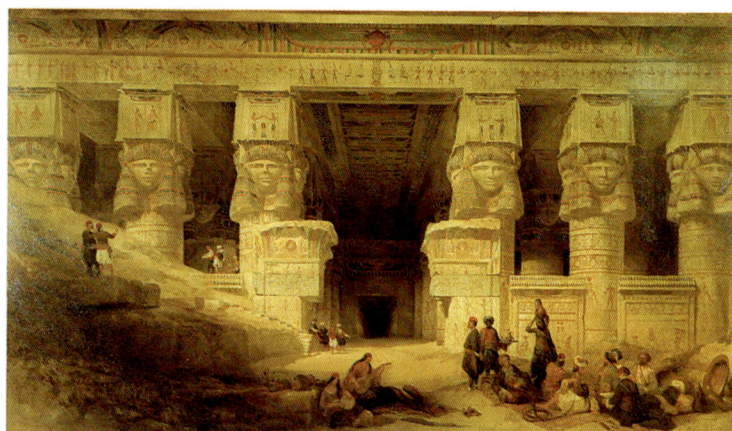

丹达腊的神庙

现存的哈托尔女神神庙，建于希腊罗马统治埃及时期。

最后的神庙
19世纪的旅行家大卫·罗伯特的这幅画展现了伊希斯神庙。这是基督教进入埃及后最后建筑的神庙。公元6世纪，罗马皇帝查士丁尼下令将其关闭并改为一座教堂。

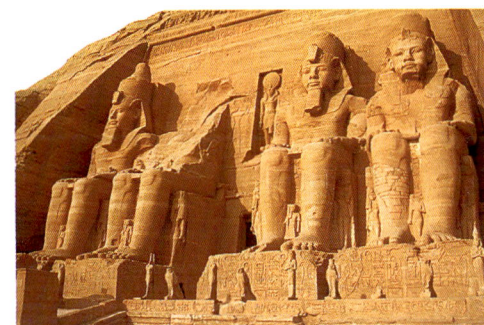

巨大的雕像
拉美西斯二世下令在尼罗河第二瀑布附近开凿两座神庙。这座神庙是献给他自己和3位埃及主神——阿蒙、拉－哈拉凯蒂和普塔的。4座巨大的雕像位于神庙入口两边的崖壁上。

方尖碑

古埃及人雕刻方尖碑来歌颂法老和众神。方尖碑的尖顶是太阳神创造宇宙时站立的地方。

门柱？
这座方尖碑是卢克索神庙入口处两座方尖碑中的一座。另一座送给了法国国王，现矗立于巴黎的协和广场。

思考者
图中祭司神情忧虑。光头是因为大多数祭司必须剃掉头发。

长着翅膀的天空女神

荷鲁斯之子，负责看护女祭司的木乃伊

金棺
这是一位女祭司的棺木。她的职责是服侍阿蒙神并在祭祀典礼上唱颂歌。棺木共有3层，其中图中这副镀金木棺最令人印象深刻。

祭祀仪式

精心挑选出来的祭司能够参加在神庙大厅中举行的祭典。伴随着燃烧的熏香及明亮的灯盏，祭司们挥洒着圣水。大祭司口念"我是净化使者"来到神殿，打破黏土封水层，打开神殿大门，众神的金质雕像便呈现于前。通常，在献上祭品之前，祭司会将神像精心装饰一番。祭祀完毕主祭离开大厅之后，人们会将地面清扫干净，不留下任何踪迹。

瓮
这个青铜容器被称作瓮，用来盛放取自神庙圣湖里的圣水，以便在祭典中泼洒。

月牙和满月

仪式瓶
金属瓶用来向摆放祭品的桌子泼洒圣水，以表明敬献给众位神灵的祭品是多么的圣洁。

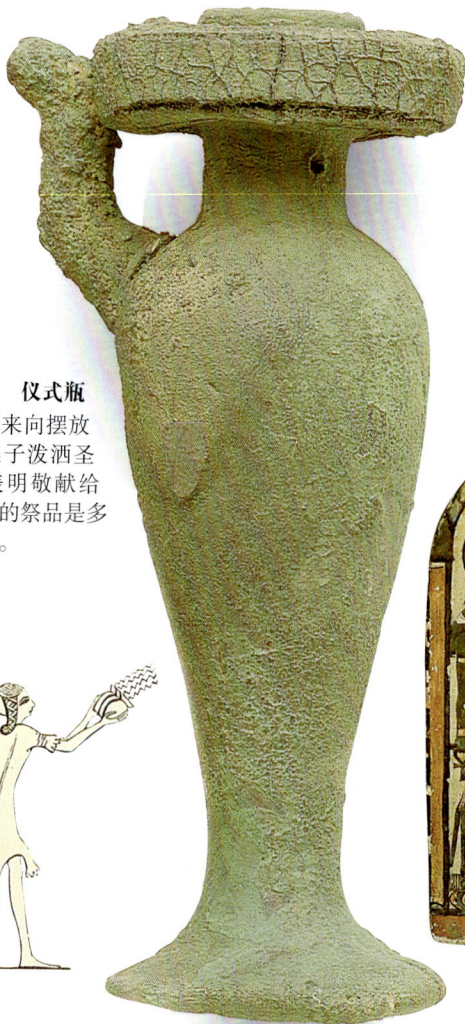

祭拜者
一个名叫黛纽恩肯斯的女祭司正在向太阳神拉-哈拉凯蒂敬献祭品。

燃烧熏香的杯子

锥形底使瓮便于立于台座之上

盛放熏香球的容器

祭司队伍

这些祭司都留着光头，以确保清洁。为首的祭司一手拿着熏香炉，一手挥洒圣水。

狒狒

鸟

胡狼

青蛙

献 祭

这块青铜饰板呈现的是一位祭司正在给祭品洒圣水的情景。圆饼和饮品都是供奉给神的祭品。

女神穆特

哈托尔女神头像

孔斯神

手杖尖顶饰

祭司在神庙中手持手杖列队行进。这个手杖尖顶饰的造型是一束纸莎草上立着鹰神荷鲁斯。荷鲁斯头上戴着象征上埃及和下埃及统一的联合王冠。

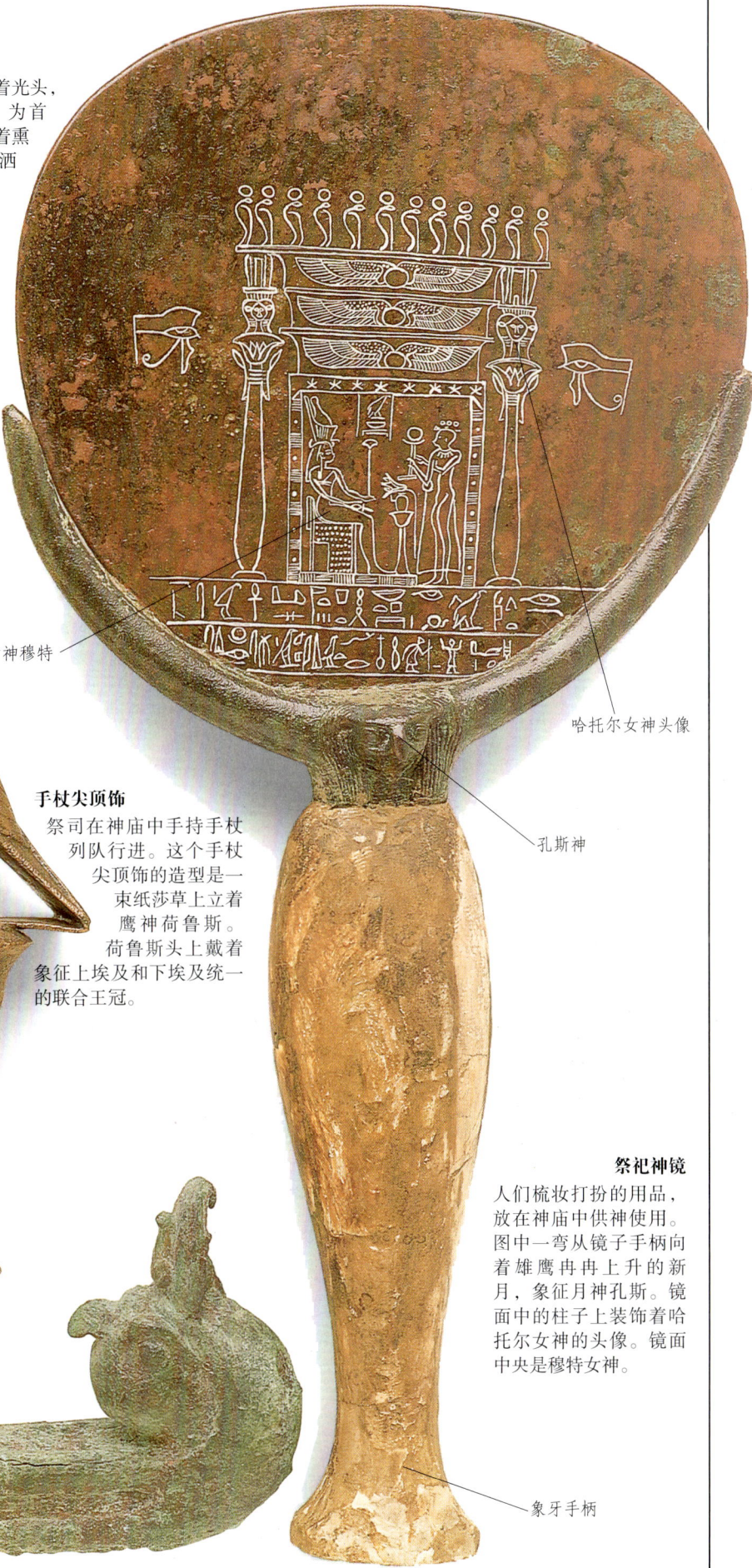

这幅神庙壁画展示了正在使用熏香炉的情景。

空气清新剂

人们在神庙中点燃熏香，用这种芬芳的气味来引起神的注意，以及净化神庙的空气。这只青铜熏香炉的末端是鹰神荷鲁斯的头像。

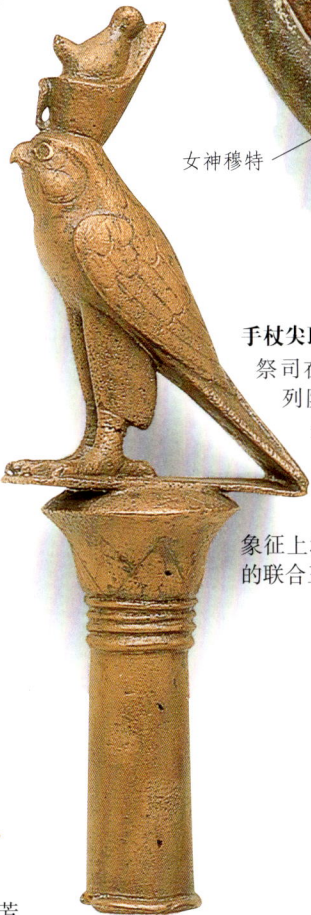

祭祀神镜

人们梳妆打扮的用品，放在神庙中供神使用。图中一弯从镜子手柄向着雄鹰冉冉上升的新月，象征月神孔斯。镜面中的柱子上装饰着哈托尔女神的头像。镜面中央是穆特女神。

象牙手柄

书吏和学者

书吏在古埃及社会中属于上层人士，能力卓越者更是前途无量。一个名为霍伦海布的书吏甚至成为了埃及法老。要成为一名书吏，必须接受非常严格的训练。从9岁开始，训练大约5年时间。相比其他职业，书吏拥有一定权力，他们可以免除税收及洪水期的劳役，还可以通过记载让自己名垂千古。

开始工作了！
这位年轻书吏将莎草纸卷放在膝上，盘膝而坐。这是古埃及艺术作品中书吏的通常坐姿。

放墨水的小洞

茂密的针叶

纸莎草
这种植物可以长到4米左右，广泛分布在尼罗河两岸。但是由于造船、编篮子、制鞋、编绳、造纸等的过度使用，纸莎草已经在埃及绝迹。

用于造纸的茎

清点鹅的数目
这位书吏正在一个贵族庄园里清点鹅的数目。

去掉外皮

将内茎切成薄片

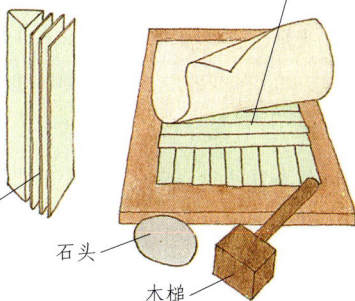

铺成垂直的两层

石头

木槌

莎草纸的制作
首先，将纸莎草茎的外皮去掉，把内茎切成一条条薄片，然后把这些薄片排成互相垂直的两层，上下对齐，再覆盖上一层亚麻布，用石块或木槌施以重压。最后，两层薄片结合在一起，就制成了一张莎草纸。

画　师

埃及的画师都是专业的书吏，专门从事为王室或墓碑作画的工作。首先，由初级画师用红色赭石在干石膏上画出略图。然后，由高级画师进行修改，并用黑线标出轮廓。最后，由彩绘工匠在轮廓内涂上颜色。

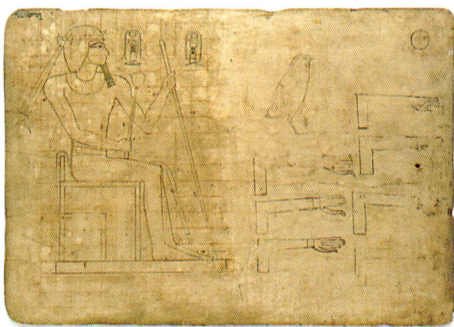

研磨颜料的石头

玄武岩调色板
这块调色板上刻着一个王室的名字，说明该书吏是在宫廷供职。

画　板
画师用红色的格子把人体分成几个方块，以便为图特摩斯三世画像的实际绘制确定正确的比例。

木制调色板
许多书吏都有一块这样的调色板。

拉美西斯一世的名字

书吏与督学
这两位书吏正忙着在莎草纸上写字，好像在记录站着的督学说出的话。请注意他们面前的"公文包"和书包。

写小字的芦秆笔

象形文字"书吏"
一支书写文字的笔、一壶调颜料的水及一块调色板，结合起来构成象形文字"一位合格的书吏"。

刷　子
这把粗刷子是漆匠给坟墓或神庙外墙着色时用的。另一支也用于粉刷，可能是用来在巨型雕像上书写大的象形文字。

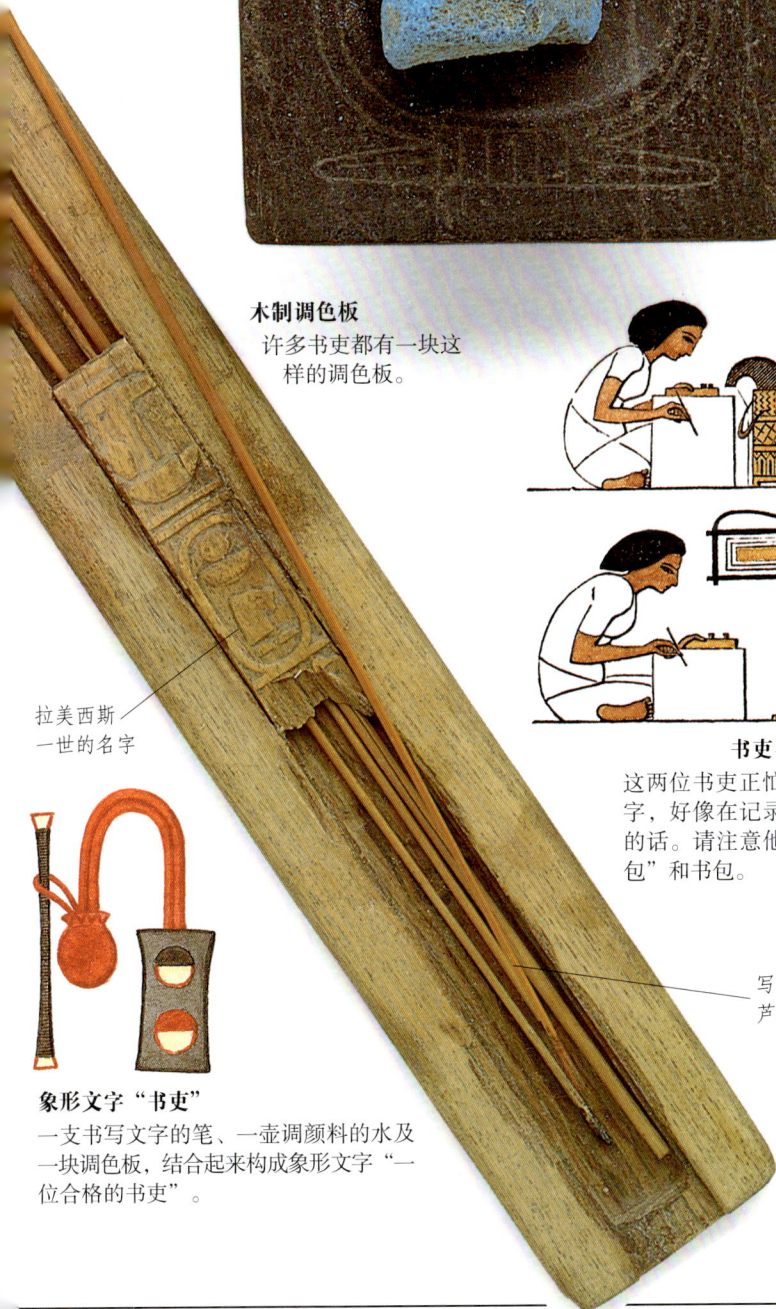

标签

书吏用标签来标注莎草纸文献。这枚标签标明该文写于阿蒙霍特普三世时期，讲述一棵无花果树的故事。

写作

象形文字是一种复杂而精确的图形文字，包括700种不同的符号。这种特点决定了古埃及文字的书写须由专人代笔，而从事这项工作的人即为书吏。象形文字多被应用于纪念碑、神庙、坟墓铭文以及宗教文献。它们可以从左向右写，也可以从右向左或从上往下写。书吏在写商业合同、信件、故事时，采用一种特殊的字体——祭司体。这种字体是象形文字的简化体，通常从右向左写，后来更简化的称世俗体。在古埃及文明的晚期，书吏还必须会写统治者的文字——希腊语。

伊姆霍特普

这位天才书吏生活在4500年以前。他是太阳神庙的大祭司，也是位于萨卡拉的第一座金字塔的设计者。

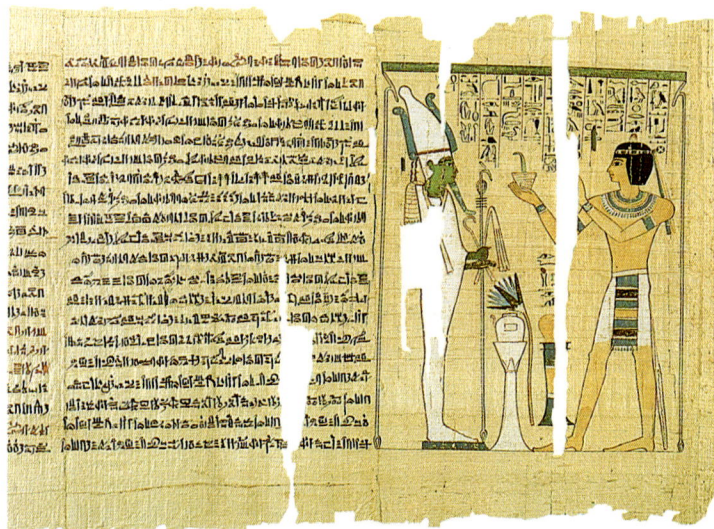

两种字体

书吏通常用祭司体进行书写。在这张莎草纸右边，大祭司正在向奥西里斯神敬献祭品。图画上方的文字是圣书碑体，左边是祭司体。

王室门牌

这块金属门牌上的象形文字是："敬爱的太阳神拉之子、底比斯的统治者阿蒙霍特普万古永存。"

法老的名字

麦雷拉法老的名字　　　官员的名字

圆柱形印章

早期埃及官员用其表明身份和权力。印章上刻着法老麦雷拉及一位属下官员的名字。右侧压痕为印章的完整侧面图。

小圣甲虫印章

罗塞塔石碑

公元6世纪，随着古埃及最后一座神庙的关闭，阅读象形文字的本领开始失传，直到1799年罗塞塔石碑的发现。石碑分别以3种文字书写。底部是希腊文，中间为埃及世俗体，顶部是圣书体。3种文字是相同的内容，从而使象形文字能够得以对照翻译。

圣甲虫印章

圣甲虫是太阳神的象征，因此经常被雕刻在印章的顶部。大印章的文字意为法老阿蒙霍特普三世在位期间曾杀死过102头狮子。

让·弗朗索瓦·商博良

法国考古学家商博良花费数年时间破译了这块在罗塞塔发现的玄武岩石碑上的符号，是人类在破译古埃及象形文字上取得的重大突破。

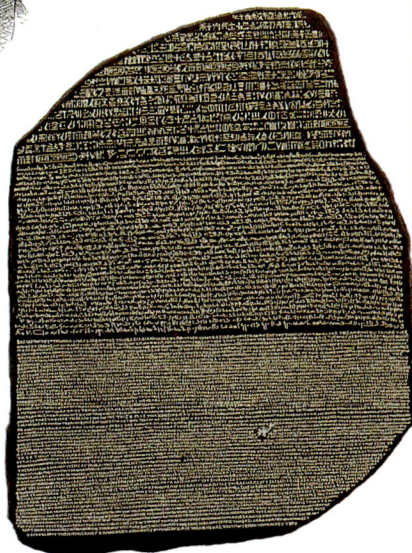

象形文字及其原型

象形文字是书吏从周围的环境演化而来的。图中谷仓上的猫头鹰代表辅音字母"m"，是王室名字"Amenemnat"的组成部分。

破译罗塞塔石碑

当知道石碑中有王室名字"托勒密"后，人们就在石碑顶部的象形文字中寻找对应的符号，再逐一辨认其他的象形文字，最后文章全部被破译。

练习

书吏在学习象形文字时，必须进行大量的练习。图中是书吏正在练习小鸭子的图形，它是象形文字"宰相"的组成部分。

武器装备

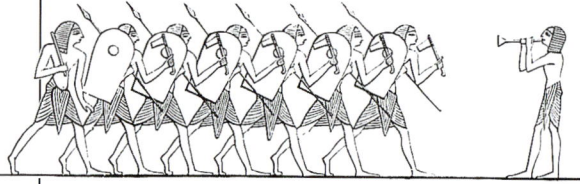

手持标枪、盾牌和战斧的士兵正在接受号令。

公元前3000年左右，士兵首次在古埃及发挥重要作用。埃及军队有着良好的组织体系。上至法老本人，下至掌管50名士兵的军官，层级分明。军中还有随军书吏，负责拟定公文和记录战事。军队由步兵军团和战车军团组成。战车是木制的，每辆战车配备两名士兵及两匹马。攻击手可以站在这些机动平台上攻击敌人。和平时期的士兵转而从事国内建设。

典礼时用的斧子

长刀刃

战斧

银柄斧

勇猛的法老
这幅图是法老图坦卡蒙陵墓中一个盒子的侧面图。画面中描绘的场景是法老正在同来自努比亚的敌人作战。

古老的战斧
斧子在整个中东地区常作为武器使用。这把银柄斧的斧刃很长，便于战争中砍杀。右边斧刃上有透雕的斧子是典礼上使用的。

银钉

护 指

弓箭手在射箭时，把弓弦向后拉成三角形，动物肠子做的紧绷的弓弦会勒疼弓箭手的手指。这种骨制的护指恰好可以保护手指。

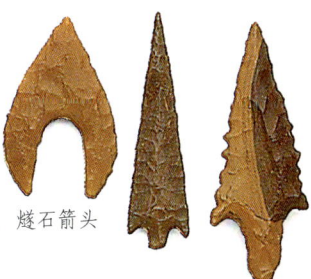

燧石箭头

威力无穷的小箭头

最早箭头是用燧石或坚硬的木头制成的，后来出现了青铜箭头。图中有马蹄状箭头和三角形箭头。

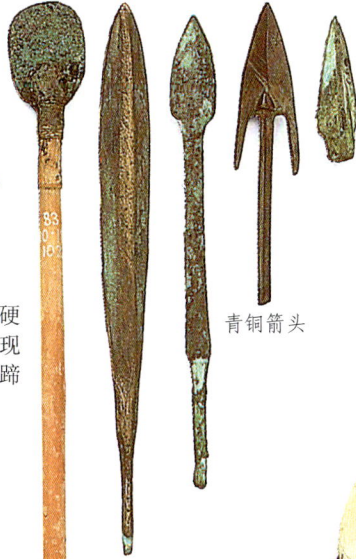

青铜箭头

可靠的剑

由于受中东国家的影响，剑的手柄在设计上比匕首更直，可以握得更紧。

箭

这是一支猎人打猎时用的箭，它的箭头是秃的，箭杆是用芦苇做的。

行军中

步兵使用木制大盾牌进行防护，攻击武器是战斧和矛。

勋 章

出色的士兵会得到金苍蝇勋章。

致命的匕首

传统的埃及匕首有着细长而锐利的铜刀刃。刀刃的根部宽阔，用铆钉与刀柄连在一起。刀把头由象牙或骨头构成。

护腕

匕首

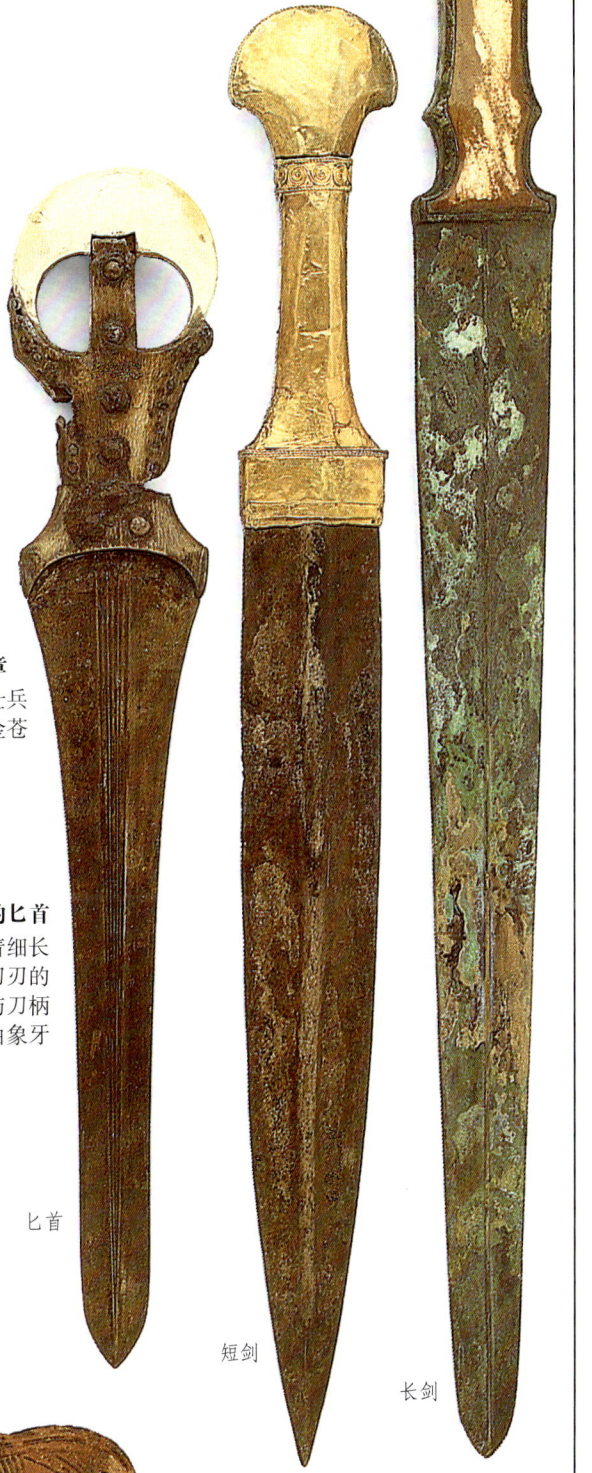

短剑

长剑

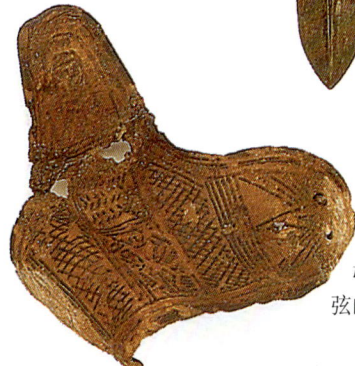

护 腕

弓箭手射箭时在左手腕戴上护腕，以避免弓弦的伤害。

航行在尼罗河上

尼罗河是埃及的交通干线。尼罗河上最早的船是用纸莎草制造的，但是很快造船厂开始将木头作为造船材料。关于古埃及造船技术的最好佐证是一艘被发掘的40多米长的船。它为4500年前的法老胡夫所造，在大金字塔旁的地坑中被发现。该船是一艘举行仪式时使用的无龙骨的驳船，船上有一间专为法老准备的船舱。神庙的浮雕中描绘了一些大船正将巨大的圆柱和方尖碑从阿斯旺采石场运送到数百里以外的地方。从小型的运送谷物的货船到为法老和高级官员建造的大船，我们看到一幅详尽的尼罗河交通运输的画面。

"拉神"号远航

埃及最早的船是由纸莎草茎捆在一起制成的。探险家邵·赫耶德豪驾驶"拉神"号纸莎草船从埃及出发，到达美洲。

捕　鱼

这两只小船也是用纸莎草做成的。每只小船各有两名桨手，两船通过中间的拖网连在一起。

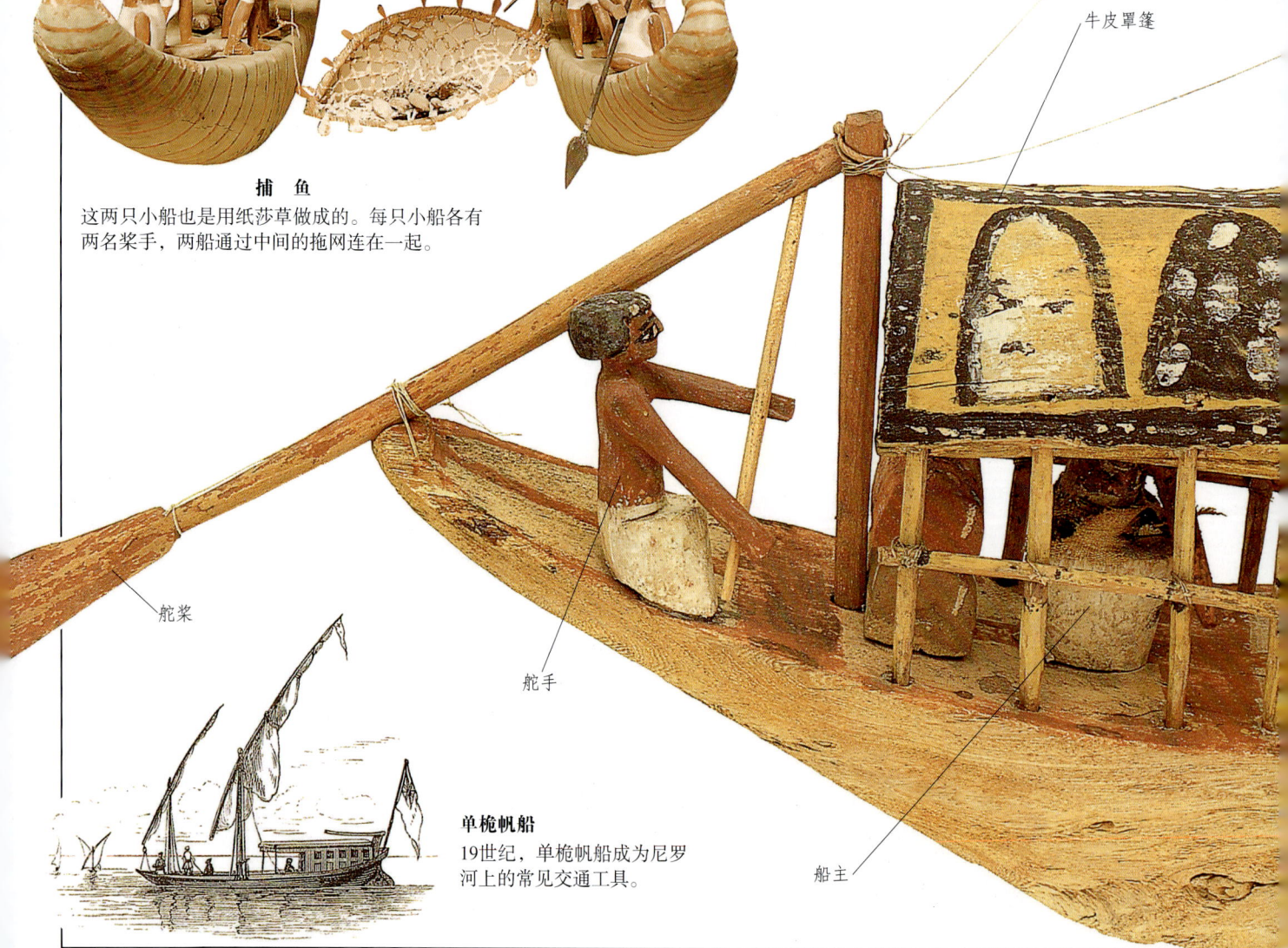

牛皮罩篷

舵桨

舵手

单桅帆船

19世纪，单桅帆船成为尼罗河上的常见交通工具。

船主

工作中

图中几个造船工人用圆木把小船支撑起来，把甲板上一块厚木板弯成弧形，以使船体两端相称。他们用木棒绞紧绳子，渐渐使船板弯成弧形。

黎巴嫩雪松

生长在黎巴嫩与叙利亚境内山坡上的雪松和杜松是古埃及制造礼仪船只的优质之选。法老斯奈夫鲁曾派40只船去贝洛博斯伐集雪松。

方形船帆

上 船

衡量古埃及农民财富的标准是拥有牛的数量。把牛送过尼罗河或运河是件困难的事，人们制造出专门用来运送牛的宽大船只。

拉帆船员

将船推离沙堤的船员

4000年前的游船

古埃及人把模型船放在死者的坟墓内，作为其阴间的交通工具。从这只模型船上，我们能够清楚地看到古埃及游船的样子。

测量水深的铅垂线

43

贸易

古埃及是古代世界最富裕的国家。东部的沙漠地带和南部的努比亚地区拥有很多金矿。法老常常将黄金作为礼物赠送给巴比伦国王等外国统治者。作为交换，他也得到了对方国家的公主和许多手工艺品。虽然法老们的领土只限于尼罗河沿岸直到阿斯旺的南部边界，但通过与尼罗河第一瀑布以南努比亚王族的贸易，他们却获得了来自遥远赤道的非洲国家的货物。一个重要的贸易交换地是位于尼罗河第三瀑布附近的凯尔玛。

实物交易

这是最普通的货物交换方式。图中的这两个人正带着两只鸭子和一坛酒准备去交易。

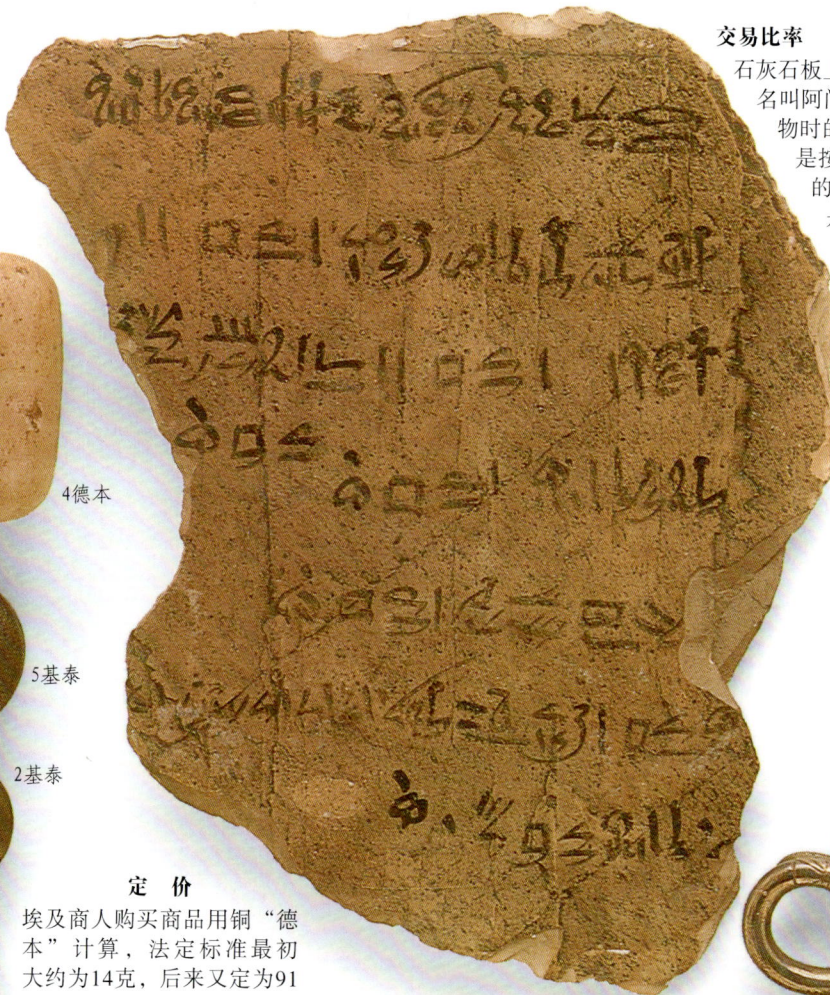

交易比率

石灰石板上的文字记录了一个名叫阿门沃的埃及人出售财物时的情况。货物的价格是按照"德本"来确定的。一只山羊的价格是1德本，一张床是2.5德本。

4德本

5基泰

2基泰

1基泰

定　价

埃及商人购买商品用铜"德本"计算，法定标准最初大约为14克，后来又定为91克。1德本分为10基泰。

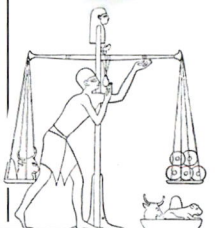

用来称量货物的大秤

存储银子

艾尔–阿玛尔出土了一只装有大量银子的罐子，这是其中的一部分。在古埃及，金属的价值是以质量来衡量的，与形状无关。

44

船上正在卸下的葡萄酒陶罐
属于一位高级官员

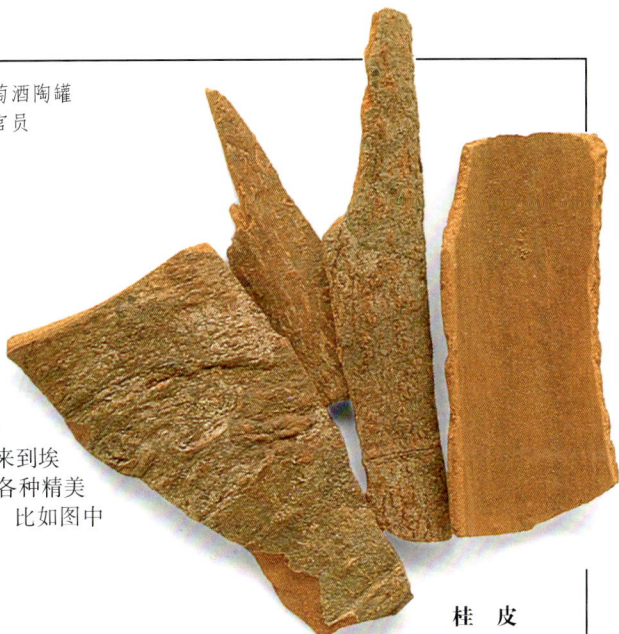

象牙化妆匙
象牙经由努比亚来到埃及，用于雕刻各种精美奢华的物品，比如图中的化妆匙。

桂 皮
来自印度，被埃及人用作香料。

蓬 特

埃及人认为蓬特是一个遥远而神秘的地方。我们现在也不知道它的确切位置，常规路线是沿着红海海岸一直向南，再朝着尼罗河支流阿特巴拉河的方向向内陆前进。公元前15世纪，哈特舍普苏特女王派了5只船去蓬特，带回来的主要货物是香料。

象牙件

乌木柄

长着两只母牛耳朵的哈托尔女神

乳 香
苏丹、埃塞俄比亚、索马里和也门生长着这种产生带香味的树脂胶的植物。

叙利亚的贡礼
图中这些叙利亚王子正在向法老进贡：金花瓶、黄金香料容器、青金石、象牙，还有自己的女儿。

青金石
阿富汗的商人把这种贵重的石头带到了黎巴嫩各个贸易中心。埃及人认为太阳神的头发就是用它做的。

苍蝇掸子
制作苍蝇掸子的乌木非常贵，进口自中非。

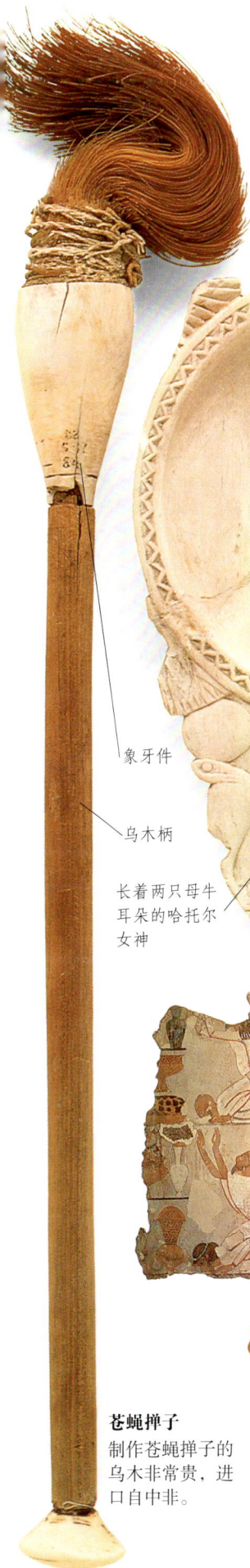

在黄金饰品上的青金石牛头

未经加工的青金石

香料贸易
埃及人从蓬特带回的没药和乳香可能来更远的南方。埃及商人不仅带回了树脂胶，还种植整棵树。

法老的雕像
这座图坦卡蒙木乃伊微型雕像展现了雕刻家的高超技艺。

埃及木匠

古埃及木匠的许多工具和作品至今还在。它们用生长在尼罗河河谷或三角洲地区的各种树木制成。在古埃及，房梁可以用海枣或者棕榈树制作；拐杖可以用柽柳；最受欢迎的树木是无花果树，可以用于制作棺材、桌子、化妆盒以及雕像。此外，为满足埃及上层社会的需要，也会进口木材：从黎巴嫩和叙利亚进口雪松、丝柏和杜松，从东非进口乌木。在古埃及，由于这些手工艺品很受欢迎，它们的制作者木匠的社会地位也比较高，占据着薪水较优厚的职位。

小雕像
木匠的精湛技艺通过这个化妆器具可见一斑。图中的化妆盒被雕刻成一个努比亚女仆。

锯齿刀刃

锯子
木匠拉动锯子来锯木头，同现在的推锯子锯木头的动作正好相反。

金属刀刃

木质手柄

斧头
这种斧头的主要用途是把树砍倒，加工成制作船板或棺材板的毛料。

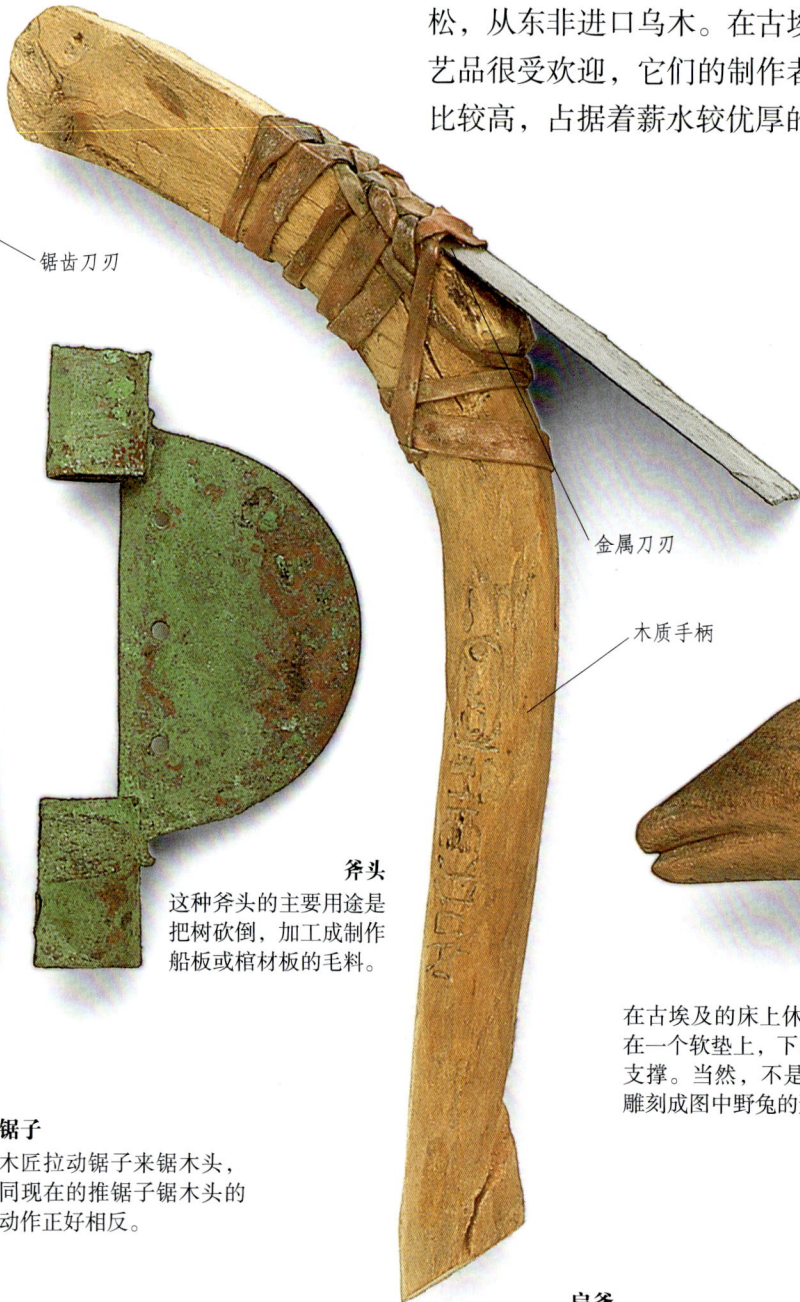

扁斧
这种工具可以将物体的表面修整得平整光滑，或加工葬礼用的大木棺。

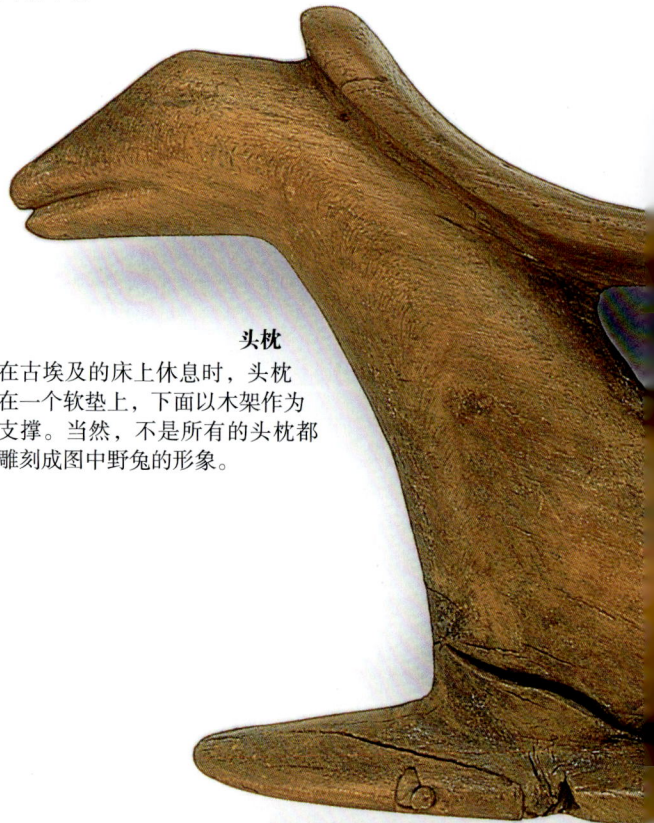

头枕
在古埃及的床上休息时，头枕在一个软垫上，下面以木架作为支撑。当然，不是所有的头枕都雕刻成图中野兔的形象。

山羊头雕饰

人们经常用动物形象来雕饰椅子、箱子和柜子。这块雕刻精美的残片上可以看到山羊的犄角、卷曲的羊毛以及胡须。它可能是柜子上的装饰。

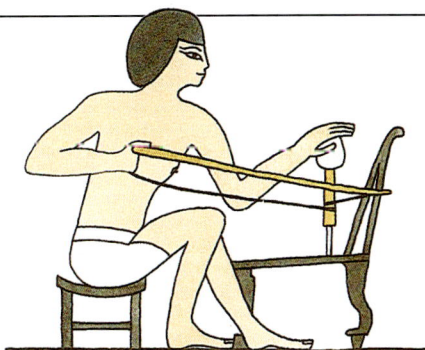

工作中的男子

这两位木匠正在雕琢一个装饰华美的大木棺，一人正在打凿钉孔，一人则在打磨棺盖。

钻 孔

这位木匠正用钻子在一块厚木板上钻孔。钻子是由金属或燧石钻头插在一根木杆里构成的。他先把钻子放在钻孔的点上，再用木弓通过拉动合股线旋转钻子来钻孔。

合股线

木弓

锥子

锥子用来凿"起钻洞"，在厚船板上要安装木栓的地方制作标记。

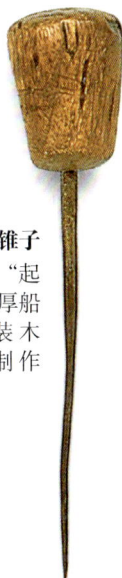

支撑枕垫和头的野兔耳朵

凿子

木匠用这样的凿子来进行复杂的雕刻。

37
7-14
168

金属钻头

磨光石

雕刻完成后，雕刻品粗糙的表面可用一块小鹅卵石打磨光滑。

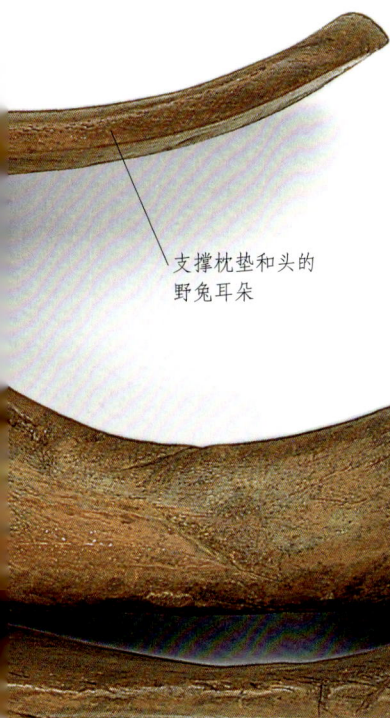

弓钻

木匠经常用弓钻在木头上打凿钉孔。

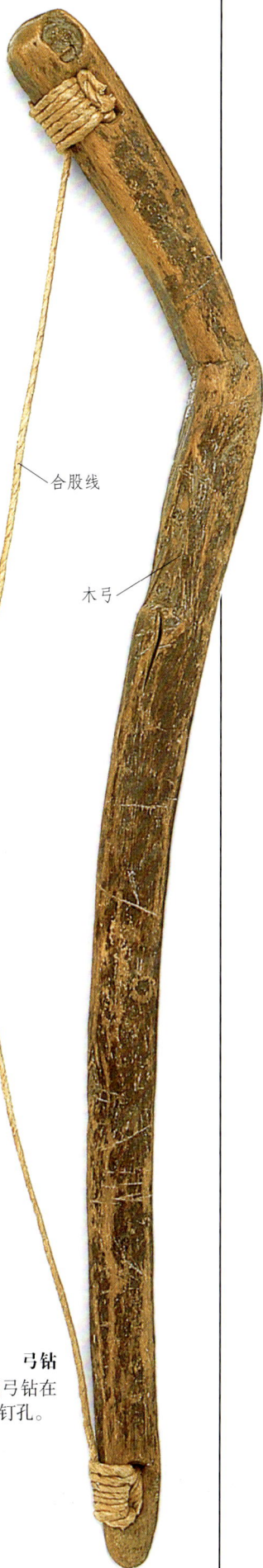

狩猎、捕鱼和捕鸟

在法老时代，农业生产为人们日常生活提供了充裕的食物。狩猎是法老和大臣们的消遣活动。他们常在埃及的沙漠中猎捕野牛、瞪羚、羚羊和狮子等各种动物。阿蒙霍特普三世最引以为豪的一件事，就是他在位的10年间杀死了100多只狮子，并在一次狩猎中杀死了90多头野牛。在法老去打猎前，这些野牛被事先赶入沼泽地的围栏内，再由法老坐在战车内——射倒。除了陆地上的动物，河里还有大量的鱼类，既可用鱼钩钓，也可用渔网捕捉。纸莎草丛中还藏着各种各样的鸟类。

家庭郊游
图中的贵族男子正在纸莎草沼泽地中捕鸟。他左手拿着一支蛇形投掷棒，右手抓着3只苍鹭作为掩护。他还带着一只猫。同行的还有他的女儿，以及精心妆扮过的妻子。

箭
图中的箭，箭柄是芦苇做的，箭头则多由象牙、骨头、燧石、黑曜石或金属等制成。

扁平的头部可以刺穿动物的皮

锋利的尖端可以杀死猎物

末端叉开可架在弓弦上

捕河马
河马对尼罗河上的芦苇船和地里的庄稼造成严重破坏，因此古埃及人经常驾驶着纸莎草船来捕捉它们。他们用鱼叉不断地戳河马，或用套索套住它。

投掷棒
投掷棒的形状像回旋镖，由木头制成。人们在捕鸟时，把它向鸟投掷出去。

沙漠中的战利品
在埃及人的狩猎场景中经常可以见到沙漠野兔，也可以见到羚羊和瞪羚。鸵鸟蛋是沙漠中的美味。

鱼钩
古埃及人把铜或青铜的鱼钩系在绳上用来钓鱼。

铅砣
埃及人用铅砣使渔网没入水中。

渔网
这是一张大约3000年前一个埃及渔民使用的渔网。这种网用芦苇和纸莎草搓成的绳子结成，既可用于捕鱼也可捕鸟。

大臣们使用的鱼叉

拴绳子的叉齿

鱼叉
古埃及人把金属鱼叉安在芦苇秆或木杆上，用来捕捉大猎物和鱼。

埃及人的房屋

古埃及的房子是用由尼罗河的河泥制成的砖建造的。人们把河泥运到建筑工地，工人把麦秸和小鹅卵石掺入泥中，然后把这些混合物倒进木制的砖模中，成形后再把砖从木模中取出，在太阳下晒干。古埃及人建房子时，通常会把房子的墙壁抹上石膏，内壁画上图案或自然风光。富裕家庭的房子建得很大，除了客厅还有卧室、私人房间和通往屋顶的楼梯。

池塘周围

池塘通常是富裕家庭花园的核心景观。池塘里有鱼，有莲花，周围种植着各种灌木和果树。

舒适的家

这座房子很具有代表性，是一位较显赫的王室书吏纳赫特的家。房子的墙用泥砖砌成，外面涂着一层石膏。格子窗户位于高处，只有少许阳光和灰尘能够进入，又能吹进凉爽的北风。房子前面是一座花园，里面有树木和池塘。

"灵魂之屋"

这是一户穷人家的房子模型。它被放在屋主的坟墓中供来世居住，是一座"灵魂之屋"。房子有一个低矮的拱形入口。墙上有一扇窗户让少许太阳光照进去。一道楼梯通往房顶，房顶上有一个通风口。

屋顶的
平台

空容器

各式各样的古埃及的杯子、坛子和罐了保存至今。其中，年代最久远的是石陶容器，约制造于5000多年前的法老时代之前。它们通常用色彩斑斓的石头精心制作而成。后来普遍使用的材料是彩陶，通过在模具中加热石英粉而制成。

酒杯
人们可以用这个莲花图案的漂亮的彩陶杯子喝水、葡萄酒或啤酒。

广口葡萄酒杯
这种盛酒的容器是公元前1000年的手工艺品，用精美的彩陶制作而成。

鸟形手握容器
这个瓶子制作于5000多年前，是盛放油或其他液体的。图中的瓶子是用一种色彩斑斓的角砾石做成的。

献给亡者
的祭品

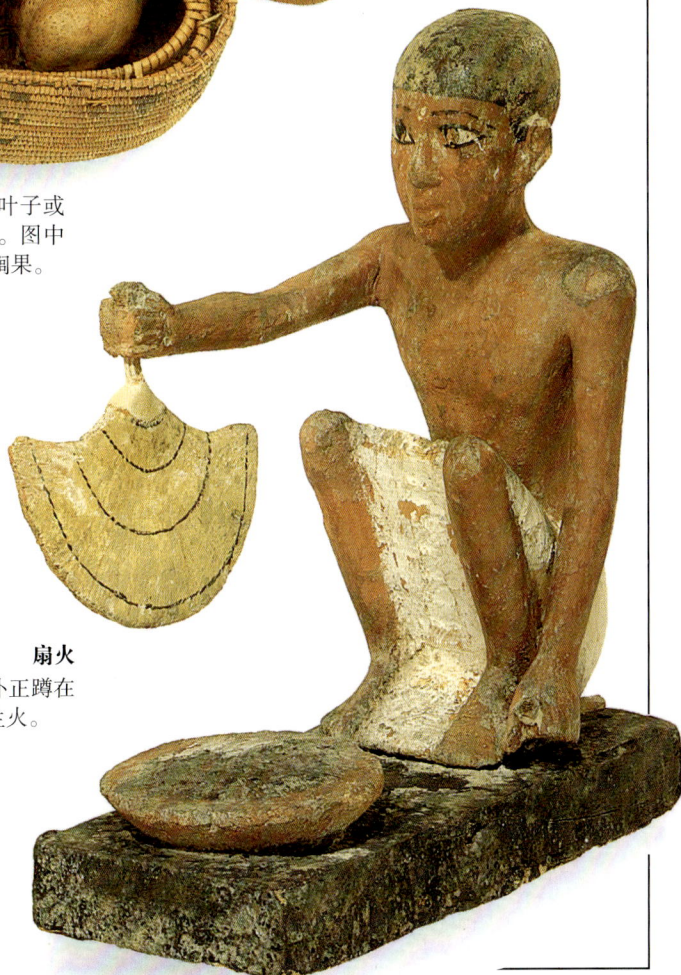

果篮
古埃及人常使用棕榈树叶子或纸莎草的茎编织的篮子。图中这个篮子里放着两只棕榈果。

扇火
右图的这个家仆正蹲在木炭旁边扇风生火。

这幅侧身图展示了雕刻优美的典型埃及座椅。

工作中的屠夫们
几个屠夫正在屠宰一头牛。他们把牛的3条腿绑在一起，侧翻在地，切断它的喉咙。

食物和美酒

每年一度的尼罗河洪水为埃及的农业生产带来了肥沃的土壤。埃及农民主要种植大麦和小麦，它们是埃及人餐桌上最主要的食物。人们把粮食储存于谷仓中，制成面包或啤酒。冲积平原上也种植着各种蔬菜，如洋葱、大蒜、韭菜、蚕豆、扁豆和莴苣等，此外还有葫芦、枣椰、无花果、黄瓜、甜瓜、葡萄，但没有柑橘类水果。条件稍差一点的家庭以鱼肉为主，禽类和其他肉类则少一点。

葡萄园里
图中两名男子正在从葡萄架上采摘葡萄。摘下来的葡萄用于酿酒。

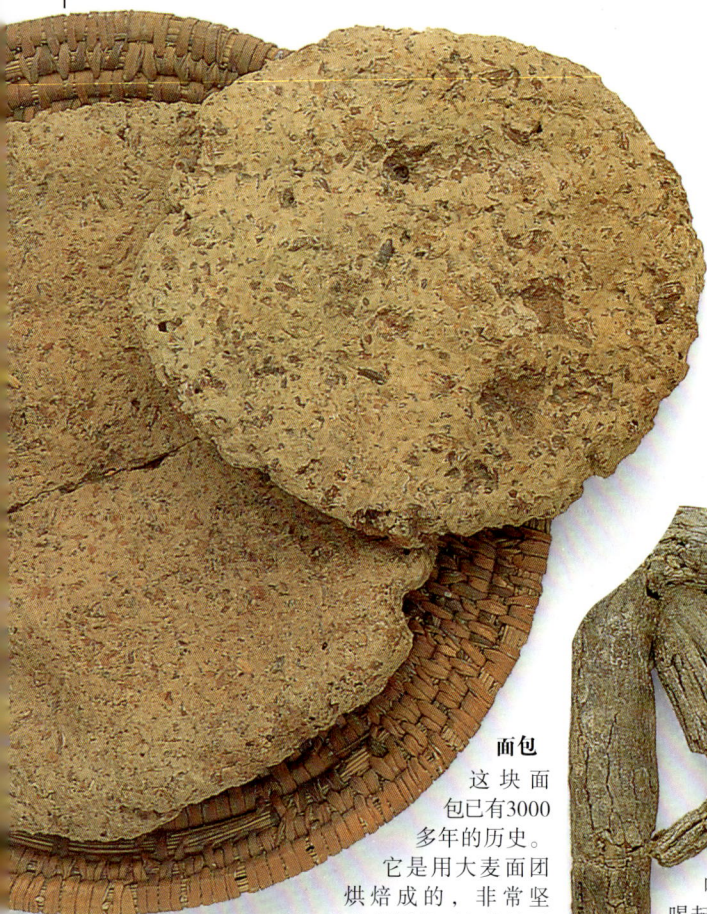

面包
这块面包已有3000多年的历史。它是用大麦面团烘焙成的，非常坚硬。这些粗糙的面包使埃及人的牙齿磨损得非常厉害。

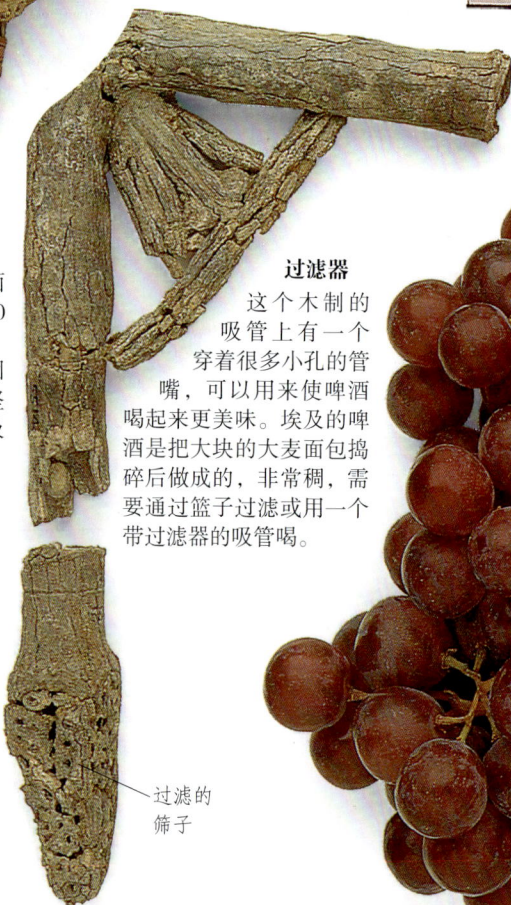

过滤器
这个木制的吸管上有一个穿着很多小孔的管嘴，可以用来使啤酒喝起来更美味。埃及的啤酒是把大块的大麦面包捣碎后做成的，非常稠，需要通过篮子过滤或用一个带过滤器的吸管喝。

过滤的筛子

葡萄
古埃及的葡萄大部分种植在北方。红色和绿色的葡萄发酵后，是酿造葡萄酒的原料。

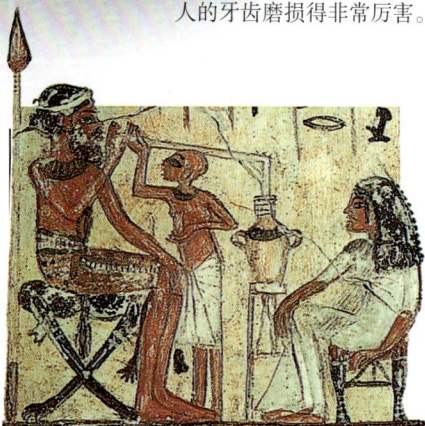

一名服侍法老埃赫那顿的叙利亚士兵，正坐在凳子上用"吸管"饮啤酒。

美味椰枣

椰枣的收获期在八月份。人们可以吃鲜果，也可以将其晒干或者做成甜酱，还可制作椰枣酒。

无花果

无花果在古埃及很受欢迎。图中的无花果和现代的无花果是一样的。

现在的无花果

棕榈果

这些棕榈果是一座3000多年前的坟墓中的祭品。这种坚果的外壳非常硬，可用来做钻子的尖顶。

埃及人的宴会

书吏和贵族们在宴会上享用各式各样的肉类和水果。图中这个佳肴美酒的场景来自一个底比斯家庭的宴会。

石　榴

石榴是从中东传入埃及的，并很快受到了欢迎。盘子中的石榴是坟墓中的祭品。

现代大石榴

古代的石榴

音乐和舞蹈

古埃及人注重享受生活乐趣。坟墓墙壁上的聚会场景、纸莎草文献上记录的歌曲，以及各种各样的乐器都展示着古埃及的音乐和舞蹈。古埃及人有一些重要的公共节日。在节日上，人们开怀畅饮，载歌载舞。事实上，音乐的作用不止于此。当制酒挤压葡萄时，他们一起有节奏地拍打着棍子；当雇工们赶着牛车运送谷物时，他们对着牛歌唱；当丈夫靠在长榻上休息时，公主为他弹奏起竖琴；当队伍行进时，舞伎们在旁边翩翩起舞。古埃及宴会上的小型管弦乐队，会有弦乐器、管乐器以及各种打击乐器，音乐的节奏比较强劲。

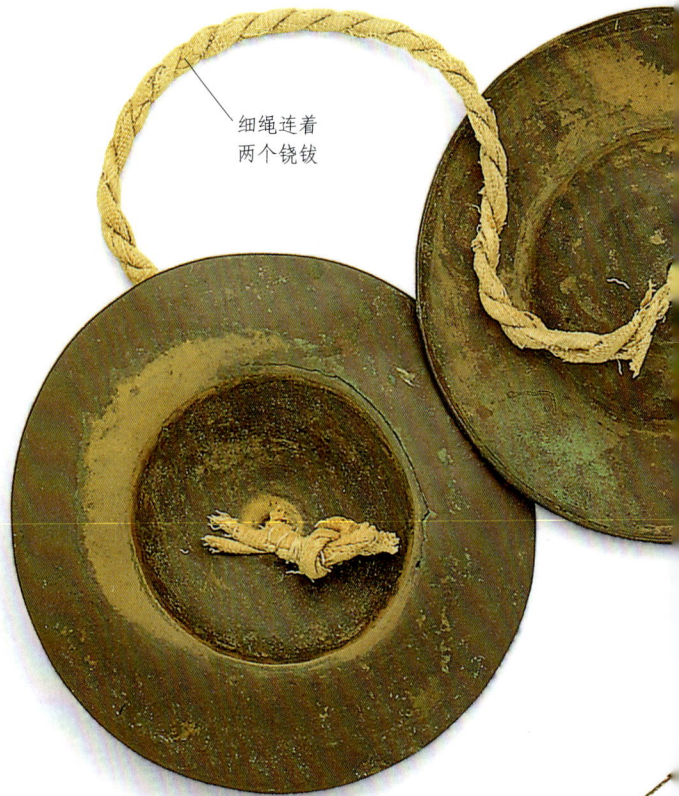

细绳连着
两个铙钹

代表上埃及和
下埃及的联合
王冠

跳舞的女孩

载歌载舞
这是一幅墓画的一部分。画中一群舞女和一个
女子管弦乐队正在进行表演。

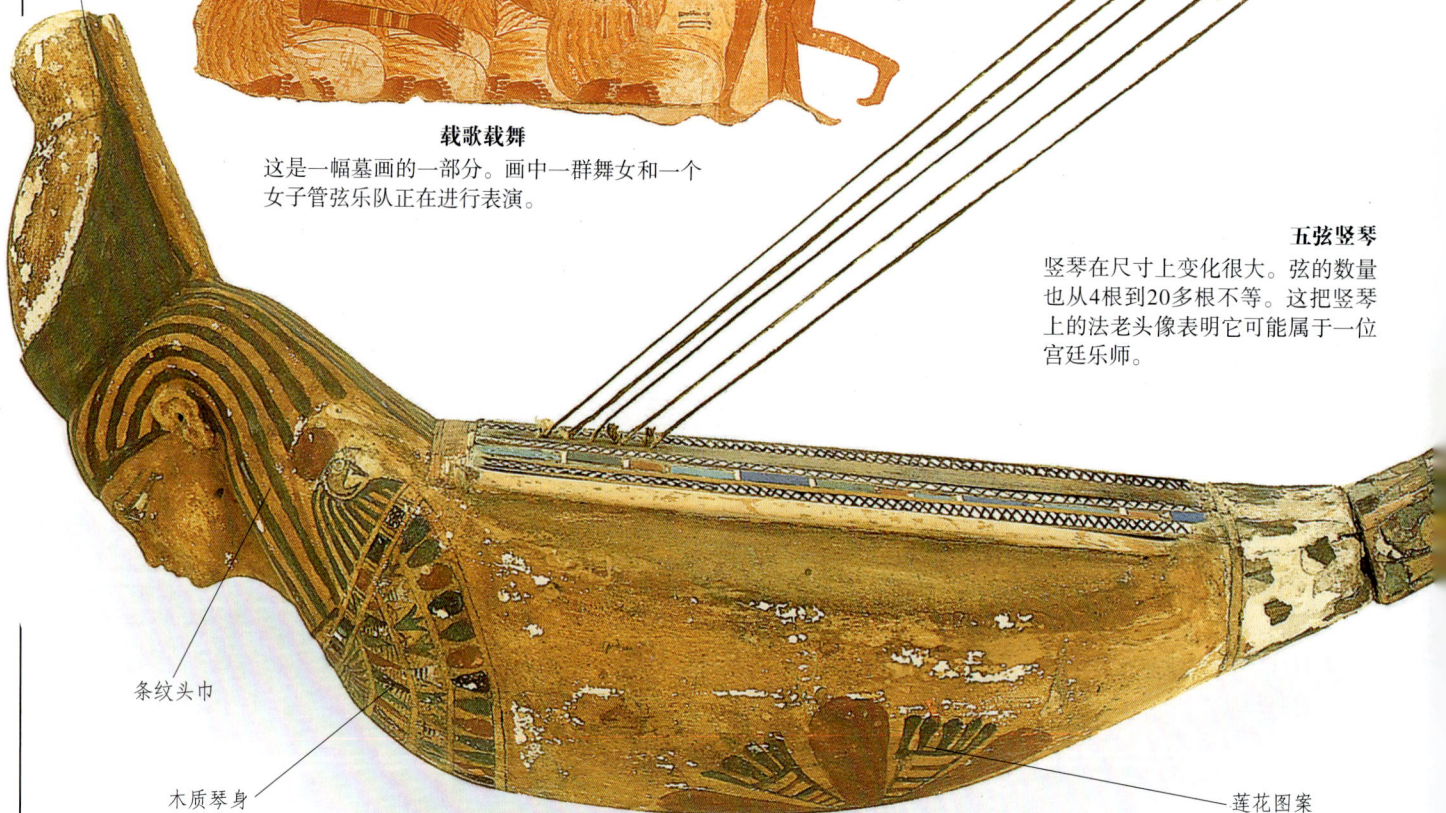

五弦竖琴
竖琴在尺寸上变化很大。弦的数量
也从4根到20多根不等。这把竖琴
上的法老头像表明它可能属于一位
宫廷乐师。

条纹头巾

木质琴身

莲花图案

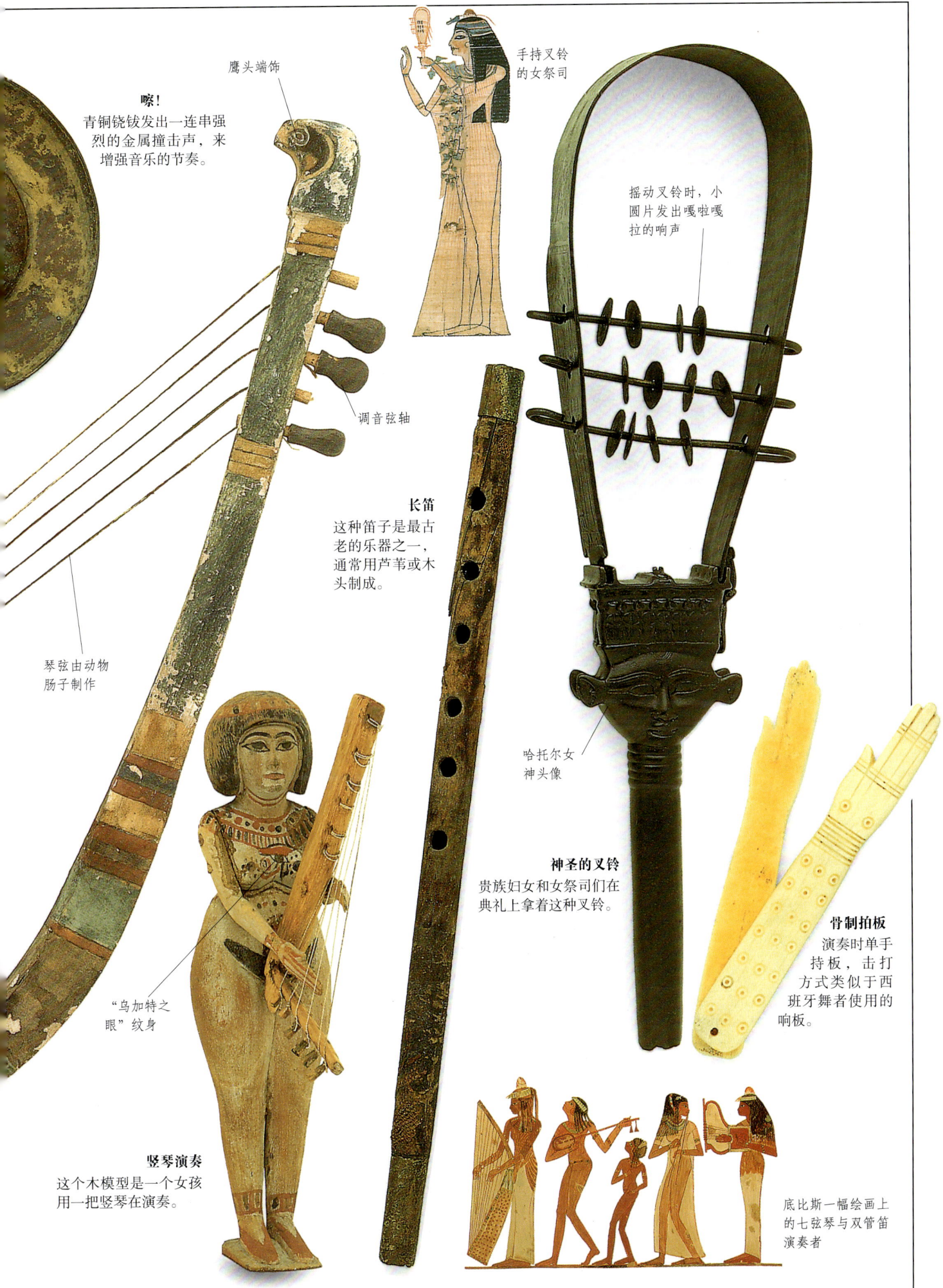

鹰头端饰

嚓！
青铜铙钹发出一连串强烈的金属撞击声，来增强音乐的节奏。

手持叉铃的女祭司

摇动叉铃时，小圆片发出嘎啦嘎啦的响声

调音弦轴

琴弦由动物肠子制作

长笛
这种笛子是最古老的乐器之一，通常用芦苇或木头制成。

"乌加特之眼"纹身

哈托尔女神头像

神圣的叉铃
贵族妇女和女祭司们在典礼上拿着这种叉铃。

骨制拍板
演奏时单手持板，击打方式类似于西班牙舞者使用的响板。

竖琴演奏
这个木模型是一个女孩用一把竖琴在演奏。

底比斯一幅绘画上的七弦琴与双管笛演奏者

游戏方块
这个狮头雕像可能是
游戏中的棋子。

玩具和游戏

古埃及人从孩童就开始享受生活的乐趣。
他们玩的一些游戏直到今天仍然深受孩子
们的喜爱，比如跳青蛙和拔河。玩具的种
类也有许多，从动物模型、洋娃娃到各种
球类玩具。埃及人还是讲故事的高
手，他们用充满想象力和魔力的故
事使孩子们开心。

洋娃娃
埃及人把木头雕刻成洋娃
娃。图中这个洋娃娃可能
是小孩子的玩具，也可能
是陪葬品。

抛接球游戏
抛接球是一项流行的娱
乐活动，尤其在女孩中
很受欢迎。

彩球
这两只彩球是用黏土
做的，里面装满植物
种子或小黏土珠子。

轮子上的马
骑马是法老们最喜爱的消遣活动。这匹
玩具马，经考证制作于罗马人统治埃及
期间，鼻子上穿有一根绳子，用以拉着
它往前走。

控制下颌
的细绳

玩具老鼠
这只木制的老鼠身上装
有一根细绳，拉动绳
子，老鼠的尾巴便
会上下摆动。

咆哮还是喵呜？
这个玩具是猫还是狮子，我们
无法确定。它用木头粗略雕刻
而成，下颌上系着一根细绳，
可以拉动它上下活动。

赛那特棋

这种棋盘游戏象征着一场对抗邪恶力量的斗争，邪恶力量试图阻止玩家到达奥西里斯神的王国，因此玩家必须想方设法渡过难关。棋盘上有30个方格。游戏中有两组棋子，游戏时按照投掷棒到达的路线移动棋子。

抽陀螺

用手指用力一扭，或把缠在圆锥体上的纸莎草细绳用力一拉，陀螺便旋转起来。陀螺是用石英粉在模具中制作成型，然后进行磨光制成的。

该你了！

这张莎草纸画出自书吏阿尼的"亡灵书"，描绘了阿尼和妻子图图正在玩赛那特棋的场景。

法老的游戏

图坦卡蒙陵墓中有4副赛那特棋盘，其中这张用乌木和象牙做成的最好。

法老名字的象形文字

蛇盘棋使用的石球

蛇盘棋

"蛇盘棋"是埃及最古老的棋盘游戏之一，因为石头棋盘像一条大毒蛇而得名。玩家围绕着蛇身上的方格移动棋子，第一个到达中心的人胜利。

从朴素的布衣到华丽的服饰

古埃及人很早就学会了利用亚麻布来制作衣服。这种亚麻布的使用延续了数千年。法老穿着精美的亚麻布衣服，而劳工们则仅以粗糙腰布裹体。朝廷大臣穿着亚麻布裙子，通常有一个装饰精美的绳结系在腰间。渐渐地，一种宽大的外套流行起来。女人们穿着长长的紧身衣服，外面是漂亮的有褶外套。直到现在，我们还不清楚古埃及人是如何把衣服弄出褶子的。

男人和妻子
这位男人穿着小牛皮制作的短褶裙，他的妻子穿着长外套。

皮革鞋子
这些鞋子是用纸莎草绳将一片片牛皮串编而成的。

草鞋
纸莎草和芦苇是制作鞋子的常见的材料。

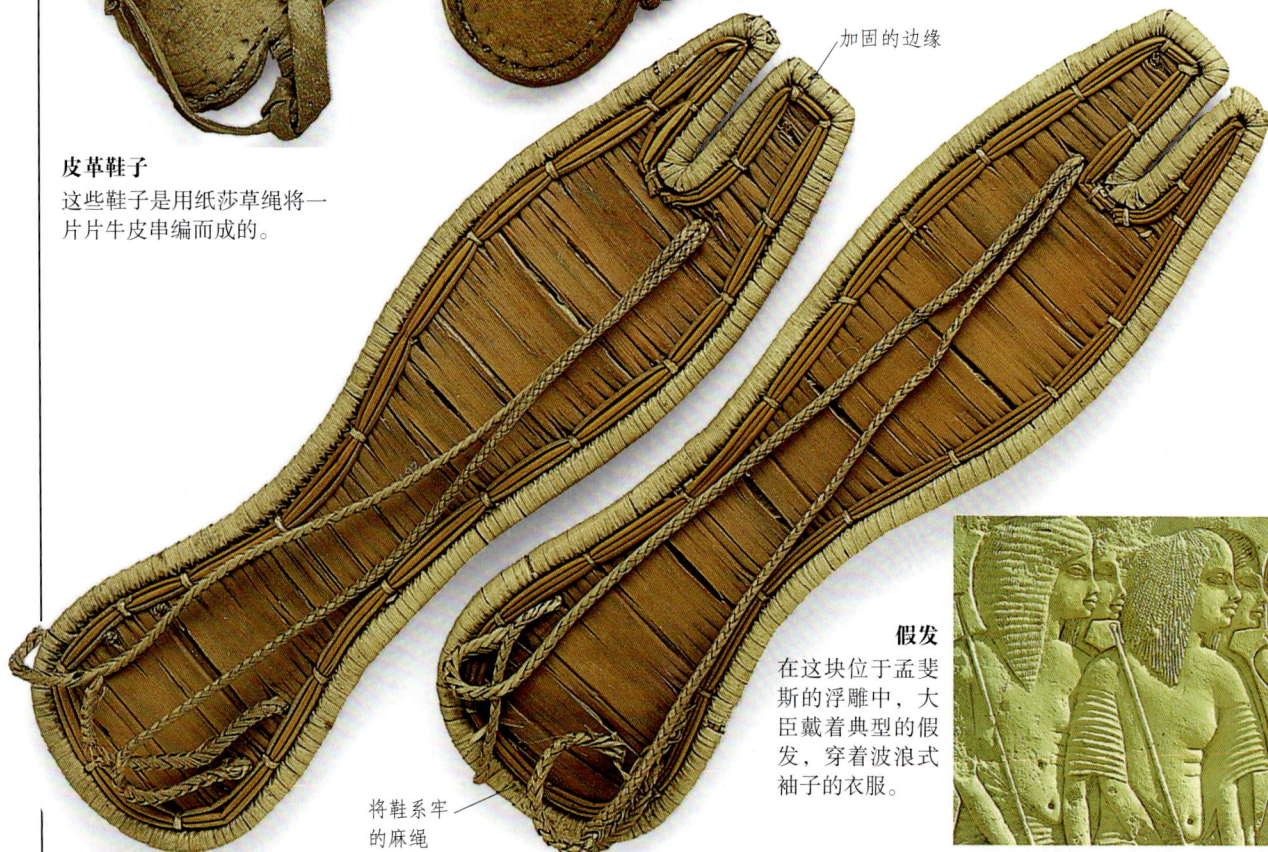

加固的边缘

将鞋系牢的麻绳

假发
在这块位于孟斐斯的浮雕中，大臣戴着典型的假发，穿着波浪式袖子的衣服。

公主还是王后?

这尊雕像是埃赫那顿统治时期遗留下来的独具特色的作品之一。雕像中的人物穿着一件精美的王室亚麻外衣。

有槽的木板

这个木板可能是给衣服起褶用的。把未干的衣服压在木板上就有可能产生出一道道褶子。

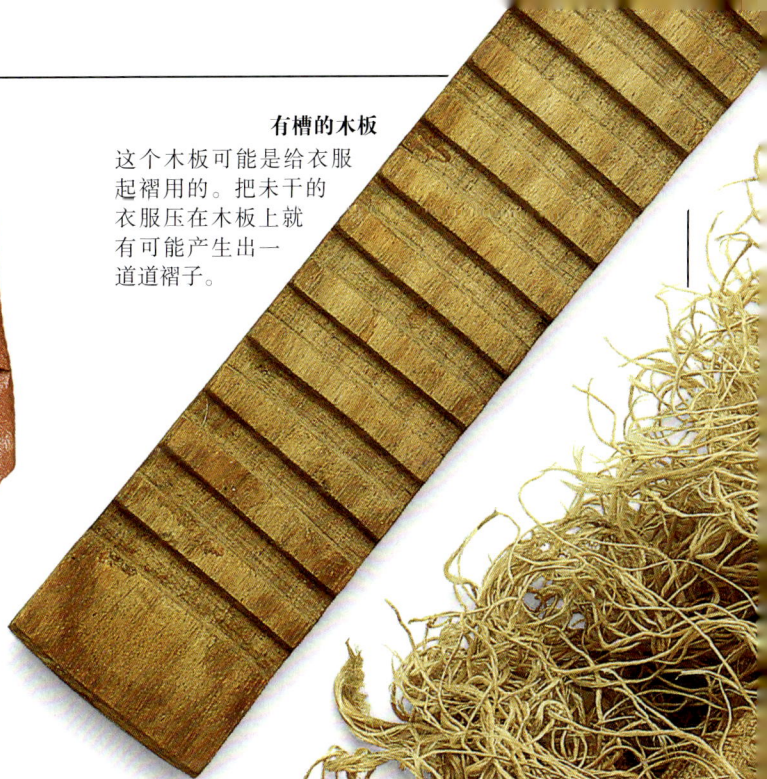

亚麻梳子

制作亚麻布需先用这样的长梳子将亚麻头部除掉;然后把茎秆浸泡后摔打;最后用梳子把纤维梳整齐以用来纺线。

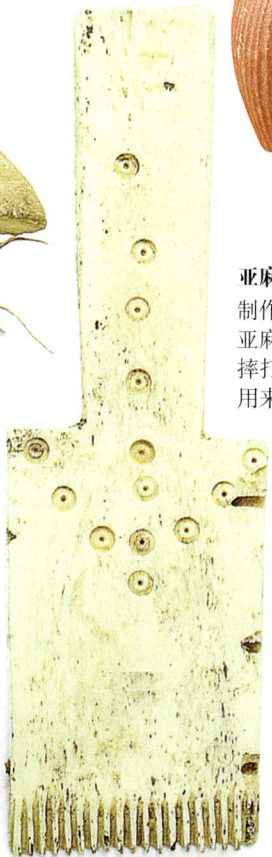

亚麻布被单

古埃及亚麻布的种类繁多,既有普通人使用的这种粗制麻料,也有法老王后穿的精致薄纱。

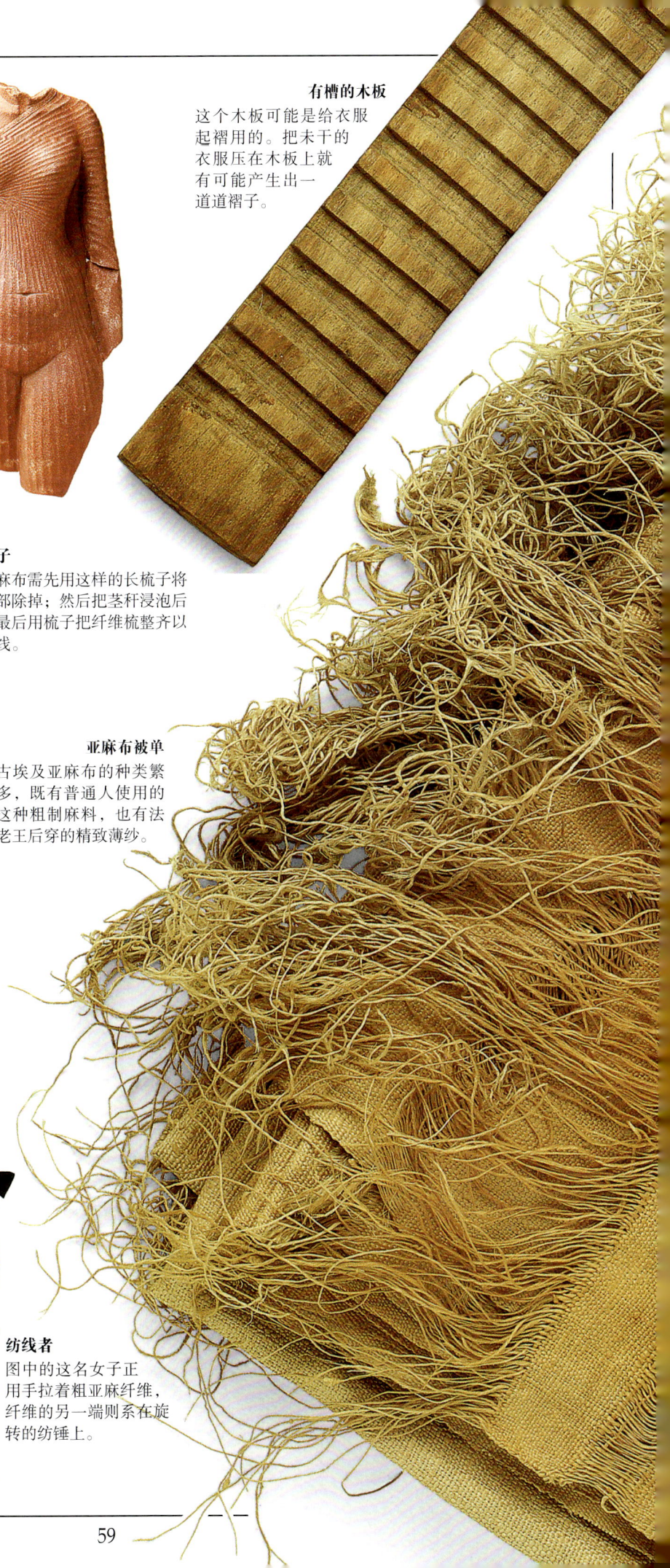

纺锤

亚麻纤维常缠绕在木棍或者纺锤上,纺锤的一头是一个陀螺。

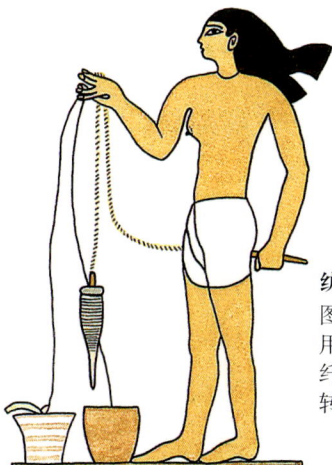

纺线者

图中的这名女子正用手拉着粗亚麻纤维,纤维的另一端则系在旋转的纺锤上。

所有闪闪发光的东西

埃及人的饰物上随处能看到黄金闪烁的光芒。人们把尼罗河和红海海岸之间金矿中的这种贵金属大量地挖掘出来，铸造成各种形状。金匠们还用一种叫作成粒法的工艺制作黄金图案，这种工艺将细小的黄金颗粒通过焊接附着到物体表面上。埃及的珠宝商能够得到许多来自沙漠的半成色宝石，如玛瑙、长石和水晶。他们也从国外进口宝石，有西奈半岛的绿松石，也有阿富汗的青金石。

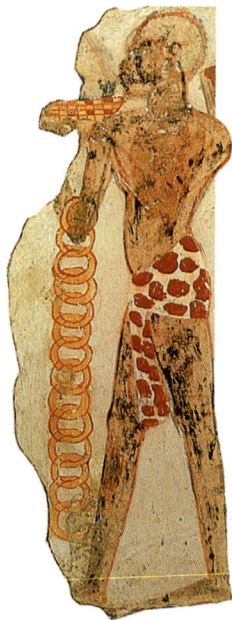

从努比亚传入
埃及的金环

王室手镯
这个手镯是为奈玛特王子制作的，手镯中心的图案是孩提时代的荷鲁斯。

物主名字的
象形文字

玛瑙贝保佑
早生贵子

幸运腰带
这是一根腰带的幸存部分。它上面不仅有用琥珀金做成的货贝，还有玛瑙、紫水晶、青金石和绿松石的珠子。

星形头饰
这颗星是戴在前额的头饰。它是用黄金做的。这个罗马人木乃伊面具是一个戴着头饰的祭司。

黄金头饰

耳饰
受中东影响，古埃及人在耳垂上穿孔并戴上耳饰。从这些公元前14世纪的耳饰的大小，我们可以想象出耳垂上的穿孔有多么大。

黄金
耳环

彩陶耳钉

玻璃耳钉

碧玉耳钉

猎鹰胸饰

这只猎鹰是戴在胸前的饰物。鹰身上的金属条是彩陶、玻璃或宝石嵌片的框架。现在上面只剩下少量镶嵌物。

镶嵌物

金属条框架

工作中的宝石匠

人们通过浇铸来制作金属物品，即先把金属加热至液态，然后倒进模具里。

写有国王名字的圆角长方形标志

法老的礼物

凡对国家有突出贡献的人，法老会奖赏珠宝。这个代表荣誉的项圈由3排金环组成。

戒指

指环上经常连着一块可以转动的圣甲虫形状的石头。这些圣甲虫是用滑石做成的。

圣甲虫

滑石黄金戒指

滑石黄金戒指

银戒指

鱼形护身符，避免溺水

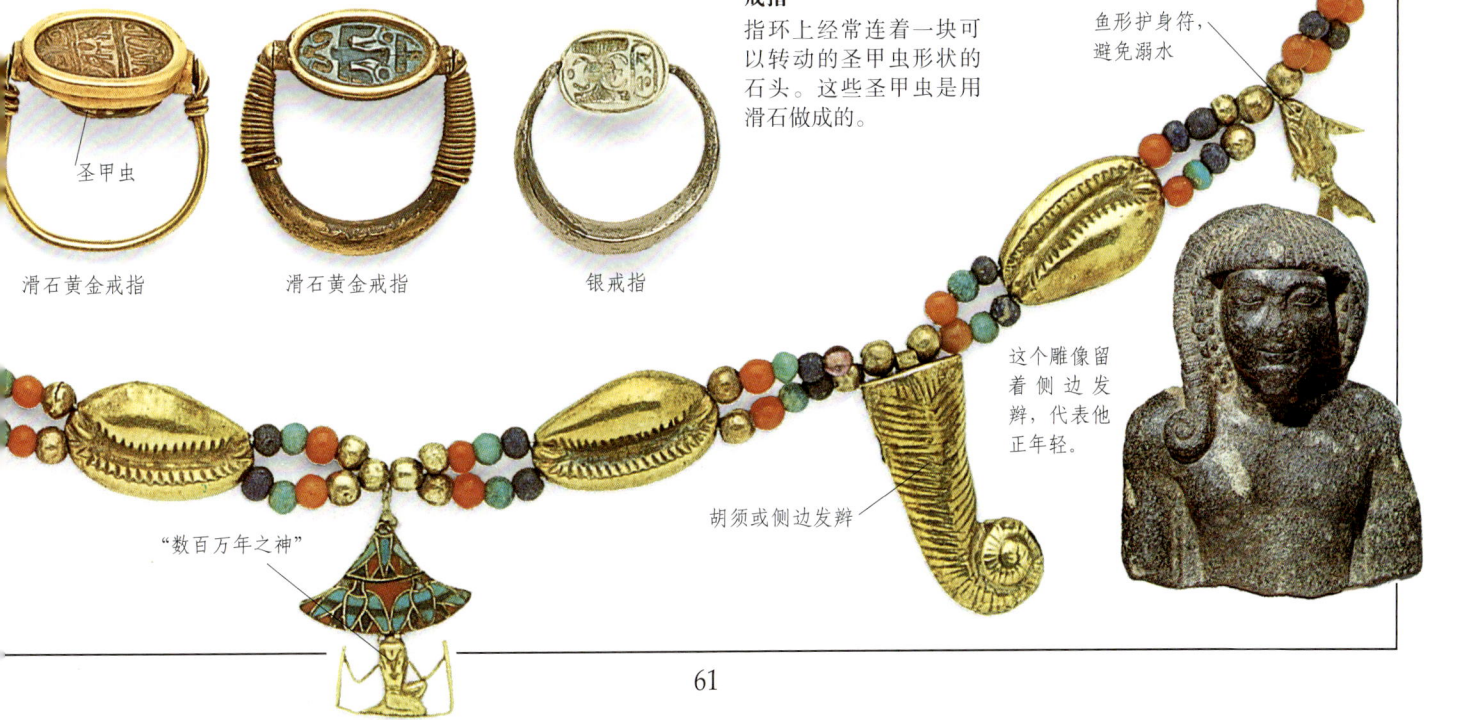

这个雕像留着侧边发辫，代表他正年轻。

胡须或侧边发辫

"数百万年之神"

孔雀石

梳妆打扮

古埃及人是美丽和时尚的追随者。与装饰联系在一起的女神是哈托尔，她在那个时代的爱情诗里被看作完美的典范。埃及的男人和女人们都使用眼彩。眼彩是把矿物在板岩调色板上研磨成粉做成的。他们用化妆品、假发、花环和亚麻制品竭尽所能地装饰自己。

眼影膏管

工匠的杰作
鸭妈妈背上的翅膀横向滑开后，里面存放面霜。

涂抹工具
调配和涂抹颜料的工具。

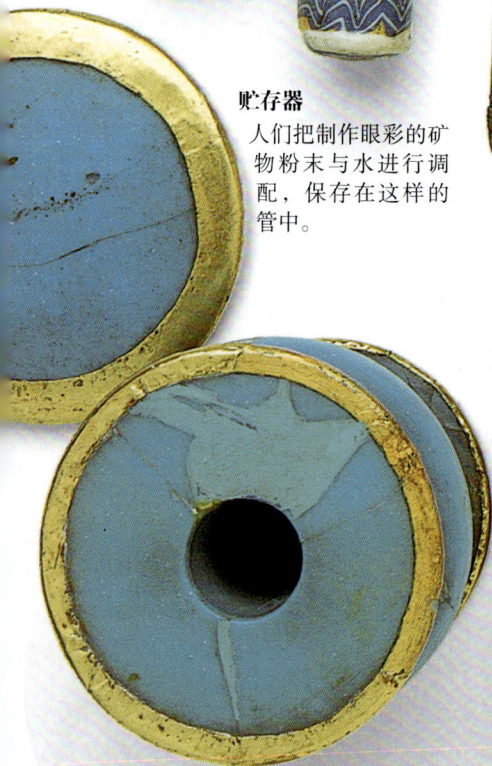

贮存器
人们把制作眼彩的矿物粉末与水进行调配，保存在这样的管中。

香油脂
大臣们把加香料的动物油脂做成锥形头冠系在假发上。油脂会逐渐融化并顺着假发流下来。

硬石膏做成的瓶子

镜子
这种打磨光亮的铜镜
是大臣们常常使用
的物品。

沐浴和按摩
图中的贵族妇女正跪在一张
垫子上，她的朋友拿着一
朵花让她闻。同时，她
还在淋浴和接受着肩部
按摩。

铅矿砂

光亮的金
属反光面

氧化铁

镊子

化妆颜料
古埃及人用孔雀石
制成绿色的眼彩，
用铅矿砂制成灰黑
色的眼彩。埃及人
几乎都搽胭脂、抹口
红，这些是用含氧化铁
的赭石做成的。

采发和卷发
祭司和妇女们用
镊子拔头发和卷
头发。

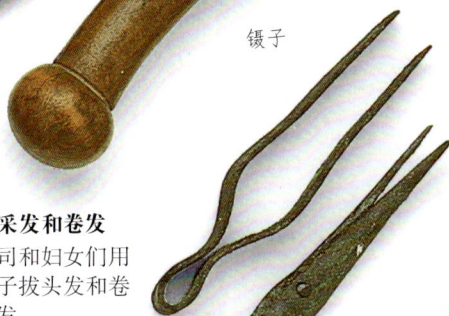

剃须
青铜或铜
制剃刀使
用起来可能不
舒服。

花状化妆匙
这个化妆匙的手柄上是一束
花。旋转化妆匙的盖子可以
露出或盖住里边的化妆品。

卷发
钳子

钳子的两端
适用于不同
的卷发

木梳
大多数埃及人不留长发，但是他
们的假发却长而重，需要用这种
象牙梳子或木梳子来打理。

化妆
浮雕上刻的是一个名为
"伊普怀特"的贵族妇女，她
正一只手拿着镜子，一只手轻轻地
往面颊上敷脂粉。

发针
这些发针可以用来把精心
制作的卷发固定在适当的
位置。

尼罗河谷的动物

古埃及人生活的自然环境中有许多鸟类、爬行动物和鱼类。除了荒凉的尼罗河谷东部和西部的沙漠地带之外，到处都有凶猛的狮子和野牛出没，还有胆小的羚羊和瞪羚。在尼罗河畔的纸莎草灌木丛中栖息着很多鸟类，像针尾鸭、鸬鹚、伽蓝鸟、戴胜等。鳄鱼生活在尼罗河畔，在水里能看到河马，还有飞快游动的鲈鱼和鲶鱼。

狮子
狮子代表着统治力，是太阳神的标志。图中的金狮原本是项链上的一部分。

嘘！
女神哈托尔通常是生活在纸莎草沼泽地里母牛的形象。

动物漫画
这幅莎草纸讽刺画展示了埃及人的幽默感。图中羚羊和狮子两个宿敌正在玩赛那特棋，一只豺狼正在吹奏长笛护着羊群，一只猫正友好地照看着一群鹅。最后那只狮子则被一只牛躺在睡榻上的滑稽动作逗得手舞足蹈。

野羊和冷漠的猫
在这个化妆品容器上，一只野羊小心翼翼地从一只猫的身上迈过去，而那只蜷缩的猫却丝毫没有要动弹的意思。

奥西里斯的王冠

鳄鱼神
可能是有被鳄鱼吃掉的危险，埃及人常把索贝克神的象征——鳄鱼带在身边。

河马
埃及人对憨态可掬的河马雕像十分钟爱。河马常会轻而易举地推翻一艘纸莎草船，因此它们经常遭到猎杀。

鱼形瓶

这个鱼形瓶是盛香水的，香水经过鱼口部喷洒到主人手上。

鹅群

这些鹅是一个古老坟墓壁画的一部分。

困惑的猫

祭祀女神贝斯特用的猫死后也被做成木乃伊。它们的尸体用亚麻布包裹，面部被勾画出一副困惑的表情。

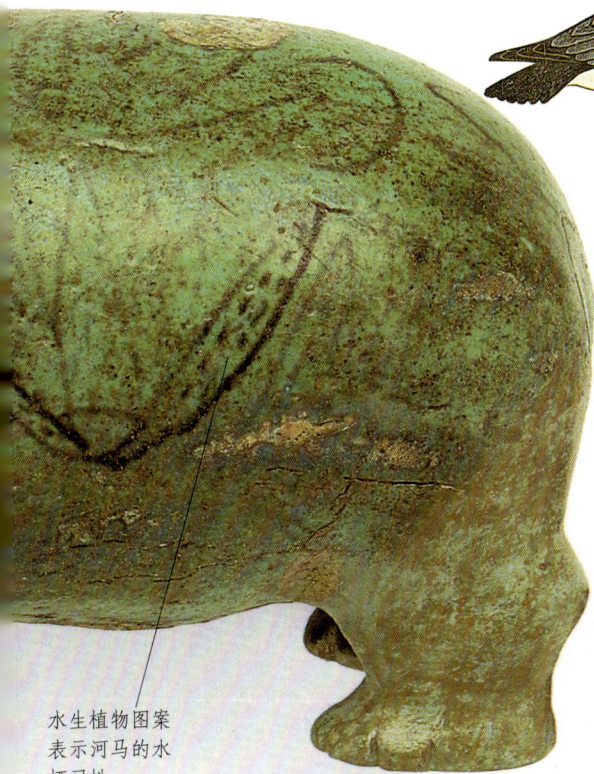

水生植物图案表示河马的水栖习性

小河马彩釉陶器

法老时代后的埃及

在公元前最后1000年里，埃及曾几次遭受外来者的入侵，包括苏丹人、波斯人、亚历山大大帝统治下的马其顿人，并由亚历山大手下的将军托勒密建立了一个隶属于亚历山大大帝的托勒密王朝。公元前30年，埃及被罗马人占领，埃及人渐渐开始信奉罗马人的基督教，教堂和修道院取代了神庙。公元7世纪，阿拉伯人的入侵又把埃及变成了一个伊斯兰国家。

克娄巴特拉
埃及艳后克娄巴特拉七世是埃及的最后一位统治者。人们通常认为她是自杀身亡的，也有传说她是被毒蛇咬死的。

罗马人

罗马人从埃及的土地上获得粮食，从埃及的矿藏中取得黄金，他们也修建了一些神庙。在埃及的象形文字作品中也记录着罗马皇帝的名字。

荷鲁斯神的化身
罗马皇帝有时被描绘成这种鹰头神的形象。

阿特米德罗斯的木乃伊

罗马儿童的木乃伊

罗马木乃伊
罗马时期的木乃伊上通常都有同死者一样的画像。这个棺材上部为墓主阿特米德罗斯的画像，这幅大眼睛的肖像画是典型的罗马风格。

基督教徒

尽管埃及之前就有生活在山洞里的基督教隐士，但埃及正式地归皈基督教是在公元324年的罗马帝国时期。圣·马克被认为是第一个把基督教传到埃及的人。

胜利归来的圣·乔治的圆形挂毯

幸存物

伊比仍堡是努比亚地区的一个考古遗址，曾是基督教主教区的中心。它曾经受到穆斯林军队的猛烈进攻，这个银质的十字架就是在进攻中遗留下来的物品。

神圣的勇士

太阳神荷鲁斯骑着战马手执长戟刺向敌人塞特的图案，被埃及早期的基督教徒采用。

街道景象

在开罗城内，沿着清真寺附近一带常常摆放着许多货摊，出售各种手工艺品。这一景象一直持续到19世纪。

铜制镂空设计

穆斯林

公元7世纪，擅长骑兵作战的阿拉伯军队占领埃及，将伊斯兰教定为国教，阿拉伯语为官方语言，新城市希力奥波里为首都。后来埃及又被土耳其人占领，直到20世纪60年代才真正成为一个独立国家。

熏香炉

这个香炉是大约1000年前在清真寺中使用的。

法老时代

古埃及根据法老或者法老统治的特定年份来记录事件发生的时间，这叫作帝王纪年法。一位生活在托勒密时期名叫麦纳图的学者把众多法老划分为了不同的时期，这一体系在今天仍然沿用。

奈费尔提蒂王后

早王朝时期

约公元前3100—前2890年		约公元前2890—前2686年	
第一王朝		**第二王朝**	
纳尔迈（Narmer）	3100	赫特普赛凯姆威（Hetepsekhemwy）	
阿哈（Aha）	3100		2890
哲尔（Djer）	3000	拉内布（Raneb）	2865
杰特（Djet）	2980	尼内特吉（Nynetjer）	
登（Den）	2950	温内格（Weneg）	
阿涅德吉布（Anedjib）	2925	塞涅德（Sened）	
赛麦尔凯特（Semerkhet）	2900	伯里布森（Peribsen）	2700
卡阿（Qaa）	2890	卡塞凯姆威（Khasekhemwy）	2686

# 也写作：阿蒙霍特普四世（Amenhotep IV）	+ 也写作：阿蒙纳费斯（Amenophis）
* 表示女法老	也写作：塞瑟斯坠斯（Sesostris）
** 也写作：图特摩斯（Thotmose）	

第一中间期 / 中王国

约公元前2181—前2125年	约公元前2160—前2055年	约公元前2055—前1985年
第七王朝和第八王朝	**第九王朝和第十王朝**	**第十一王朝（上下埃及）**
在埃及历史上这段不稳定的时期里，出现过很多临时的法老。中央政权力量的削弱导致了大量地方政权的建立。	（赫拉克利奥波利斯） 科提（Kheti） 莫里卡尔（Merikare） 伊提（Ity） **第十一王朝（只在底比斯）** 伊特夫一世（Iintef I） 2125—2112 伊特夫二世（Iintef II） 2112—2063 伊特夫三世（Iintef III） 2063—2055	曼图霍特普二世（Montuhotep II） 2055—2004 曼图霍特普三世（Montuhotep III） 2004—1992 曼图霍特普四世（Montuhotep IV） 1992—1985

曼图霍特普二世

新王国

约公元前1550—前1295年		约公元前1295—前1186年		约公元前1186—前1069年	
第十八王朝		**第十九王朝**		**第二十王朝**	
阿赫摩斯（Ahmose）	1550—1525	拉美西斯一世（Ramesses I）	1295—1294	塞塔克特（Setakht）	1186—1184
阿蒙霍特普一世（Amenhotep I）+	1525—1504	塞提一世（Seti I）	1294—1279	拉美西斯三世（Ramesses III）	1184—1153
图特摩斯一世（Thuthmosis I）**	1504—1492	拉美西斯二世（Rameses II）	1279—1213	拉美西斯四世（Ramesses IV）	1153—1147
图特摩斯二世（Thuthmosis II）**	1492—1479	麦伦普塔（Merenptah）	1213—1203	拉美西斯五世（Ramesses V）	1147—1143
图特摩斯三世（Thuthmosis III）**	1479—1425	阿蒙麦内斯（Amenmesses）		拉美西斯六世（Ramesses VI）	1143—1136
哈特舍普苏特（Hatshepsut）*	1473—1458		1203—1200	拉美西斯七世（Ramesses VII）	1136—1129
阿蒙霍特普二世（Amenhotep II）+	1427—1400	塞提二世（Seti II）		拉美西斯八世（Ramesses VIII）	1129—1126
图特摩斯四世（Thuthmosis IV）**	1400—1390		1200—1194	拉美西斯九世（Ramesses IX）	1126—1108
阿蒙霍特普三世（Amenhotep III）	1390—1352	斯普塔（Saptah）		拉美西斯十世（Ramesses X）	1108—1099
埃赫那顿（Akhenaten）#	1352—1336		1194—1188	拉美西斯十一世（Ramesses XI）	1099—1069
奈费尔提蒂（Nefertiti）*		塔沃斯塔女王（Tausert）			
斯门卡拉（Smenkhkare）*	1338—1336		1188—1186		
图坦卡蒙（Tutankhamun）	1336—1327				
阿伊（Ay）	1327—1323				
哈伦海布（Horemheb）	1323—1295				

拉美西斯大帝

后王朝

约公元前672—前525年		约公元前525—前359年		约公元前404—前380年		约公元前380—前343年	
第二十六王朝		**第二十七王朝（第一波斯时期）**		**第二十八王朝**		**第三十王朝**	
尼科一世（Nekau I）	672—664	冈比西斯（Cambyses）	525—522	阿米尔泰乌斯（Amyrtaios）	404—399	奈科坦尼布一世（Nectanebo I）	380—362
普萨美提克一世（Psamtek I）	664—610	大流士一世（Darius I）	522—486			提奥斯（Teos）	362—360
尼科二世（Nekau II）	610—595	薛西斯一世（Xerxes I）	486—465	**第二十九王朝**		奈科坦尼布二世（Nectanebo II）	360—343
普萨美提克二世（Psamtek II）	595—589	阿尔塔薛西斯一世（Artaxerxes I）	465—424	奈佛瑞提斯一世（Nepherites I）	399—393		
阿普瑞斯（Apries）	589—570	大流士二世（Darius II）	424—405	哈克（Hako）	393—380		
阿哈摩斯二世（Ahomose II）	570—526	阿尔塔薛西斯二世（Artaxerxes II）	405—359	奈佛瑞提斯二世（Nepherites II）	约380		
普萨美提克三世（Psamtek III）	526—525						

古王国

约公元前2686—前2613年	约公元前2613—前2494年	约公元前2494—前2345年	约公元前2345—前2181年
第三王朝	**第四王朝**	**第五王朝**	**第六王朝**
萨耶赫特(Sanakht) 2686—2667	斯奈夫鲁(Sneferu) 2613—2589	乌瑟卡夫(Userkaf) 2494—2487	特悌(Teti) 2345—2323
左塞尔(Djoser) 2667—2648	胡夫(Khufu) 2589—2566	萨胡拉(Sahure) 2487—2475	乌瑟卡拉(Userkara) 2323—2321
塞克海赫特(Sekhemkhet) 2648—2640	拉迪耶迪夫(Radjedef) 2566—2558	尼夫里尔卡尔(Neferirkare) 2475—2455	帕皮一世(Pepy) 2321—2287
哈巴(Khaba) 2640—2637	哈夫拉(Khafre) 2558—2532	谢普塞斯卡拉(Shepseskare) 2455—2448	麦伦拉(Merenre) 2287—2278
胡尼(Huni) 2637—2613	门卡拉(Menkaure) 2532—2503	尼夫日夫尔(Neferefre) 2448—2445	帕皮二世(Pepy) 2278—2184
	塞普赛丝卡夫(Shepseskaf) 2503—2494	尼乌塞尔(Niuserre) 2445—2421	尼托克丽丝女王(Nitocris)* 2184—2181
		门卡霍尔(Menkauhor) 2421—2414	
		杰的卡尔(Djedkare) 2414—2375	
		乌纳斯(Wenis) 2375—2345	

吉萨金字塔

第二中间期

约公元前1985—前1795年	约公元前1795—前1650年	约公元前1650—前1550年	约公元前1650—前1550年
第十二王朝	**第十三王朝** （公元前1795—前约1725年）	**第十五王朝**	**第十七王朝**
阿蒙涅姆赫特一世(Amenemhet Ⅰ) 1985—1955		萨利提斯(Salitis)	除了第十五王朝、第十六王朝的法老之外，还有几位在底比斯统治的法老，包括：
森乌塞特一世(Senwosret Ⅰ) 1965—1920	**第十四王朝** （公元前1750—前1650年）	基安(Khyan) 1600	伊特夫七世(Intef Ⅶ)
阿蒙涅姆赫特二世(Amenemhet Ⅱ) 1922—1878		阿佩皮(Apepi) 1555	塔阿一世(Taa Ⅰ)
森乌塞特二世(Senwosret Ⅱ) 1880—1874	一些不重要的统治者或许与第十三、十四王朝的统治者是同时代的。	哈姆迪(Khamudi)	塞昆奈瑞(Seqenenre) 1560
森乌塞特三世(Senwosret Ⅲ) 1874—1855		**第十六王朝**	塔阿二世(Taa Ⅱ)
阿蒙涅姆赫特三世(Amenemhet Ⅲ) 1855—1808		年轻的哈埃塞斯(Hyksos)法老统治时期和第十五王朝时期相同。	卡莫斯(Kamose) 1555—1550
阿蒙涅姆赫特四世(Amenemhet Ⅳ) 1808—1799			
塞布科尼夫鲁女王(Sobekneferu)* 1799—1795			
重叠的年代是前后两个法老共同执政的时期。			

第三中间期

约公元前1069—前945年	约公元前945—前715年	约公元前818—前715年	约公元前747—前656年
第二十一王朝	**第二十二王朝**	**第二十三王朝**	**第二十五王朝**
斯孟迪斯(Smedes) 1069—1043	舍尚克一世(Sheshonq Ⅰ) 945—924	继大希拉克里奥波利斯、大赫尔莫波利斯、莱奥透废利斯和塔尼斯之后的几位一脉相承的统治者，包括：	皮耶(Piy) 747—716
阿门奈姆尼苏(Amenemnisu) 1043—1039	奥索尔孔一世(Osorkon Ⅰ) 924—889		沙巴库(Shabaqo) 716—702
苏森尼一世(Psusennes Ⅰ) 1039—991	舍尚克二世(Sheshonq Ⅱ) 890	派度卑斯提斯一世(Pedubastis Ⅰ)	沙比特库(Shabitqo) 702—690
阿门奈摩普(Amenemope) 993—984	塔克罗特一世(Takelot Ⅰ) 889—874	818—793	塔哈尔卡(Taharqo) 690—664
奥索尔孔(Osorkon) 984—978	奥索尔孔二世(Osorkon Ⅱ) 874—850	舍尚克四世(Sheshonq Ⅳ) 780	坦沃塔玛尼(Tanutamani) 664—656
塞蒙(Siamun) 978—959	塔克罗特二世(Takelot Ⅱ) 850—825	奥索尔孔三世(Osorkon Ⅲ) 777—749	
苏森尼二世(Psusennes Ⅱ) 959—945	舍尚克三世(Sheshonq Ⅲ) 825—773		
	佩美(Pimay) 773—767	**第二十四王朝**	
	舍尚克五世(Sheshonq Ⅴ) 767—730	贝肯雷内夫(Bakenrenef) 727—715	
	奥索尔孔四世(Osorkon Ⅳ) 730—715		

斯芬克斯的
象牙雕像

托勒密时期

约公元前343—前332年	约公元前332—前305年	约公元前305—前80年	约公元前80—前30年
第二波斯时期	**马其顿王朝**	**托勒密王朝**	
阿尔塔薛西斯三世(Artaxerxes Ⅲ)	亚历山大大帝(Alexander the Great) 332—323	托勒密一世(Ptolemy Ⅰ) 305—285	
343—338	菲利普·阿里大尤斯(Philip Arrhidaeus)	托勒密二世(Ptolemy Ⅱ) 285—246	
阿尔塞斯(Arses) 338—336	323—317	托勒密三世(Ptolemy Ⅲ) 246—221	托勒密十一世(Ptolemy Ⅺ) 80
大流士三世(Darius Ⅲ) 336—332	亚历山大四世(Alexander Ⅳ) 317—305	托勒密四世(Ptolemy Ⅳ) 221—205	托勒密十二世(Ptolemy Ⅻ) 80—51
		托勒密五世(Ptolemy Ⅴ) 205—180	克娄巴特拉七世(Cleopatra Ⅶ) 51—30
		托勒密六世(Ptolemy Ⅵ) 180—145	托勒密十三世(Ptolemy ⅩⅢ) 51—47
		托勒密七世(Ptolemy Ⅶ) 145	托勒密十四世(Ptolemy ⅩⅣ) 47—44
		托勒密八世(Ptolemy Ⅷ) 170—116	托勒密十五世(Ptolemy ⅩⅤ) 44—30
		托勒密九世(Ptolemy Ⅸ) 116—107	
		托勒密十世(Ptolemy Ⅹ) 107—88	
		托勒密十一世(Ptolemy Ⅺ) 88—80	在公元前30年埃及成为罗马帝国的一部分。

莲花模板

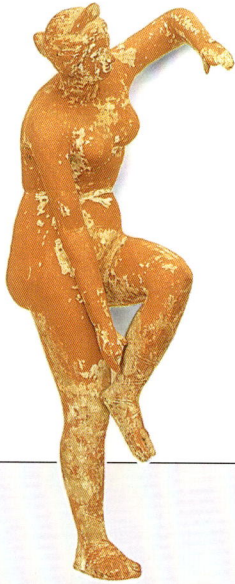

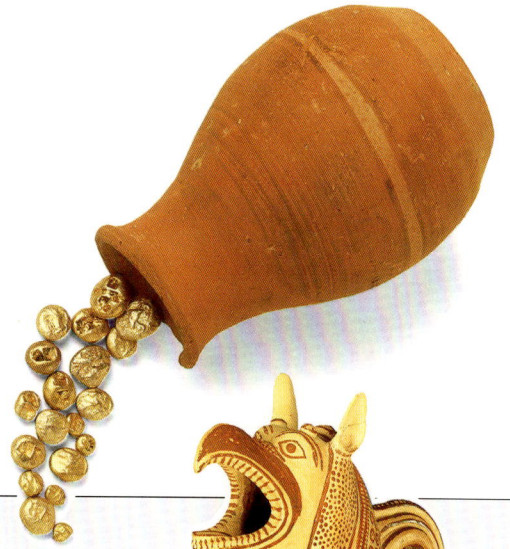

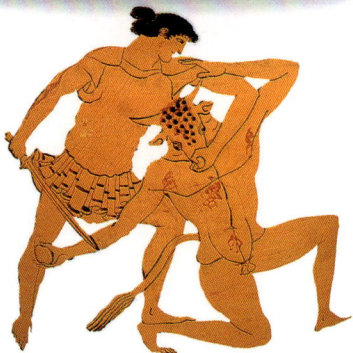

第二章
古希腊

希腊人创造出了辉煌灿烂的希腊文明，它推动了人类在文学、艺术、哲学、政治、体育等各个领域文化的发展。在公元前5世纪，希腊文明达到了鼎盛。

古希腊世界

古希腊是由希腊大陆和爱琴海及亚得里亚海中的诸多小岛组成的。希腊是一个多山国家，夏季炎热干燥，仅冬季有雨。希腊早期的定居点是由山脉阻断分散的独立部落。城邦由部落发展而来，也具有很强的自我意识。每一位城邦公民对自己的城邦和城邦庇护神都非常忠诚。为了御敌，城邦有时会联合起来，最成功的例子是他们共同抵御了波斯人的进犯。希腊人创造了辉煌灿烂的希腊文明，对西方现代文明有着深远的影响，推动了人类在文学、艺术、哲学、政治、体育各领域文化的发展。希腊文明在公元前5世纪的雅典达到了鼎盛。

大英博物馆

坐落在伦敦的大英博物馆，其设计灵感源自希腊的古典建筑。博物馆的一期工程完工于1827年，此后又陆续经过了30年才建成今日的大英博物馆。本章中所列的许多物品均藏于此。

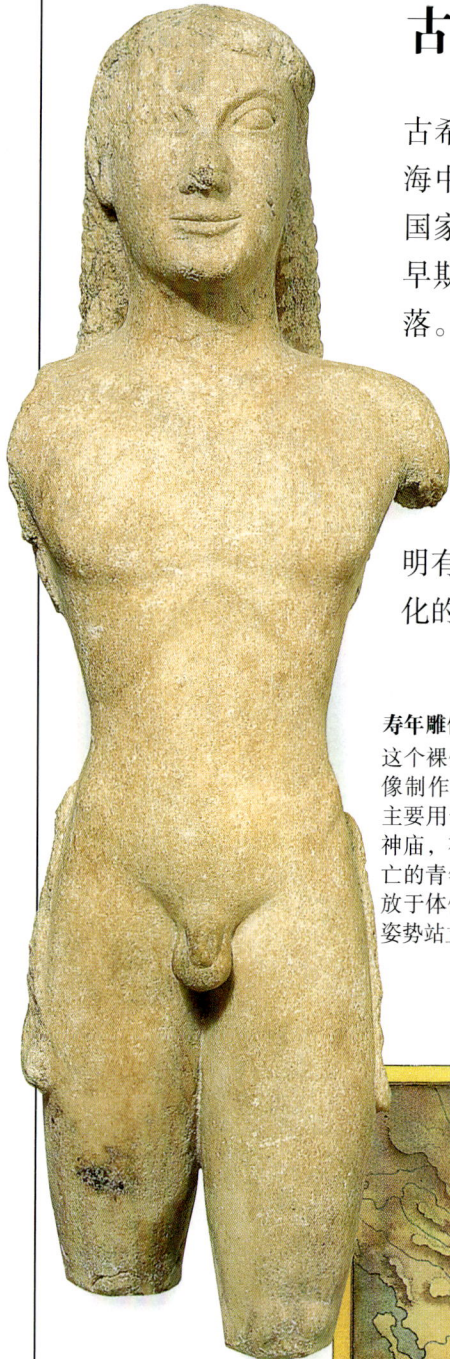

寿年雕像

这个裸体的大理石男子雕像制作于公元前6世纪，主要用于装饰祭祀众神的神庙，有时也用于纪念阵亡的青年士兵。他的两手放于体侧，以单脚向前的姿势站立着。

古代希腊世界

右图展示了古希腊及其周边的区域，其中包括分布在爱奥尼亚的首批向东迁徙的移民定居点。图中黑体部分表示地区名称，其余表示城市。

雅典卫城
雅典是古希腊古典艺术与学术的中心。雅典卫城因拥有祭祀女神雅典娜的帕台农神庙而熠熠生辉。

驴头状酒器
精美的彩陶容器是希腊人的特色工艺品，主要用于盛放和调制酒类。左图为驴头双柄酒杯。

海马指环
这是一款装饰有海马图案的金指环。指环上的海马有马的前蹄，身体末端长着尾巴。

希腊及其以外的广阔世界
右侧表格显示了从克里特文明到希腊化时代晚期希腊世界的兴衰。

日期 公元前	2000—1500	1500—1100	1100—800	800—479	479—323	323—30
希腊 大事记	克里特文明	克诺索斯的毁灭 迈锡尼文明的兴衰	爱奥尼亚出现最早的希腊城市	第一届奥林匹克运动会 在黑海和西西里岛出现希腊人定居点 波斯人入侵	斯巴达统治 伯罗奔尼撒 伯里克利时代 马其顿王国兴起 亚历山大时代	亚历山大继任者发动一系列战争 罗马人的征服
文明分期	青铜器时代	青铜器时代	铁器时代早期	古风时代	古典时期	希腊化时期
世界 大事记	印度河流域文明 埃及中王国	埃及新王国 古巴比伦王国 希提王国 中国商朝	墨西哥奥尔密克文化 腓尼基城邦的繁荣期	意大利伊特鲁里亚兴起 罗马人建立亚述帝国	孔子诞生 佛教在印度产生 波斯帝国	中国的秦汉王朝 中美洲玛雅文明

马拉松运动员
古希腊人喜爱运动。举行运动会成为宗教节日的重要活动。图中的3名马拉松运动员是一个陶罐上的图案。在雅典帕纳辛纳克运动会上，马拉松冠军会获得一个绘有这种图案的陶罐。

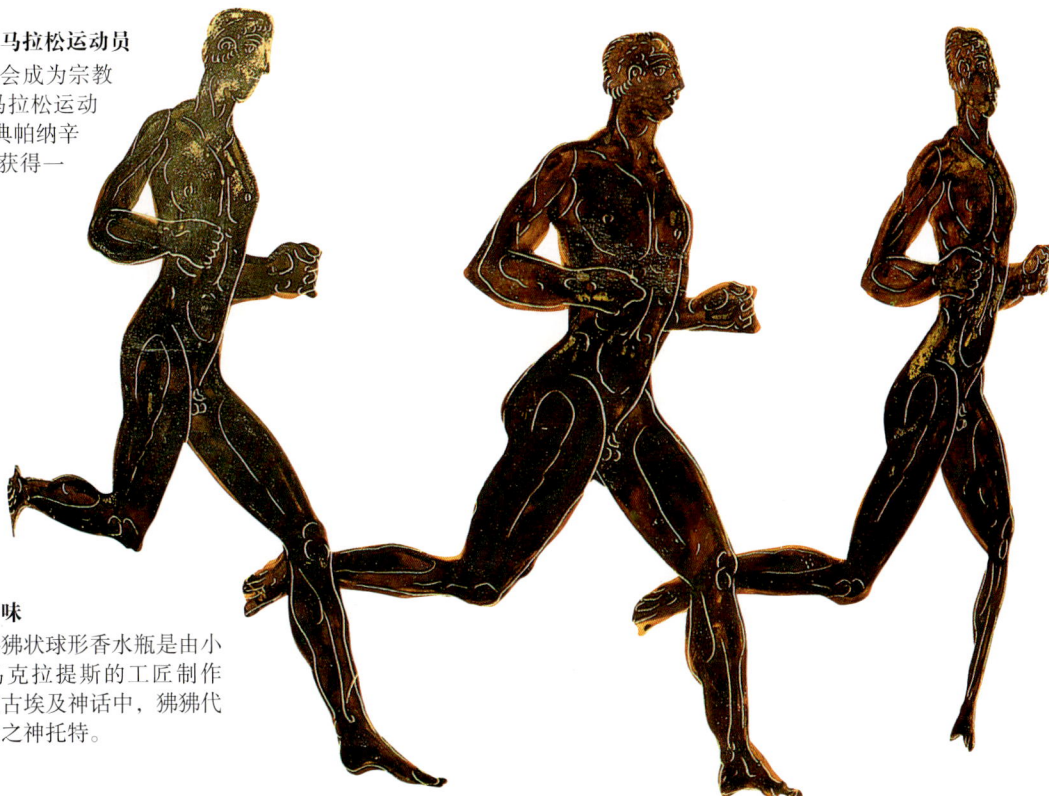

神的香味
这款狒狒状球形香水瓶是由小镇纳乌克拉提斯的工匠制作的。在古埃及神话中，狒狒代表智慧之神托特。

73

克里特文明

海豚壁画

米诺斯王宫的墙壁上装饰着大量湿法壁画，是将颜料涂在湿灰泥上绘制而成的。现存的许多湿法壁画，是以残片为基础修复的。上图海豚湿法壁画来自克诺索斯宫殿中的王后寝宫。

爱琴海沿岸第一个伟大文明诞生在克里特岛上。公元前2200年至公元前1450年，克里特文明达到了顶峰。克里特岛的繁荣一方面依赖于频繁贸易，另一方面得益于克里特本岛的肥沃土壤，这里盛产油、谷物和酒类。克里特文明以繁华的宫殿为中心，因传奇国王米诺斯而又被称为米诺斯文明。克诺索斯王宫等宫殿在大约公元前1700年的大火中被毁，但随后的重建使其更加奢华。

神灵崇拜者

这尊青铜雕像反映了人们对神灵的崇敬之情。

克里特岛

这张地图展示了克里特岛主要城镇和宫殿的分布。大多数建筑沿海而建，富丽奢华。但还有一些人居住在小城镇或乡间的农舍里。据说，宙斯幼年是在狄克提山洞里度过的。

翻越牛角

公牛被米诺斯人视为"神圣的动物"。希腊神话中记载，主神宙斯爱上了欧罗巴公主，变成一头白色的公牛，驮着欧罗巴游到克里特岛。他们生了3个儿子，其中一个便是后来的克里特王米诺斯。公牛比赛是表达对公牛崇敬之情的一种方式。图中这尊铜像展现了一个男孩翻身越过牛角的场面。

斗牛壁画

在这幅克诺索斯宫殿的壁画中，男女斗牛士翻跃公牛，表现出惊人的绝技。

克诺索斯宫殿的发现
英国考古学家亚瑟·伊文思（1851—1941年）1894年在克诺索斯发现了最大的米诺斯宫殿遗址。这座庞大的建筑群遗址由上千间宫室组成。

忒修斯和人身牛头怪物
希腊神话中，人身牛头怪弥诺陶洛斯每年都向希腊人索要儿童作为祭品，于是年轻的雅典王子忒修斯前往克里特岛杀死了它。据说，人身牛头怪藏在"迷宫"里，而克诺索斯宫殿正像一座大迷宫。

现代版的弥诺陶洛斯
忒修斯和人身牛头怪弥诺陶洛斯的故事也受到现代艺术家的喜爱。西班牙画家帕布罗·毕加索（1881—1973年）的这幅作品和迷宫一样令人捉摸不透。

克诺索斯宫殿的修复与重建
克诺索斯宫殿经过了数次的重建。宫殿周身用石头砌成，房顶和天花板使用木质材料建造，一些地方有4层楼高。宫殿里设有专门供皇室使用的房间，装潢奢侈华丽。亚瑟·伊文思爵士重修了其中的一些宫殿，还原其华丽风貌。图中的木质圆柱被还原成了暗红色。

迈锡尼文明

迈锡尼是青铜器时代希腊文明的中心之一。迈锡尼是阿伽门农之城，也是几个重点设防的要塞之一。国王或首领居住的宫殿也是管理周边村镇的军事指挥部和行政中心。迈锡尼人崇尚战争，在他们的坟墓中经常会发现武器和盔甲等随葬品。迈锡尼人也喜欢贸易和航行。迈锡尼文明在约公元前1600年达到顶峰，使克里特文明黯然失色。与此同时，迈锡尼世界也遭受着外国侵略者的威胁。公元前1200年，迈锡尼的主要城镇开始被遗弃和破坏。此后的一个世纪，迈锡尼的要塞纷纷衰落，"黑暗时代"开始到来。

石榴状坠饰

这款精美的金质石榴状坠饰是在塞浦路斯发现的。它是由迈锡尼工匠在约公元前1300年制成的，是粒状珠宝制作工艺的典范。大批迈锡尼艺术家和商人在塞浦路斯定居。后来这里又成了希腊人的避难所。

牛头状喷水器

这只黏土制成的牛头状喷水器主要用于宗教仪式，水可通过牛嘴上的许多小孔喷洒出来。这类喷水器以公牛状最为常见。

章鱼陶罐

这只陶罐是从罗德岛上迈锡尼定居点的墓穴中发掘的。迈锡尼艺术家深受米诺斯风格的影响，创作灵感多来自大海。

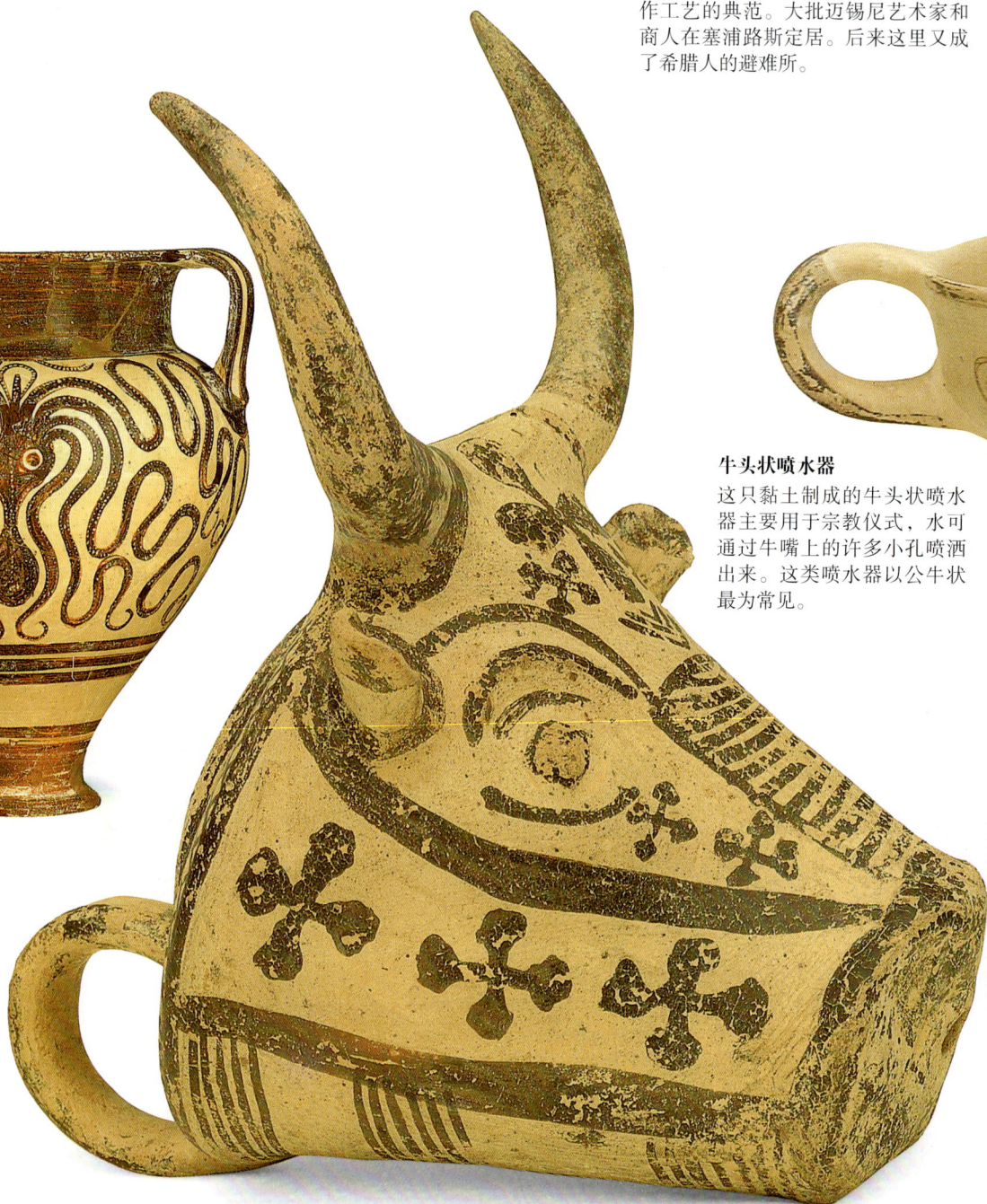

墓葬圈

1876年，德国考古学家施里曼在迈锡尼发掘出希腊王族墓园。墓园中心有很多竖井墓，坟墓里发现了大量的黄金珠宝，其历史可追溯至公元前1600年左右。这一发现证实了荷马的评价，即迈锡尼是个"铺满黄金"的地方。

回望过去

19世纪的考古发掘者看到的狮子门就是上图版画中的样子。据猜测，其中的雄狮雕像被地震抛到了地上。

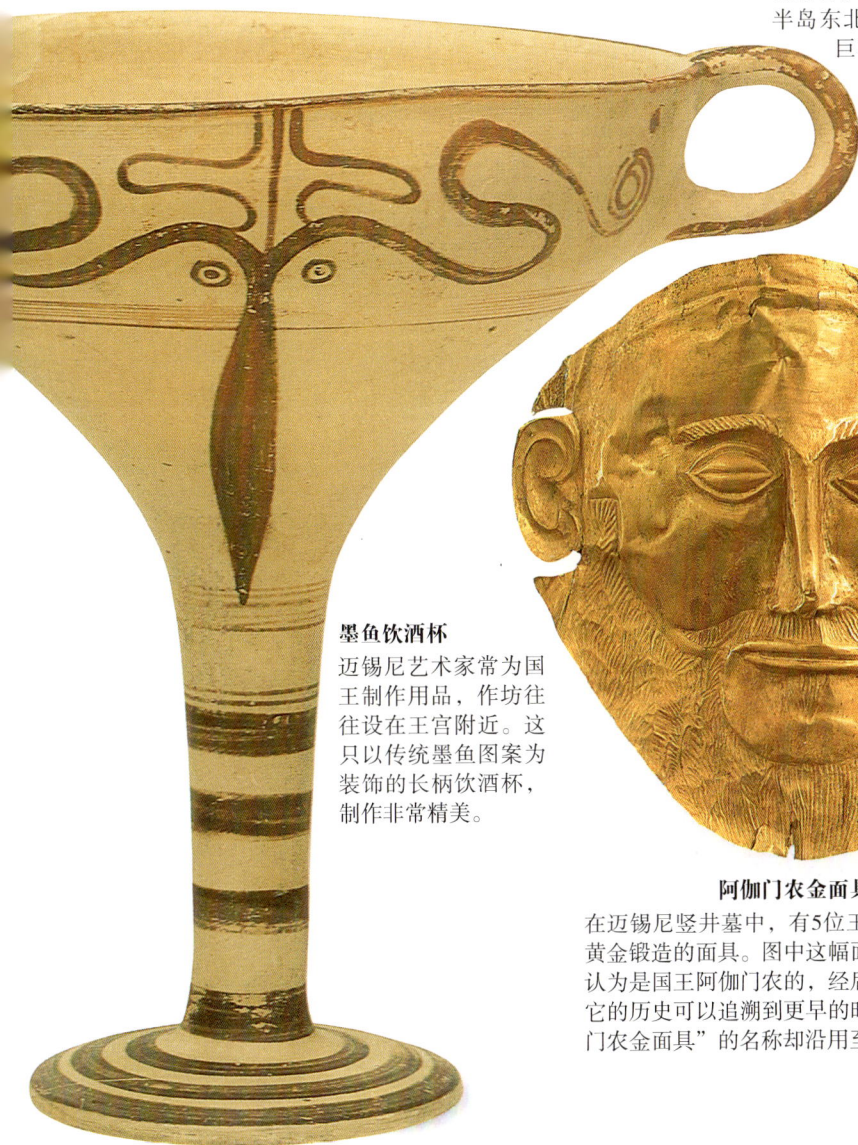

狮子门

迈锡尼文明因其最强大的城市迈锡尼而得名。迈锡尼城坐落在伯罗奔尼撒半岛东北部的一座小山上，城墙用巨石环山建成，约建于公元前1250年。城堡有宏伟壮观的城门，大门上方嵌着双狮拱柱的三角形石板浮雕，狮子中间的柱子象征迈锡尼王室。

墨鱼饮酒杯

迈锡尼艺术家常为国王制作用品，作坊往往设在王宫附近。这只以传统墨鱼图案为装饰的长柄饮酒杯，制作非常精美。

阿伽门农金面具

在迈锡尼竖井墓中，有5位王室成员佩戴着黄金锻造的面具。图中这幅面具曾被施里曼认为是国王阿伽门农的，经后来考古证实，它的历史可以追溯到更早的时期，但"阿伽门农金面具"的名称却沿用至今。

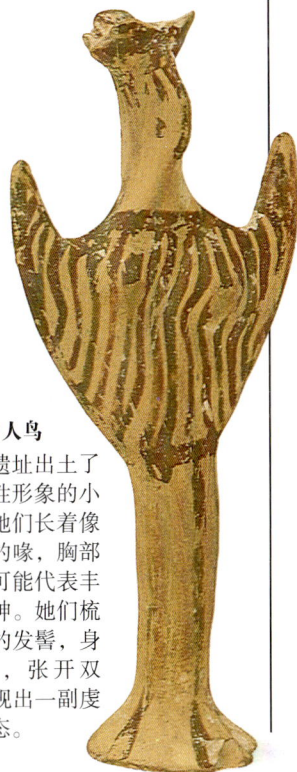

妇人鸟

迈锡尼遗址出土了许多女性形象的小陶像。她们长着像鸟一样的喙，胸部突出，可能代表丰产的女神。她们梳着平平的发髻，身着长裙，张开双臂，展现出一副虔诚的姿态。

特洛伊战争

公元前12世纪，迈锡尼文明走向衰落，希腊进入了黑暗时代。随后有关迈锡尼文明的故事以诗歌的形式代代相传，其中《伊利亚特》和《奥德赛》流传了下来，并于公元前8世纪在诗人荷马手中最终成型，广为传颂。《伊利亚特》讲述了迈锡尼之王阿伽门农率领希腊军队围困特洛伊的故事，展现了阿喀琉斯和赫克托尔等希腊和特洛伊士兵的英雄事迹。《奥德赛》则介绍了希腊英雄奥德修斯从特洛伊战场返回故乡的故事。史诗保存了一些对迈锡尼文明的模糊记忆，反映了战争中许多真实的历史事件。这场希腊与特洛伊之间的战争很可能源于对土地和作物归属权的争夺，并非为了夺回海伦。

海因里希·施里曼
1870年，德国考古学家海因里希·施里曼（1822—1890年），发现了特洛伊古城遗址。该遗址位于今天土耳其的地中海沿岸。施里曼此次发掘出的是9层遗址，但不能确定哪一层是古城特洛伊。上图中施里曼妻子佩戴的精美首饰就是从特洛伊遗址中发掘出的。

特洛伊的海伦
美丽的海伦是斯巴达王墨涅拉俄斯的妻子。据说，特洛伊王的儿子帕里斯抢走了海伦，成为特洛伊战争的导火线。希腊人联合起来打败了特洛伊人。

致命的好奇心
希腊人制作了一匹巨大的木马，放置在特洛伊城外。特洛伊人在好奇心的驱使下，将木马拉进了城内。夜晚，木马里的希腊士兵悄悄爬出来，打开城门，与希腊军队里应外合，摧毁了特洛伊城。图中木马图案来自一只公元前650年到公元前600年左右的迈锡尼坛子。

现代特洛伊木马
在特洛伊古城遗址矗立着巨大的特洛伊木马模型。它也是由木头制作成的。孩子们可以顺着梯子爬进木马的腹部。

木 马
意大利画家乔瓦尼·提埃波罗（1696—1770年）创作了多幅有关特洛伊木马的作品。

刺瞎波吕斐摩斯的眼睛

返乡途中，奥德修斯遇到了独眼巨人波吕斐摩斯。奥德修斯和随从们落入陷阱，被独眼巨人带到山洞准备吃掉。聪明的奥德修斯弄来一皮囊酒，将波吕斐摩斯灌醉后刺瞎了他的眼睛。

忠实的佩内洛普

历经10年的长途跋涉，奥德修斯终于回到了故乡伊塔卡，与妻子佩内洛普重逢。10年中，佩内洛普苦苦等待丈夫。当别人求婚时，她就说要织完一匹特殊的布后再答复。而晚上，她则偷偷毁掉白天所织的布，无限期推迟答复。英国画家约翰·斯坦霍普（1829—1908年）的作品反映了佩内洛普忧伤地坐在织布机旁的样子。

用羊逃跑

波吕斐摩斯的羊为奥德修斯他们提供了逃跑的工具。奥德修斯和随从们藏在羊身子的下面，早上，趁羊被放出洞吃草偷偷逃跑。这个故事以黑绘手法绘制在一个花瓶上。

蓝色颜料，
象征大海

头盔

母亲的援助

阿喀琉斯的母亲是海洋女神忒提丝。这尊陶像表现了忒提丝或其姐妹骑着海马为阿喀琉斯送战斗头盔。其中代表大海的蓝色线条至今依稀可见。

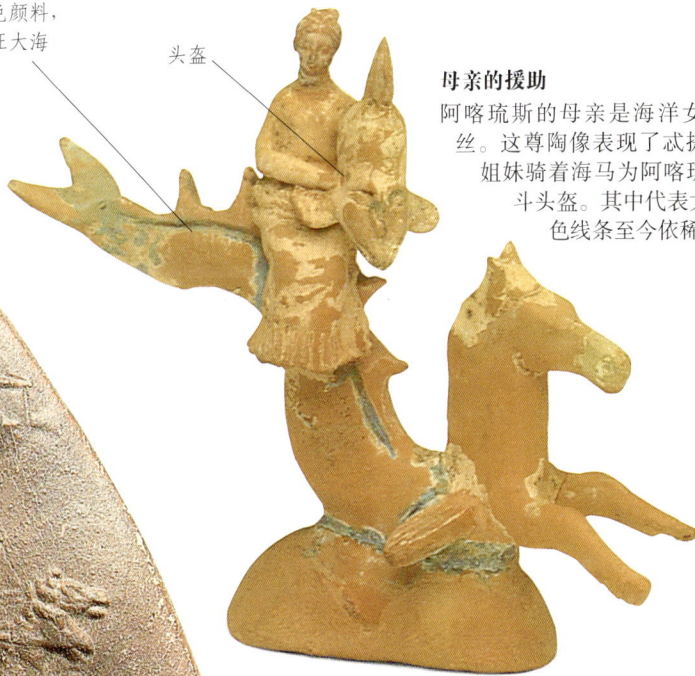

英雄之死

阿喀琉斯杀死了特洛伊最英勇的战士赫克托尔，并把尸体挂在马车上绕着特洛伊城墙跑了3圈。在这盏黏土灯上，阿喀琉斯驾驶马车，以胜利者的姿态回头张望。在特洛伊的城墙上，赫克托尔的父母——国王普里阿摩斯和王后赫卡柏正满脸恐惧地望着这一场景。

希腊的扩张

公元前8世纪，希腊开始致力于发展海外贸易，范围远及尼罗河三角洲。随着人口的膨胀，许多城镇开始自东向西扩展，西到意大利南部、西西里岛以及地中海西部的部分地区，东至黑海沿岸。其中一些定居点十分富庶。希腊文化深受外国影响，几何形风格逐渐被新式的东方化风格所代替。艺术设计也深受东方影响，葛利芬、斯芬克斯等工艺品形象主要来源是埃及和叙利亚等地。科林斯、罗德岛和以弗所等也因与东方的贸易而变得富足。

葛利芬金耳饰
葛利芬金头像制作于公元前7世纪，设计灵感来自东方。它们曾被附在耳饰上。

深情告别
此图案来自一个大罐子上，画面中的人物仅绘以轮廓。图中右边的男子正要登上一艘船，与岸上的女子依依惜别。

男士手镯
希腊人喜欢佩戴以动物头像为装饰的手镯，这款镀银狮头状手镯可能是男性饰品。

青蛙彩陶
这一时期，希腊人对埃及艺术品产生了浓厚兴趣。这尊青蛙彩陶可能是希腊工匠摹仿埃及艺术品制作的。青蛙是埃及宗教中的圣物，埃及人常制作这种浅绿色彩陶。

狮头状球形瓶
这款香水瓶可能来自底比斯。瓶身有3个分区的彩绘图案，展现战士们列队行进和赛马的场面。瓶身底部有狗追野兔的彩绘。香水瓶的口部封以石蜡，防止香水挥发。

舶来品
科林斯城盛产香水瓶，并出口到希腊各地。这里的香水瓶造型奇特、装饰精美。左图香水瓶上可能是带翅膀的一位风神。

希腊定居点

公元前750年到公元前550年，希腊人在天然良港和农业发达的地方建立新定居点。此后新定居点成为了独立的城邦。

带刺的香水瓶

这款刺猬状球形瓶是在贸易站纳乌克拉提斯发现的。

装饰物

这4匹几何形风格的陶马是脂粉盒盖子的手柄。与后期制作精美的马匹相比，它们略显粗糙，但也有生动之处，这也体现在同时期青铜作品中。

"雅典娜之城"雅典

卫城

雅典卫城是雅典最神圣的地方，许多重要的寺庙和神殿都坐落于此。

雅典是希腊最强大的城邦，也是艺术和学术的中心。城邦的庇护神是智慧和战争女神雅典娜。公元前480年，波斯人入侵雅典，卫城的一些寺庙遭到损毁。不久，希腊众城邦联合起来抗击波斯人，成功地保卫了希腊。随后，雅典统治者伯里克利进行了重建工作。雅典位于阿提卡地区，人口密度大于其他希腊城邦。雅典人主要居住在卫城高地以下的广大区域。公共广场和柱廊式建筑都集中在露天广场周围，这里是集会或商业活动的场所。附近还有比雷埃夫斯港，与海毗邻是雅典军事强大和经济繁荣的主要原因。

神像

这幅装饰画展现了人们为雅典娜神像供奉新衣的场景。图中男子正将一件女式长袍递给一位祭司。

厄瑞克忒翁神庙

厄瑞克忒翁神庙的规模略小，因希腊国王而得名，庙中陈列着雅典娜木质神像，并拥有著名的大理石少女廊柱。

帕台农浮雕装饰带

这条大理石浮雕带位于帕台农神庙外部柱廊的顶端，主要展现的是一队朝拜者从集会广场前往卫城庆祝泛雅典娜节活动的情景。

泛雅典娜节以雅典娜的名义召开，每4年举行一次。浮雕带上，雅典青年的骑马游行图案占据了大部分空间。

帕台农神庙

帕台农神庙坐落于卫城最高处，"帕台农"意为"处女"。雅典娜有时也被称作雅典娜·帕台农。帕台农神庙建于公元前447年到公元前432年之间，至今尚存。庙中的装饰性雕塑均为菲迪亚斯所设计。

金质女神像

帕台农神庙里矗立着一尊黄金和象牙制成的雅典娜雕像。这是著名雕塑家菲迪亚斯的作品。雕塑上的雅典娜身穿镶有蛇边的羊皮外衣，头戴一个有顶饰的头盔，右手上立着胜利女神尼姬。

图中硬币上刻着雅典娜之鸟——猫头鹰的图案。

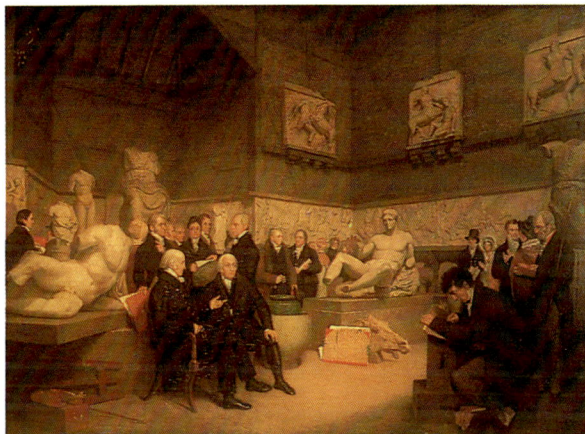

埃尔金大理石雕

英国使节埃尔金勋爵将一些帕台农神庙的雕塑带回英国。这些雕塑现保存在大英博物馆。

图为阿奇尔的《埃尔金的临时房间》，现存于大英博物馆。

南侧的浮雕上刻有许多奶牛，还有妇女们手持祭祀用的花瓶、碗和罐子。

雅典的权力与政治

梭伦

梭伦是一位贵族和立法者,生活在公元前640年到公元前558年的雅典。梭伦通过一系列新法令废除了债务奴隶制,并在雅典法律中引入"上诉权"。

古希腊由众多独立的城邦组成。早期的希腊社会由富裕地主和领导人统治,被称为"君主专制"。后来,君主专制被推翻,民主政府建立了。"民主"一词源自雅典。希腊政治生活的主要形式是公民大会,常在普尼克斯山上举行。普通的公民可以在大会上发表言论和享有选举权。大会的召开至少需要6 000名公民参加,就重要问题做出决定。五百人议事会负责安排公民大会的具体事务,在圆形会场举行。战时,关于保卫城市的许多决定由10位将军共同做出,"将军"每年选举一次,可以多次当选。

伯里克利

伯里克利是雅典政治家和将军。他在公元前443年到公元前429年间当选为将军,领导雅典经济日益繁荣。希波战争后,他主持了卫城的重建工作。

举靴男孩

这尊青铜小塑像刻画的是一个举着一只靴子的非洲男孩。雅典社会工作依赖奴隶。奴隶一部分来自战俘,另一部分来自奴隶贩子贩运的外国人。大多数奴隶只能靠卖苦力为生。

威斯敏斯特宫殿

当代的许多政府深受民主体制的影响,民主体制起源于公元前5世纪的雅典。"民主"在希腊语中是"人民权力"的意思,但当时希腊社会的大部分人并没有选举权,包括妇女、外来者和奴隶。

胜利宝库

希波战争中，希腊人在马拉松一役中大获全胜。为此，雅典人在特尔斐建造了这座精美的大理石建筑。这里面存放了各种战利品，既是雅典威信的体现，也是献给阿波罗神的祭祀品。

狄米斯托克利的放逐

硬币上刻画的是雅典领袖狄米斯托克利。他曾在公元前480年的萨拉米斯战役中，率领一支舰队打败了波斯人。后来，他被驱逐出了雅典。

希腊人很少在青铜板上刻字，通常都刻在石头上

条约板

这块刻写板上写着奥什米尔与格拉希第之间的约定，规定双方必须采用合法程序解决领土争端，违约的一方将受到惩罚。

人物画像象征民主制度

法案中的文字呈方块状，字与字之间没有间距，被称作非饰线体文字

反专制法案

图中石碑上雕刻着公民大会颁布的雅典反专制法案的大纲，该法案是欧克拉提斯在公元前336年提出的。

英雄与诸神

狄俄尼索斯装饰画
狄俄尼索斯是酒神和丰产之神。在这幅图中，他正骑在老虎的背上。

希腊人认为众神都是地神盖亚与天神乌拉诺斯的后代，众神与人类有许多相似点——会彼此相爱、结婚生子、争吵以及演奏器乐，这些都映射出人类的品性。所有神灵都有自己的管辖领域：德墨忒耳和珀尔塞福涅掌管农事，阿尔忒弥斯是狩猎女神，阿波罗能预言未来，阿芙罗狄蒂则是爱情女神。许多著名的神灵都设有专门的神庙或神殿。虔诚的信徒们坚信只要为众神提供充足的祭品，神灵一定会保佑和善待他们，满足他们的愿望。

众神的故乡
奥林匹斯山是希腊最高的山，被称为众神的故乡。它位于希腊的北部，塞萨利区与马其顿区的交界处。

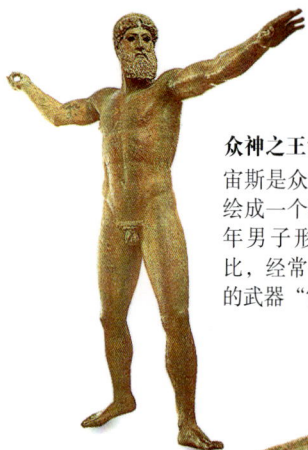

众神之王宙斯
宙斯是众神之王，常被描绘成一个强壮、蓄须的中年男子形象。他力大无比，经常带着他那标志性的武器"雷霆"。

爱情女神
这尊阿芙罗狄蒂青铜头像发现于土耳其的东部。虽然她嫁给了火神赫菲斯托斯，却深爱着战神阿瑞斯。

美女与野兽
在这面镜子上，女神阿芙罗狄蒂和畜牧神潘正在玩抓子游戏。这位爱情之神常被塑造成一个上身赤裸的优雅女子。图中，小爱神厄洛斯和一只鹅陪伴在她左右。潘是田野之神，长着一对山羊角和两条羊腿。

头颅里降生的孩子

宙斯曾被告知，墨提斯所生的孩子将比其父亲强大。为防止这种情况的发生，宙斯吞下了墨提斯。不久，他的头部感到剧烈的疼痛，于是他命令火神赫菲斯托斯劈开他的头颅。就这样，雅典娜从裂开的头颅中降生了。

这是意大利画家安东尼奥·波拉约奥罗（1432—1498年）所绘的《阿波罗和达芙妮》。

阿波罗和达芙妮

阿波罗爱上了女神达芙妮，并企图占有她。宙斯听到达芙妮的祷告，将她变成了一棵月桂树。因为对于阿波罗来说，月桂树是神圣不可侵犯的。

火神赫菲斯托斯

铁匠赫菲斯托斯是一位跛足的火神，是阿芙罗狄蒂的丈夫。他锻造了一把特殊的斧头劈开了宙斯的头颅，还曾为宙斯锻制御座和盾牌。

太阳神阿波罗

在特尔斐专门设有祭拜他的神殿和圣坛。人们常常把他与太阳、光明和治愈、医药等联系起来。

雅典娜

雅典娜是雅典城的庇护女神，是智慧和战争女神，掌管艺术、文学和哲学。猫头鹰是她所喜爱的鸟。她钟爱橄榄树，并将它引入雅典城。在特洛伊战争中，她帮助奥德修斯完成了归乡之旅。

德墨忒耳和珀尔塞福涅

德墨忒耳和珀尔塞福涅是一对母女，都掌管农事。这尊陶像中的母女俩佩戴头饰，并肩而坐。

人身羊腿的农牧神法翁

这是意大利画家皮耶罗·蒂·科西摩（1462—1521年）的一幅作品。图中法翁神正在哀悼一位死去的女子。法翁和潘神一样，是牧羊人及其羊群的保护神。

厄洛斯和普绪客

上图这尊希腊风格的陶像展现了小爱神厄洛斯与人类灵魂的化身普绪客亲吻的场景。对古希腊人来说，他们的拥抱象征着完美的幸福。

赫拉克勒斯

赫拉克勒斯是最伟大的英雄，是宙斯和凡间女子的儿子。当他还是婴孩的时候，就曾徒手杀死了两条袭击他的毒蛇。赫拉克勒斯成年之后，他为迈锡尼王欧律斯透斯完成了12项看似不可能完成的艰辛的任务。左图展现的是他杀死斯廷法罗斯湖怪鸟时的情景。赫拉克勒斯先用工匠之神赫菲斯托斯给他的响环来惊吓这些怪鸟，再用投石器杀死它们。赫拉克勒斯非常强壮和勇敢，但却嗜酒如命，贪恋女色，有许多风流韵事。

珀加索斯

这枚硬币上刻着飞马珀加索斯。英雄柏勒洛丰骑着它飞到天堂，但途中珀加索斯被宙斯派来的牛虻刺痛，将柏勒洛丰从马背摔到了地上。

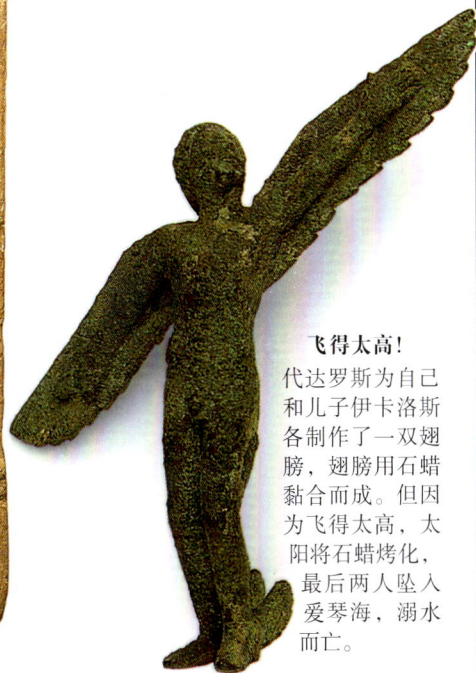

飞得太高！

代达罗斯为自己和儿子伊卡洛斯各制作了一双翅膀，翅膀用石蜡黏合而成。但因为飞得太高，太阳将石蜡烤化，最后两人坠入爱琴海，溺水而亡。

阿耳戈号的建造

这幅罗马的陶质墙壁嵌板展现的是著名神话《伊阿宋和阿耳戈群雄》中的一个场景。伊阿宋是希腊北部塞萨利区的王子，阿耳戈群雄是追随他的英雄们，他们共同建造了阿耳戈号。图中可以看到雅典娜坐在左边，正在帮忙建造阿耳戈号。

里拉琴的诱惑

奥菲士是一位诗人和一音乐家。他那悠扬的琴声、婉转的歌喉足以使野蛮的动物变得温顺，使树木植物为之倾倒，并且能抚慰最暴躁的脾气。他也参与了伊阿宋和阿耳戈英雄们的探险，在漫长旅途中用美妙的音乐安抚船员，使海上风平浪静。在这幅荷兰画家萨佛里（1576—1639年）的作品中，所有鸟兽都伏下身子，陶醉于奥菲士的音乐之中，生动地反映了奥菲士高超的音乐技艺。

珀尔修斯和美杜莎

在这幅公元前460年的瓶饰画中，英雄珀尔修斯砍掉了蛇发女怪美杜莎的头。美杜莎的眼神可以把人变成石头，珀尔修斯砍掉了她的头，装在袋子里。

89

节日和神谕

一起来跳舞

这幅图表现的是一队人手拉手前往一个祭坛，祭坛上正在燃烧祭祀品。一位女神职人员，也可能是农事女神站在祭坛的旁边，手里拿着扁筐。

宗教在希腊人的生活中占有重要地位。希腊人通常在家中庭院里设置小祭坛，拜谒神灵。希腊人坚信他们能与众神达成协议：他们为众神提供金银和祭品，以神的名义举行节日庆典和运动会；作为回报，他们希望众神能保佑他们免除疾病和灾祸的侵袭，五谷丰登。人们指定专门的日子祭祀神灵。大多数祭祀一年一次，有些则是4年一次。神殿里也供奉着神灵，其中最著名的要算阿波罗神庙。阿波罗神是著名的预言之神。神殿的女祭司常常扮成神的代言人，给出一些含混的回答。

神 牛

公牛是一种重要的动物祭品，一般会被装饰上植物类花环和缎带。一些寺庙的装饰设计灵感就来自佩戴花环的牛头。

古老与现代的融合

意大利南部有一处古希腊巨型圆柱遗址。现在这里成了新婚夫妇拍摄婚纱照的必选之地。人们认为这些遗址会带来好运。

世界的中心

过去人们认为德尔斐城是世界的中心，希腊人在这里放置了一块象征世界中心点的石祭坛。这个雕刻着网状羊毛绳结的石刻现珍藏于德尔斐博物馆，绳结是神圣物品的象征。

战车御者铜像

阿波罗神庙上方有一座露天看台，用于举行运动会和马车比赛。赢得马车比赛的冠军是运动会的最高荣誉，获胜的队伍通常会捐出一尊雕像。图中这尊青铜雕像的眼里镶嵌着玻璃和石头，嘴唇为铜质，头戴银质发带。这是古希腊最著名的雕像之一。

阿波罗神庙

德尔斐城是祭祀阿波罗神的重要场所，坐落在帕纳塞斯山的陡坡上。传说，帕纳塞斯山是阿波罗和女神缪斯经常逗留的地方。

雅典娜神殿

沿阿波罗神庙向下便是雅典娜神殿，图中所示的圆形建筑为神殿正中，周围种植着成千上万的橄榄树。传说雅典娜创造了橄榄树。

雅典娜节日大道

雅典娜节日大道位于雅典卫城，是一条通往雅典娜神殿和祭坛的专用道路。道路从市中心的阿哥拉（agora）出发，途经重建的柱廊建筑。

祭祀的队伍

在这只宽边酒碗上，描绘着人们列队祭拜女神雅典娜的场景。祭坛中已燃起烈火，雅典娜站在祭坛后面。队伍的为首者是一位头顶糕点的妇女，其后跟着一位手牵公牛的男子，接着是一个吹奏双管乐器的男人。队伍中的其他人也都带着祭品。在队伍的最后是一辆骡车。

神庙

宗教在古希腊占据主导地位，神庙成为古希腊最雄伟壮观的建筑。神庙的建造有时也出于政治目的。神庙通常用石灰石或大理石砌成，顶部采用木质材料覆盖，并加以陶质或石质的瓦片。巨大的石块由石匠们用凿子和锤子进行雕刻，圆柱形凸起部分被加工成巨型圆柱，由绳子和滑轮运到相应的位置，并用钉子固定在一起。带状的雕刻装饰和三角楣饰上的雕像使希腊寺庙显得庄严、高雅。

苏尼恩海岬
祭奠海神波塞冬的大理石神庙坐落在雅典南部的一个海边高地上，建于5世纪，是水手们返回雅典的地标。

宙斯神庙
为了纪念宙斯，在奥林匹亚每4年举行一场国际运动盛会。建于5世纪的巨大宙斯神庙的遗址至今还可以找到。

谷神殿
意大利的波塞多尼亚城（后称帕斯多）是一处富庶的古希腊人定居点。那里完好保存着许多古希腊神庙。图中的西尔瑞斯神庙建于公元前6世纪，是一座陶立克式建筑，本来是献给女神雅典娜的，后被用作基督教堂。帕斯多遗址因埋葬于沼泽和树丛中才得以完好地保存。

刻有玫瑰花样的柱顶

图中大理石柱顶来自阿尔忒弥斯神庙，位于今土耳其境内。神庙毁于公元前356年的一场大火，当晚，亚历山大大帝降生。

狮头状檐槽排水口

雨水会顺着排水口从屋顶流下来。图中的排水口来自普南城的雅典娜神庙，位于今土耳其境内以弗所城。

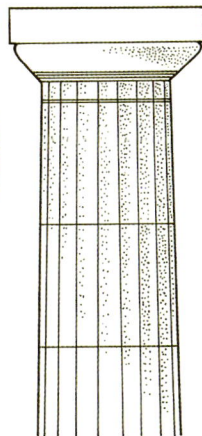

陶立克式

陶立克式圆柱非常坚固，顶部无任何花纹图案，多见于希腊大陆、意大利和西西里岛南部。

爱奥尼亚式

爱奥尼亚式圆柱略细，柱顶装饰以卷形花纹，多见于希腊东部及一些岛屿上。

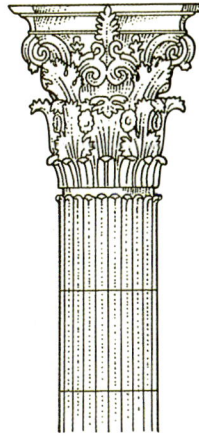

科林斯式

科林斯式圆柱多出现在罗马人的寺庙中。它的柱顶设计精美，常装饰以莨苕树叶。

圆柱和柱顶

大多数的希腊建筑都有垂直的圆柱及水平梁楣。这种风格可能源于早期的木建筑。

科林斯式柱顶

图中的科林斯式柱顶来自小亚细亚（今土耳其）的一处柱廊建筑。柱顶正面是一位妇人的夸张头像，下面是莨苕树叶。

棕榈叶状屋顶瓦片

图中屋顶瓦片呈棕榈叶状，来自一座阿波罗神庙。该神庙位于希腊南部的巴赛城，因角斗士而闻名。阿波罗在这里被尊奉为"战士之神"。

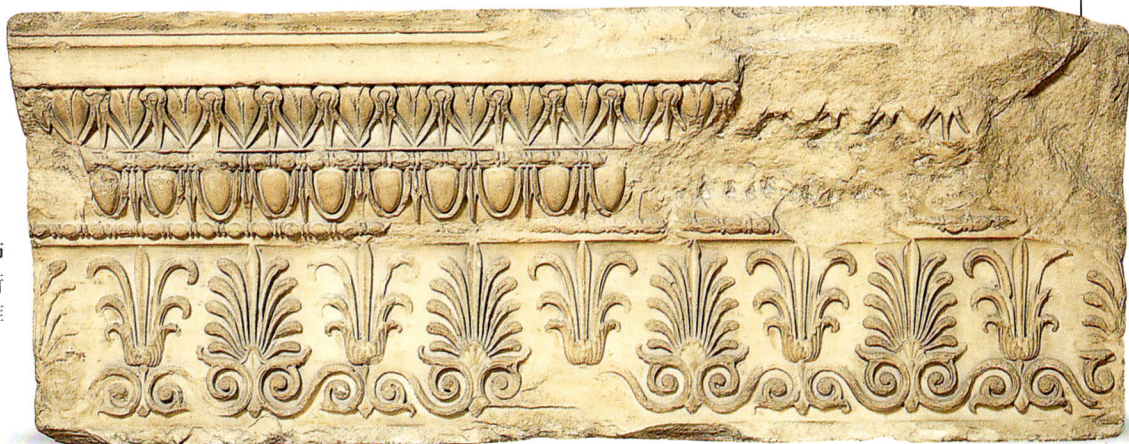

荷叶装饰

在这个大理石断片上雕刻着荷叶和棕榈叶装饰带。它来自雅典卫城的厄瑞克忒翁神庙。

家居建筑

希腊人将家视作私人空间。希腊人的房屋由晒干的泥砖砌成，并不结实，小小的窗户高高地嵌入墙里。下图为一间农舍，城镇里的房屋房间会较多，也更华丽些。花园或庭院通常位于中央，所有房间都环绕而建。院子里可能还有水井用以防范邪灵，门廊处往往设有赫尔墨斯方形石柱。下图农舍是根据在雅典南部发掘出的一处公元前4世纪的房屋绘制成的。

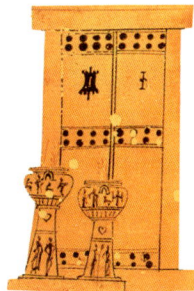

这尊陶像表现了一位
妇人碾压谷物的场景。

大门和坛子
在希腊，木材非常昂贵，所以门就成了珍贵的物品。上图门前架子上是两个用于结婚仪式的坛子。

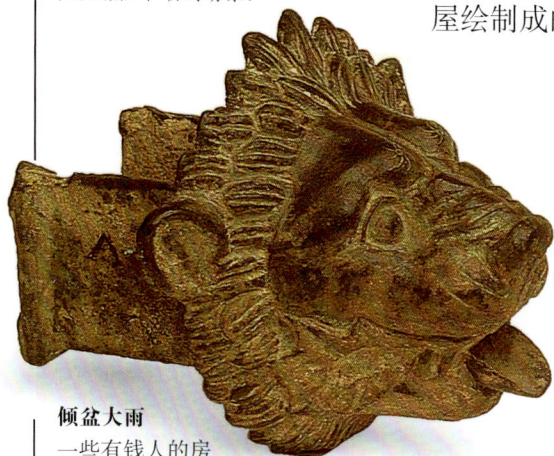

倾盆大雨
一些有钱人的房顶有排水的檐槽。图中的排水口被制作成狮头状。

上楼用
的梯子

女主人的房间，里面存放着织布机、婴儿摇篮和睡椅

必备的祭…

大厅中用于烹调和
放置炭盆的地方

男主人招待朋
友的地方——
饮宴厅

陶瓷瓦片的末端有时会装饰有人或动物的面部图案。上图是一位相貌丑陋的女人头像，她卷发浓密，舌头向外伸出。

优雅的坐姿

在这幅瓶饰画上，一位姑娘正坐在房间里的椅子上。这种椅子造型优美，经常可以在花瓶上见到。

长榻

图中的青铜装饰曾经被安装在一把长榻的头部位置。这种长榻在吃饭时使用。

黏土瓦片房顶

泥砖砌墙，有时表面涂以灰泥

木质窗户

带青铜闩的木门

石头地基

木制门廊柱

石墙

女性世界

在古希腊，女性常常处在丈夫、父亲或兄弟的管制下，极少参与政治或公共活动。大多数女性不能继承财产。女孩子们往往在十三四岁就结婚，由父亲为其挑选丈夫。结婚的目的主要是生育，最好生男孩，这样可以延续血脉、提高地位。虽然妇女在法律上拥有极少的自主权，但却掌管着全部家庭生活，尤其是纺织工作。

英国画家劳伦斯·阿尔玛–塔德玛爵士（1836—1912年）所绘的《希腊妇女》。

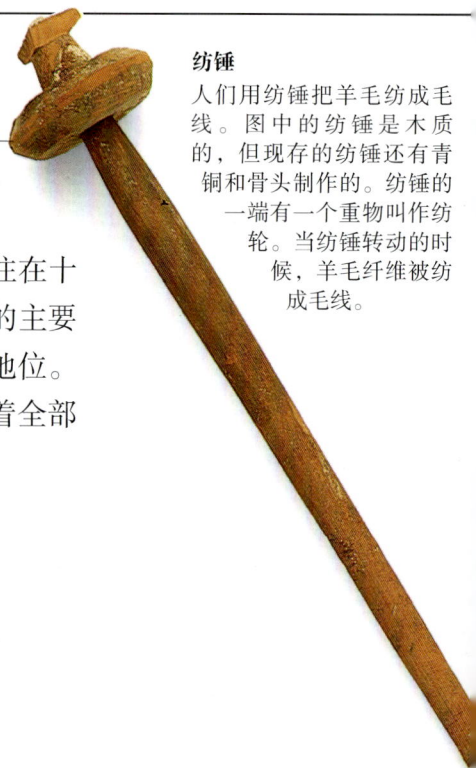

纺轮

纺锤

人们用纺锤把羊毛纺成毛线。图中的纺锤是木质的，但现存的纺锤还有青铜和骨头制作的。纺锤的一端有一个重物叫作纺轮。当纺锤转动的时候，羊毛纤维被纺成毛线。

料理家务的女性

希腊的女孩子是不允许上学的。她们在家里由母亲教授纺线、织布和料理家务等技能。一些富裕家庭的女孩子可能会有机会学习读写，就像瓶饰画中的这位妇女，正在手捧莎草纸卷阅读。

纺线妇女

这只瓶子上描绘了一个女人用卷线杆和纺锤纺线的情景。

井边的妇女们

雅典有许多公共水井，妇女和女奴们常常拿着水罐到那里取水。图中的泉水正从狮头状喷嘴中流出，其他妇女排队等候，这是会友和聊天的好机会。

护膝

希腊妇女在整理纺线的羊毛时，常在膝盖上固定一个叫陶制护膝的特殊装置。

女子纺织图采用了黑绘技术

萨福

萨福是公元前7世纪末的一位女性作家，居住在女性相对自由的莱斯博斯岛。萨福的诗歌语言优美，使人们能够对当时的女人们有所了解。

桌子上的小灯

娱乐者

"希蒂洛"（古希腊的妓女）被允许参加酒会。在这张瓶饰画上，希蒂洛吹奏笛子，表演舞蹈，供男人们娱乐。许多希蒂洛都是外国人或战俘。

美容器具

这面青铜镜子有一个女神镜架，这个女神可能是阿芙罗狄蒂，她手捧一只鸽子，两个小丘比特在她两旁飞翔。后来人们在希腊还发现了大量首饰盒、梳子和香水瓶等化妆用品。

古希腊儿童

幼儿便盆
这幅瓶饰画展现了一个小男孩坐在便盆上的情景。这个便盆似乎也兼作高椅。

图为现代儿童坐在古代的幼儿便盆上。

在古希腊，婴儿的未来掌握在父亲的手中。婴儿出生后会被交给父亲，由父亲决定是否养育他/她。如果是个女孩或者身体太弱，或者家里没有经济能力抚养，父亲可能会将其抛弃。这样婴儿就会被丢弃在户外慢慢死去，也有一些被其他家庭收养，长大后成为奴隶。但是，一旦婴儿被接受，家人会在他出生的第十天为他取个名字，并好好抚养他。今天我们已经发现了许多古代的玩具，一些作家也对捉迷藏等游戏场景有所描述。在希腊城邦，男孩到7岁就要上学，女孩子则不允许上学。到十二三岁时，孩子们就被看作成年人了。他们常把玩具献给阿波罗神和女神阿尔忒弥斯，以宣告童年的结束。

再快点！
上图画在小酒壶上，画的是两个小男孩拉着一个坐在车上的小伙伴。这种学步车有时出山羊拉着。在雅典的安特斯酒节上，年满3岁的男孩通常都会得到一个这样的带柄酒壶，象征他们婴儿时代的结束。

大酒杯（莱伯斯杯），供婚礼上使用

女孩子的坟墓
图中的陶瓷娃娃是在一个小女孩的坟墓里发现的。她代表着父母对女儿长大后模样的期望。坟墓里的一些小型陶瓷物品也都是成年的标志。

靴子象征成年

教育

男孩子跟随老师学习读书、写作、算术、音乐，还要背诵诗歌和学习论辩之道。稍大些时会跟随智者学习。智者们四处游历，经常在体育馆或者训练场地教授学生论辩之道。一些富裕家庭的女孩子可由家庭教师教授读写知识。

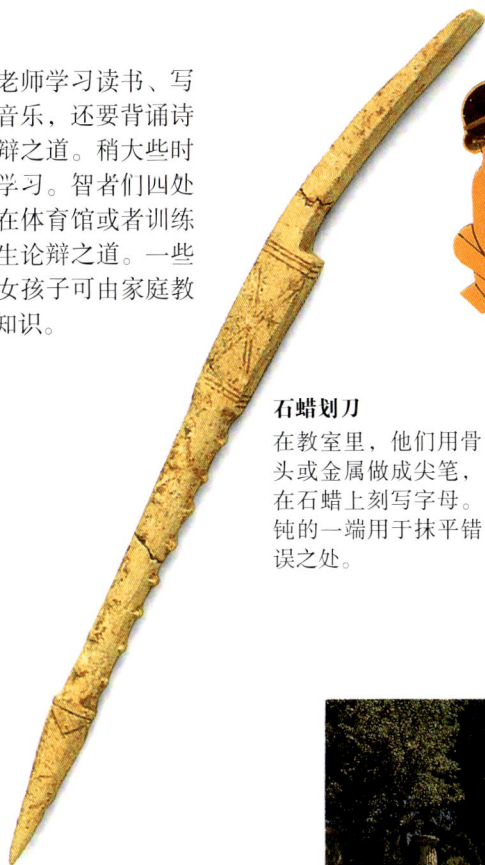

石蜡划刀

在教室里，他们用骨头或金属做成尖笔，在石蜡上刻写字母。钝的一端用于抹平错误之处。

照顾小主人的奴隶

这幅瓶饰画中，一位奴隶教仆坐在男孩子的身后。男孩则面对老师，朗读着老师手中的莎草纸卷。

奥林匹亚
格斗场

备战

男孩子长大后只有健美强壮才能成为优秀的战士。体育老师在格斗场教授学生摔跤等竞技运动。格斗场是一座柱廊式庭院。大多数古希腊城镇都有自己的格斗场。

骑鹅的人

骑马的人

黏土玩具

有时小陶像被当作玩具。图中这些小陶像可能是陶工们用多余的黏土制成的。这些被放置在孩子们的坟墓中，成为他们死后的伙伴。

娱乐和游戏

音乐是希腊富人重要的娱乐形式。希腊人在孩子出生、婚礼和葬礼时要演唱情歌、战歌、饮酒歌，还有庆祝丰收、拜谢神灵时的感恩歌曲。他们还有竖琴、里拉琴和西塔拉琴（里拉琴的一种）等弦乐器，以及排箫或潘神箫等管乐器。遗憾的是，书面形式的古希腊乐谱没有保存下来。希腊男子不跳舞，但他们喜欢观看舞蹈表演。

钹的撞击声
这对青铜钹上刻着主人的名字——奥托，保存下来的这样的古代乐器很少。

跳舞的女孩
图中穿着短裙的奴隶女孩正在一边跳舞，一边打着响板。

和谐三重奏
这幅红绘瓶饰画描绘了3个手持乐器的人。坐在椅子上演奏竖琴的是歌舞女神缪斯。另外两个人则拿着里拉琴，认真倾听。右边的男子是传奇音乐家穆赛俄斯。

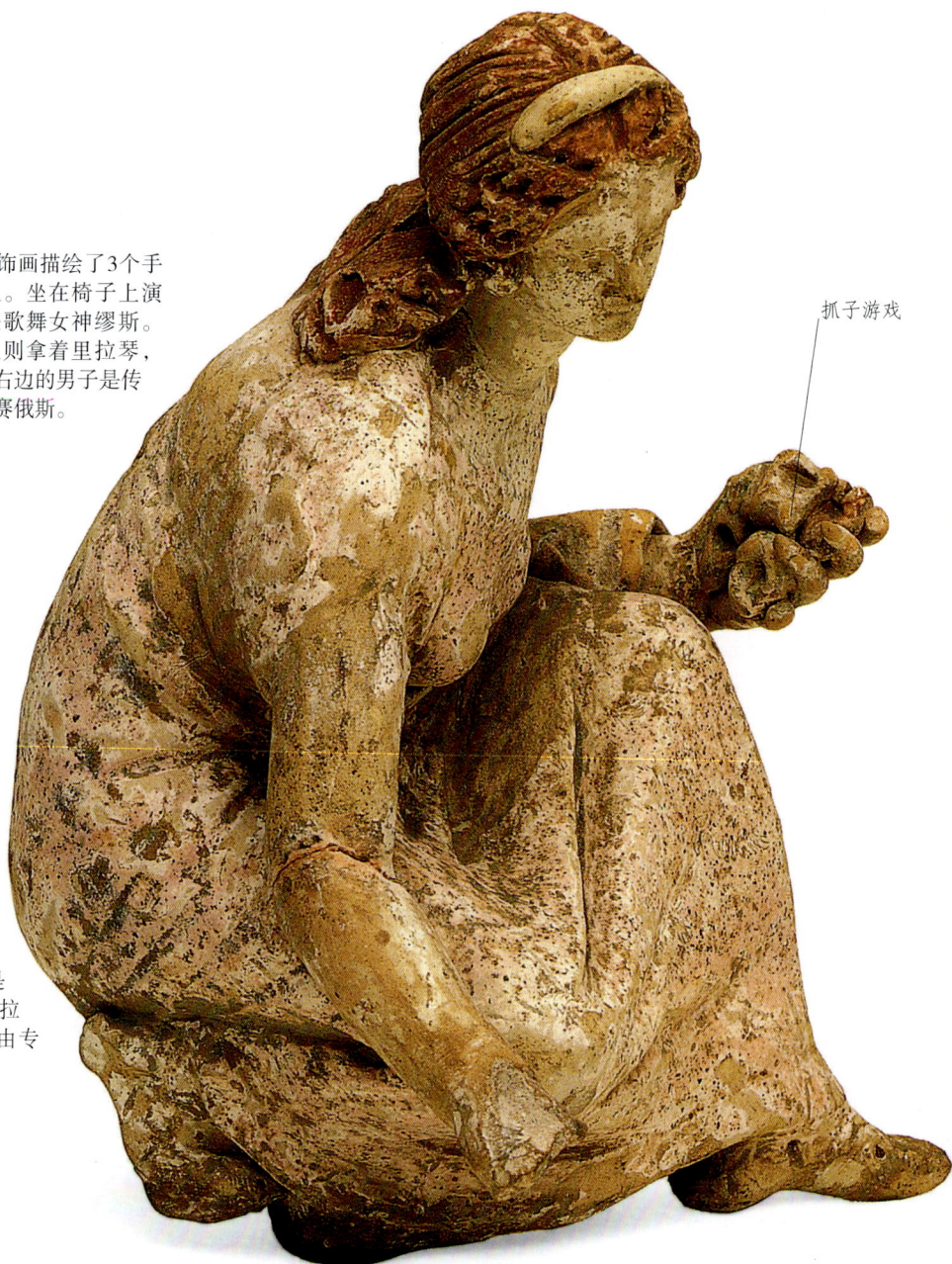

抓子游戏

大里拉琴
图中女子演奏的乐器叫作西塔拉琴，是一种较大的木质里拉琴。西塔拉琴一般由专业乐者演奏。

棋盘间的战斗

历史学家希罗多德认为，棋盘游戏产生于小亚细亚的里底亚。现已发掘出许多筹码、骰子和棋子。一些瓶饰画上描绘了士兵们玩棋盘游戏时的场景。在这幅画中，两位希腊英雄埃阿斯和阿咯琉斯正在下棋。

蛇梯棋游戏在两千多年前就已出现。

命中目标

人们经常在酒会进入尾声时玩这个游戏，并不只限男士参加。游戏者对准一个目标轻弹酒中的渣滓，命中目标的人为获胜者。图中，一只鸭子注视着一位正在瞄准的女子。

抓子游戏

希腊人钟爱抓子游戏。模子由小动物的踝关节制成，玩法与抛接子游戏很相似，一位古典作家曾写道：它是"女人们最爱玩的游戏"。

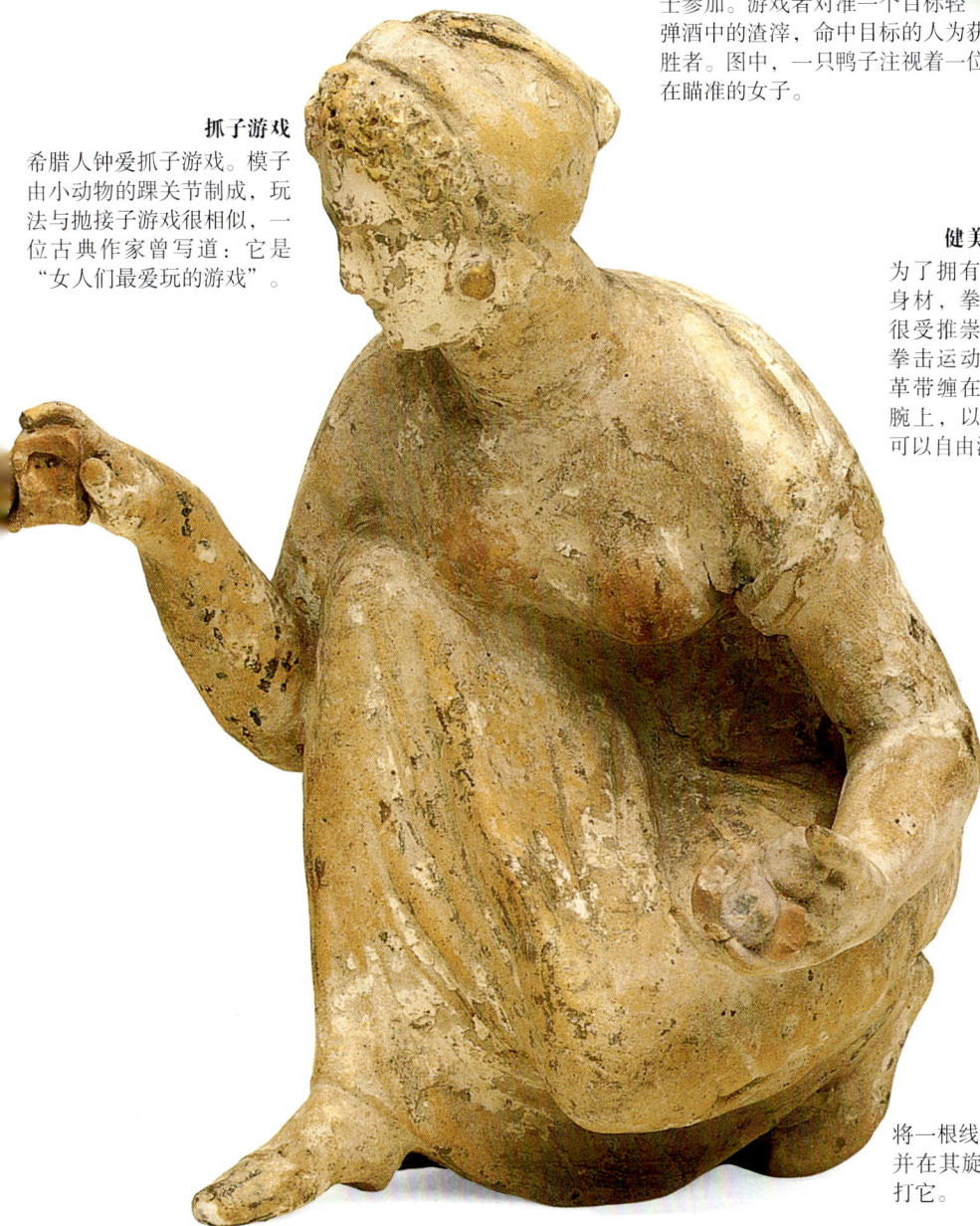

健美的身材

为了拥有健硕的身材，拳击变得很受推崇。古代拳击运动员用皮革带缠在手和手腕上，以便手指可以自由活动。

旋转的陀螺

将一根线缠于陀螺的顶端，并在其旋转的过程中不停地抽打它。

101

饮酒和宴会

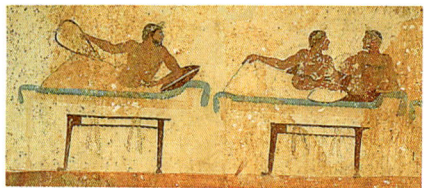

潜水者的坟墓

这幅特殊的宴会图被绘制在帕斯多的一个坟墓的墙壁上。帕斯多是位于意大利南部的一个希腊定居点。壁画展示了年轻男子们一起斜倚在长榻上，奴隶们为他们在小桌子上摆放食物和美酒的情景。

在希腊城邦，男人们经常举行私人酒会或大规模酒会。私人酒会在家中的餐厅里举行。体面的女子不允许参加酒会，女奴隶"希蒂洛"在宴会上表演舞蹈，吹奏笛子和表演杂技，供男人们娱乐。晚间的宴会通常从为神灵们倒祭酒、唱圣歌开始。接着男人们会讨论一些政治和哲学问题，但是他们越喝越多，就开始互相开玩笑、猜谜语和讲故事。最后，畅饮之后，宾客们在长榻上安然睡去，女人和奴隶收拾东西。

饮酒杯

这是一款特殊的饮酒杯。它被制作成公羊头的形状，边缘饰以宴会场景图。这只杯子没有底座，可能是用于互相传递使用的。

希腊盛产的橄榄常被作为酒会前的开胃食品。

酒 器

酒是所有希腊人喜爱的饮品。蘸酒的面包加上无花果是典型的希腊早餐。现存的酒器有些用黏土制成，有些是青铜质地。图中左边青铜质地的大容器将水和酒混合，勾兑好后再倒入右边的长柄酒罐中，由奴隶们斟满主人的酒杯。

神仙般的健康饮食

面包和麦片粥是希腊人饮食的重要部分。希腊人大量食用蔬菜。通常在祭祀的场合才能吃到肉。鱼和奶酪则成为希腊人蛋白质的主要摄取源。人们还可以吃到石榴、无花果、苹果和梨等水果。

城镇居民也饲养山羊，用于获取羊奶和奶酪。

面包和山羊奶奶酪

鱼宴

在酒会上，人们可以吃到各种各样的鱼。希腊有许多靠海的城镇，鱼的种类有梭鱼、金枪鱼、鲟鱼和鲭鱼等。图中的鲭鱼正放在一盘月桂树叶里。

乌贼

月桂叶和鲭鱼

无花果

甜味佐料

因为缺少糖类，无花果这样的甜味水果在希腊很受欢迎。蜂蜜常用于制作蛋糕和饼干。

海产品

希腊沿海盛产章鱼和乌贼，时至今日，海产品仍在希腊人饮食中占据着重要地位。

外出一日

在现存古希腊建筑中，露天剧场是最为壮观的建筑之一。在古希腊，每年人们以神的名义去观看戏剧演出。在雅典，每年春冬两季都要举行祭祀酒神的大典，人们在大典上载歌载舞，这种歌舞表演后来发展成为戏剧。从公元前6世纪中叶起，大典上都会以竞赛形式举行戏剧演出。到公元前5世纪，悲剧和喜剧两种表演形式都已在雅典出现。剧中所有的角色均由男人扮演，女性角色也不例外。每场演出的主要角色不超过3个，作配角的歌舞演员则很多。戏剧中的音乐伴奏在"乐队席"区域演奏。女人不允许进入剧场。

精疲力竭

这尊小陶像展现的是一位老妇人扮相的喜剧演员。他戴着满是皱纹的假脸和卷曲的假发。此刻，他正精疲力竭地坐在椅子上休息。

欧里庇得斯

在这尊雕像中，欧里庇得斯表情严肃。他的戏剧提及雅典人对待敌人的粗暴，反映了战争的恐怖。

鸟瞰埃皮达罗斯剧场

从剧场高处的座位上，可以清晰地看到演出的全景。现在这里搭建了一个临时舞台。

埃皮达罗斯剧场

埃皮达罗斯剧场共有14 000个座位，图是站在演员表演区的角度拍摄的。剧场精美的观众席是依凭山腰而修建的，呈巨大的半圆碗状。这种设计造型美观，也利于增强声音效果。

常演常新的古希腊戏剧
英国皇家国立剧院的演员上演了古希腊戏剧《俄瑞斯忒亚》三部曲。这是雅典剧作家埃斯库罗斯的作品，讲述了俄瑞斯忒斯为父报仇的故事。

索福克勒斯
同许多著名剧作家的雕像一样，这尊索福克勒斯雕像也是在他死后才雕刻的，与本人并不十分相像。索福克勒斯的戏剧大多是关于王室、传奇家族及某些悲剧性人生的。他的许多作品至今经久不衰，如俄狄浦斯王或阿伽门农的女儿厄勒克特拉的故事。

这项帽子暗示出这位蓄须男子的财富并非来自正当途径

缪斯手中所持的面具是希腊喜剧中的一个角色

纪念雕像
这些陶像可能是剧院赠给观众的纪念品。在墓葬品中还发现了整套戏剧演员的雕像。图中的女性可能是缪斯女神——希腊神话中掌管艺术的9位女神之一。右边这个男性陶像代表一个依靠艺伎"希蒂洛"收入为生的反面角色。

105

人体之美

对于古希腊人来说，美丽和整洁十分重要。在雕塑和瓶饰作品中，人们都衣着高雅，站姿优美。年轻男子非常注重身体的健康、强壮，以便成为优秀的士兵和运动健将。他们常在运动场上裸体进行比赛，运动结束后，他们会用橄榄油擦拭身体。女人们外出时，常把自己整个包裹住。她们所穿的布料都精工细纺，有些几乎透明，保证在夏天能透光透气。妇女们还要在身上涂芳香油来防晒。出身富裕的女人拥有很多精美华丽的饰品。

来自爱琴纳岛的珠宝
这是在爱琴纳岛发掘出的米诺时期耳饰。耳饰上的圆圈为蛇形，圈内是两只狗站立在猴子头上的造型。

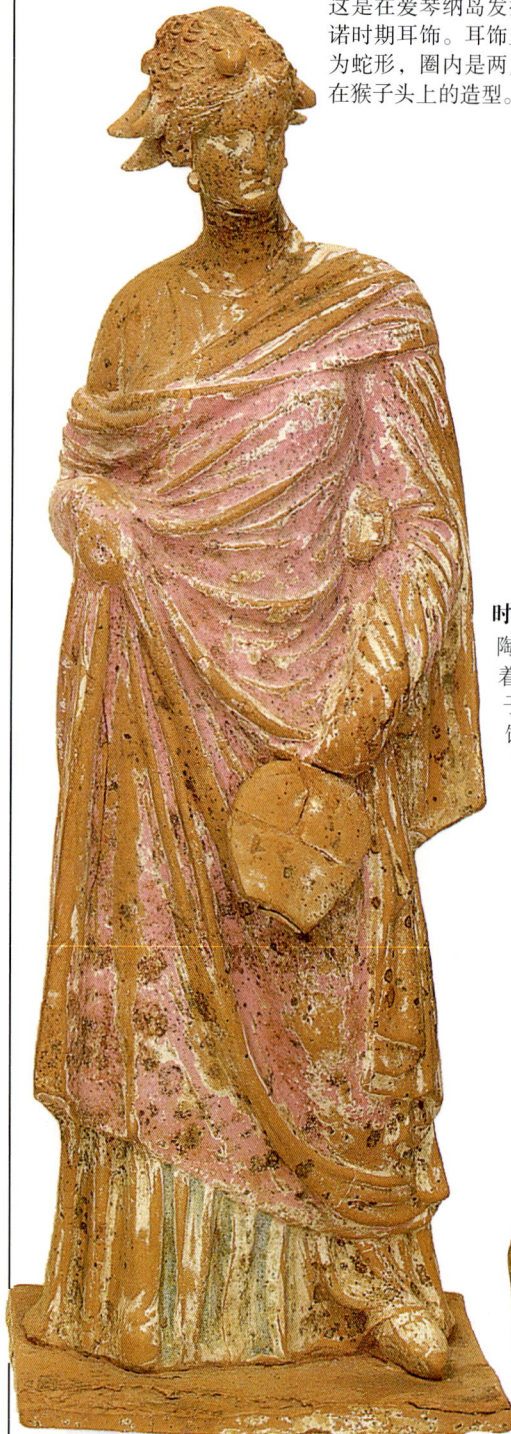

死后的装饰品
珠宝是成功和财富的象征。在这幅墓雕中，一名奴隶正将手镯递给一位妇人，这位妇人可能就是该墓地的主人。

时尚的妇人
陶像所示的妇人穿着时髦。她穿着束腰外衣及长袍，手拿一把扇子，衣服以亮色为主，并佩戴发饰。在希腊中部的塔纳格拉发现了许多类似的陶像。

脂粉盒
这是古希腊妇女经常使用的带盖的脂粉盒，用于盛放香料和化妆品。脂粉盒外部通常装饰有妇女纺织的场景画。

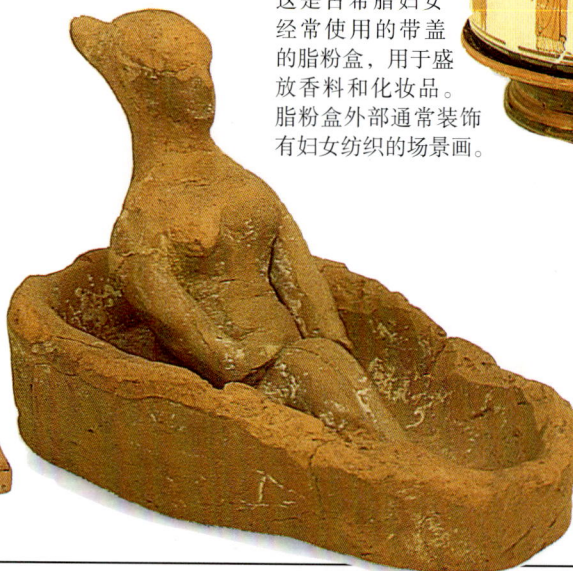

沐浴
希腊人喜欢洗澡。陶像中的浴盆较小，末端有个凹陷处，以便沐浴者可以用水润湿全身。

银质搭扣

镜盖

头饰
在节日庆典上，人们给神像的头部装饰上金质花冠和枝状饰品。这种花冠也会被放置在死者的头部。

优雅耳饰
耳饰大多用金银制成。这款船形耳饰下面坠着海扇壳状的坠饰，船内则是半鸟半人造型的"海上女妖"塞壬。

完美运动健将
这尊雕塑是著名古希腊雕塑家波利克雷托斯的作品在罗马时代的复制品，原雕像为青铜质地。波利克雷托斯擅长雕刻裸体的男性运动员。底座上雕刻着年轻拳击选手库尼斯科斯的名字。

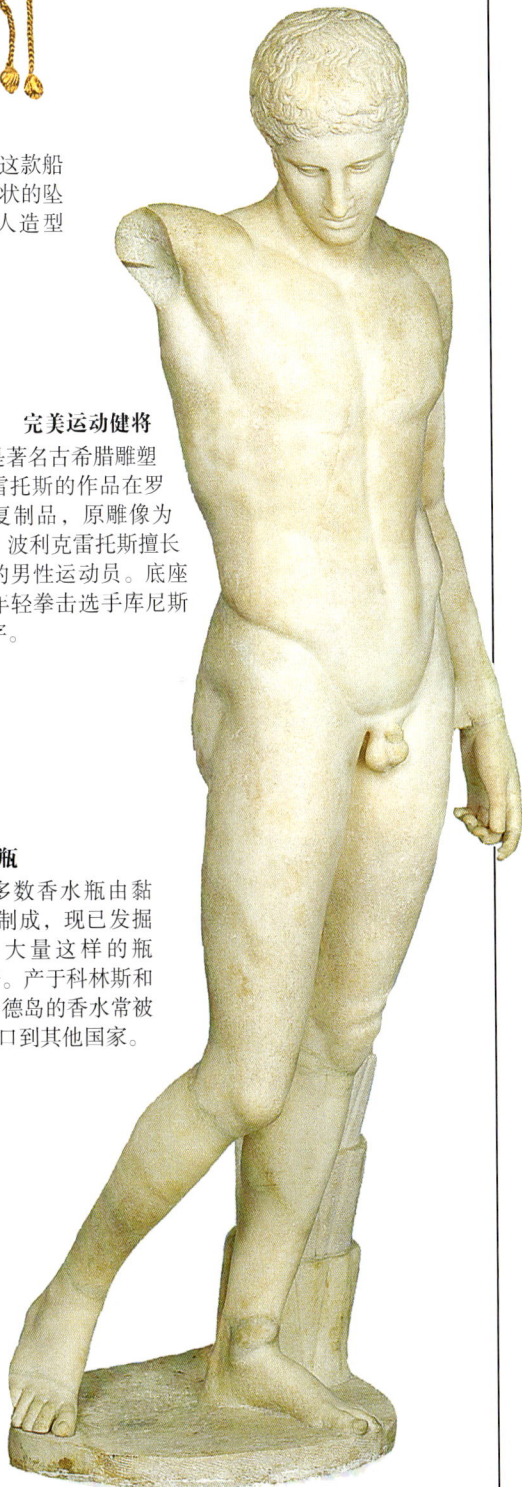

魔镜，魔镜
古希腊的镜子由青铜制成，一面经高度抛光后用于照面，另一面则雕饰以神话场景。图中这面镜子上，女神阿芙罗狄蒂与潘神并肩而坐。环绕镜子的是一对辫状银链连接银质扣针（搭扣），当时可能用于系紧长袍。

香水瓶
大多数香水瓶由黏土制成，现已发掘出大量这样的瓶子。产于科林斯和罗德岛的香水常被出口到其他国家。

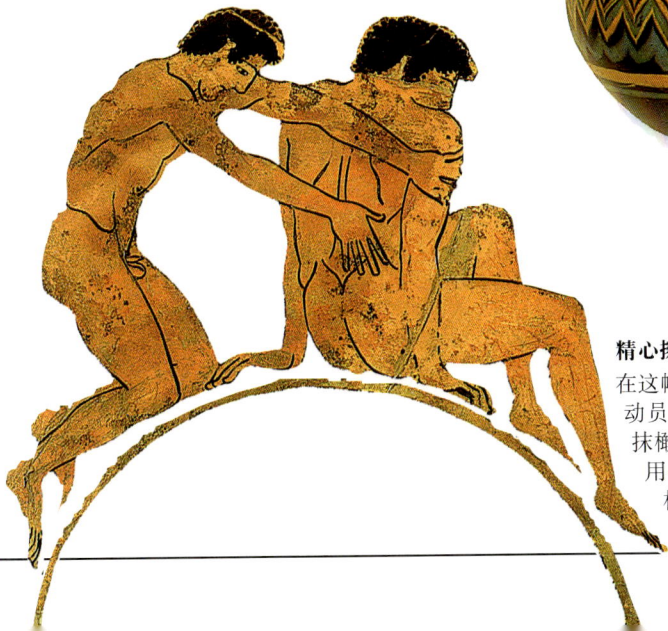

精心擦拭橄榄油
在这幅瓶饰画上，一位运动员正往朋友的背上涂抹橄榄油。然后，他会用一个曲形的铜制刮板除去多余的油脂。

107

舒适的服饰

古希腊的服装多由当地产的羊毛制成。纺织工艺精湛，衣物比现代的轻薄。也有人穿着亚麻料布衣，富人们则更崇尚丝绸制品。亮色的衣物很受欢迎，尤其受到妇女的青睐。穷人只能穿着未染色的衣服。男女衣服的款式大致相同，基本式样是直筒的束腰上衣，肩部用饰针或别针固定住，外部罩以披肩长袍。

哈密尔顿夫人
18世纪末期英国大使威廉·哈密尔顿是一位希腊古董收藏专家。他的夫人经常穿着希腊服装。

头 饰
希腊妇女（奴隶除外）都留长发。左图的发式在古典时期很流行：将头发盘在脑后，用网和丝带固定。王冠和金质头饰只在特殊场合佩戴。

穿戴完毕
开筒袍源自爱奥尼亚地区，是将一块布分成两块，从脖子到肘部隔段固定，制出宽松的袖子。图中的开筒袍比公元前5世纪的衣料略微厚实、宽松。还有一种更早的帔络袍，起源于希腊大陆，用大饰针在肩部固定，无袖。

开筒袍

裹起来
希腊的内衣是裹在身上的。这幅瓶饰画展现了身着类似文胸的女子正将开筒袍套在身上。

开筒袍

对希腊的想象
劳伦斯·阿尔玛–塔德玛爵士作品中的建筑和服饰式样常出自想象而非历史现实。

男子服饰

图中男子身穿开筒袍和希马申外袍，带子将开筒袍于腰间束紧。工人们经常穿着很短的开筒袍。年轻男子有时只穿着希马申，将一端披在肩上，另一端系于腰间。希腊的服饰都没有滚边。

毛质开筒袍

一家人

孩子们的服装式样与父母相似，外衣会略短。人们在室内均裸足，出门则穿上有许多带子的皮凉鞋。

防晒

在户外，希腊人都佩戴帽子来防晒。女人认为黝黑的皮肤很不美观，所以没有帽子时会把长衫拉到头顶或佩戴面纱。图中年轻男子佩戴宽檐旅行帽，身穿克拉米斯旅行短衫，肩部用别针或领针固定。

毛料希马申

古希腊运动会

希腊人认为运动的价值在于备战和拜谢神灵。古希腊最重要的体育盛会是4年一次的奥林匹克运动会，是为了拜谢宙斯而举行的。运动会上的获胜者可以为家庭和故乡带来荣誉，成绩突出的还会获赠神像。在运动会期间，所有战事都会暂停，以保证人们能够安全进出奥林匹亚。奥林匹克运动会一直延续到罗马时期，到4世纪末期才终止。在雅典，4年一次的雅典娜运动会是为拜谢雅典娜而举办的，也是雅典娜宗教节日的一部分。为方便民众观看，运动会期间还被设定为全国公共假期。运动会的规则很严格，一旦违反，将会受到重罚。

冠军

这是公元前4世纪男骑士和冠军坐骑的青铜像。赛马未匹配马鞍和马镫，赛马者要向马匹主人支付租借费。

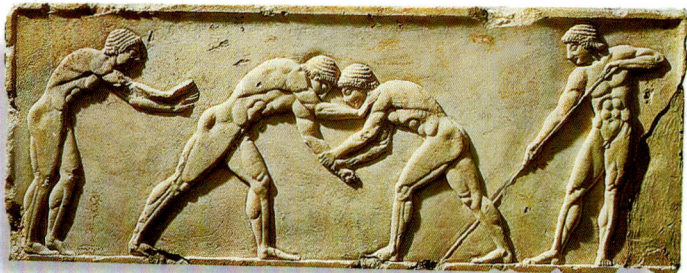

训练时间

摔跤在古希腊非常流行，也被认为是最危险的运动之一。图中浮雕左侧的男子正在示意比赛开始，右边的男子则在测试标枪。

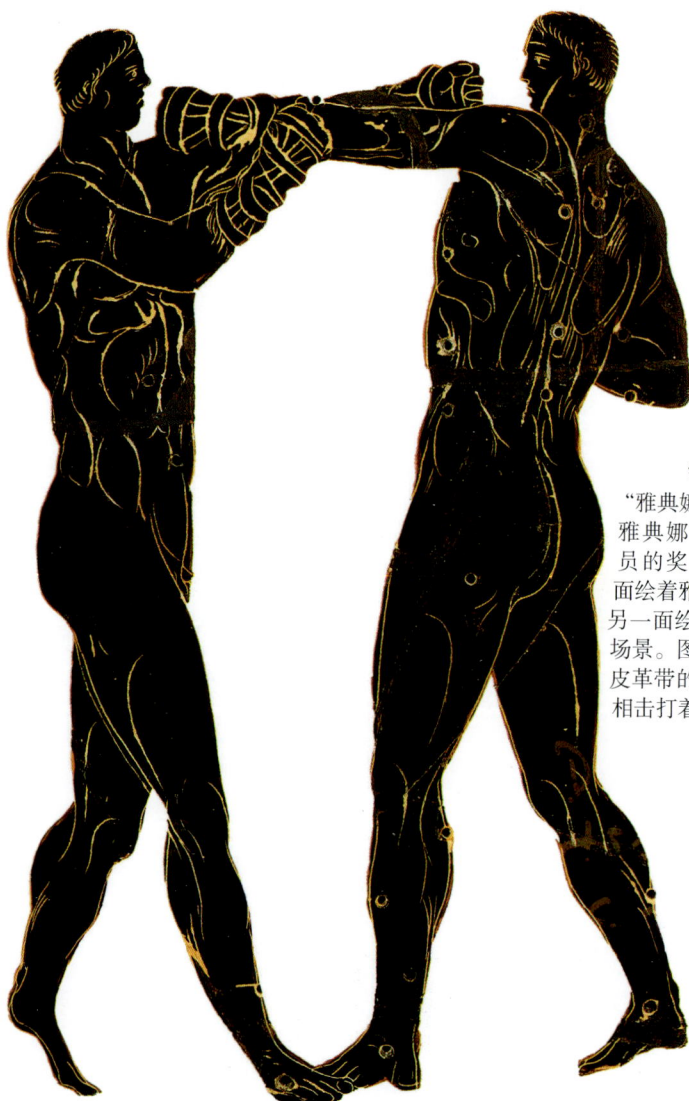

奖品

"雅典娜花瓶"是赠给雅典娜节上获胜运动员的奖品，瓶子的一面绘着雅典娜的画像，另一面绘着拳击比赛的场景。图中，两位手缠皮革带的拳击手正在互相击打着。

德尔斐竞技场

德尔斐竞技场位于德尔斐古城的最高处，可容纳7 000名观众。跑道上，石头搭起的沟槽和座位，有些至今还可以见到。

奥林匹克精神

古奥林匹克精神激发了艺术家的创作灵感。这幅19世纪的德国双色图描绘的便是古典圆柱背景下，裸体运动员的训练场景。

五项全能

这幅画展示了田径五项全能比赛。五项全能包括铁饼、标枪、跳高、摔跤和赛跑，最左边的男子手拿哑铃（下图）。

特制的铁饼

这块青铜铁饼制作于公元前6世纪，上面写着：铁饼主人伊格奥达斯赢得了本场比赛，并将铁饼献给宙斯的儿子卡斯托尔和波吕克斯。波吕克斯本身就是一位掷铁饼的冠军。

掷铁饼者

这尊著名的掷铁饼者大理石雕像是一尊古希腊铜像的复制品。

跳远

图中这个罗马时代的哑铃带有沟槽，便于紧握。跳远比赛时，运动员手握哑铃，将胳膊尽量向后伸展，以增加起跳时的推力。

奥运火炬

图为1988年汉城奥运会的一名火炬手。雅典娜运动会会进行火炬接力，由获胜的队伍点燃祭坛上的圣火。

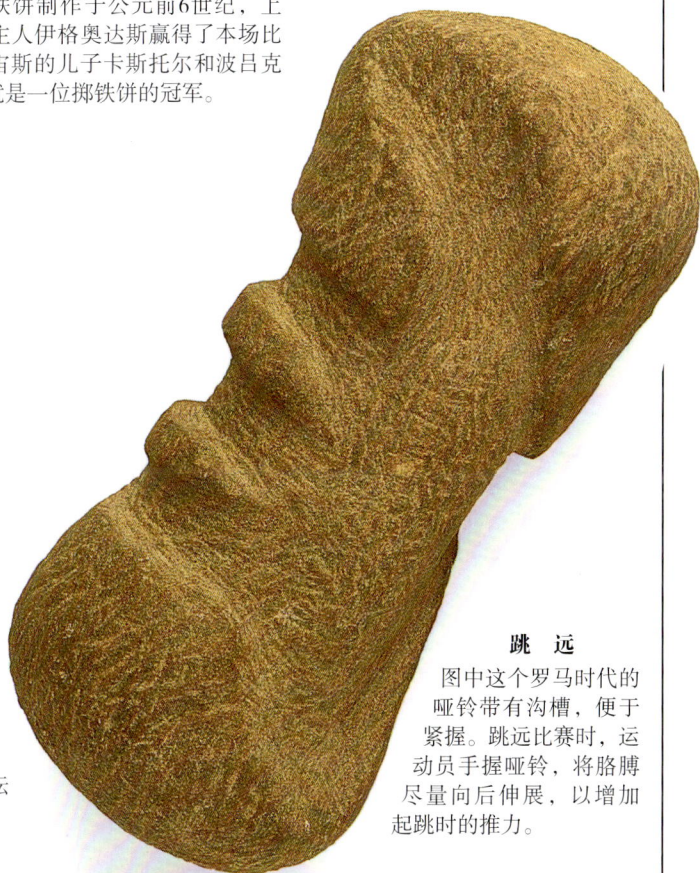

现代奥林匹克运动会

现代奥林匹克运动会每4年举办一次，分为冬季运动会和夏季运动会。世界各地的城市为取得奥运会的主办权展开了激烈的争夺。

第一届现代奥林匹克运动会

第一届现代奥运会于1896年在雅典举行，由法国人皮埃尔·德·顾拜旦爵士发起，旨在弘扬古代奥林匹克运动会的精神。

111

智慧与美

古希腊人认为，哲学是智慧之美，不仅蕴含生存之道，还包含科学思想。早期思想家的观点都是有关物质世界的：德谟克利特提出了原子的理论，认为万物的本源是原子和虚空；毕达哥拉斯首先讨论了数学的奥秘，认为世界是建立在数的基础上的，认为灵魂可以借助其他物质载体重生。哲学和艺术也是宗教的一部分。宗教赞歌颂扬生命的意义和奥秘，解释神灵的起源。希腊人制作精美的物品来供奉神灵，也用于满足自身的需要。音乐、雕刻、绘画、陶瓷和舞蹈在古希腊都曾盛行一时。

皇家学生

哲学家处于尊贵地位。图中哲学家亚里士多德正在教导马其顿王子亚历山大。

管乐

这支雅典的笛子是用西克摩槭木制作的，是一对管乐器中的一支。在吹口上原来还有一个簧片，声音像双簧管。

瓶饰画家

在古希腊，埃克塞基亚斯的花瓶装饰画作品享有极高的赞誉。这幅饮酒杯瓶饰画展现了酒神狄俄尼索斯躺在船上，葡萄藤缠绕船桅的情景。人们认为酒神和葡萄均来自东方。

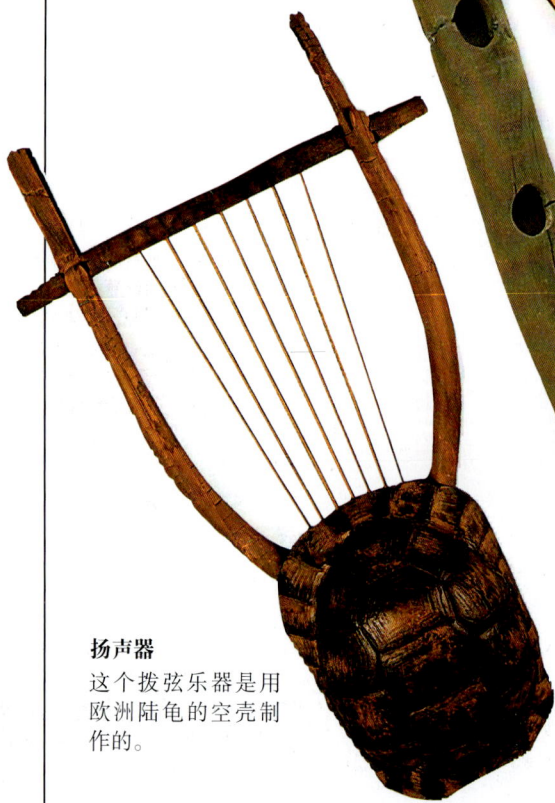

手握宇宙的
毕达哥拉斯

扬声器

这个拨弦乐器是用欧洲陆龟的空壳制作的。

宇宙的钥匙

毕达哥拉斯（约公元前580—前500年）是意大利南部宗教思想的领军人物，他认为宇宙的本源在于数字和数学关系。

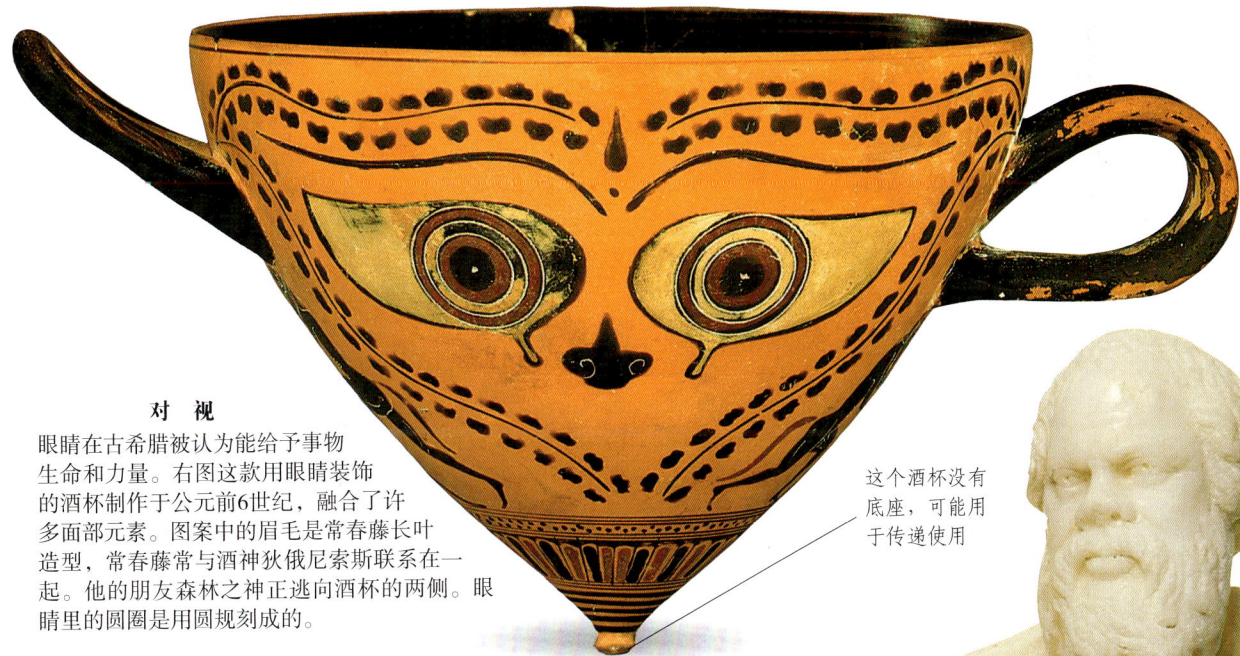

对视

眼睛在古希腊被认为能给予事物生命和力量。右图这款用眼睛装饰的酒杯制作于公元前6世纪，融合了许多面部元素。图案中的眉毛是常春藤长叶造型，常春藤常与酒神狄俄尼索斯联系在一起。他的朋友森林之神正逃向酒杯的两侧。眼睛里的圆圈是用圆规刻成的。

这个酒杯没有底座，可能用于传递使用

服毒芹自杀

苏格拉底的教义常常令人费解，于是人们指控他戕害心灵，亵渎神灵。他因此被投入监狱，被迫服毒芹汁自杀。

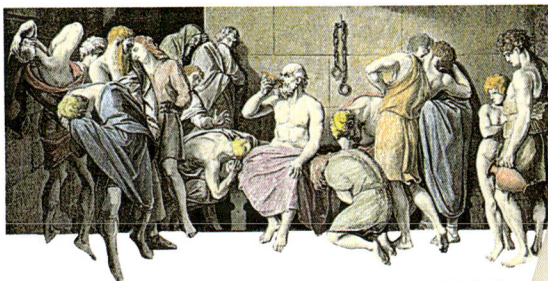

缔造者

在这幅壁画上，哲学家亚里士多德（公元前384—前322年）和柏拉图（公元前427—前347年）各持一本自己的著作，在晴朗的天空下并肩前行。这是意大利艺术家拉斐尔（1483—1520年）绘制在梵蒂冈一个大厅的墙壁上的作品。

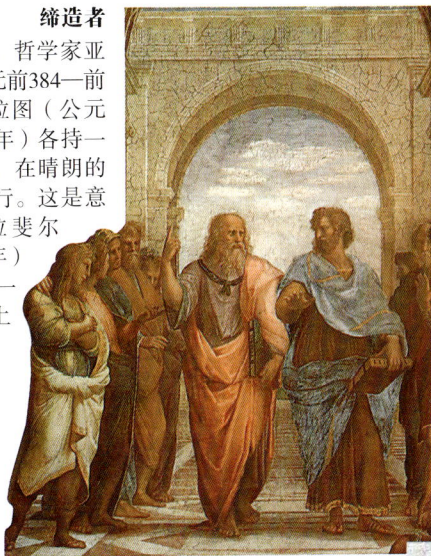

口授之辞

著名哲学家苏格拉底（公元前469—前399年）没有任何著作传世，因为他喜欢通过讨论来探究哲学问题。雕像中的苏格拉底袒胸露臂，这也是古希腊哲学家们的惯常装束。

柏拉图和他的学生们

柏拉图曾建立了名为"阿加德米"的学校，位于雅典一个美丽的花园里。柏拉图以对话或师生辩论的形式详细地记录了苏格拉底的许多哲学思想。

黑绘花瓶

花瓶和容器

希腊最好的陶器产自雅典。那里有优质的黏土，可以烧制出漂亮的红棕色。名为凯拉米克斯的工作间制作大量的轮状陶器，供家庭和出口使用。陶器外表的装饰风格多样。在公元前11世纪到公元前8世纪之间，几何学风格的瓶饰画流行一时。到公元前720年左右，东方风格的图案开始盛行。从公元前6世纪早期起，黑绘技术成了主要方法。这种技术是在红色的黏土上用高度提纯的黏土溶液绘出黑色的图像轮廓，细节处用工具雕刻。公元前6世纪之后，红绘技术占据了主导。它用红棕色的黏土绘制出神灵和动物图案，背景涂以黏土溶液，烧制后背景会变成黑色。

一饮而尽
动物头部造型的酒杯曾经非常流行。这款葛利芬陶质酒杯被放下时，酒便会自动流出，所以它可能是用来传递使用的。

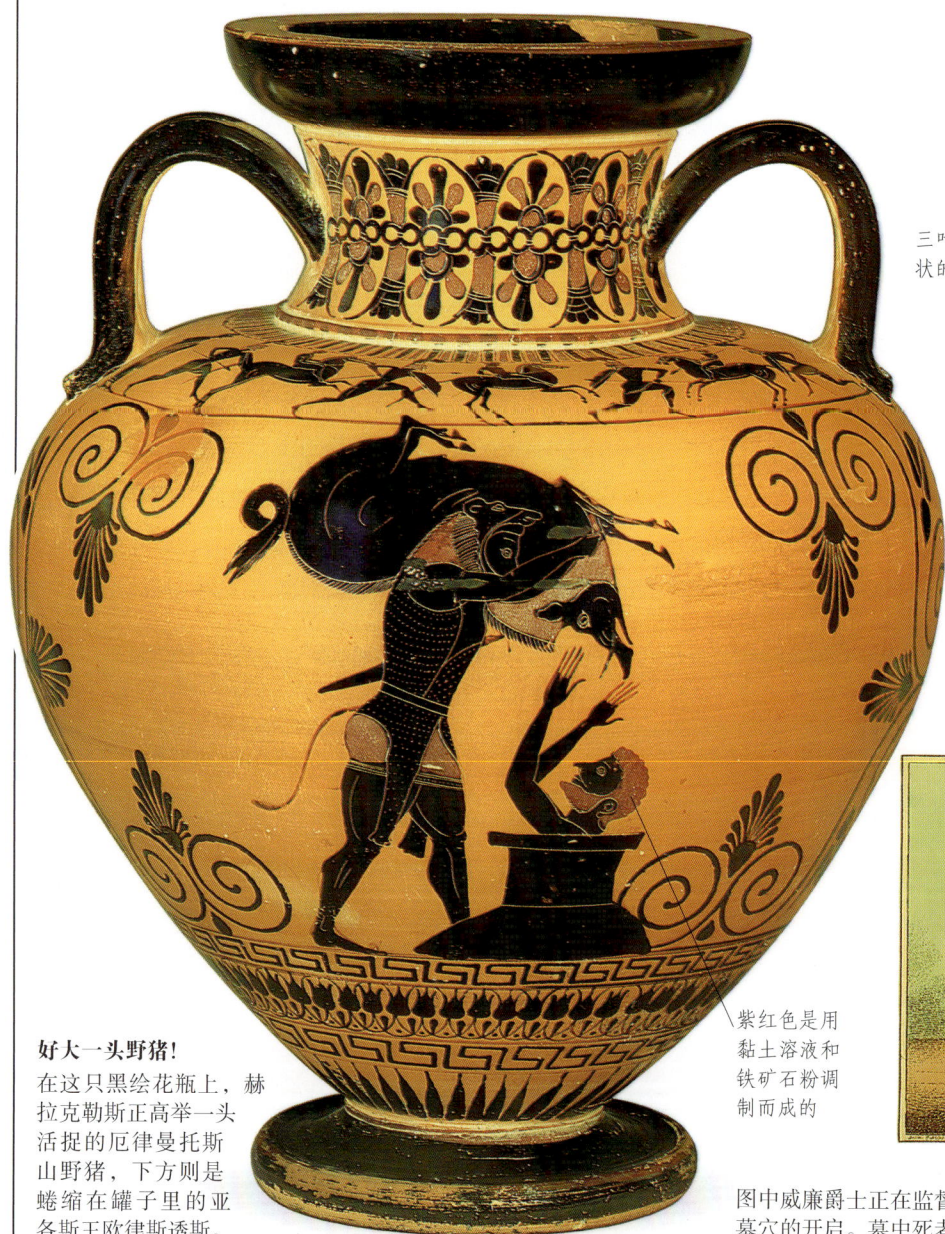

三叶草形状的罐口

第一次啜饮
这款迷你酒罐被称为"考若斯"。瓶身上有两个男孩，一个在阅读，另一个手执里拉琴。人们会将这种酒罐盛满酒赠送给小男孩。

收藏家画像
这幅19世纪早期的卡通画将威廉·哈密尔顿爵士描绘成了一个水罐。哈密尔顿爵士对古希腊花瓶的研究造诣颇深。

好大一头野猪！
在这只黑绘花瓶上，赫拉克勒斯正高举一头活捉的厄律曼托斯山野猪，下方则是蜷缩在罐子里的亚各斯王欧律斯透斯。

紫红色是用黏土溶液和铁矿石粉调制而成的

花瓶墓葬
图中威廉爵士正在监督意大利一座墓穴的开启。墓中死者尸体的周围堆满雅典花瓶。

容器的形状

容器根据用途分为
不同的形状：

储存油或酒的容器：

双耳细颈椭圆土罐　　从安福拉罐　　提水罐

用于混合酒和
水的容器：

花萼状双　　紫果状双　　钟状双耳　　迪诺斯杯
耳喷口杯　　耳喷口杯　　喷口杯

用于倒酒的瓶子：

大陶酒坛　　平口皮革壶　　小陶酒坛　　斜口皮革壶

饮酒杯：

基里克斯陶杯　　双耳大饮杯　　坎达罗斯　　陶制角状杯
　　　　　　　　　　　　　　　酒杯

盛放香水、油和
化妆品的容器：

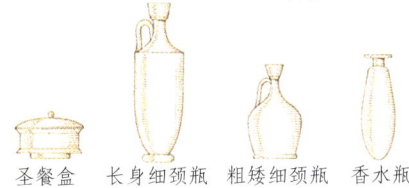

圣餐盒　　长身细颈瓶　　粗矮细颈瓶　　香水瓶

水瓶

斯芬克斯花瓶
这款斯芬克斯造型
的花瓶很实用：将
酒从顶部倒入瓶
中，酒通过底部的
一个小孔流入其他
小杯子里。

狮子猎
杀雄鹿

正在吃
草的马

葛利芬
这只公元前7世纪的水瓶
喷嘴是葛利芬的头部造
型，瓶身图案深受东方艺
术的影响。

科林斯香水
这款球形香水瓶产自科林斯
城。这里盛产各种造型奇特
的香水瓶，出口遍及整个地中
海地区。

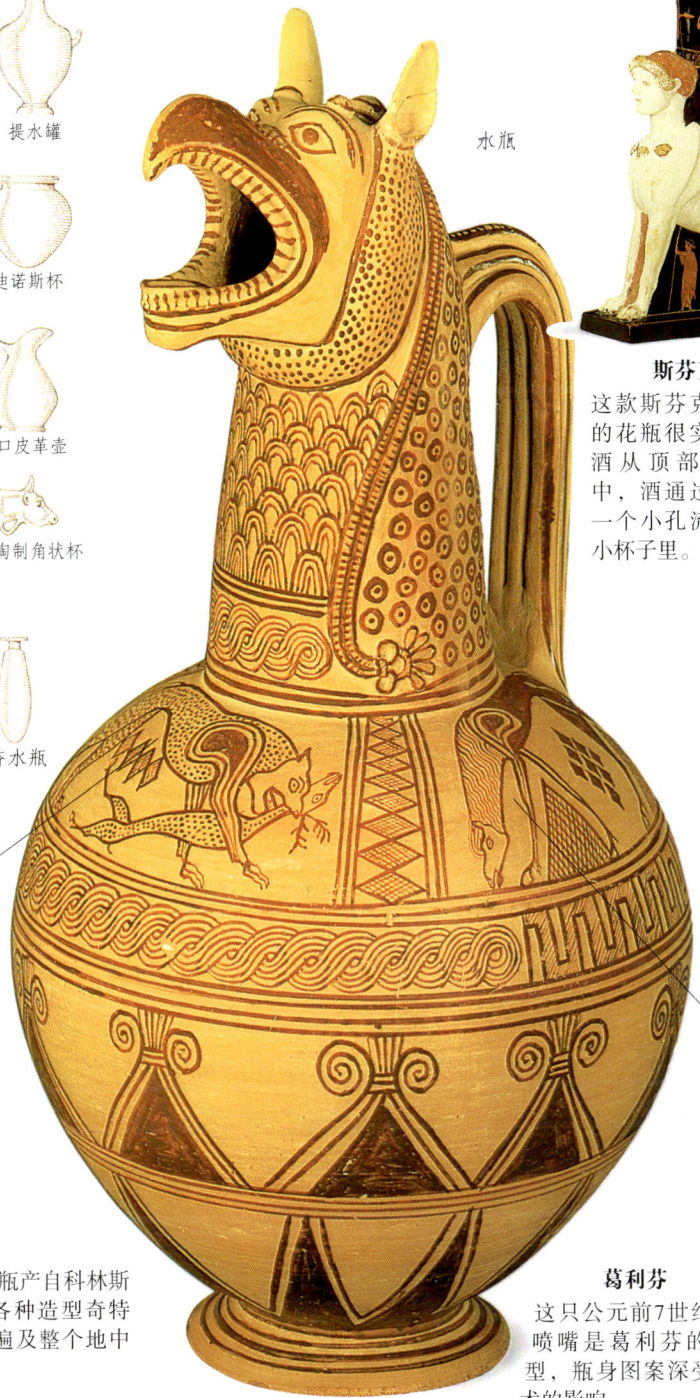

绘有图案的内壁

两只手柄
这只基里克斯陶瓷酒杯两端各有一只
手柄，以便于手握。它制造于公元
前5世纪，以红绘技术绘制而成，
底部装饰非常精美。

传　承
图中一个现代陶匠正在手绘
花瓶图案。这项技术传承至
今，我们可以买到古代花瓶
复制品。

农业、渔业与食物

希腊农场的生活非常辛苦，农民春秋两季都要犁地。农民常常向宙斯和农事女神德墨忒耳祈福，希望能获得大丰收。山坡上辟有很多葡萄园。葡萄酒是希腊最受欢迎的饮品。希腊大多城镇毗邻大海，人们可以捕捉到各种各样的鱼。富人们喜欢打猎，穷人们则只能在节日才能吃到肉，因为拜祭完神灵后人们会将祭祀用的动物分开吃掉。

情景依旧
照片上的牧羊人和羊群正在回家，这与古时的场景惊人的相似。

宴会服务
富人们斜倚在长榻上吃饭喝酒，由奴隶将食物放在小桌上。这尊青铜宴会主人雕像来自希腊西北部的多多纳。

狩猎和捕鱼
这幅渔夫壁画来自克里特岛附近的圣托里尼。图中渔夫可能要把这些鱼献给宫殿。瓶饰画中的猎人肩挑着一只狐狸和一只野兔，他的猎狗在身旁跑着。猎人通常用狐狸皮毛制作帽子。

瓶饰画上肩挑猎物的
猎人和他的猎狗

克里特壁画上的
渔夫和鱼

鱼宴
这个碟子上面绘有鱼和其他海洋生物的图案，大概在宴会上是用来盛放鱼的。

负重的牲畜
人们用毛驴将货物驮到市场。下图是两只用黏土制成的玩具小毛驴。

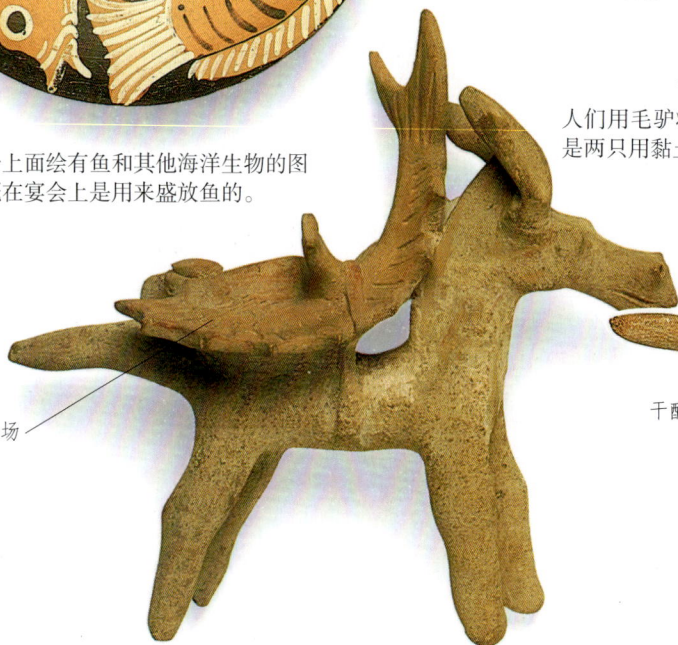

干酪

运往市场
的大鱼

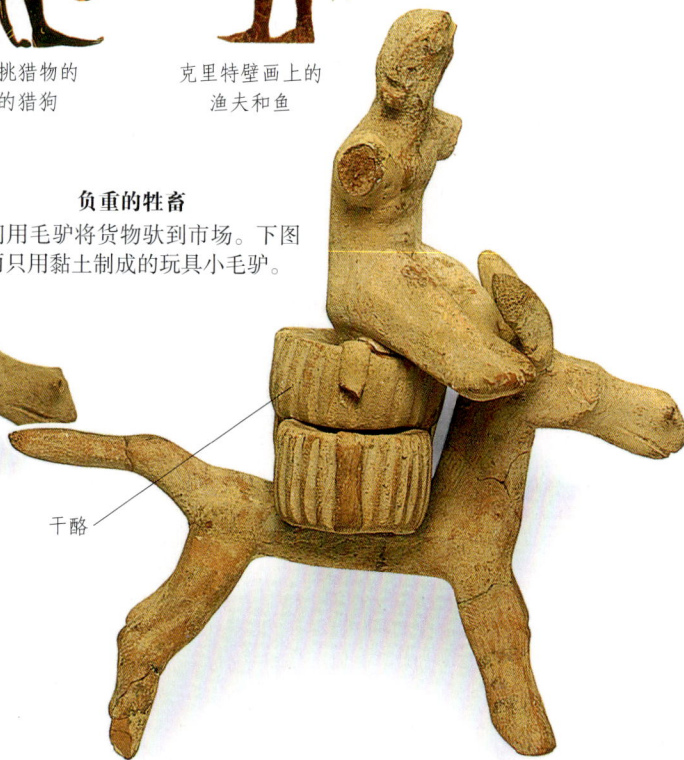

鸭头造型的尾端

畅游油海
这只乘风破浪的小海豚是一个油品容器。海豚在希腊海岸非常常见。

醇香的美酒
葡萄酒在古希腊大受欢迎。新酿的葡萄酒需过滤后用水稀释。图中是青铜酒渣过滤器。

橄榄大丰收
在希腊，人们大量种植橄榄树。这幅瓶饰画中的4个人正在采集橄榄。

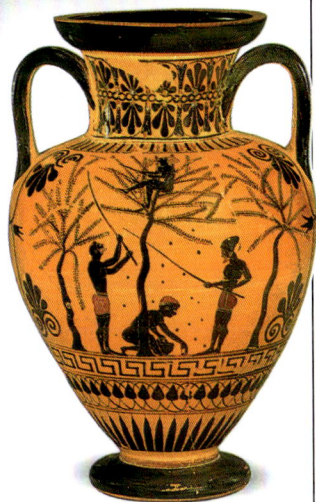

阿提卡橄榄油
阿提卡位于雅典附近，因种有大量橄榄树而闻名。橄榄油主要被用于烹调、洗涤和照明。

鸡蛋上的石化蜗牛

渣滓堆积在底部

四季有用的山羊
山羊为人们提供御寒的皮毛、羊奶和奶酪。这尊青铜山羊制作于公元前500年。

盛鸡蛋的陶杯
这只盛着5枚鸡蛋的陶杯是在罗德岛的坟墓里发现的，已有两千年的历史。希腊坟墓中陪葬的鸡蛋，有些是真的（右上图），有些则用石块或黏土制成。

手工业、旅行和贸易

在希腊，手工业者非常活跃。手工工场通常设在城镇的中心，靠近市场或集会地。人们到那去购买产品，农民们去出售蔬菜、水果和奶酪。那里有称重的官员、兑换钱币的人、杂技演员、舞蹈演员和等待买主的奴隶。绝大多数的希腊人不会远离家乡进行长途旅行。毛驴是进行短途旅行的工具。如果想进行长途旅行，希腊人通常会坐船沿海岸线航行。希腊的城邦及定居点与一些地中海国家的贸易十分频繁。油、酒类、陶器和金属制品都是希腊主要的出口货物。

捕鱼业

捕鱼自古是希腊人谋生的一种手段。图中米克诺斯岛上的一位现代渔民正在修理渔网。

神庙中的财富

这只装满硬币的陶罐是在阿尔忒弥斯神庙地基中被发现的。这些琥珀金硬币制造于公元前650年到公元前625年。里底亚是硬币铸造技术的发源地。

这枚硬币上刻着婴儿赫拉克勒斯掐死毒蛇的情景。

3种硬币

每个希腊城邦都有自己的货币。硬币最初是由琥珀金（金银的合金）铸造的，后改为纯银，偶尔也用纯金。硬币的设计精美，币面上经常刻有希腊神灵。许多现代硬币的外观都效仿了它们。

这枚硬币上刻着波斯国王居鲁士。

爱琴纳岛的龟币

走进非洲

这只非洲人头外观的罐子证明古希腊人与外界存在广泛贸易。

负重的牲畜

毛驴能驮负着重物自如行走在狭窄的山路上。

修鞋匠

这是红绘水杯的底部图案。图中修鞋匠正在切割皮革。靴子、草鞋和工具挂在墙上。

织布机

与图中的织布机一样，古典时期，妇女们就开始使用直立织布机来纺织羊毛。在希腊，纺织被视为高尚而必要的工作。

铁匠

这是一个带柄水壶上的红绘图案。铁匠的火炉是一个砖砌的柱状物，以木炭作燃料，用风箱扇动火焰。图中的铁匠正在转动他的火钳。

陶 工

希腊每个城镇都有陶器作坊。在左边这幅酒杯装饰画上，一位陶工正坐在陶钧（制陶用的转轮）旁边，用膝盖控制转速。架子上放着许多陶罐，宠物狗正注视着主人。

深海捕捞

图中这只现代木船经常进行深海捕捞作业。鳝鱼和咸鱼是希腊人最爱的美味。

119

战争

盾 牌

这幅希腊瓶饰画展现的是士兵们如何佩戴盾牌：他们先将胳膊穿过盾牌后面的一个铁杆，然后用手握紧盾牌边缘的皮带。

希腊各城邦之间经常发生争斗。许多希腊男子不得不参军，并自行购置盔甲和装备。在雅典，18到20岁的男子必须参加军事训练，然后去服兵役。雅典士兵由10位"将军"领导。步兵是希腊军队的主力，通常以密集方阵列队作战。家境较差的士兵被分在辅助分队当射手和投石手。围攻城市时，希腊军队常用石弩、喷火器、攻城槌和装有燃烧的煤块和硫磺的大锅进攻。雅典人用3层桨座战船来保卫国土，鼎盛时期，这样的战船有300只。

有鼻部保护装置的头盔

护胸甲

护胫甲

重装备步兵

这是希腊的重装备步兵。只有富裕家庭的男子才能成为其中的成员，因为必须负担昂贵的盔甲和武器的费用。

萨拉米斯战役

著名的萨拉米斯战役是希波战争的转折点。它发生在公元前480年，战场就在离雅典不远的海岸。波斯舰队溃败而走，波斯王薛西斯一世率军返回亚洲，放弃了入侵希腊的计划。

敏捷的动物

希腊的双轮战车常用急驰的动物加以装饰。上图这对青铜战马曾被固定于一辆快速双轮战车上。

裸体勇士

这幅瓶饰画中的勇士一手拿着护胸甲，一手握着长矛，身边放着盾牌。在古希腊艺术中裸体是英勇的象征。

搏斗的步兵

这幅瓶饰画上两位正在搏斗的士兵被传令官拉开。

头盔

头盔可以保护士兵的头部免受砍打敲击。头盔的形状各异，有些顶部还有饰毛。

没有鼻子保护装置的阿提卡式头盔

有鼻子和面部保护装置的科林斯式头盔

护胸甲

护胸甲，又称上半身铠甲，通常为青铜质地，用于保护士兵上半身。护胸甲要量身订做。稍贵些的胸甲带有脊状突起，以防止偏斜。胸甲由前后两部分组成，侧面用皮质扣带连结，因此侧面也是士兵最脆弱的部位。

脊状突起，形状与胸肌一致

护胫甲

重装备步兵通常会佩戴青铜质地的护胫甲（如下图），以保护小腿。

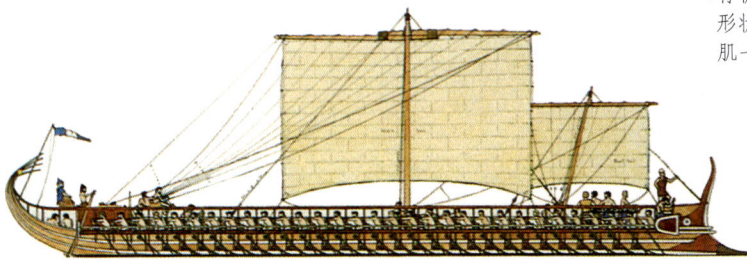

战 船

希腊速度最快的战船是3层桨座战船，需要170名桨手一起划动。桨手们在船的一侧分上下3层依次排坐。船头上装有金属撞击装置，还绘有一只眼睛。本图是一艘两帆战船，风帆用亚麻布制成，战斗时士兵们会降下风帆。

长矛是希腊步兵的主要武器

冠军之战

这幅红绘瓶饰画上，穿戴着公元前5世纪步兵铠甲及头盔的两个男人正在打斗。

港口战役

这幅版画展现的是公元前388年斯巴达舰队围攻比雷埃夫斯港时的情景。

斯巴达城邦

公元前10世纪，多利亚人在希腊南部建立了斯巴达城邦。两个世纪之后，斯巴达人又用武力征服了邻邦麦西尼亚，获得了大量肥沃的农田。斯巴达是一个崇尚奢华的城邦，他们制作了许多精美绝伦的手工艺品，音乐和诗歌在这里也很流行。此后，斯巴达逐渐成为强大的城邦，也是雅典的主要竞争对手。斯巴达男子生来就有服兵役的义务，并且要毕生致力于战术的学习。男孩子年满7岁必须离开家住到军队营房里去。有两种人不是斯巴达的正式公民：庇里阿西人和希洛特人。庇里阿西人是自由人，可以从事贸易活动和服兵役。希洛特人则是原住民的后代，为斯巴达地主耕地，从事着繁重的体力劳动。

天然屏障

这幅19世纪的德国版画描绘了斯巴达的景色。这里土地肥沃，地势偏远，为好战的斯巴达人提供了便利。拉库尼亚平原三面环山，南部靠海，为斯巴达筑就了天然屏障。

斯巴达战士

本图展现的是一位公元前5世纪的斯巴达士兵。鲜红的战袍是斯巴达人荣誉的象征。

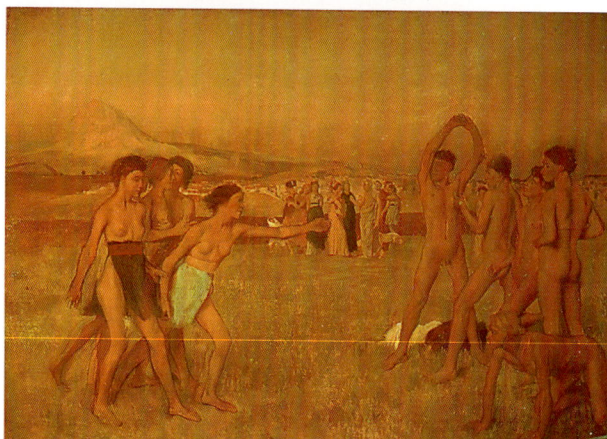

年轻的斯巴达人

斯巴达人的生活场景是19世纪艺术家们热衷的题材。图中作品出自法国印象派画家埃德加·德加（1834—1917年）之手。画面上，男孩女孩们正在欧罗塔斯河河谷锻炼身体。图中斯巴达女孩比其他城邦的女孩更强壮。

斯巴达的教育

19世纪，英国人非常推崇斯巴达人的教育方法，认为体罚能促进学生良好性格的形成。英国漫画家乔治·克鲁辛格（1792—1878年）的这幅漫画体现了他对此观点的不同看法。

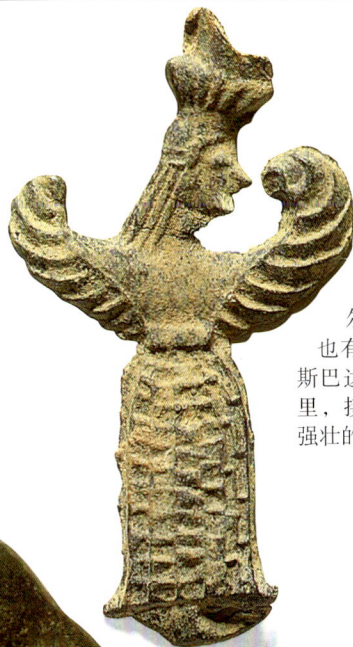

阿尔忒弥斯雕像

祭 品

在斯巴达阿尔忒弥斯神殿里，人们发现了成百上千个小雕像。其中有象征阿尔忒弥斯的雄鹿、狗和马，也有佩戴头盔的女神雅典娜。斯巴达的男孩常被带到这座神殿里，接受鞭笞仪式，以显示他们强壮的体魄和坚强的忍耐力。

战士雕像

阿尔忒弥斯雕像

吹笛人
雕像

雄鹿雕像

领先的女孩

图中的女孩在参加赛跑比赛，她正向后张望，看自己领先多少。她穿着一条很短的裙子，这在希腊其他城邦是不允许的。在希腊，女孩子也要参加跑步训练，使自己更加健美、强壮，从而生育出健康的宝宝。

阿斯克勒庇俄斯

阿斯克勒庇俄斯是公元前1世纪希腊著名的医生。他认为酒也是一种治疗疾病的方法，并提出良好的医疗服务态度的重要性，很受病人欢迎。

科学与医药

在埃及和巴比伦学者的影响下，希腊人在生物学、数学、天文学和地理学等领域都取得了很大成就。公元前3世纪，天文学家阿里斯塔克认识到地球围绕太阳旋转的规律；而另一位天文学家阿那克萨戈拉则发现了月亮反射太阳光的原理。最先进的科学著作出现在希腊化时代，医药是代表领域。希腊人认为疾病是神灵对人们的惩罚，必须祈求神灵才能痊愈，因此阿斯克勒庇俄斯（药神）的神庙遍布希腊各地，其中最著名的位于埃皮达罗斯。许多病人慕名来此，在庙里过夜，采用梦中药神传授的方法来治疗自己。希腊人治疗疾病的方法都脱胎于阿斯克勒庇俄斯的巫术，后经希波克拉底（公元前460—前377年）的实践总结而成。希波克拉底被誉为西方"医学之父"。

安提凯希拉装置

装置已腐烂

内部部件在黄铜底盘后面，底盘上有显示星体位置的表盘

全都加起来

这幅版画出自1496年版的《哲学珍宝》。画面中罗马哲学家博伊西斯（480—524年）进行数学计算，希腊数学家毕达哥拉斯用算盘计算。画面中央可能是女神缪斯。

阿斯克勒庇俄斯神庙

在这幅版画中，人们正走近阿斯克勒庇俄斯的雕像。雕像中的阿斯克勒庇俄斯坐在宝座上，一条毒蛇绕于手杖上，另一条在底座上爬行。蛇在古希腊被视为神圣的动物，所有的阿斯克勒庇俄斯神庙都会饲养这种动物。

安提凯希拉装置

本图中的装置是在一艘公元前82年的沉船残骸里发现的。装置为青铜质地，高约33厘米，鞋盒大小。它的形状类似钟表，内含30个齿轮，结构极为复杂，震撼了众多专家。通过使用X光分析得出：安提凯希拉装置是一种早期"电脑"，人们通过曲柄将数据输入，它会指示出太阳、月亮和行星的相对方向。这个装置可能用于导航，也可能用来进行星象学或天文学的计算。

拜访寺庙

这幅画是19世纪画家约翰·威廉·沃特豪斯（1849—1917年）的作品。图中一位母亲将孩子带到阿斯克勒庇俄斯神庙，神职人员站立在旁边。

被阿斯克勒庇俄斯治愈的病人通常会留下自己患病部位的模型作为祭品，表达感激之情。图中的腿部大理石雕像由一个名叫太姬的人所献，上面雕刻着献给药神阿斯克勒庇俄斯的铭文。

希波克拉底

希波克拉底是古希腊著名的内科医生。他的53本医药著作被汇集成《希波克拉底文集》。他提出，人体是一个完整的有机本，每一部分的功能只有在着眼于整体时才能完全显现。"希波克拉底誓言"至今乃被视为现代西方医学伦理学的基础。

AΣΚΛΗ
ΠΙΩ
ΚΑΙ
ΫΓΕΙΑ
ΤΥΧΗ
ΕΥΧΑΡΙΣ
ΤΗΡΙΟΝ

现代模型

在有些教堂里，病人留下治愈部位的模型作为祭品的传统沿袭至今。图中模型来自雅典。

银质祭品

这些现代银质祭品也是为表达感谢用的。

死亡与来世

冥王

宙斯掌管天地，波塞冬掌管海洋，冥王哈得斯，也被称为普路托，掌管阴间。阴间也被直接称为哈得斯。

古代人的生活非常艰辛，年轻男子通常死于战争，而年轻的妇女们则常死于分娩。希腊人都相信或者期望能拥有某种形式的来生。古希腊人认为死者的世界位于地下深处，因此许多人都会选择土葬，不过有时也会进行火葬。人们认为死后灵魂会变成一个长翅膀的小人，升到空中变成一颗星星，等待新的肉体以获得重生，就像酒神狄俄尼索斯等神灵每年都会死亡并重生。人们还在坟墓的墙壁上绘制出盛宴和死者生前所爱物品的图案，并将食物放在坟墓里，以使死者在来世获得快乐。

跳水者

这是一幅石棺里的绘画作品。这座石棺位于波塞多尼亚（后被称为帕斯多）。画中场景可能象征着死者纵身跃向来世。

绘着告别场景的长颈瓶

这只长颈瓶装饰着告别场面的精美图画。一位死去的战士正从一位妇女手中接过头盔。鹅是爱情女神阿芙罗狄蒂的爱鸟，暗示了两人之间的关系。

卡隆的运费

面目狰狞的卡隆，负责摇船运载人们渡过冥河黑水，去往阴间。在这幅约翰·斯坦霍普的作品中，阴间被描绘成一个幽暗的地方，死者灵魂途经树林，前往冥河。有时尸体旁边会放上一枚硬币，以作摆渡的旅费。

哈得斯的入口

许多希腊人认为阴间的入口在意大利南部的喷硫火山附近。

耻辱而死

特洛伊战争中，阿喀琉斯之死使英勇的战士埃阿斯失去了成为希腊勇士的机会。他不堪忍受耻辱，倒在自己的佩剑上自杀。这个故事一直是彩绘画者和著名戏剧家索福克勒斯钟爱的题材。

墓 碑

在雅典历史上，大理石墓碑常被涂成亮色。图中上方倾斜的线条象征寺庙或者圣坛。画上死者桑西巴斯坐在曲腿椅上，旁边是他的孩子。他的名字被雕刻在头顶上方。但不知他为何用手托着一只脚。

哀悼者队伍

希腊的葬礼极富戏剧色彩：头戴花环的尸体被安放在长榻上，脚朝门外，意为确保灵魂的顺利离开。哀悼者队伍身穿黑色长袍。妇女们剪掉长发敬献给死者，有时还会抓破脸颊。

亚历山大和希腊化时期

公元前4世纪，在腓力二世的领导下，马其顿迅速成为希腊最强大的城邦。公元前337年，腓力二世遭到暗杀，他年仅20岁的儿子亚历山大接管了所有权力。亚历山大是一位军事奇才，从公元前334年起开始入侵波斯，然后转向小亚细亚，进而向南、向东直到埃及、阿富汗和印度。他建立了许多新的希腊城市，包括今天埃及的亚历山大，使希腊文化得到了广泛传播。公元前323年的一场高烧使他英年早逝，庞大帝国被瓜分一空。从亚历山大去世到公元前30年的这段时期被称为希腊化时期。希腊各王国最终被崛起的罗马所征服。

以弗所遗址
以弗所位于小亚细亚沿岸。在希腊化及罗马时期，以弗所城和城中著名的阿尔忒弥斯女神神殿繁盛一时。

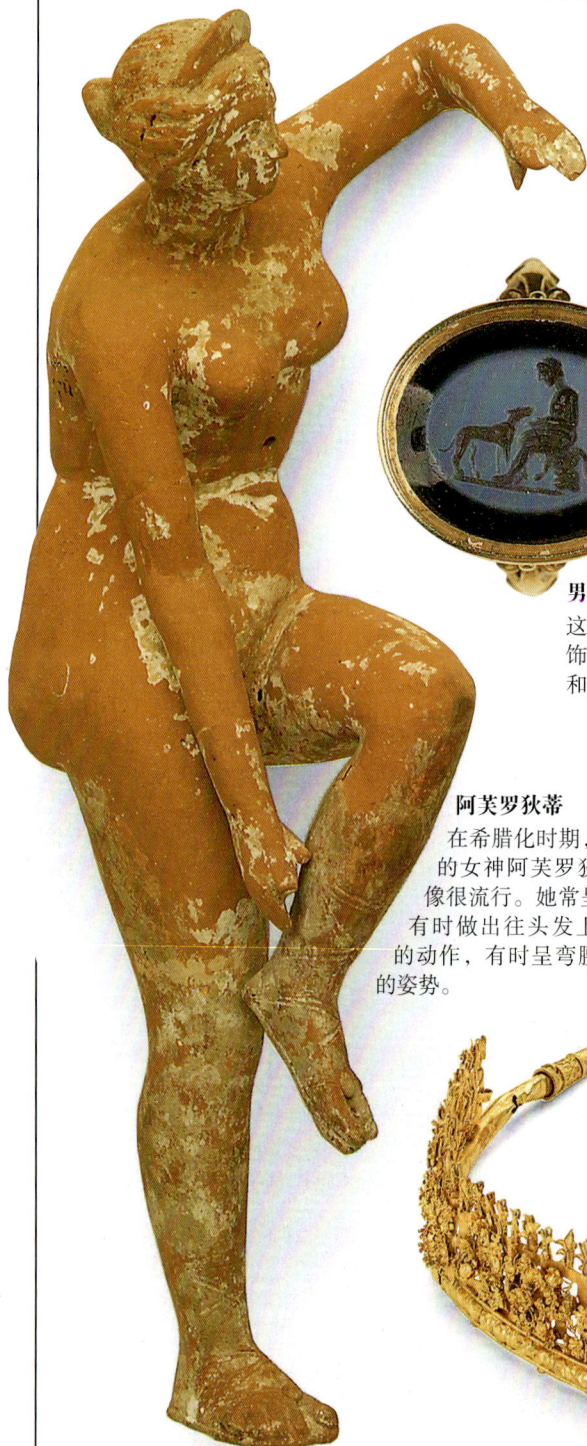

男人与狗
这是希腊化时期的环形装饰物，中央是一位牧羊人和爱犬在一起的情景。

阿芙罗狄蒂
在希腊化时期，爱与美的女神阿芙罗狄蒂的陶像很流行。她常呈裸体，有时做出往头发上系丝带的动作，有时呈弯腰系草鞋的姿势。

帕加马遗址

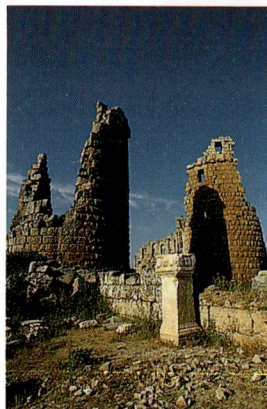

城镇规划
帕加马位于小亚细亚，是阿塔利德王朝的权力中心。在山坡的梯形遗址上，寺庙和华丽城市建筑的遗迹至今可见。

帕加马遗址

厄洛斯王冠
亚历山大的军队从波斯抢夺了大量的黄金，黄金首饰风靡一时。黄金王冠头饰形似皇冠。图中王冠头饰的前部是手持罐子的爱神厄洛斯。

亚历山大帝国

亚历山大为了防止被征服民族的叛乱，建立了许多定居点，让希腊的士兵移居到此。总的来说，亚历山大尊重被征服民族，鼓励希腊男子与东方女子通婚。

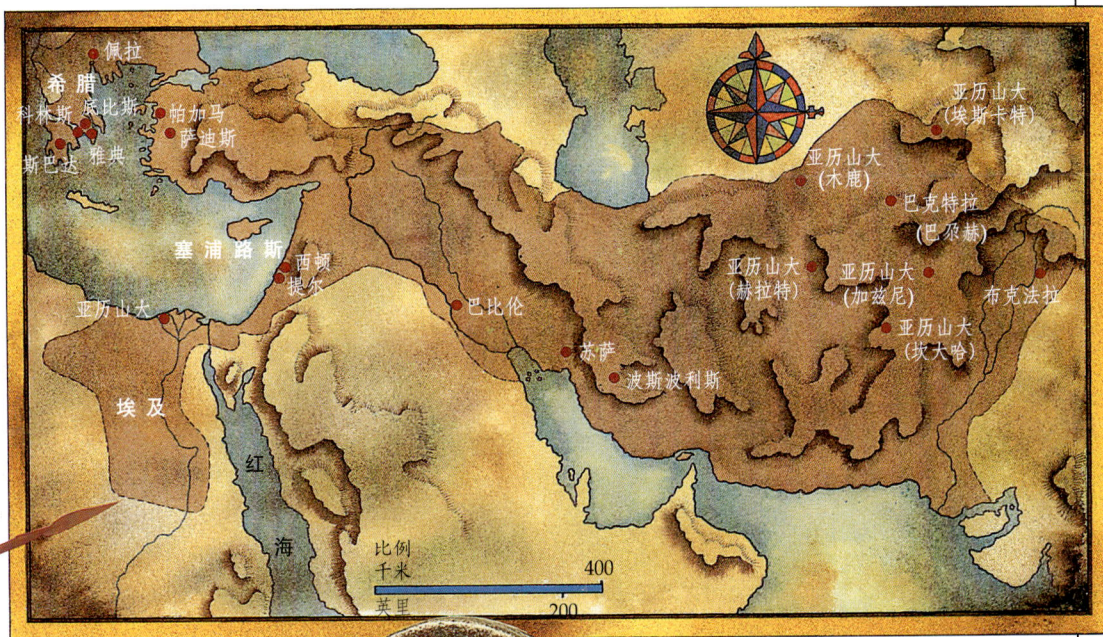

理查德·伯顿在1956年的电影《亚历山大大大帝》中的剧照

战 象

这枚硬币展示了亚历山大攻击两名象背上的战士的情景。这可能发生在公元前323年的巴比伦。

火 墙

公元前327年，亚历山大翻越喜马拉雅山入侵印度，而后重返巴比伦。这幅印度作品展现了他在修建防御火墙时的情景。

打败大流士

公元前331年，亚历山大最终打败了波斯王大流士三世。随后，亚历山大自封为"亚洲之王"。这幅蚀刻画描绘了马背上的亚历山大无所畏惧地英勇奋战。

大流士家族

这是一幅意大利画家保罗·委罗内塞（1528—1588年）的作品，展现的是亚历山大接受大流士家族臣服时的场面。不过画面中的人物穿着16世纪的服饰。

他们是谁？

希腊文化对西方文明的影响极为深远。数百年间，希腊诞生了一批卓越的政治家、作家、艺术家和思想家。他们的思想和作品至今仍有广泛的影响。

伯里克利雕像

政治家

梭伦
公元前7世纪至公元前6世纪的雅典立法者和法官。他在法律、经济和政治方面的改革标志着民主制度的诞生。

狄米斯托克利
雅典领导人，在萨拉米斯战役中打败了波斯人。

伯里克利
公元前5世纪的雅典将军和民主主义领导人。伯里克利高尚廉洁。曾主持修建了一系列浩大的工程，包括卫城的重建。

亚历山大大帝
亚历山大生于公元前356年，是马其顿国王腓力二世的儿子，曾拜亚里士多德为师。他将希腊的疆域扩展到了波斯、小亚细亚、埃及、阿富汗和印度，但却在33岁时英年早逝。

8世纪时的亚历山大浮雕像

作家和艺术家

菲迪亚斯
古希腊最著名的艺术家（约公元前432年逝世），因雕刻雅典娜和宙斯两尊巨型雕像而闻名。现存他的作品是帕台农神庙中的雕刻品。

埃斯库罗斯
公元前5世纪雅典的三大剧作家之一（另两位是欧里庇得斯和索福克勒斯）。他一生创作了近90部作品，其中包括《被缚的普罗米修斯》和《俄瑞斯忒亚》。

欧里庇得斯
公元前5世纪的雅典剧作家，创作出许多有争议的悲剧，主题一般涉及背叛、谋杀和不公。现存的戏剧作品包括《美狄亚》和《阿尔刻提斯》。

索福克勒斯
公元前5世纪的雅典诗人和剧作家，因创作《埃阿斯》和《安提戈涅》等伟大作品而闻名。

迈伦
公元前5世纪的雅典雕塑家。他最著名的作品是青铜雕塑"掷铁饼者"，但现在只有罗马时代的复制品。

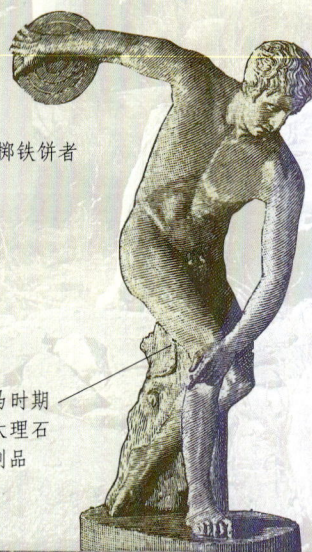

掷铁饼者

罗马时期的大理石复制品

萨福
公元前7世纪的抒情女诗人，作品主要涉及家庭和女性朋友。

思想家

毕达哥拉斯
公元前6世纪的哲学家和数学家，认为生活的秘密存在于数学之中。

希罗多德
公元前5世纪的历史学家，被誉为"历史之父"。他创作了第一部史书，记载了希波战争等历史。

修昔底德
公元前5世纪的历史学家，用分析法论证了伯罗奔尼撒战争。

苏格拉底
公元前5世纪的著名思想家，他的言论已由其学生柏拉图记录下来，著成《对话》一书。

柏拉图
苏格拉底的学生，在雅典开办了"阿加德米"学院。柏拉图创作了《理想国》和《法律篇》两篇著名作品。他也是希腊最伟大的散文作家之一。

亚里士多德
公元前4世纪的哲学家。他是柏拉图的学生，也是吕克昂学府的创建人。亚里士多德拥有杰出的科学观察天赋，著有《伦理学》。

伊壁鸠鲁
公元前4世纪到公元前3世纪的希腊哲学家。他认为人类真正的快乐是最高的善，鼓励人们采用合理的方法追求快乐。他创作了37卷本的《论自然》，并建立了伊壁鸠鲁哲学学校。

苏格拉底

科学家

希波克拉底

阿那克萨戈拉
公元前5世纪的天文学家，发现月亮反射太阳光的原理。

希波克拉底
生活在公元前5世纪到公元前4世纪，现代医学的创始人。希波克拉底制定并践行了严格的医生职业道德规范，现被称为"希波克拉底誓言"。此外，他还发现了用于制作阿司匹林的柳皮。

阿里斯塔克
公元前3世纪的天文学家，发现了地球绕太阳公转并绕地轴自转的规律。

阿斯克勒庇俄斯
公元前1世纪的内科医生。他对病人极富怜悯之心，主张全面、无副作用的治疗方式。他的治疗方法主要包括酒、按摩和沐浴。

现代古典主义者

威廉·汉密尔顿爵士
19世纪早期的英国外交家，希腊艺术专家。他的希腊花瓶藏品现全部收藏于大英博物馆。

海因里希·施里曼
德国业余考古学家，于1870年发现了古特洛伊遗址。

皮埃尔·德·顾拜旦
法国贵族，于1896年在雅典组织了第一届现代奥林匹克运动会。

亚瑟·伊文思爵士
英国考古学家。他发现了克诺索斯宫殿遗址。他的发现证实米诺斯文明是真实的历史。

位于克诺索斯的一座官殿

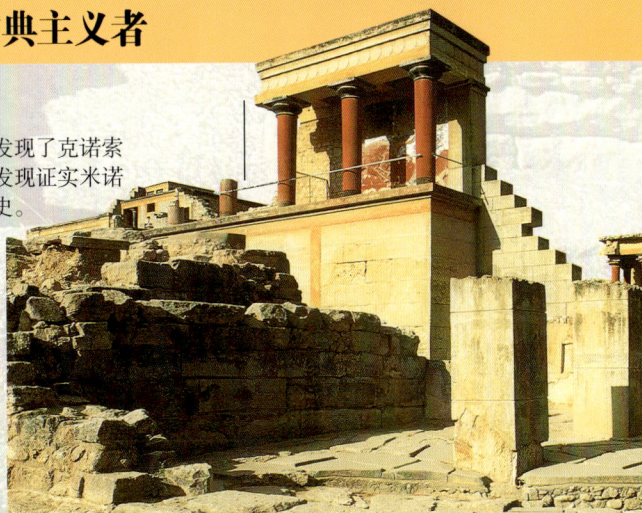

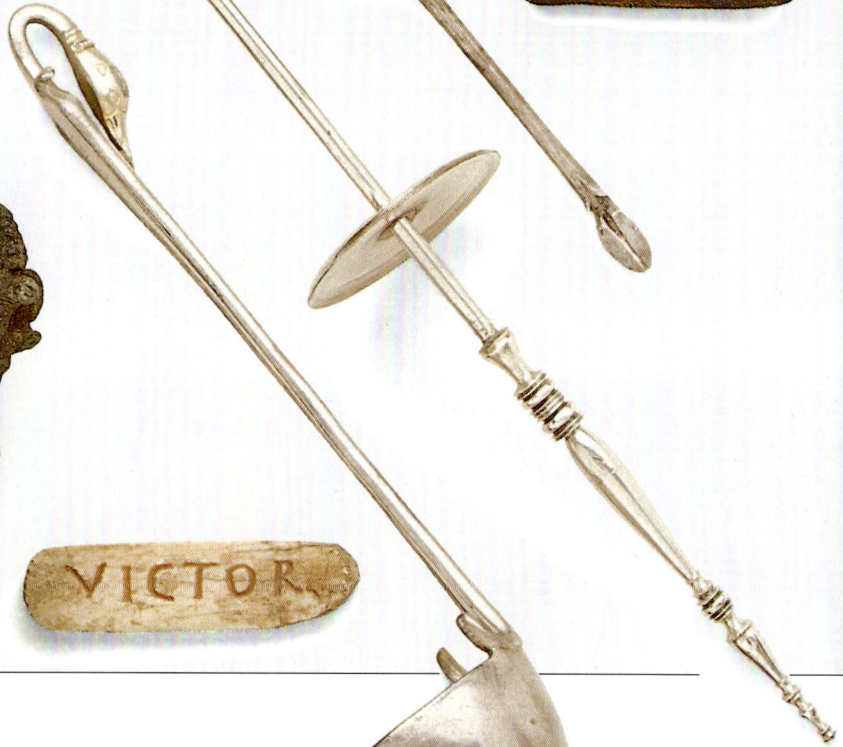

VICTOR

第三章
古罗马

罗马帝国的强大应归功于其军团，罗马军团大概是历史上最成功的军队。他们意志坚强，骁勇善战，历任皇帝都必须确保自己能牢牢掌握军团。公元2世纪，罗马共有15万名军团士兵。

从城市国家到无敌强国

传说在公元前753年，战神的孪生儿子罗穆路斯和雷穆斯建造了罗马城。罗马位于台伯河旁边的7座小山上，和伊特鲁里亚接壤。早期的罗马由国王统治，公元前509年贵族们发起政变，罗马转变成了共和国家，由两名执政官共同管理。此后，罗马迅速强大起来，并从希腊吸取了先进的文明。到公元前260年，罗马和位于北非的迦太基发生了一场持续一个世纪的战争。迦太基在公元前146年灭亡，罗马一跃成为地中海地区最强大的国家。

伊特鲁里亚人

伊特鲁里亚人居住在意大利北部的城邦里，深受希腊影响，在商业、建筑、工程等领域表现出色。他们对早期的罗马影响巨大，特别是在宗教领域。

伊特鲁里亚风格
这是伊特鲁里亚式便桶底部的图样：一辆三马战车在一个跌倒的人身上疾驰而过。

现实主义风格的艺术
这个护肩盔上的图案是希腊战士正牢牢抓着一名亚马孙人（女战士）。罗马人欣赏并模仿希腊艺术的现实主义风格。

河神
这枚小小的烧制黏土彩绘脸谱展示了希腊人高超的制陶艺术。

希腊人

希腊人把西西里岛沿海、意大利南部地区纳为殖民地，新兴城市迅速崛起。这些希腊人的殖民地最终沦陷于罗马的统治之下，同时也把自己的艺术、文学和知识带给了罗马。

爱情女神
这枚银色徽章描绘的是希腊爱情女神——阿芙罗狄蒂。

大象军团

罗马在公元前218年迎来了最严峻的考验。以刚毅而著称的迦太基将领汉尼拔，带领战象队伍进攻罗马。这幅维多利亚时期的绘画描绘了当时的场面。汉尼拔在意大利转战数年，罗马人顽强抗击，汉尼拔最后被迫撤军，罗马赢得了大片新的土地。

胜利的象征

罗马人认为主宰军事胜利的是右图中长翅膀的胜利女神。

胜利女神手持桂冠

罗马帝国的扩张

在与迦太基人的冲突中罗马获得了第一个海外行省，随后，与东方国家的战争也开始了。获胜后将领们把大批财富带回罗马。内战很快席卷了罗马。

高卢

西班牙

伊利里亚

罗马

叙利亚

非洲

迦太基

埃及

罗马的版图

罗马分成了若干行省。公元50年，地中海大部分地区已隶属罗马，在以后的150年里，罗马又增加了几个行省，甚至包括大不列颠岛。到公元2世纪，罗马的势力达到了顶峰。

独裁者之死

恺撒是共和国晚期最出色的军事将领，他击败了所有的对手，作为一名独裁者统治罗马数年之久。

罗马战舰

罗马人从迦太基人那里学会了海战。上面的陶制徽章展示的是一艘正在前进的罗马战舰。舰首安装了撞角，甲板上的士兵随时待命。

罗马皇帝

罗马共和国一度存在数百年之久。在尤利乌斯·恺撒死亡后，内战导致共和国灭亡。最后，恺撒的义子屋大维（后称奥古斯都）平息了战乱。他是一名杰出的政治家，在国内施行改革，使罗马重新实现了和平。实际上，他是当时罗马唯一的统治者，却宣布恢复共和国，自称"第一公民"，但"新共和国"名不副实，奥古斯都实际上就是罗马皇帝。公元14年，奥古斯都去世，由其义子提比略继承皇位。在以后的400年里，罗马由皇帝统治。

卡利古拉：被刺杀身亡，公元37—41年在位

克劳狄：征服了不列颠，公元41—54年在位

尼禄是奥古斯都家族最后一员，公元54—68年在位

头像与传说
要向人们宣传皇帝的形象及事迹，钱币是一种很好的媒介。这几枚硬币上的头像都是提比略的继任者。

凯旋
大战胜利之后，在罗马都要举行盛大的凯旋仪式，皇帝会带领士兵携带战俘和战利品，穿行在大街上，接受欢迎。图中，一名奴隶正要将金冠戴在皇帝头上。被俘的敌军将领会在仪式上被处以绞刑。

疯狂的皇帝
尼禄在公元64年引发罗马大火，目的是重新修建国都。公元68年，他死于自杀。

皇帝的武器
这把精美的剑鞘属于皇帝提比略，它是由黄铜和青铜制成的。剑身和剑鞘均出土于德国莱茵河畔。

提比略正在接见侄子杰马尼库斯（罗马将领）

权力之色
紫色仅用于皇帝衣物。元老们穿的托加袍上饰有紫色的边。后来，除皇帝以外，全身穿紫色衣服会被视为谋反。

骨螺贝壳，罗马人从骨螺里面提炼紫色颜料。

136

桂冠

罗马皇帝不戴金冠，因为他们不想被认为是国王。他们通常会配戴月桂花环来显示成功与军事地位。因此，"桂冠"常被送给得胜的罗马将领佩戴。

很久以后，缀满宝石的王冠才出现在奥古斯都头上

玉古神像

玉石上雕刻的是奥古斯都。据传他相貌英俊，是艺术家和诗人的守护神。

朱莉娅与利维娅

在英雄体散文诗中，奥古斯都的妻子利维娅以神后朱诺的面孔出现，女儿朱莉娅则是头戴战盔的女神。

德鲁西拉

这枚玉髓雕像刻的是奥古斯都家族中的德鲁西拉。

皇位继承人

通常皇帝会收养一位优秀的年轻人作为继承人。皇帝安东尼·庇护收养了路奇乌斯·维鲁斯（右图）。从公元161到169年，他和马尔库斯·奥列里乌斯共同统治罗马。

提比略肖像

木头剑鞘残骸

圣殿里的罗马军团鹰旗

罗马军团

指挥羽饰

军官在头盔上佩戴羽饰是为了在战斗中引起士兵注意。

罗马帝国的强大应归功于其军团。每个军团约有5000名步兵。所有罗马公民均可自愿加入，服役期为20到25年。军团训练严格、纪律严明、装备精良，是军队的核心力量。军队的艰苦生活使他们意志坚强、英勇善战，历任皇帝必须牢牢掌握军团。公元2世纪，罗马共有15万名军团士兵。图中是军团士兵装备的复制品。

羽饰并非附着在头盔上

头盔

这种头盔起源于高卢，可以保护头部、脸部以及颈部，视力和听力都不会受到影响。

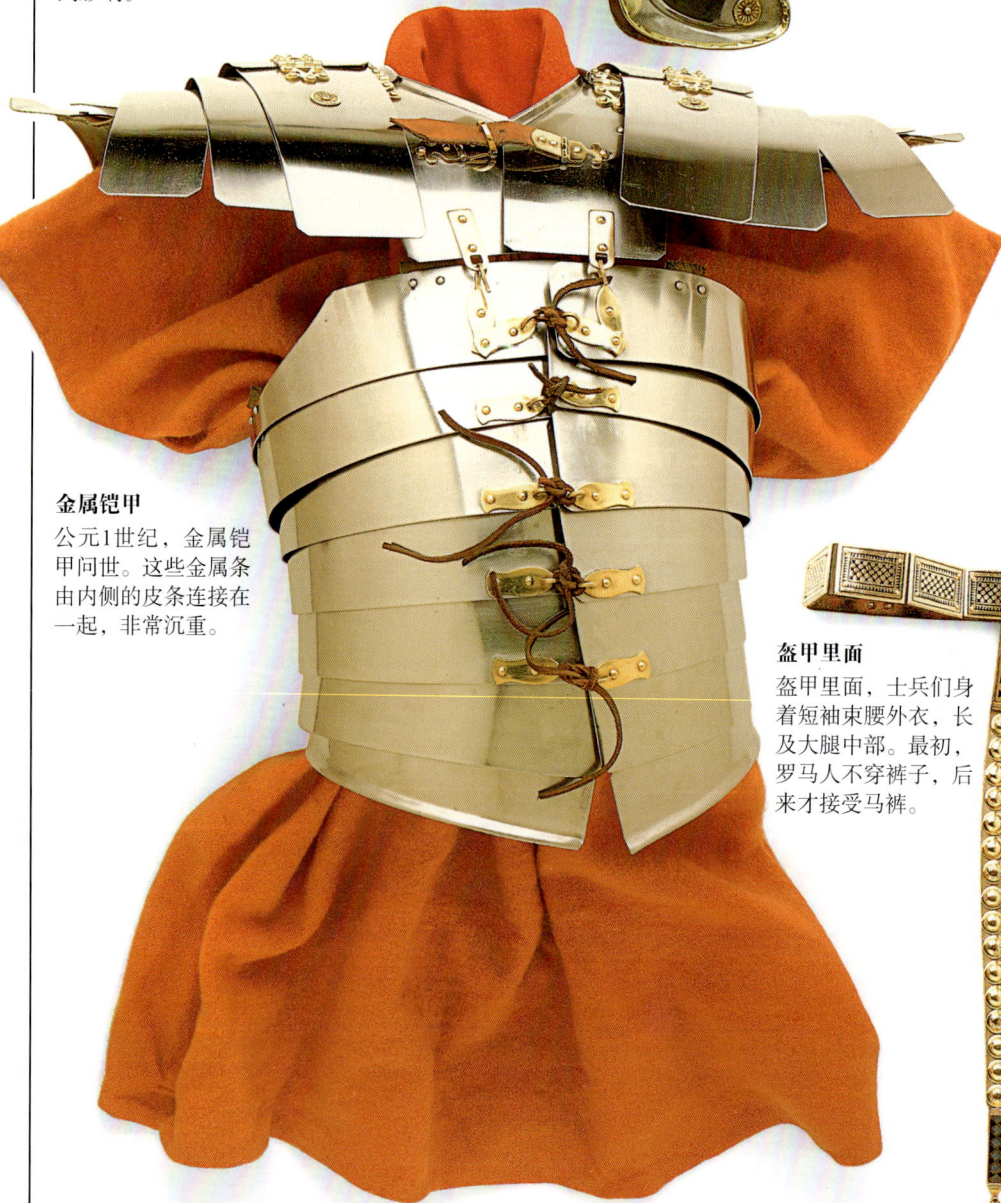

公元前390年高卢人入侵罗马，那里的圣鹅发出了警报，卡匹托尔山幸免于难。

金属铠甲

公元1世纪，金属铠甲问世。这些金属条由内侧的皮条连接在一起，非常沉重。

盔甲里面

盔甲里面，士兵们身着短袖束腰外衣，长及大腿中部。最初，罗马人不穿裤子，后来才接受马裤。

系紧腰带

腰带是士兵职位的标识。这件由装饰皮带构成的"围裙"可保护腰腹。同时，它们发出的响声可以吓唬敌人。

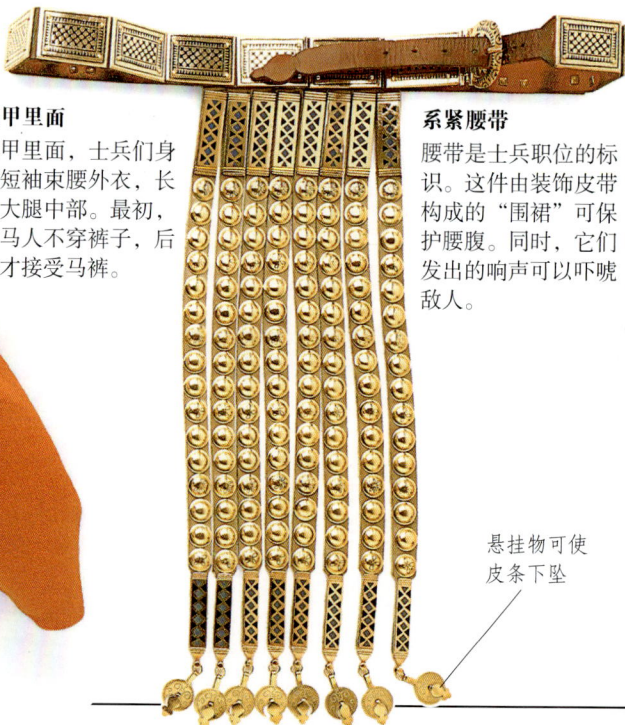

悬挂物可使皮条下坠

这种特别设计的
投枪枪头可刺穿
敌人的盾甲

羊毛斗篷

皮囊，用于
盛放酒水

皮包，内装个人物品
及3天的给养

锋利的枪头
这种重型投枪（左图中
右边那支）的枪头很
尖，能够刺穿盾甲，取
代了早期的投掷长矛
（左图中左边那支）。

马略的骡子
一名军团士兵不仅要身穿
铠甲，手持盾牌与武器，
还要肩背包裹，内置工
具袋、碗碟等，负重达40
千克，经常每天行军30千
米。马略将军发明了这种行
军方式，所以，军团士兵
被称为"马略的骡子"。

剑柄通常是木柄

双刃匕首

鹤嘴锄，用
来挖掘战壕

铁锹，用于修
筑防御土墙

匕首与短剑
匕首和短剑佩带于身体
两侧。图中的匕首和短
剑都是西班牙样式。
短剑是近身肉搏武
器，体形短小，使用方
便。和不穿盔甲的高卢人
对决时，短剑非常有效。

行军鞋
这种鞋子坚固结实，透气性好，底部
平头钉的设计使鞋子经久耐用。

战争与防御

公元1世纪初，罗马帝国的皇帝停止对外扩张，罗马士兵转变成为边疆守护者，保卫行省，镇压暴动。这个阶段的战争大多是为了防止入侵者侵略行省而发起的。军团仍旧是军队的中流砥柱，但是辅助军队（包括步兵和骑兵）变得更加重要了。保卫帝国的边界是士兵们的主要任务。

弩炮突击

罗马士兵常常使用弩炮向敌人投掷带有铁头的标枪和石块。这种武器常用于突围。一般每个军团配有约60名弩炮手。

行省取胜

公元前1世纪50年代，恺撒在阿莱西亚一役中，围困了高卢将领韦辛格托里克斯（维钦托利），平息了高卢人的抵抗。这幅维多利亚时期的画描绘了高卢人正准备向坐在红色平台上的恺撒投降。

辅助士兵

辅助士兵是军团的候补，通常从境内臣民中招募，但很少是罗马公民。这是一名身穿锁子甲的辅助士兵雕像。

盾牌轮毂

罗马士兵的木制盾牌中部把手处附有一层金属，称为轮毂，在搏击时可以给敌人重重一击。

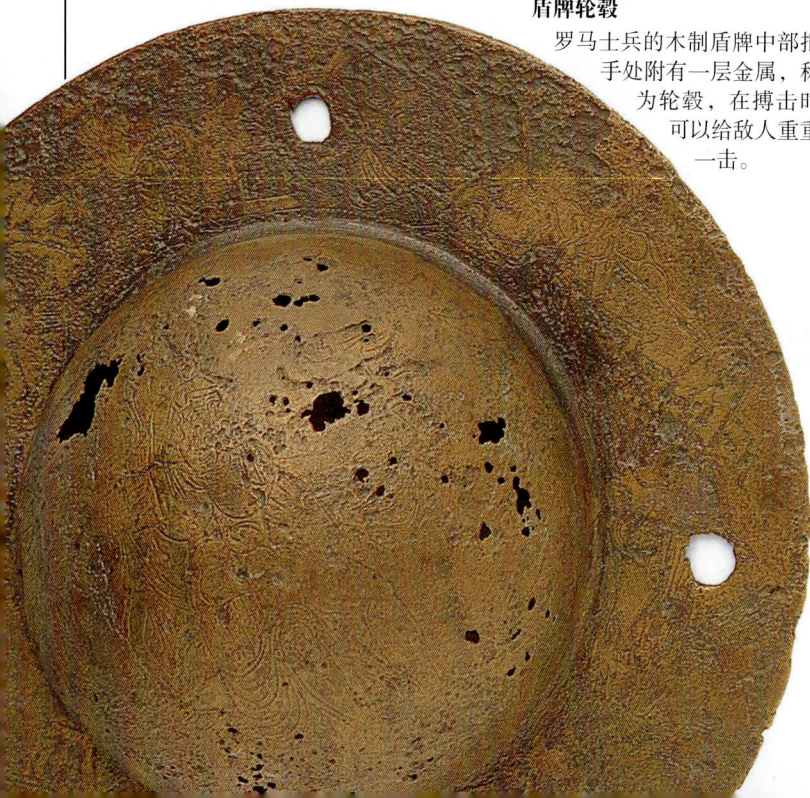

罗马堡垒

在这种堡垒中，罗马士兵度过冬天和休战时期。下图展现了英格兰南歇尔德一个重修的堡垒大门。

战利品

这个象牙饰板展现的是缴获的武器。疯狂掠夺征服地的财富使罗马建筑变得更加富丽堂皇，国库更加充盈，成千上万名奴隶被掳掠到意大利。

鱼鳞铠甲
最常见的铠甲就是在衣服外面缀满青铜鳞片。

骑兵

用于辅助军团作战的骑兵在罗马士兵中津贴最高，因为他们需要购买装备和马匹。罗马军队在精于骑马打仗的地区招募骑兵，特别是高卢、荷兰以及色雷斯（保加利亚）地区。骑兵走在军团之前，进行巡视探察。战斗中，他们保护军团侧翼，追击敌军。

阅兵仪式
这块罗马浮雕展示了阅兵仪式中的军团士兵及疾驰的骑兵。有的骑兵手持军旗，而有的战士则在头盔上佩戴羽饰。

与野蛮人的战斗
这是石棺浮雕的一部分，画面上充斥着肢体、马匹及铠甲，展示了罗马骑兵与北方野蛮人的激烈战斗场面。

马具
下图中是一件精美的银制马具，来自德国的克桑滕。

马刺
骑手利用鞋后跟上的马刺驱使马匹前进。

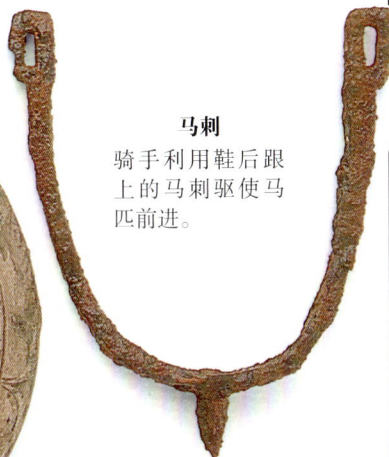

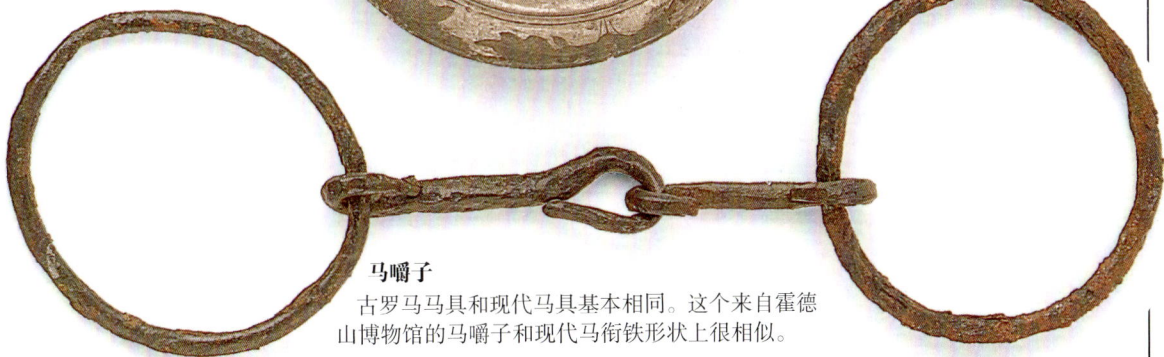

矛头
辅助军团的步兵和骑兵通常使用质量轻的投枪，但近距离投掷时会使用略沉重的长矛，现又存于世的是铁制矛头。展示物品均来自于英格兰霍德山博物馆。

马嚼子
古罗马马具和现代马具基本相同。这个来自霍德山博物馆的马嚼子和现代马衔铁形状上很相似。

罗马士兵

无论和平年代还是战争年代，军队在罗马社会中都具有至关重要的作用。许多较穷困的人选择参军以改善生活，学习技艺。他们一般不允许结婚，但大多数士兵都有"非正式的"妻儿。来自行省的士兵可以凭借出色的表现为自己和家人赢得罗马公民资格。退役的军团士兵会被赐予土地或者金钱。有能力者会得到升迁至百人队队长的机会。士兵的高收入也带动了驻地的商业发展，城堡周围出现了居民区，并逐渐演变成了城市，如英格兰的约克。士兵和当地女子通婚，使罗马的文化深入到当地，从而巩固了帝国的根基。罗马军队就是靠这种"和平方式"把富足带到了行省各地。

阅兵面具
和平年代，骑兵们总是穿戴铠甲进行阅兵和展示活动。这张青铜面具出土于意大利的诺拉，是头盔的一部分，也许是专门用来模仿骑兵战斗的。

工匠与建筑者
罗马士兵要掌握建筑等许多技能。这块屋顶的陶制饰板上刻着第二十军团的名字与象征——一只疾驰的野猪。

哈德良长城
应皇帝哈德良之令，罗马军团在不列颠修筑了哈德良长城，由辅助士兵守卫。长城总长120千米。

手持盾牌、长矛的军团战士

精致的发型

士兵的女儿
这块断碑来自英格兰的兰开夏郡。死者是一名旗手的女儿。罗马士兵和当地妇女结婚生子，使罗马人和当地人融合在一起。

公民身份的证明
当行省人在辅助军队中服役25年后，会被授予罗马公民身份。这是来自英格兰柴郡马尔珀斯镇的青铜身份证明。持有者是一名西班牙人，名叫瑞波斯。

皇帝的形象与称号

盖子在里侧

钱包
士兵们用皮包或青铜钱包存放钱币。这种钱包可以戴在脖子上，只有取下来时才能被打开，所以很难被偷窃。

被人遗忘的宝藏
这些金币约为一名军团士兵4年的薪金，在罗马人入侵不列颠之后埋藏于英格兰的肯特郡。

元老院议员、公民、臣民及奴隶

罗马社会等级森严。帝国初期，人民被分为罗马公民、"行省人"和奴隶。公民本身也分为不同等级，享有相应的特权。从共和国时期开始，元老院就是政府的中心，掌握在皇帝的手中。元老院议员是高级公民，其次是公民、骑士，他们是在军队服过兵役或在政府中任过职的人。在罗马社会中人们可以改变社会等级：骑士有可能成为元老院议员；许多罗马公民的祖先曾经是奴隶。虽然有些奴隶处在社会底层，但曾有很长一段时间，皇帝的奴隶以及自由民（以前做过奴隶）可以担任文职官员。

SPQR
这些字母是"元老院和罗马人民"的缩写，常出现在铭文或钱币上。

胸针
胸针或扣衣针是常备物品，可用于系紧斗篷等衣服。

胸针前面是装饰物，后面是别针

捆绑棍棒束的带子

斧头

戒指
罗马男女大多佩戴指环。金戒指象征骑士，镶嵌石头的戒指常用来封讫文件。还有一些戒指则被认为能够避邪。

金戒指图章

带有大力神赫拉克勒斯（左边）和战神马尔斯（下边）半身像的银戒指

用金币制成的戒指

权力的象征
罗马重要官员的扈从手持"法西斯"，即中间露出斧头的束棒。"法西斯"象征他们具有惩罚、处置人们的权力。右图所示的青铜塑像可追溯到公元1世纪。

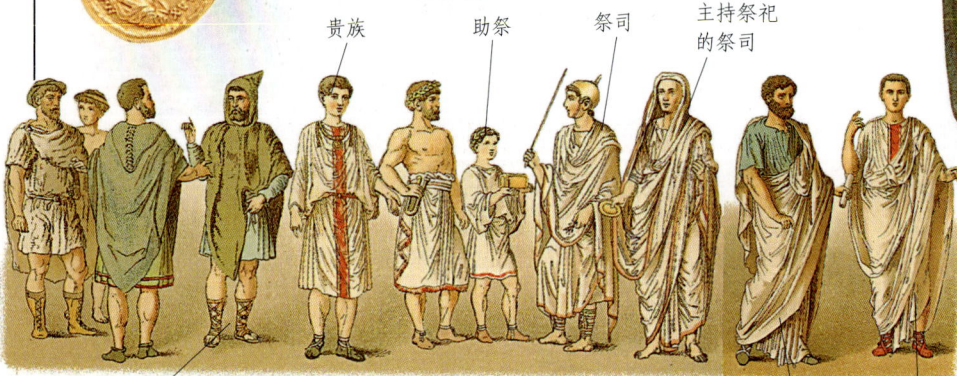

贵族　　助祭　　祭司　　主持祭祀的祭司

农民

穿托加袍子的公民　　元老院议员

男子装束
罗马男子身穿长及膝盖的无袖束腰外衣，配有内衣和各种斗篷。正式场合中，罗马公民身着白色托加袍。

带图章的文件

这块木头板书带有不列颠行省财务长官的图章。这"信纸"由财务长官专用，他负责税收及军费。财务长官职位比行省总督低。行省总督是元老院议员，负责统率军队及司法管理。这两名官员都是由皇帝任命的。

木头板书的另一面涂有蜡，可用于书写。

逃离竞技场

奴隶的来源有3种：战俘、罪犯、奴隶的子女。大部分角斗士都是奴隶，但是如果在竞技场中取得胜利，就可能赢得自由。上面的骨制释放证明书证明角斗士莫德瑞特斯获得了自由。

广场

古罗马广场（上图）是国都的中心，神圣大道贯穿其中。图的右边是元老院。附近还有帝国王宫和圆形大剧场。

变换的时尚

这座青铜半身像塑造的男子留着浓密的长发，胡子修剪得非常整齐，这是公元130年罗马绅士的时髦打扮。到公元230年，短胡须和小平头才流行开来。

公元130年左右，整齐的胡须是非常时尚的

罗马妇女

传统罗马妇女是优雅的妻子、慈爱的母亲，负责管理家庭。女孩子接受的教育只是初级水平。一个女人享有的自由程度取决于财产多寡与地位高低。富有的寡妇享有的自主空间也会很大。皇帝和议员的妻子通常有很大影响力。罗马还有数量众多的女奴。

女子半身像
上面是一座罗马上层女性的半身像。

银纺纱杆，纺线时用来钩住羊毛或亚麻纤维

骨针

青铜针，用于缝制工作

纺线与织布

古罗马的布料主要是羊毛和亚麻。纺织成为女性的传统工作。皇帝奥古斯都曾要求女儿朱莉娅纺纱织布，给他人作个榜样。朱莉娅对此深恶痛绝。

青铜顶针，和现代顶针相似

化妆品

许多古罗马妇女经常化妆。当时，用白粉或银铅使脸色变得苍白成为一种时尚。红色赭石用作腮红或口红，眼睛常用炭灰或锑粉等混合物化妆。

女性服饰
罗马妇女在内衣外加一件羊毛或亚麻短袖束腰外衣，有时披斗篷。有钱人则穿着进口衣料，如中国的丝绸或印度的棉布。

银刮刀，用来调拌、涂抹化妆品

玛瑙香水瓶

壁画中的少女在把香水倒入小瓶。

上面的象牙梳子是一件墓葬品，上面刻着"再见，莫黛丝蒂娜"。贫穷的人家使用木头梳子或骨头梳子。

木乃伊面模

这幅彩色蜡版画来自罗马时期的埃及木乃伊棺木。我们可以看到有钱妇女的面貌、发型以及佩戴的珠宝首饰。

海豚形金耳坠

叙利亚鸭子形耳坠

罗马妇女常用假发

耳坠上镶嵌着蓝宝石、石榴石或深绿玉髓

辫子形金项链

金戒指印石，上面有在枝头憩息的小鸟

月牙形金吊坠

青铜戒指上刻有名字

带有红色石榴石的金项链

首饰

戒指、手镯和项链在罗马非常流行，大多数由青铜和玻璃制成。

职业

在家庭之外，妇女可从事的职业非常少。富有的女人有可能成为女祭司，比如维斯太贞女（主持对女神维斯太的国祭的女祭司）。也有少数人经营自己的事业，如制灯业。另外有专业女助产师、理发师和少数的女医生。

竞技场中的女人

上面的石制浮雕是为了纪念女角斗士阿契里亚和阿马桑在竞技场上获得了自由而刻制的。

罗马儿童

"快结束了吧？"
这幅奥古斯都和平纪念碑图像来自和平祭坛博物馆，展示的是皇帝一家正在进行祭祀。图中的孩子看起来心不在焉，非常压抑。

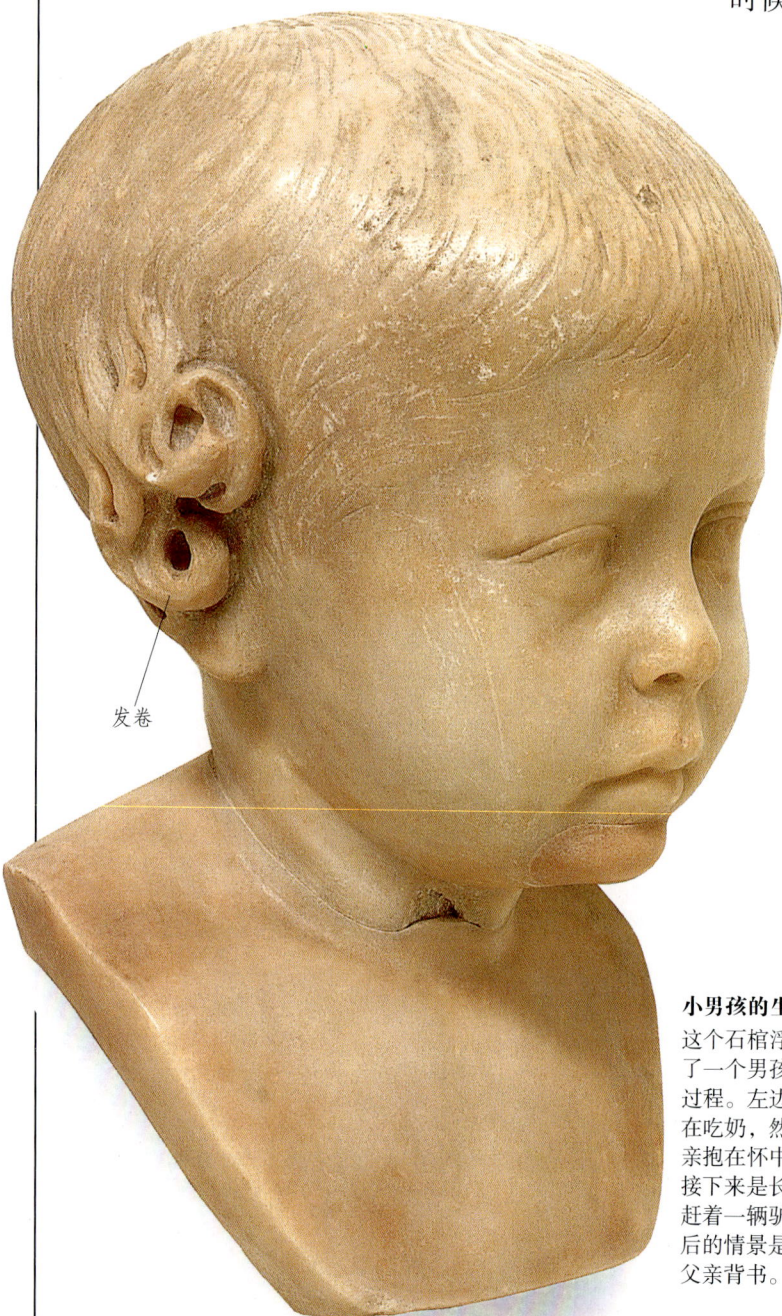

在罗马，通常父亲会亲自教导孩子。到帝国时代，富有的家庭开始聘用家庭教师。孩子7岁时，许多家庭会把他们送到学校，学习基本知识，包括珠算和用蜡板写字。学校黎明开始上课，正午结束。孩子们需要记忆的内容很多，如果学不会就要受到鞭打的惩罚。女孩子只能接受基础教育，然后待在家中，跟母亲学习操持家务。贵族家的男孩们会继续深造，准备在法律界或政治界谋得一席之地。然而，学校只是少数人的特权，大部分孩子没有机会接受教育，在很小的时候就得出来打工。

小男孩
这是一名5岁男孩的大理石半身像。他头上的奇异卷发表明他崇拜女神伊希斯。

发卷

打盹的奴隶
在罗马有许多奴隶儿童。这个油瓶（左图）刻画了一个奴隶男孩坐在箱子上打盹儿。许多奴隶受到主人虐待，且工作时间很长。这个油瓶大概是在沐浴中使用的。

小男孩的生活
这个石棺浮雕展示了一个男孩的成长过程。左边，他还在吃奶，然后由父亲抱在怀中玩耍。接下来是长大的他赶着一辆驴车。最后的情景是他在向父亲背书。

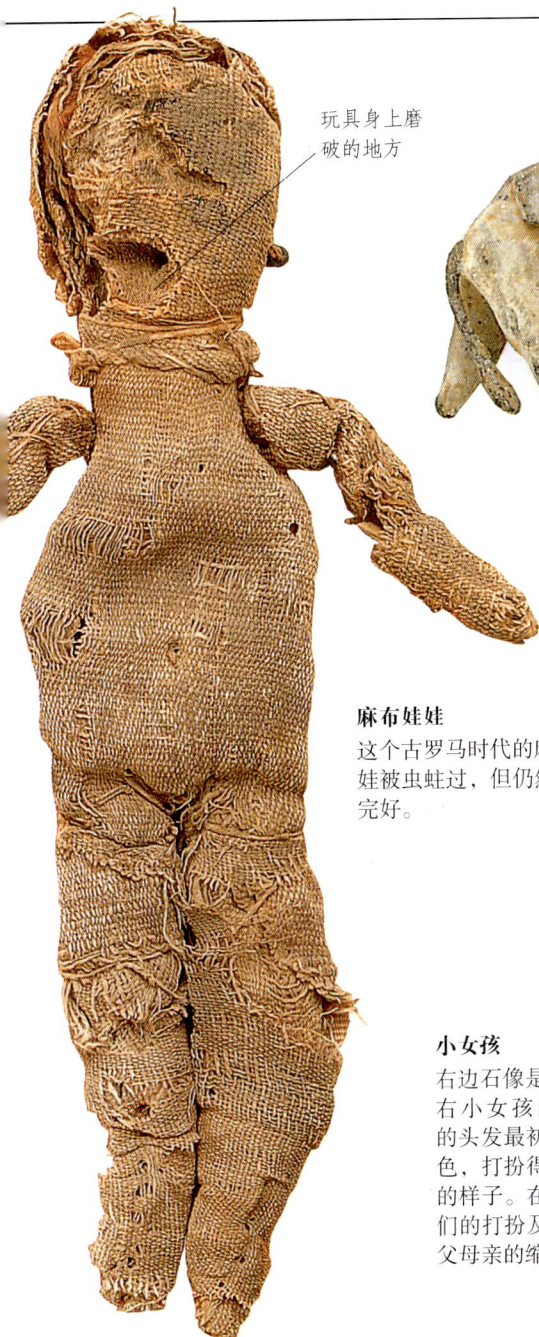

玩具身上磨破的地方

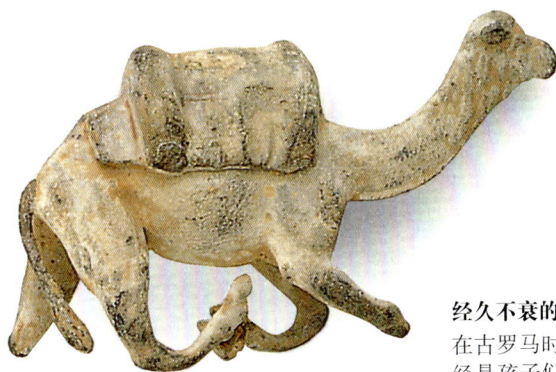

玻璃弹珠

陶土弹珠

经久不衰的弹珠

在古罗马时代，弹珠就已经是孩子们喜爱的玩具之一了。那时候的弹珠由多种材料制成。

有毒的玩具

孩子们的玩具反映了当时的世界。这匹出土自埃及的骆驼玩具是用有毒的铅制成的。

麻布娃娃

这个古罗马时代的麻布娃娃被虫蛀过，但仍然保存完好。

小辫

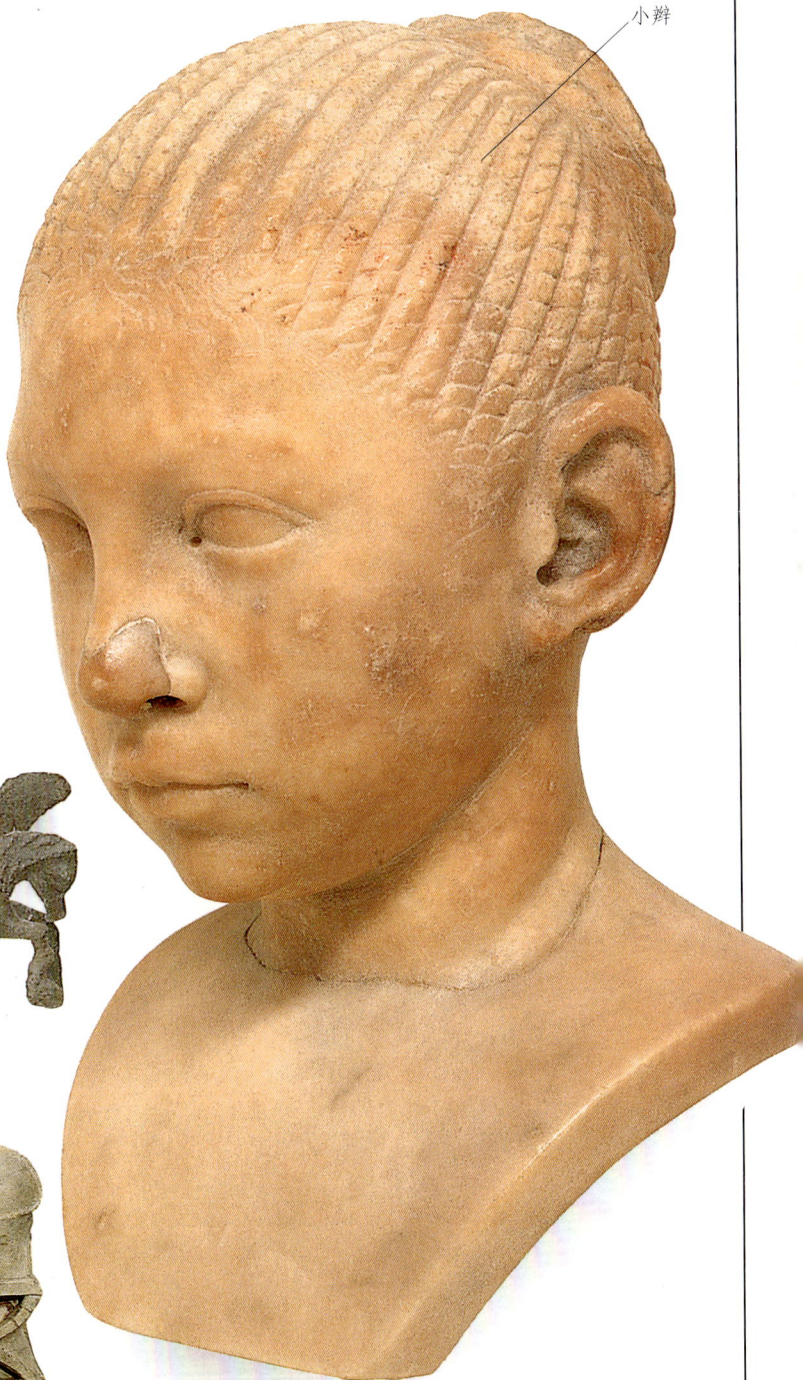

小女孩

右边石像是一个10岁左右小女孩的形象。她的头发最初被染成了红色，打扮得像成年女性的样子。在罗马，孩子们的打扮及行为举止是父母亲的缩影。

马车模型

这辆马车玩具充分证明了罗马孩子喜欢赛马车，那激动、兴奋的样子如同现代的孩子喜欢赛车。

结婚典礼

新娘身穿特制的衣裙，头戴橘黄色面纱。新郎手持书面婚约。夫妇二人盟誓成婚，双手紧握，象征着两人的结合。

家庭生活

家庭对罗马人来说非常重要。父亲是一家之主，对于家中的一切具有无上的权威，他能决定子女的生活甚至生死。然而，事实上他的妻子和孩子并非总是受到压迫。妻子也有自己的权力，她负责家庭的正常运行，监管孩子的教育。大家庭会拥有众多的奴隶。有些奴隶受到残酷的对待，但是也有些主人对待奴隶如同家人。

罗马人的婚礼

结婚当天，新郎及其家人、朋友要去新娘家举行婚礼，也有的婚礼在神殿里举行。婚礼上要祭神，以求吉祥。新郎与新娘盟誓成婚，紧握双手，典礼完成。

订婚戒指

订婚戒指上有紧握的双手的图案，象征了婚姻。

痛苦的一家

这幅家庭肖像是皇帝一家：皇帝谢普提米乌斯·塞维鲁及妻子米莉亚·潘多娜，还有两个儿子克拉凯拉和各塔。皇帝死后，克拉凯拉谋害各塔后自杀。之后，有关克拉凯拉的一切受到诅咒，他的肖像（上图左边）被抹掉了。

奴隶和宠物

富有的罗马家庭人满为患。奴隶们做各种家务，照看家庭生活的方方面面。家庭中还包括许多动物：看家狗、猎犬、马匹、猫和其他宠物们。

获得自由的奴隶

赫道恩是马库斯·克拉苏的女奴，为女神费罗尼亚铸造了这个青铜牌。在奴隶中间，这位女神很受欢迎。

狗项圈

悲伤的奴隶？

上面右图是一座厨房奴隶的雕像，他一边使用研钵，一边因为浓烈的洋葱味道而流泪。

看门狗

右图是罗马凶猛的看门狗。它们被链子拴在门上，警惕盗贼进入院内。

狗牌

在罗马，很多狗都佩戴有识别标志。这个狗身上的青铜牌子上面写着"如果我跑走了，请抓住我，把我还给住在卡利斯图斯庄园的维望帝欧斯"。

家庭守护神

大多数罗马人很虔诚，信奉很多神，每家都有自己的神龛，每日都要进行祭拜。元老院议员的家族会把祖先的肖像用蜡板保存下来。大多数家庭会定期去家族墓地祭拜。

海豚状兽角杯

家神
家神是家族祖先的灵魂。左边的青铜家神雕像展示了祭祀的动作：一手持角质酒杯，另一手持奠酒碗，做倒酒状。

奠酒碗，用来向圣火中倾倒液体

蛇头上的肉冠

蛇神
住宅守护神被刻画成一条长着肉冠的蛇。

香球，用于在圣坛上焚烧

守护神
这是男人的守护神。他身穿托加袍，遮住脑袋，如同一名正在祭祀的祭司。

家神神龛
这是庞培家的家神神龛（左图），形状像一个小小的寺庙。守护神站在中间，家神位于两侧，底下是一条蛇。

忠诚的奴隶
罗马人通常和奴隶相处得很好。当奴隶获得自由时，奴隶主会成为他们的保护人。这块大理石墓碑的主人是卢修斯·安第斯第·撒库罗和妻子阿提斯提娅。碑文记载着这个墓碑是由获得自由的奴隶洛福斯和安休斯献给他们善良的保护人的。很显然，他们对自己以前的主人非常尊敬。实际上，阿提斯提娅本人曾是一名奴隶，安第斯第给了她自由，然后又与她缔结连理。

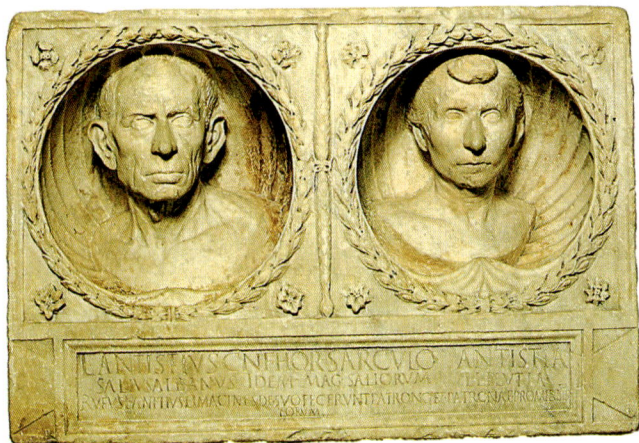

家园

罗马有钱人家的宅院通常布局相仿。打开前门，进入中庭，中庭见天，地板中间会有一个水池，房屋后部有花园。房间布局合理、优雅，有着高高的天花板和宽大的房门，很少有窗户。墙壁颜色鲜亮，地板也常常装饰着漂亮的马赛克图案，但房间里通常家具很少，只有保险箱、床铺、长榻、小桌子，或一些精致的木制碗橱。事实上，绝大多数人生活在贫穷的乡间或拥挤的城市廉价房中。那里没有卫生设备，经常发生火灾。住宅区公寓的一楼往往是商店。

住宅中的野生动物
住宅或花园中都会有野生动物的存在，比如蝎子和蜥蜴。

抓鸽子的猫
许多马赛克图案取材于日常生活，比如这一幅，一只猫刚刚抓住一只鸽子。这幅画由几千个直径5毫米的彩石组成。

类似的蜥蜴仍然生活在庞培城的废墟中。

锁和钥匙
罗马人使用锁具防盗。钥匙（下图）末端形状非常复杂，和锁眼内部形状相符，能够使隐藏的锁簧（左图）移动，从而将锁打开或锁上。

插锁上的洞和钥匙的形状相符

锁头的形状很特别

齿轮，和箱柄相连

保险箱
这个保险箱盖子上有两个转动齿轮才能打开的锁。上端还有两个门扣，一个通过锁簧起作用，另一个则依靠重力。只有当箱子侧立的时候，箱子才能打开。

榻头
这是长榻的榻头浮雕，画的是丘比特盘旋在手持葡萄的酒神巴克斯上面。富有的罗马人在装修上和餐具上花费很多。

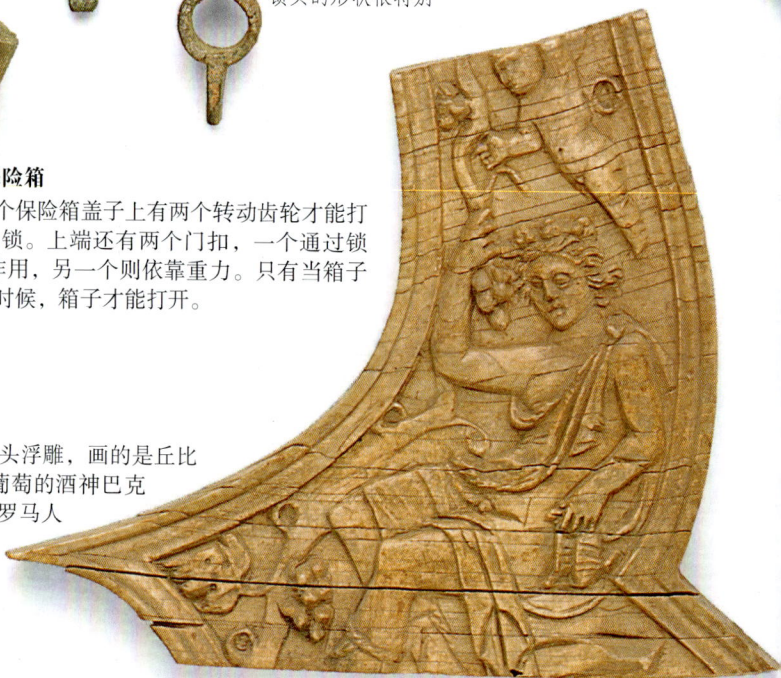

照明

罗马人用陶或青铜制作油灯。右图青铜油灯呈怪诞的人头形。灯具使用橄榄油作燃料，非常昂贵，但照明效果不好。

大象的两只耳朵和榻腿相连

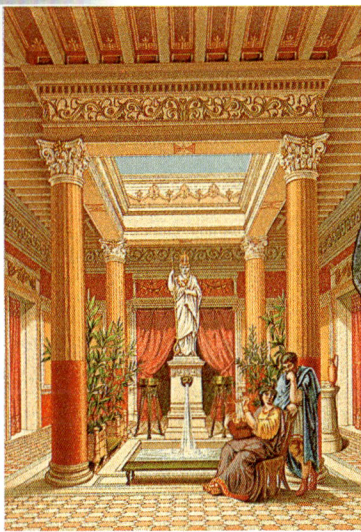

象形腿

这个青铜象头实际上是家具的一条腿，可能是根据竞技场中的大象铸造的。在罗马艺术及建筑中，圆形大剧场中举行的娱乐活动是常见的主题。

灯油注入口，原先有盖子

中庭

有钱的罗马人家设有中庭，用来接待客人。这是庞培城的一所住宅的中庭。中间的水池可以使室内保持凉爽的温度。

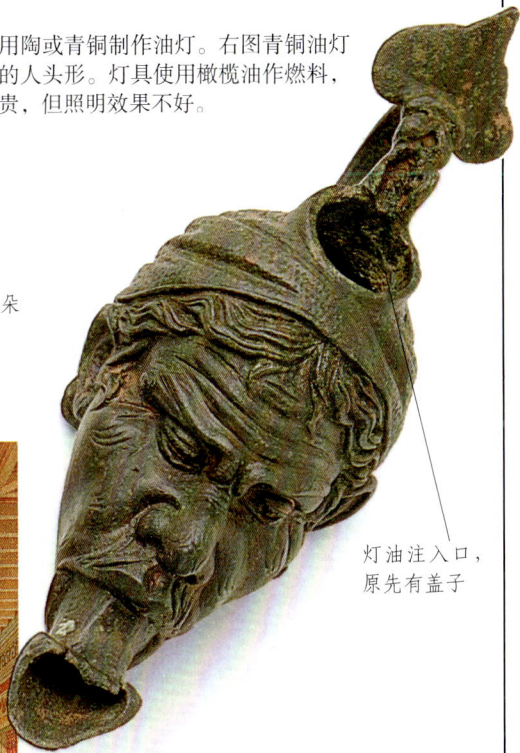

象脚就像狮爪

长榻榻头

带骡子头像的榻头

下面这个青铜雕像是一个长榻榻头支架。上面雕有森林之神萨梯和一只骡子的头像。每个长榻可3个人并排躺着。

镶嵌铜、银

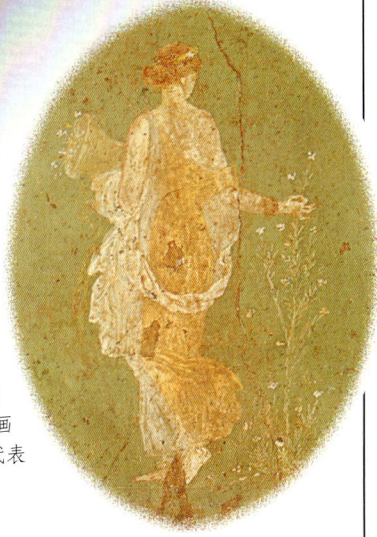

这部分壁画来自斯塔比亚，画上的人物代表了春天。

153

建筑工匠与工程师

罗马人的建筑技术非常高超，沿用了希腊建筑风格，也形成了罗马自己的特色。罗马人大量采用拱形结构，发明了穹顶。他们烧制砖块，研制出了水泥，因此，罗马的建筑使用寿命很长。罗马的工匠在装饰中喜欢使用马赛克图案。此外，罗马人建造了高架水渠，给城市提供用水。当时罗马人修建的很多道路、桥梁至今仍在使用。

法国的加德桥
这座巨大的石桥有3层楼高，横跨于峡谷之上，顶部建有高架渠。渠总长约50千米，末端建有水库，每天可给尼姆市提供20 000吨用水。

1脚尺为12罗马英寸

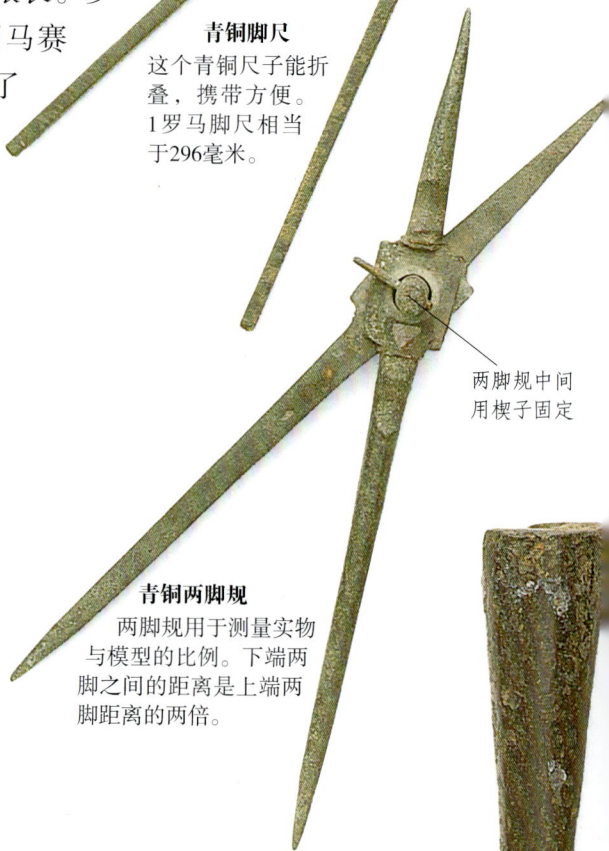

青铜脚尺
这个青铜尺子能折叠，携带方便。1罗马脚尺相当于296毫米。

两脚规中间用楔子固定

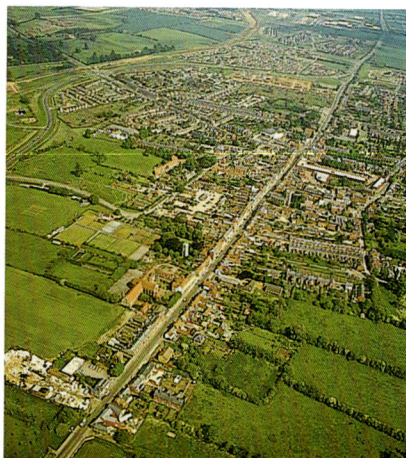

青铜两脚规
两脚规用于测量实物与模型的比例。下端两脚之间的距离是上端两脚距离的两倍。

探测锤
探测锤的末端系着青铜重物，能形成一条精确的直线，以确保墙壁笔直。锤上刻着主人的名字——巴苏斯。这种工具常用于加德桥（上图）这样的工程。

青铜直角尺
工匠使用直角尺来测量90度或45度角。

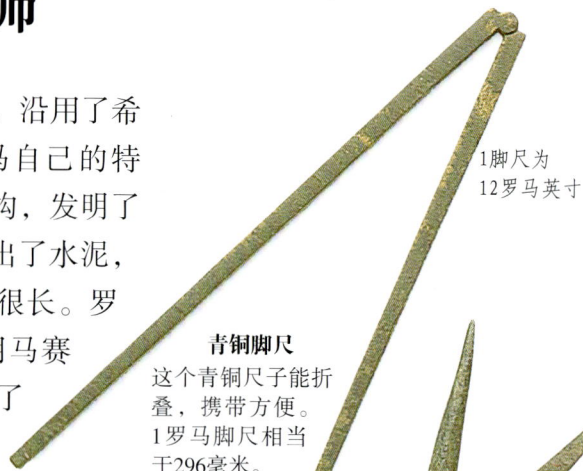

凿子
做木工时，罗马人使用这样的铁凿子。凿子的木柄已经腐烂。

罗马大道
罗马人修建的道路通常是笔直的，路面中间凸起，可使雨水流入两侧的沟渠中。罗马的道路铺有好几层，地基坚固，最上面通常铺有沙砾或碎石混凝土。

罗马管道

在19世纪以前，罗马的城市供水系统非常先进。城市用水由高架渠提供水源，特别是公共喷泉（居民从这里汲取家庭用水）。浴池和公共厕所则有自己的供水系统。大的私人住宅通常有管道供水，同时也收集雨水。铅管供水系统利用重力提供水源，之后另外一套地下排污系统把污水排除。

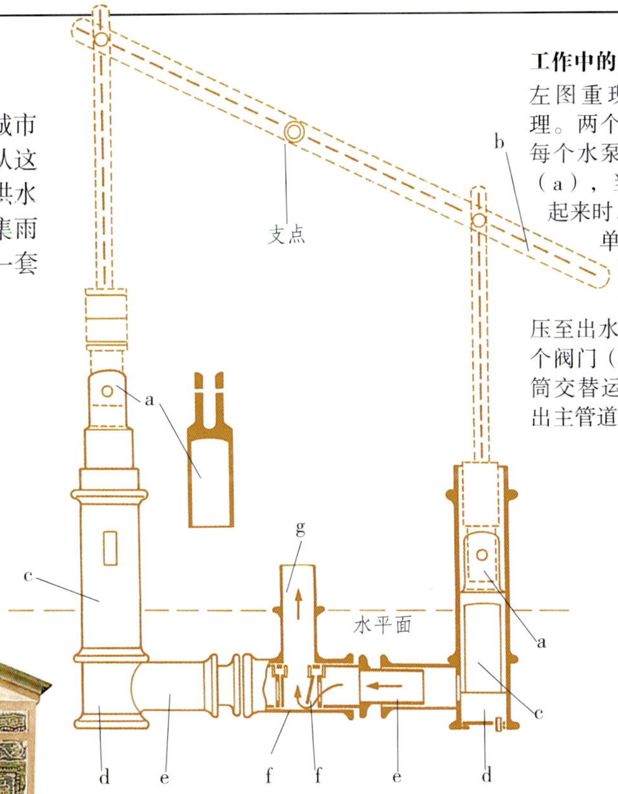

工作中的水泵

左图重现了水泵的工作原理。两个水泵连接在一起，每个水泵中间都有一个活塞（a），当摇臂（b）把它升起来时，水流就会通过一个单方向闸阀（d）吸到圆筒（c）里面，当活塞下压时，水被压至出水口（e），通过另一个阀门（f）出来。这两个圆筒交替运动，直到把水流送出主管道（g）。

支点

水平面

庞培的喷泉

喷泉通过重力起作用。这个雕塑是一个男孩怀里抱着一只鹅，水会从鹅嘴里喷涌出来。

多坑位厕所

这个厕所的坑位底下有一条水沟负责排出污水。

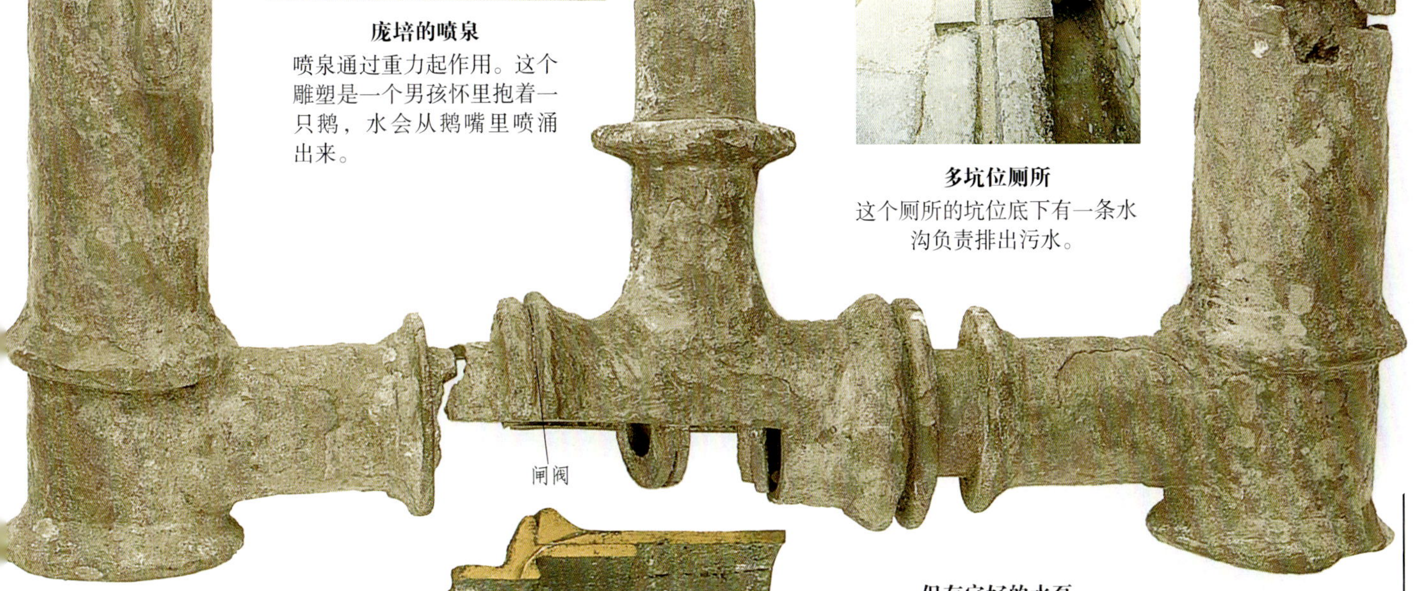

闸阀

保存完好的水泵

像这种铅泵常用来把水压到高处去。作家维特鲁威在书中写道：这些水泵用来给像左上方那样的喷泉的水箱装水。

这个闸阀盖子控制水的流出和流入

剖面展示了闸阀的内部结构，包括严密的管道接口处

血腥的竞技场

圆形大剧场是罗马帝国最出名的露天竞技场，是罗马建筑史上的奇迹。它始建于公元80年，可容纳5000人。剧场巧妙利用了拱顶，所有人都可在几分钟之内走出剧场。底层的拱顶共有80个出口，每个出口都标有数字，观众可以非常容易地找到他们的座位。剧场顶部通常以帆布遮篷来遮阳。晚上剧场上空会燃起巨大的枝形铁吊灯。然而，这样的建筑却是用来观看血腥的角斗士格斗，或人与野兽争斗的。

遮篷缆绳的栏杆

观众席的质量由拱形建筑承担

靠前的席位预留给有钱人和社会要人

剧场下的机械装备、走廊和小室

碧血和黄沙
"竞技场"下面的小径、小室都已经不存在了。地底下藏有升降梯和活板门，可以使野兽和人从下面升到舞台上。

海战之乐
圆形大剧场被注满了水，角斗士们驾着小船，展开了"海战"。这幅图画是由18世纪的一名艺术家想象出来的。

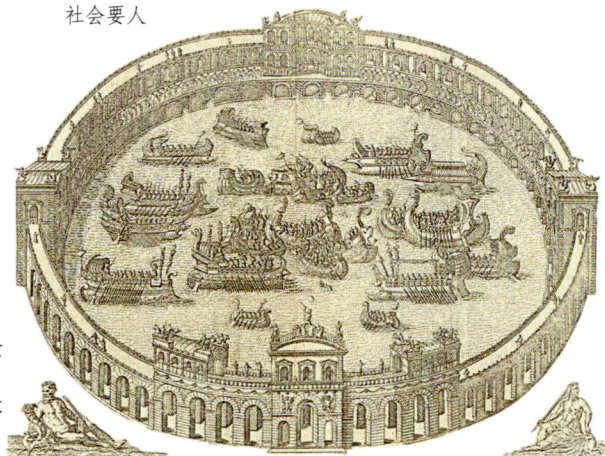

156

外层精致的雕塑

致命格斗

角斗士对决可能源于宗教，最初在葬礼上进行格斗是为了纪念死去的人。但是到了帝国时代，决斗似乎成了人们喜爱的血淋淋的游戏，只遭到少数人的反对。角斗士大多是奴隶或者罪犯，决斗中活下来的人赢得自由。在庞培城的墙上，一名叫塞拉蒂斯的色雷斯角斗士被写成了"让女人为之惊叹的男人"。甚至许多男人自告奋勇成为角斗士，罗马皇帝科莫德斯本人在竞技场中曾充当角斗士。实际上，角斗士的生命既残酷又短暂。罗马的角斗士可分为几种，每一种都有自己独特的武器。皇帝提图斯喜欢色雷斯人；而皇帝克劳狄则厌恶捕网角斗士。

小型盾牌
这个小型青铜盾牌的主人可能是色雷斯人。它本来呈金黄色，在格斗中其实没多大用途。

捕网角斗士

这枚玻璃金箔的图片展示的是捕网角斗士。他的装束就像一名渔民，身挂沉重的渔网，手持尼普顿三齿鱼叉。

装饰性的青铜羽饰

赫拉克勒斯半身像

后部的垂边用来保护颈部

扭锁

漂亮的头盔

这个做工复杂的青铜头盔可能属于角斗士。它能很好地保护头部，但阻挡视线，尤其是碰上敏捷的捕网角斗士时佩戴者很容易陷入危险。角斗士的盔甲设计得非常奢华、艳俗，但是像前胸这样的关键部位却没有任何防护。

这些垂边用来保护咽喉

钢与爪

露天剧场里的节目会持续整整一天。早晨野兽们在剧场中撕咬、争斗，或是被"猎手"捕猎，抑或是进攻那些毫无防御能力的罪犯。午间时分，工作人员会运走尸体，更换新鲜的沙土，人们开始等待着下午最引人注目的节目：角斗士格斗。

大象
出于追求新奇事物的目的，罗马人搜遍领地来为竞技场寻找非洲大象。

走向死亡
像这只羚羊一样，捕获的动物被装上开往罗马大剧场的船只。罗马皇帝为这种奢华的节目不吝巨资。

没有任何防护的臂膀

豹子扑向戴有防护器具的胳膊

"庞培城严酷的驯兽师"
维多利亚时代的人对于竞技场神往不已。这名19世纪的驯兽师穿的是罗马演出服。

黑熊
竞技场中常会看到墨熊、北极熊、印度虎和犀牛。

出其不意的进攻
这个陶制饰板展示了一只豹子正在扑向一名没有防备的角斗士的情景。观众们看到猎手濒临死亡时竟会觉得赏心悦目，如同他们喜欢看到野兽被杀死一样。

精心的设计
左边是角斗士头盔面护的一部分，上面的孔非常小，可以保护面部而又不会阻挡太多视线。

最后时刻
这个油瓶上的图案展示了一名受伤的角斗士倒在地上，而胜利者正准备给予他最后一击。

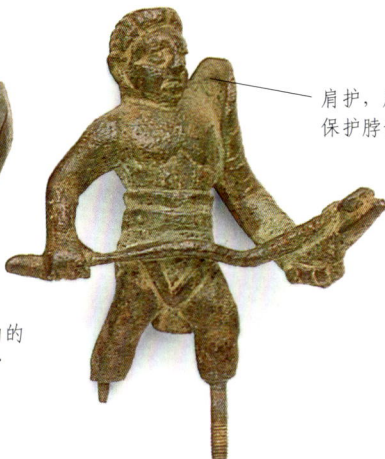

肩护，用来保护脖子

角斗士

"将要走向死亡的我们，向您致敬。"角斗士们向皇帝齐声呐喊后开始生死角逐。几对或几组对决同时进行。如果一名角斗士受伤，他可以请求观众免他一死。如果观众认为他在搏斗中足够顽强，可以免于一死。反之，一旦观众的大拇指朝下，他就会被对方杀死。

生命，危在旦夕
这是一个全副武装的角斗士的青铜雕塑，他的头部、胳膊、腿部都有盔甲，但是胸前却没有任何防护。他的盾牌直立在地面上。也许他受伤了，正要举起左手，向观众请求免他一死。

弯曲的剑身

轻度武装
如上图青铜雕像所示，一些角斗士身上的武装很少。左边的色雷斯人手持短剑和小盾牌；右边是一名捕网角斗士。

电影观众
电影如《斯巴达克斯》《角斗士》（上图）重现了罗马圆形大剧场中角斗士生死角逐的场景。

死亡决斗
这块陶制饰板展示了两名全副武装的角斗士正在决斗。他们一人捅往对手的脖子，另一人刺向对手的腹部。

一日赛事

在整个罗马帝国，人们只要一有空闲，就会争先恐后地去观看"赛车"。观看比赛就意味着要赌输赢、要呐喊助威、要从小贩那里购买小吃。在罗马首都，通常有4队参赛：蓝队、绿队、红队和白队，都属于皇帝。人们兴奋地追随自己喜欢的队伍和车手，有时，不同队的车迷会发生敌对，引发暴力。公元532年在君士坦丁堡，蓝队和绿队发生争执，引发叛乱，成千上万的人死于其中。

胜利者
胜利的车手会拿到一片棕榈叶和奖金，并受到大家的欢呼赞场。

观看比赛
这幅马赛克图描绘的是观看比赛的人们。在这里，男男女女坐在一起，而观看角斗士搏斗或演出时，男女分开坐。

电影《宾虚》
史诗电影《宾虚》重现了一名车手的危险生活。驾驶四马赛车困难重重，在拐弯处容易摔倒，发生意外。

车身轻，便于提高速度

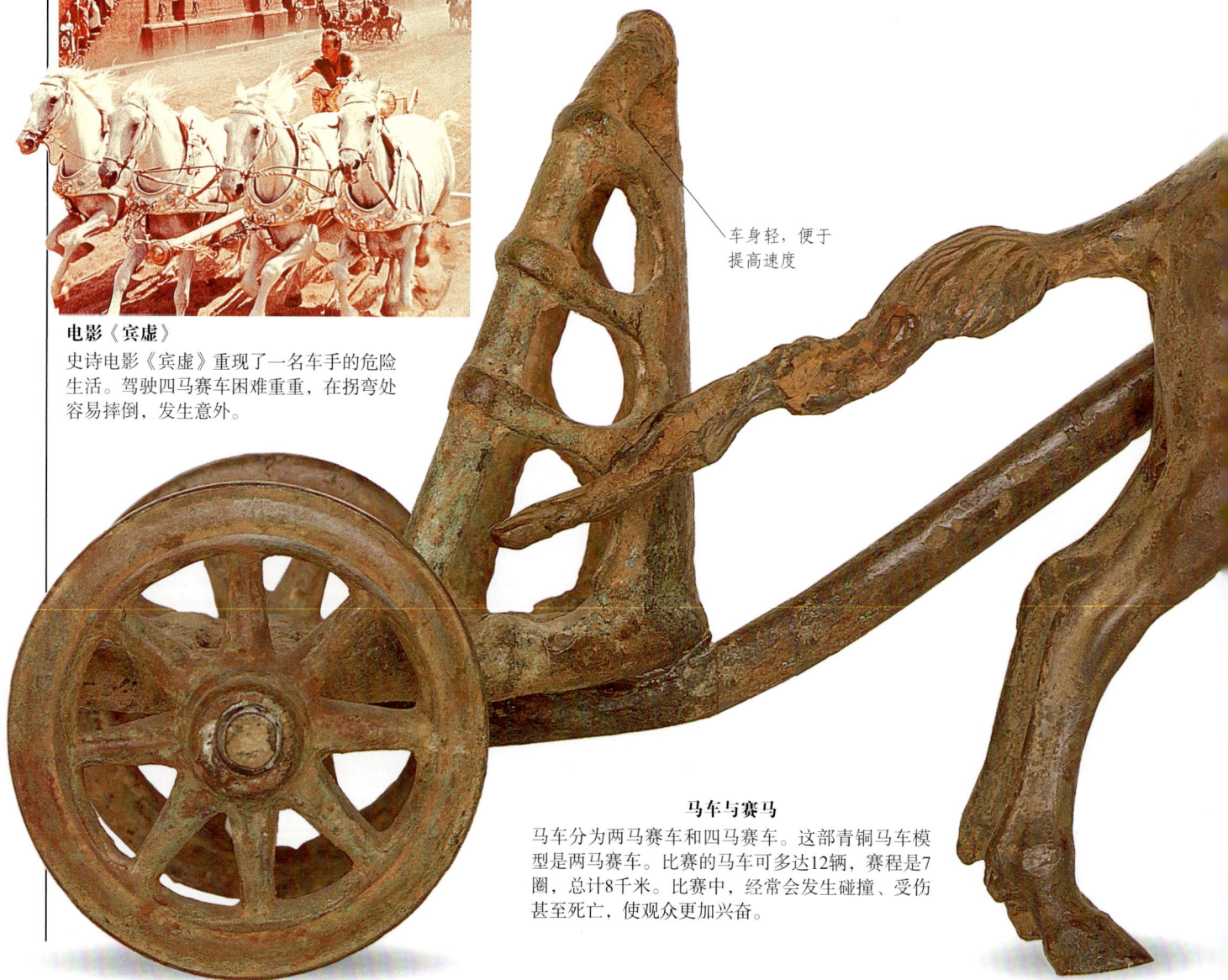

马车与赛马
马车分为两马赛车和四马赛车。这部青铜马车模型是两马赛车。比赛的马车可多达12辆，赛程是7圈，总计8千米。比赛中，经常会发生碰撞、受伤甚至死亡，使观众更加兴奋。

这名蓝队的车手身穿着皮制铠甲。
优秀的车手可赢得足够的钱，赎回
自由。赛马也都有自己的名字，如
白雪、吝啬鬼、飞箭等。

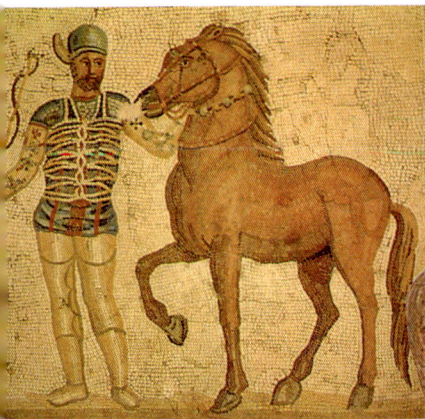

马车杆头
为羊头状

冠军赛马常用作种马

杆帽

这个青铜杆帽（马车柱子顶端的装
饰物）是一个特里同（男美人鱼）
头像。马车不仅要速度快，同时还
要装饰华丽。

特里同吹着
海螺小号

重现赛车跑道

罗马的马克希姆杂技馆有世界上最大的赛车场，可容纳
250 000人。赛车从出发点开始，以逆时针方向沿跑道行
进，7圈之后越过终点线。

163

剧场

在戏剧方面，罗马人沿袭了希腊戏剧的传统。在罗马，演技出色的演员也往往是希腊人。舞台剧最初是宗教节日的一部分，后来流行起来。虽然罗马各阶层人士都喜欢观看演出，他们却认为演员低人一等。女人们不准坐前排，以防止她们受到诱惑和演员私奔。在喜剧创作方面，罗马剧作家普劳图斯等模仿了希腊喜剧的特色。罗马人发明了滑稽剧和哑剧。

马赛克面具
罗马演员一般是男性（女人只允许出现在滑稽剧中）。他们通常佩戴精致的面具，比如这个马赛克面具。这些面具显示了他们在剧中饰演的角色。

悲剧脸孔
戏剧面具是罗马艺术中最受人欢迎的主题。左边是大理石雕刻的女性悲剧面孔。真正的面具是用亚麻布制成的。演员可通过面具上张开的嘴巴说话，从两个洞露出眼睛观察。

喜剧演员
这个奴隶是罗马喜剧中的必备角色。当阴谋败露，他总是像上面的青铜雕塑一样，端坐在圣坛之上。

剧团
这幅马赛克图片来自意大利的那不勒斯，展示了一组艺人身穿演出服装，头戴面具，一边跳舞，一边演奏乐器的情景。风笛吹奏者戴着一面白色的女角面具。

法国的橘城罗马古代剧场可容纳
9 000名观众。舞台后面的墙上有
76个装饰性石柱以及许多雕塑。
墙上有3个门供演员出场使用。

舞台之后

这幅庞培城的马赛克图画展示的是
一组希腊艺人正在排练的情景。我
们可以看到两名艺人正在练习舞
步，一名乐手正在吹奏双笛，地板
上堆放着面具。

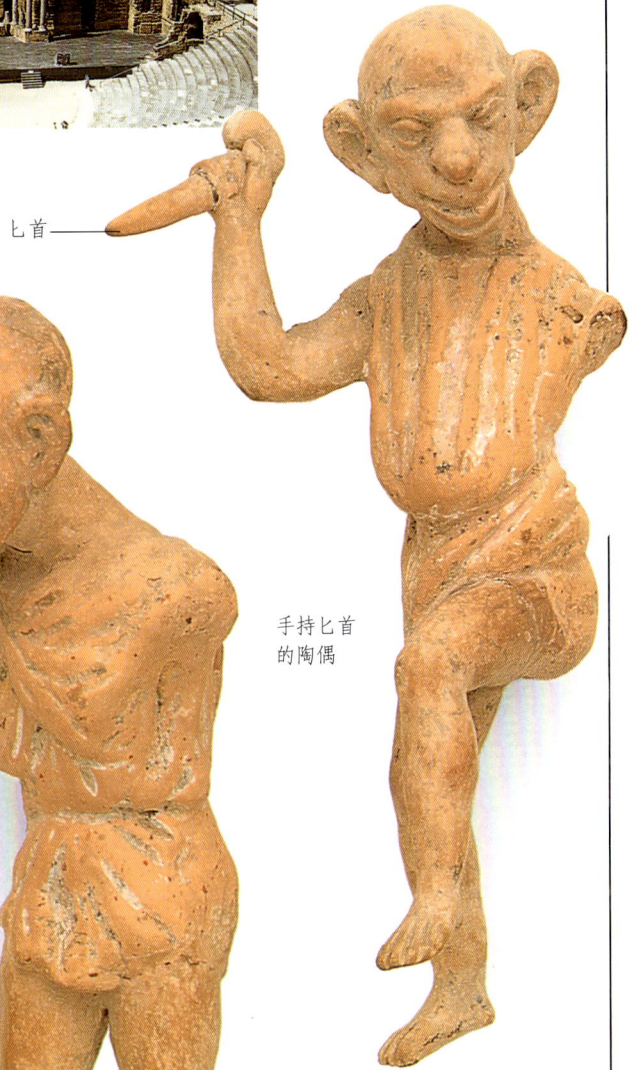

钱袋

匕首

灯

手持匕首
的陶偶

只有哑剧演
员不需要佩
戴面具

悲剧、喜剧面具

3个小丑

这些赤陶玩偶展示了一组正在演
出的小丑形象。滑稽剧深受城里
人欢迎，都是在街道上搭建的粗
糙木台上演出的。演员们不戴面
具，女艺人扮女角色。

手持钱袋的
陶偶

手持灯的陶偶

浴场之行

罗马人家中大多没有浴池，一般去公共浴场洗浴。浴场并不仅仅是清洁卫生的地方，人们也喜欢来到浴场交流和娱乐。女人有单独的浴池，一般是上午去。浴场本身的建筑非常复杂。在更衣室里，人们把衣物放在架子上，然后依次进入一间间温室，温度也是一间比一间高。橄榄油代替了今天的肥皂。最后，冲个凉水澡或游个泳，再按摩一下，然后回家吃饭。

浴室里的喷泉
这是1989年在英国伦敦发现的一间喷泉浴池。砖柱曾被用来支撑地板。柱子中间有热气流通，从而加热地板和房间。

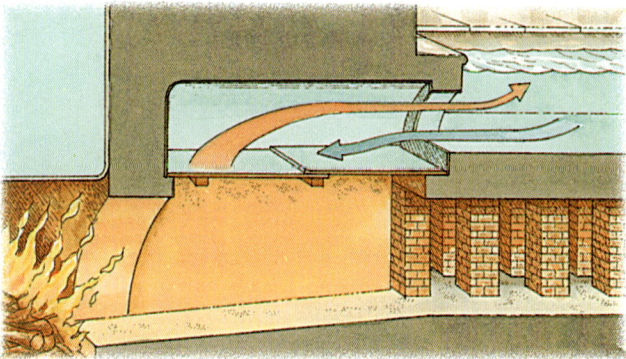

加热浴池
地板底下的空气经过加热后，流过墙里的管道，直达屋顶烟囱。地板和墙面温度极高，人们需要穿上木屐防止灼伤。

巴斯浴场
罗马人使用英国的巴斯天然温泉作为医疗洗浴中心。各地的病人都在泉水中洗浴，并向苏力士（凯尔特族的守护神）祈祷，治愈疾病。

游戏中用的象牙筹码

上面的象牙筹码上雕刻着字，意思是"倒霉"

象牙筹码（上图）、骨制筹码（上右图）和玻璃筹码（右图）

玛瑙骰子

透明的石头骰子

金属骰子，形状就像一个蹲着的人

游戏和赌博

来浴池的人们喜欢活动一下或在院中玩耍，也许有人会练练举重，有人玩玩手球游戏。不运动的人可以买点儿饮料和小吃，或者坐在阴凉处玩棋子，或者用骰子赌博。

棋盘游戏中的颜色各异的玻璃筹码

海绵与刮身板
这幅19世纪的水彩画（上图）是劳伦斯·阿尔玛-塔德玛的作品，画中的女人正在用海绵和刮身板清洁自己。

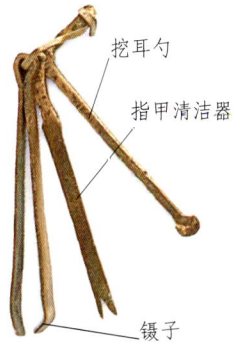

挖耳勺

指甲清洁器

镊子

便携式用具
这套洁具来自伦敦，时间为公元1世纪或2世纪。

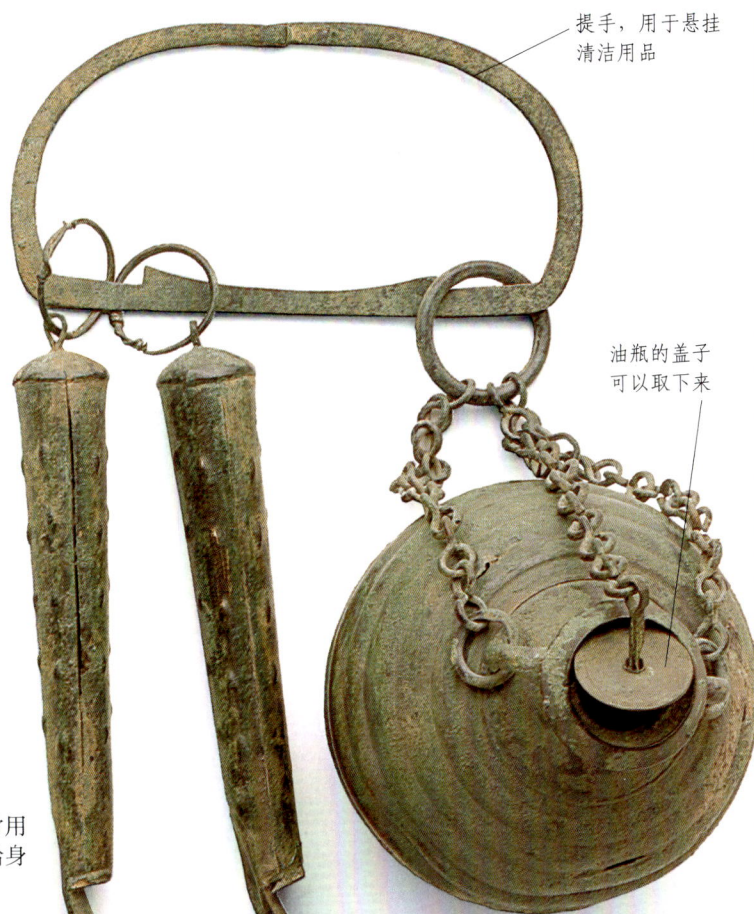

孔

凉水冲澡
左图中的青铜舀勺常用在从浴室出来后，给身体泼洒凉水。

舀勺的底部已经腐蚀

提手，用于悬挂清洁用品

油瓶的盖子可以取下来

洗浴用品
提手上挂着一个油瓶和一副刮身板。

弯曲的刮身板可刮去身上的尘土

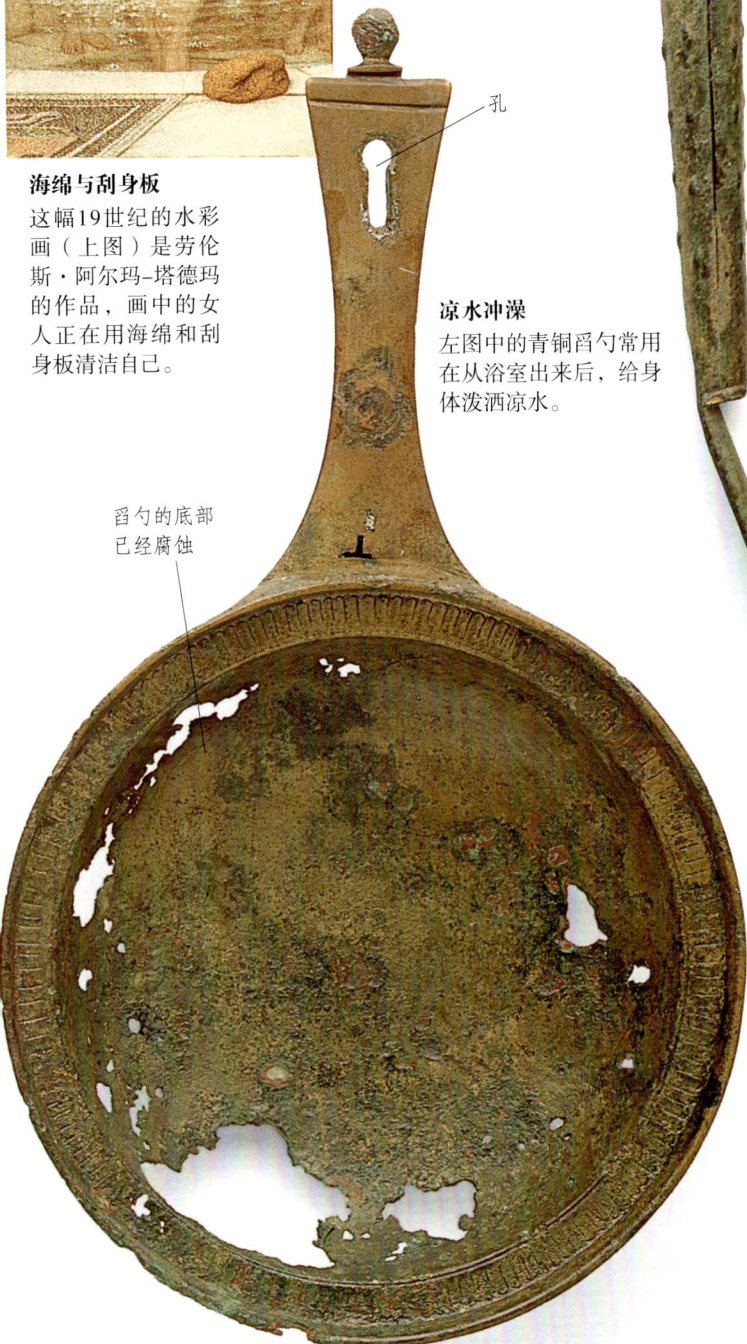

油瓶
这个2世纪的油瓶饰有3个非洲黑人面孔，这很可能是最早饰有黑人头像的物品。

文字记载

罗马帝国政府和商业活动中人们通用拉丁语和希腊语。罗马人首次把字母引进北欧。这样话语被记录下来，从石刻到蜡板私人信件，从优雅诗文、故事到商业账目，这些文字提供了文物和建筑所不能提供的信息。通过文字我们可以了解罗马人的政治、思想及信仰。但是因为教育的缺乏，大多数普通百姓依然是文盲。另外由于没有印刷术，书籍需要用手抄写，因此变得非常珍贵。

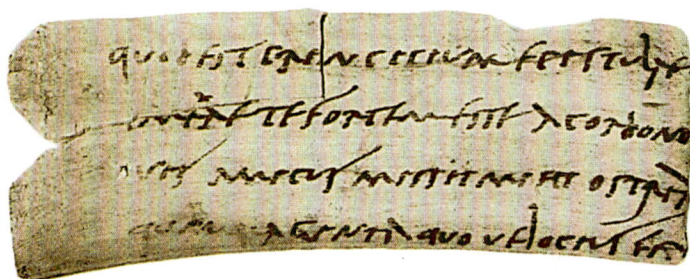

罗马体书写
日常的书写体（上图）和大写字母大不相同。这是用墨水在木板上所写的拉丁信件，它是在文德兰达要塞的地洞里发现的。收信人是一个叫卢修斯的十人队队长，信上说很高兴收到写信人的朋友送来的牡蛎。

图拉真的柱子
罗马图拉真柱子底部上刻有罗马大写字母，比例适中，非常优美。几百年来，它一直是罗马字体的典范。

煤灰墨水
灰烬和水等成分混合可以制成墨水，用来在莎草纸、木头和羊皮纸上书写。

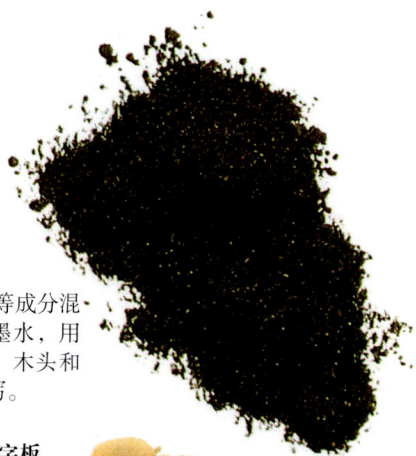

罗马数字
罗马数字是一串符号加在一起，用I代1，用V代5，用C代100，等等。大数非常庞大、复杂，数学运算非常困难。

蜡制写字板
蜂蜡熔化后倒入木板上的浅洞中，能形成可重复使用的蜡板。

数字4可以写成IV或IIII

有时现代钟表或手表表盘上仍然使用罗马数字。

精致的羊皮纸

蓝色的墨水瓶
右边的墨水瓶产自公元1世纪的埃及，用釉陶制成。

两个书写者
这幅图像来自庞培，上面有两人：一个女人手持蜡板和铁笔；一个男子手持莎草纸卷轴。蜡板有两页，可以折叠起来保护书写的内容。纸张书籍是在罗马后期才出现的。

镶嵌花纹的墨水瓶
富有的罗马人用昂贵的墨水瓶来装点书桌。左边的青铜墨水瓶饰有典雅的银花，带着盖了防止墨水蒸发。下图是一对青铜墨水瓶，外层黑色乌银（银铜化合物）上绘有金色的神话图案。

芦苇笔

青铜笔

雅典的青铜尖笔

刮刀末端，用于抹平蜂蜡，消除笔迹

带有青铜盖子的铁制尖笔

象牙尖笔

悬挂的墨水瓶
这个陶制墨水瓶上有洞，曾经系着绳子，便于悬挂。

水笔和尖笔
用芦苇和金属制成的笔削尖后可以利用墨水在羊皮纸上、莎草纸上或木头上书写。尖笔可用来在蜡板上写字。

纸草

莎草纸和羊皮纸
日常事务记在可重复使用的蜡板上或薄木板上。埃及莎草纸（用芦苇的纤维制成的纸张）用来记载法律、合同等重要文件。精美的书籍写在羊皮纸或兽皮上。

能工巧匠与出色工艺

罗马人手艺高超，善于利用各种各样的材质，比如皮革、纺织品、木头、金属、玻璃等。在许多地方陶瓷业都属于大型手工业，庞大的工作作坊生产出成千上万的酒罐子和萨摩斯细陶器。制陶工人多是奴隶或自由人，工匠的名字显示手工艺者几乎都是男性。其他手工业规模要小得多。庞培这类城市里也有单个的私人作坊。男孩子们的技艺由父亲传授，奴隶们的手艺要依靠奴隶主或工头。手艺特别出色的奴隶也能发财。

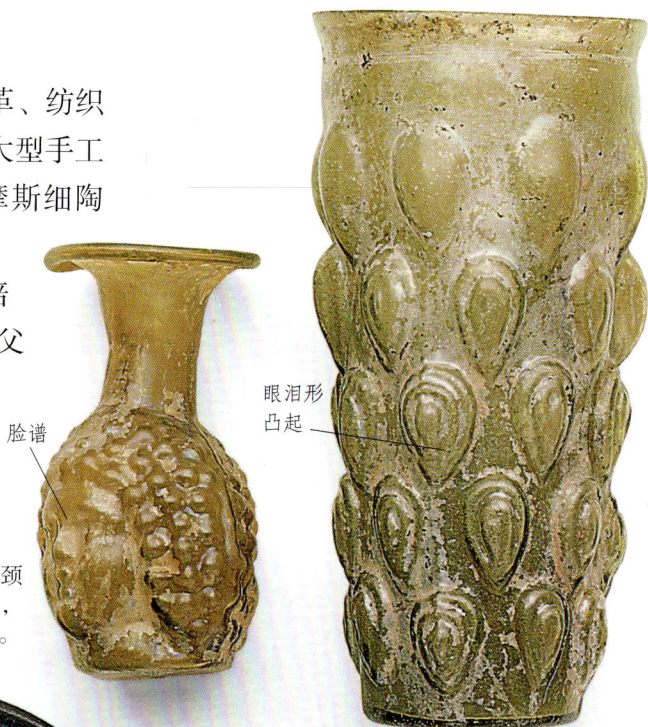

脸谱

脸谱长颈瓶
这个带脸谱的长颈瓶是吹制而成的，用来盛放化妆品。

眼泪形凸起

模制酒杯
制作这个玻璃酒杯使用了有泪滴状装饰的吹制模具。

玻璃制品

公元前1世纪，人们发明了用玻璃泡吹制物品，价格便宜，生产速度快。很快，瓶子被大量生产出来。玻璃成为一种用途广泛的材料。

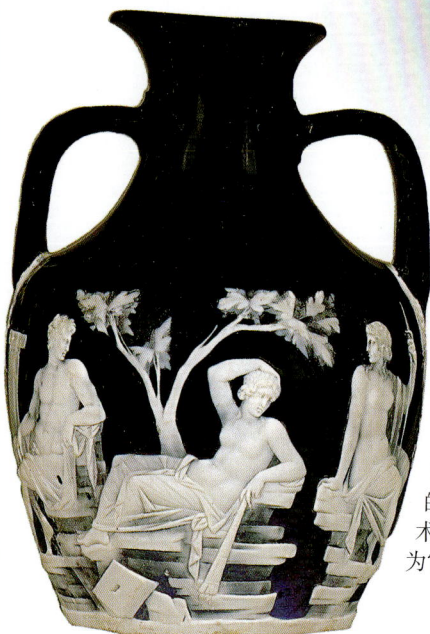

蓝色罗纹碗
这个蓝色罗纹玻璃碗是把滚烫的玻璃压制成模而形成的，这是一种较古老的工艺。这种碗可能是装饰品。

玻璃罐子

玻璃表面上的金色条纹

波特兰石花瓶
这个波特兰石花瓶是一件吹制玻璃器皿，也是罗马流传下来的最珍贵的物品之一。蓝色的胎上有一层白色玻璃，然后再将部分白色玻璃切割下来，只留下一群白色的人物以及树木形象。这使用的是制作多彩浮雕宝石的工艺。制作这个花瓶需要几个月的时间。像这样一件出色的艺术品也许是皇帝的专有物品，因为它的制作费用极其昂贵。

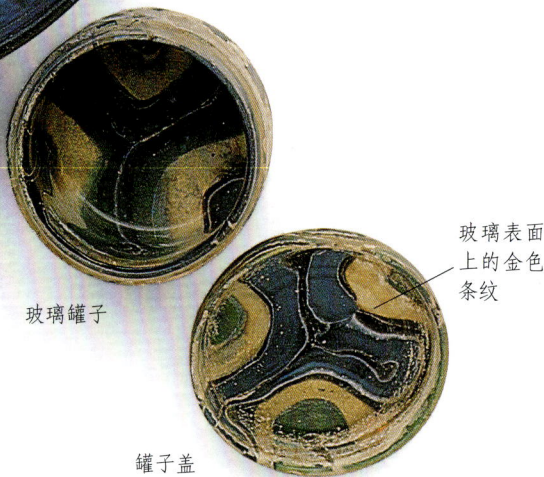

罐子盖

彩色玻璃
人们会用玻璃和黄金混合制成器皿，如图中这个做工精细的小罐和罐盖。这个罐子可能用来盛放化妆品。

金属制品和珠宝

在罗马，金、银、铅、铁等金属使用广泛。罗马人早已懂得从矿石中提取金属来熔化浇铸成各种模具。他们将铁加热变软，锤制成所需要的形状。罗马青铜里常常含有锌，呈现出金子的色泽。

骨头制品

在古代，骨头用于制作许多日常用品，如刀柄、发卡以及梳子等。骨头也常被用来做剑柄，造型好的话会成为装饰品。筹码与骰子通常也是用骨头做成的。

发簪顶端的女人头像

银镜

罗马时代，人们用打磨得发亮的金属来制作镜子。这面银镜闪闪发亮，安装在一个独立的柄上，柄上的花纹宛若狮皮。

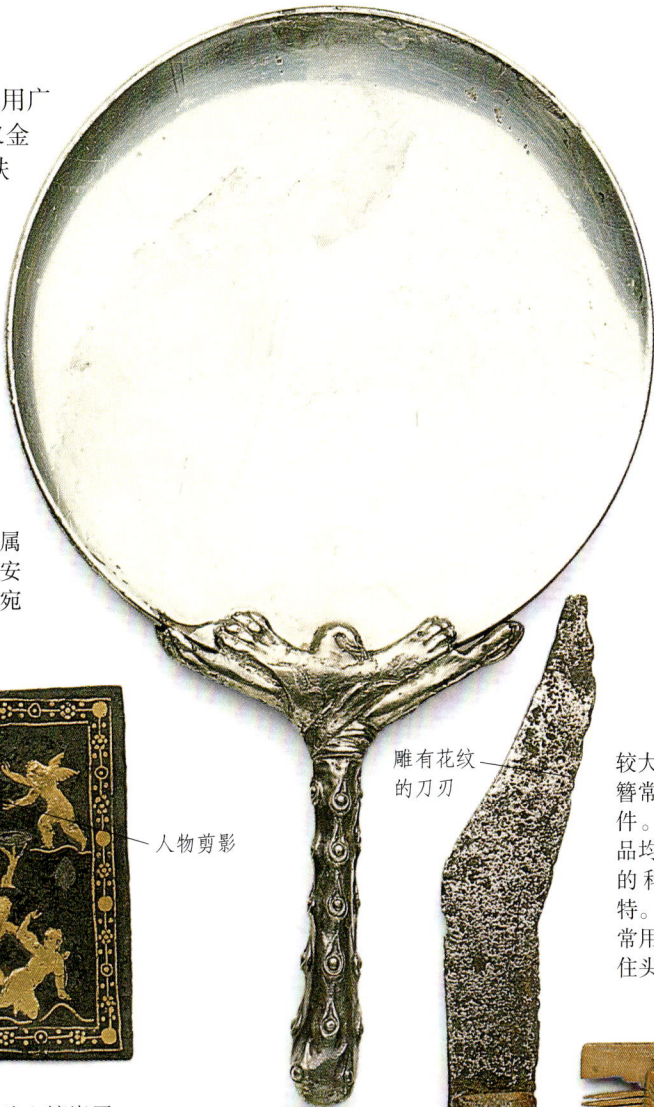

雕有花纹的刀刃

人物剪影

骨头发簪

较大的针和发簪常为骨制物件。这3枚物品均来自英国的科尔切斯特。罗马妇女常用发簪来绾住头发。

青铜徽章

这枚青铜薄片上镶嵌了一层精细的金箔。在嵌入金箔以前，青铜片上面的人物剪影就已经制好了。

带骨柄的刀

在罗马的刀具中，这种骨头刀柄的刀很常见。

铁匠的工具

这把火钳是铁匠在火炉中加热金属时使用的。

环，用来把刀挂起

骨梳

这是罗马妇女常用的梳子。梳子的齿由精细的锯切割而成。

宝藏

在英国斯内蒂瑟姆出土了公元2世纪的珠宝、钱币和碎银等一大笔宝藏，下面图片展示的只是其中的一部分。这些首饰材料不同，但出于同一名银匠之手。

铁匠的工具——锉刀，木柄已失

耳环

在这笔珠宝中有89副耳环，一些内嵌红宝石，还有一些形状像蛇。

银吊坠

零零星星

旧项链、手链以及耳环可熔化后重新制作。

用来抛光的石头

银块铸模

罗马饮食

罗马人的饮食和今天的有很大不同，许多主食那时还没有出现。大多数人吃饭非常简单。穷人家几乎都没有厨房，可以在街道上的酒吧里买到食品。罗马人的主食可能是面包、大豆、滨豆及少量的肉。即使是有钱人，例如皇帝奥古斯都，白天通常也只吃一点东西，晚餐则非常丰富。有钱人家都有厨师，厨艺出色。罗马人配菜会添加调味汁、药草、香料等，同时用新奇的手段切割、装饰菜肴。食物的颜色如同味道一样重要。

老鼠洗劫了罗马的许多厨房。

现代化的擦菜器
从罗马时代至今，擦菜器几乎没什么改变。这个擦菜器可用来准备奶酪和蔬菜。

厨师的刀
厨师通常需要锋利的菜刀来切肉。

市场
这幅罗马的马赛克图画上面有家禽、鱼类以及蔬菜。

研钵
罗马的这个研磨大碗由粗陶制成，表面夹杂粗糙的沙砾，使用时用杵（里面的器具）把食物研磨成碎末、糊状或液体状物等。这东西使用起来非常费力，内表面落下的沙砾会混入食物中。

钵口，用于倒出制成品

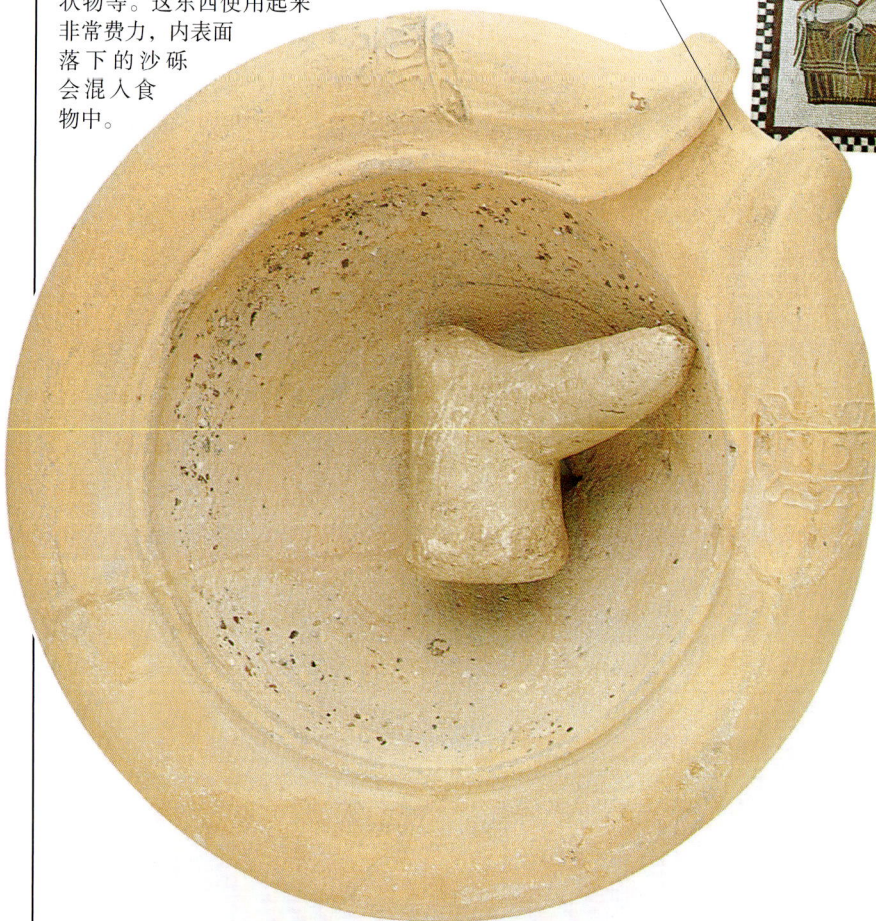

木勺子
木头勺子在每一家罗马厨房中均可见到。这个勺子出自埃及，大部分已经腐烂。

重新使用瓶子
昂贵的液体常常会装在上图的玻璃瓶内售出。瓶里面的东西用完后，人们就会用这些瓶子储存食物。

青铜炖锅
青铜常常用来制造厨房用具，但是青铜里面的铜会和某些食物发生反应，产生毒素。因此，左边的锅表层涂有一层银，以防中毒。

青铜漏勺
这个漏勺也是由青铜制成的，内部按顺序制上一些孔洞。

这个洞可将漏勺挂在墙上

罗马的厨房
这幅庞培厨房图展示了厨灶和青铜锅。罗马人的厨灶使用木头或煤炭加热。

面包烤模
这种东西可能有很多用途，例如烤面包或煎鸡蛋。

芹菜

百里香

杜松的浆果

芫荽种子

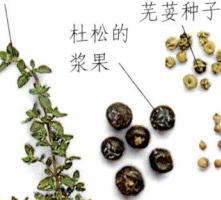

罗马人在烹调中使用多种药草。

花椒

芸香

牛至叶粉

鱼酱
鱼酱是罗马烹调中常用的一种调料，由鱼、盐以及其他成分制成。其强烈的味道有助于掩盖鱼或肉的腥味。

像这样的地中海鱼常常用来制成鱼酱。

晚宴

罗马人每天很早就开始工作，下午会先去浴场洗个澡，然后有钱人就赶回家吃晚宴。晚宴通常下午两三点钟开始，能持续好几个小时。晚餐是一个社交宴会，经常有客人到访，每道菜之间会有娱乐活动，包括小丑的表演、舞蹈或者诗朗诵。宴会上，人们身着华丽的希腊长袍，斜倚在长榻上细嚼慢咽。通常，低矮的餐桌旁边会摆放3张长榻，餐桌上布满了仆人们端上来的菜肴。罗马人吃饭不用叉子，所以要勤洗手。

一名手持葡萄的女人，也许是宴会上的舞姬。

玻璃碗
精致的玻璃器皿被用来装点有钱人的餐桌。玻璃受人欢迎，还因为它更容易清洗，也不会污染食物。

罗马的酒
罗马人饮用的酒既有干酒也有甜酒，可分为黑、红、白、黄4种。大多数的酒生产出来三四年后要喝完，否则就会坏掉。有时也可添加一些味道，如加入蜂蜜或水。他们认为饮酒打嗝是文明之举，但把酒喝干却是粗鲁的表现。

罗马的酒通常兑水，因此颜色较淡

玻璃碗中的白色旋纹图案

酒杯上的精细花纹

青铜罐子
上酒水的罐子的材质取决于主人的财力。

盛宴
这幅19世纪的爱德华·阿米蒂奇创作的油画展示了一个皇家盛会。

酒杯
银质酒杯饰有涡卷形花卉、鸟类和昆虫图案，最初有柄有脚。

萨摩斯细陶器

这些具有光泽的红色陶器被称为萨摩斯细陶器，在公元1世纪和2世纪最为流行。用它制作出来的器皿大小不一，形状各异，大多是盘子、碗以及酒杯。这种陶器在意大利和高卢的工厂里大批量生产出来，然后运到各地。它们漂亮美观，容易清洗，易于运输及存放。

盛有葡萄的萨摩斯细浅盘

萨摩斯细酒罐

罗马人通常用水果作甜品，也包括无花果。

萨摩斯细杯子

盘子是现代产品

芦笋嫩芽用作装饰

橄榄在地中海地区种植广泛，被当作甜品食用。

燕雀大餐

右边是根据流传下来的菜谱制成的一道罗马菜肴，主料是几只燕雀，浇有芦笋汁，饰有鹌鹑蛋。作为许多菜式中的一道，其实小鸟身上没有多少肉，菜肴的数量和花费才是主人的用意所在。这个浅盘是现代产品。

奏乐

大多数乐曲以及乐师被罗马贵族认为是粗俗不堪的，但却深受劳动人民的欢迎。罗马人在剧院、私人集会、宗教仪式及公共场合都会演奏音乐。许多罗马乐器源于希腊，例如里拉琴。管乐器最为常见，从风笛到铜号应有尽有。这些乐器发出的声音响亮，适于室外场合演奏。最复杂的乐器水风琴是在公元前3世纪由希腊人发明的。其原理是用水泵把水压入封闭的箱子中，压缩里面的空气，然后手动的阀门装置把空气释放到风管中，产生类似于现代风琴的乐音。

手持排箫的潘
这座青铜塑像是田园之神潘，手持排箫。这种乐器由一排长短不一的竹哨组成，可以发出不同的乐音。

音乐与舞蹈
这幅马赛克图画展示了一个男人吹奏双管，一个女人手持响板随着音乐翩翩起舞的场面。这样的组合一般在街道或晚宴上表演。

疯狂的舞蹈
上面石雕上的舞者可能是女神伊希斯的追随者。他们正努力使自己通过有节奏的运动进入一种如痴如狂或是神秘的冥想状态。

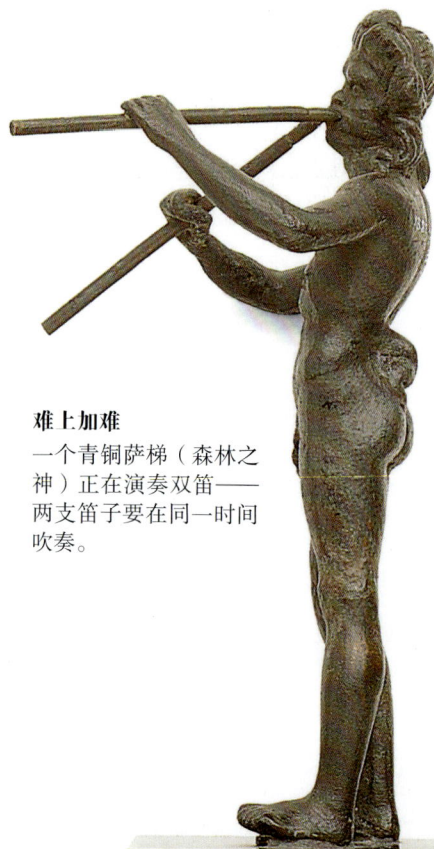

老鼠乐器
这幅图片中是一个做成老鼠形状的直式号。

难上加难
一个青铜萨梯（森林之神）正在演奏双笛——两支笛子要在同一时间吹奏。

176

螺旋号

螺旋状长号用在战场上发出信号，或在仪式上吹奏。它的吹嘴和现代的喇叭非常相似。

青铜人物像，用来装饰吹嘴

长笛

这支罗马长笛是通过孔洞吹奏的。图中的长笛已经腐烂为几截，复原后也已不能吹奏。

音乐之神

湿壁画上的阿波罗正拿着一把里拉琴。他是太阳神，也是诗歌与音乐之神，深受皇帝奥古斯都喜爱。

指洞，盖起后可发出不同音符

青铜钹

这些青铜钹来自意大利的普雷尼斯特，中间带孔，曾经穿绳，以便于携带。罗马乐器中打击乐器不多，包括叉铃以及大鼓。

多神的世界

在整个罗马帝国，人们敬奉的神非常多，有男神、女神、半神，也有精灵。这些神被描画成人的形状。人们都希望能够奉献祭品给罗马帝国重要的神如朱庇特，以及皇帝的守护神。有些人敬奉本国的神，有些则信奉外国神，例如密特拉或伊希斯。在罗马有很多保护住宅的神，以及治疗疾病的神。实际上，生活中各方面的神都有。一般来说，每个人都能容忍他人的信仰，然而基督教徒被认为是危险的异教徒，触犯了众神，给帝国带来了危险。因为，当时的基督教徒一直遭到罗马人的排斥。

雷霆之神
罗马众神之王是天神朱庇特，以至大至善而著称，其象征是老鹰及闪电。朱庇特和宙斯非常相似，居住在罗马卡匹托尔山上的大殿中。

女人的守护神
朱庇特的妻子朱诺是女人的守护神，其象征是孔雀。

奥古斯都和利维娅的神庙
奥古斯都和妻子利维娅被尊奉为神。这座保存完好的大殿矗立在法国的维埃纳，就是以他们的名义建造的。罗马的许多神庙都与之相似。

埃及神
许多罗马人供奉神秘的外国神。埃及女神伊希斯（左图）是最受欢迎的神之一，人们把她和塞拉匹斯神（上图）一起供奉。他们认为生活、死亡、重生是一个轮回，用隐秘的仪式赋予信徒归属感和对于另一个世界的渴望。

好战英明的女神
密涅瓦是战争女神，头戴战盔，身穿铠甲，和希腊战争女神雅典娜非常相似。密涅瓦也是工艺及智慧女神。

马尔斯与维纳斯
3月是以战神马尔斯的名字命名的。高卢人和大不列颠人信奉马尔斯以及墨丘利——众神的信使。右边的银制徽章来自英国，是奉献给复仇神马尔斯的。维纳斯是集爱、美与丰产的女神。

徽章是神殿中的供品。

光明之神
密特拉教是波斯教派，认为善与恶永远对立。许多战士信奉密特拉神。这座塑像展示了密特拉正在宰杀一只公牛，公牛的鲜血使宇宙有了生命。

上面刻着：这个徽章是按照承诺敬献给神的

尤利乌斯·恺撒声称自己是维纳斯的后代，在罗马给维纳斯建造神殿。

放荡不羁的神
巴克斯是希腊神狄俄尼索斯的罗马名字。他给追随者许诺来生。同时，他也是酒神。

巴克斯手持串串葡萄，葡萄象征了酒

膜拜西布莉
西布莉是来自土耳其的女神。这一宗教信仰丰产、生死轮回。这是一个特别痴狂的宗教，有时祭司会进入一种如醉如痴的境界，甚至把自己的生殖器奉献给这位女神。这个青铜夹钳可能是应用在宗教仪式上的。

装饰用的半身神像

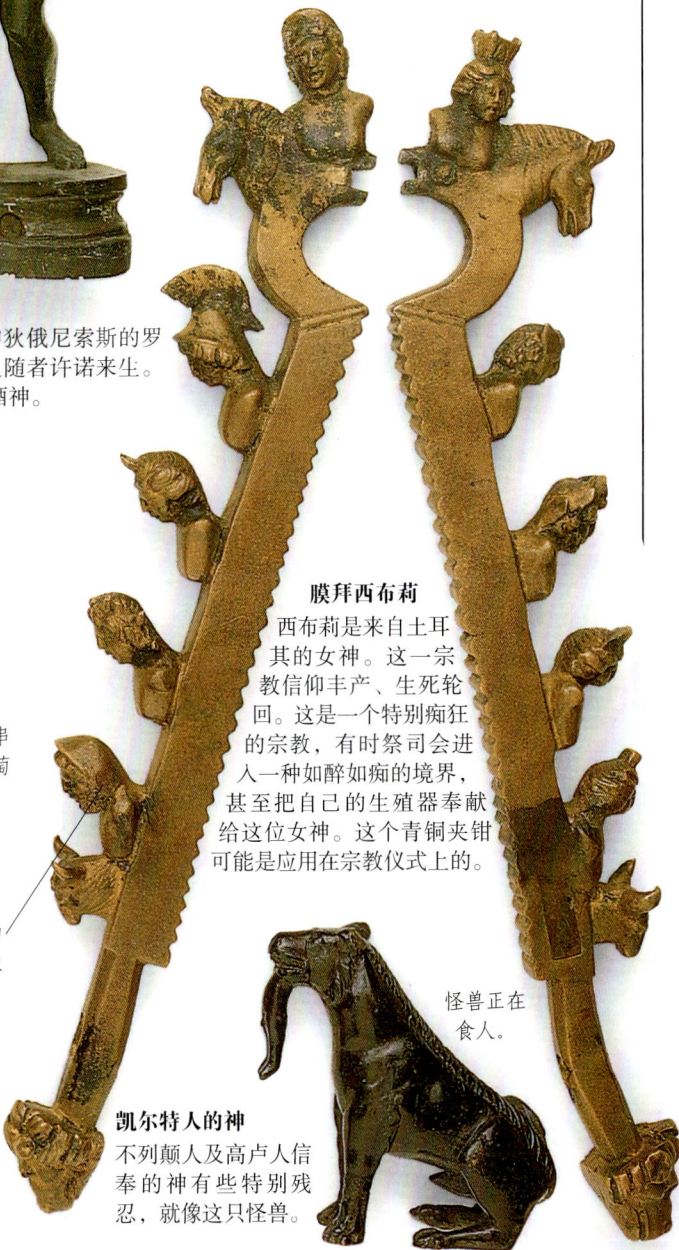

半人半羊的神
希腊神潘上半身是人，下半身是羊，是山林之神，也是羊群和牧羊人的守护神

凯尔特人的神
不列颠人及高卢人信奉的神有些特别残忍，就像这只怪兽。

怪兽正在食人。

膜拜与祭祀

罗马人敬畏神灵，在神庙中，人们祈祷神赐并献上祭品。祭品有穷人留下的硬币、胸针，也有有钱人捐赠的银制雕像。皇帝奥古斯都许诺给战神马尔斯修建神庙，只要这位神能够帮他一洗恺撒之死的仇恨。今天我们仍然能看到马尔斯复仇者神殿的废墟。最常见的祭品是动物，小到一只鸟，大到一群牛。除去维斯太女神的护火贞女，几乎没有专职的祭司。大多数祭司都是兼任，皇帝本人是罗马总祭司，称为大祭司，又被称为架桥者。

女祭司
一名女祭司把祭品倾洒在圣坛上，献给神。在许多宗教中，妇女是主要祭拜者。维斯太、伊希斯和西布莉的教派和妇女关系密切。

奠酒坛
这种青铜坛子用来盛放祭祀用的液体。

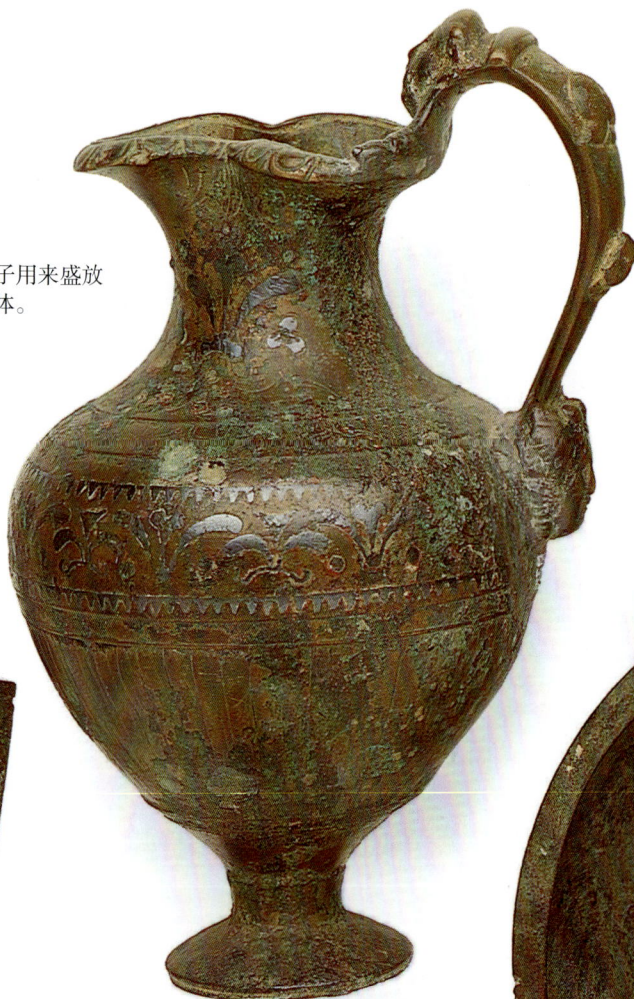

刻有狮头的手柄

动物祭品
祭祀动物有多种方式。大动物通常用斧头砍死，然后割开喉咙，取出内脏，由祭司检查。

奠酒碗
奠酒碗用来把液体倾倒在圣坛顶部的火上，烟会直达天上，取悦众神。

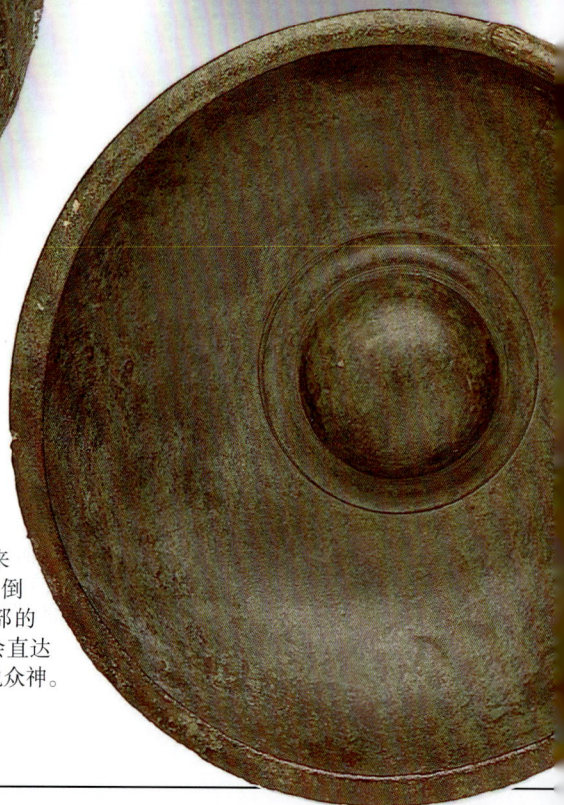

诅咒牌
这块铅牌出自英格兰的乌利，上面的文字是希望墨丘利让偷窃珍贵动物的人得病，直到他们归还所盗之物。

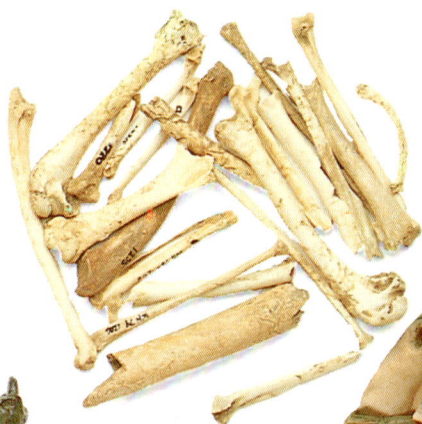

光秃秃的骨头
祭祀某个神要选择特定的动物。墨丘利的"神圣动物"是公鸡和公羊。在乌利发现了成千上万块骨头，上图是一堆鸡骨头。

供奉祭品
在这块意大利浮雕上刻有一位森林之神正在圣坛上供奉祭品。这些林间精灵是酒神巴克斯的伙伴。我们能够看出圣坛上燃烧的火苗与倾洒的奠酒。

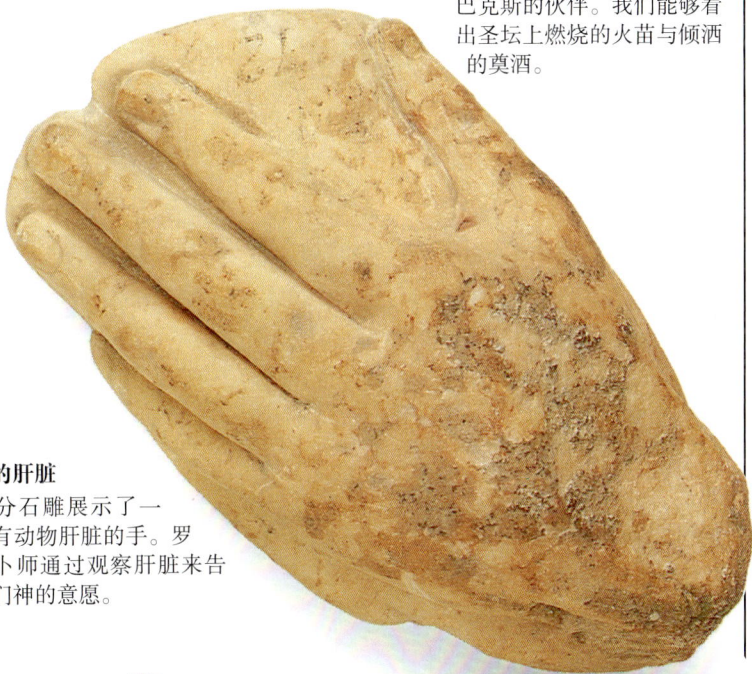

神使
上面的青铜小雕像是神使——墨丘利。这个雕像是留在乌利墨丘利神庙的祭品。

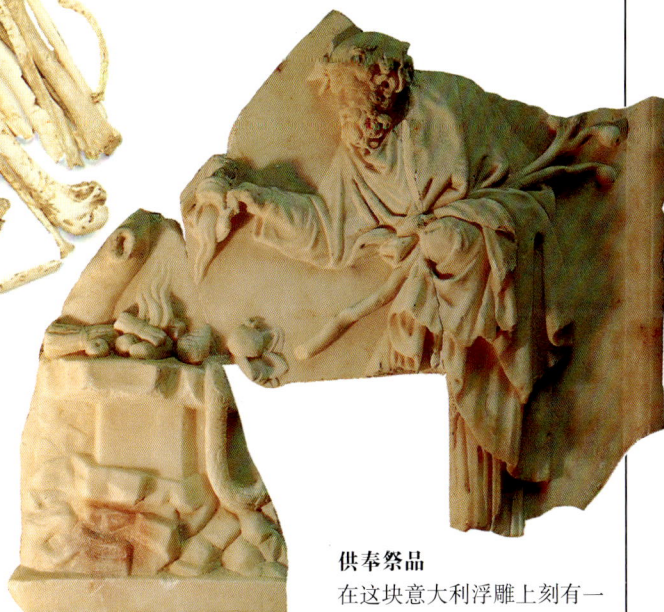

圣鸡吃食的方式显示了神的意见

手中的肝脏
这部分石雕展示了一只握有动物肝脏的手。罗马占卜师通过观察肝脏来告知人们神的意愿。

祭祀用的圣坛
圣坛位于庙前空地上，里面放有神像。

走向死亡的猪
一头祭祀用的猪正被赶向圣坛。猪的内脏作为供品将会在圣坛上点燃，而烹调好的猪肉将被忠诚的信徒吃掉。

181

治病救人

在古罗马时代，医学仍然处在萌芽阶段。大多数人认为疾病是由神、巫术和诅咒引起的。许多人为了治愈疾病会寻求超自然疗法，比如跑到神庙或温泉（英格兰的巴斯）寻求治疗。医生多是希腊男人，看病费用非常昂贵。有些病，例如阑尾炎，今天只需要一个小手术就能解决，但在罗马时代却是致命的。罗马的许多药都非常有效，却没有真正的麻醉学，因而外科手术危险重重。所以，人们寻求神助，希望神能治好他们的病。

图章戒指
戒指中画的是阿斯克勒庇俄斯和许革亚，后者象征了健康。戴这样的戒指也许是为了防御疾病。

还愿耳朵
当去神殿请求治病时，人们留下生病部分的模型（图中是右耳）来提醒神请求治愈的部位。

还愿的腿
上面的这条青铜腿模型是一名叫凯莱德斯的人献给神的，也许是为了感谢神治愈了他的腿伤。

医生和孩子
这块大理石墓碑（左图）雕刻了一名希腊医生正在给一个孩子检查身体的画面。地面上有一个大号"杯状器械"，这是用来输血的。

土木香有助消化

药 草
许多植物具有药效，可以制成药或软膏。

胡芦巴用来治愈肺炎。

撒尔维亚，一种疗效很好的药草，在罗马人眼里非常神圣。

茴香有助安神。

迷迭香被广泛应用在罗马医药中。

罗马作家普林尼列举了40种药方，以芥末为主要成分。

罗马士兵每天都要吃生蒜。

蒂贝里纳岛
公元前3世纪，一场瘟疫过后，罗马人在台伯河的小岛上为阿斯克勒庇俄斯建造了一座神庙。直到中世纪，这座神庙仍被视为医疗中心。

锯把已失

医疗器械
这一页展示的是罗马医生使用的外科手术器械等医用器械。大部分是用坚固的青铜制成的。古墓中曾出土了成套的医用设备。

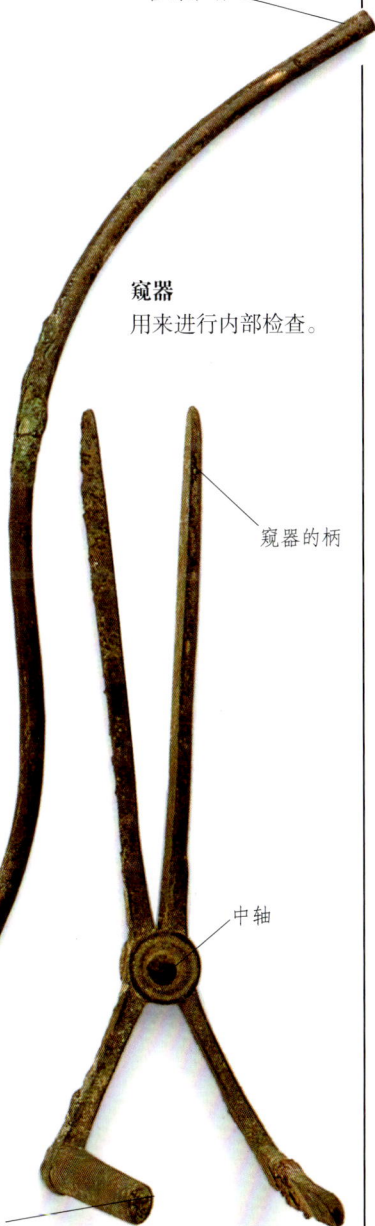

倒药水的小勺

青铜导尿管的末端

探针装饰性的柄

锯和钳子
上面这把锯用来切断骨头。小镊子（左图）用来取出裂片或组织碎片。

解剖刀（铁刃已锈掉）

折叠刀

窥器
用来进行内部检查。

窥器的柄

疼痛难忍
在这幅罗马壁画上，一位医生正用夹钳把箭头从英雄埃涅阿斯的大腿上取出来。罗马的军医很擅长处理这类伤口。

探针
实施手术之前，要先用探针试试伤口的深度。

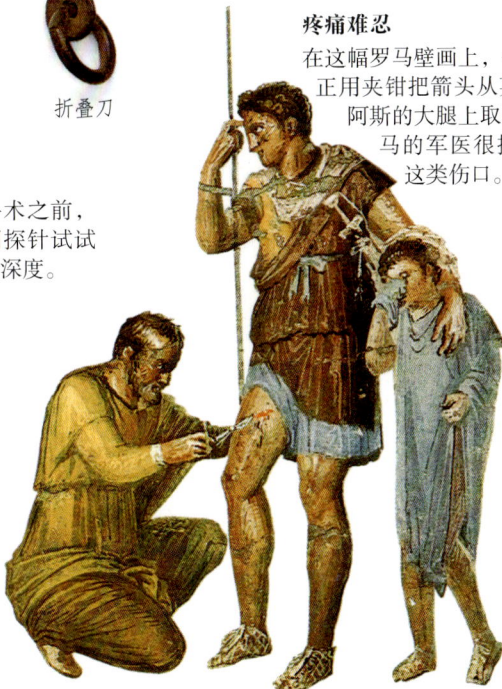

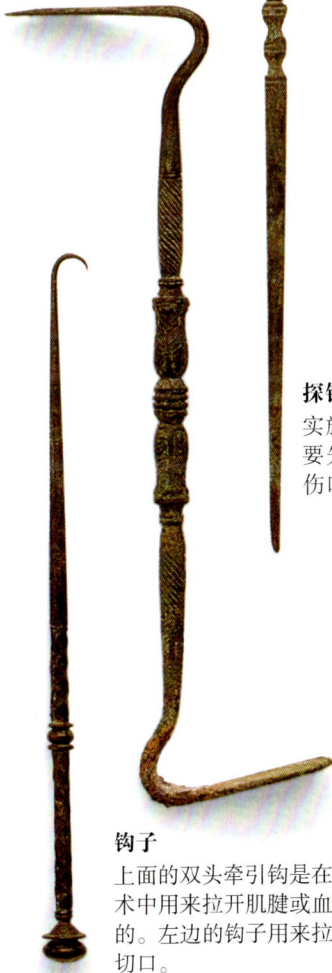

中轴

钩子
上面的双头牵引钩是在手术中用来拉开肌腱或血管的。左边的钩子用来拉开切口。

导尿管
这样的优质青铜曲管用来帮助病人排尿。

刮刀，用来混和、涂抹药膏。

尖头

死亡与葬礼

罗马人的寿命一般很短。饮食质量差、缺乏医疗保健、居住条件恶劣导致许多人因病死亡。儿童尤其危险，三分之一的婴儿在襁褓中夭折。妇女很容易死于难产。一半以上的罗马人活不到50岁。罗马社会死亡率很高，葬礼也在不断变化。早期，人们喜爱火葬，后来又兴起土葬。研究葬礼和骸骨有助于我们对罗马人的生活有更清晰的认识。

地下墓室
罗马基督教徒把死者埋葬在地下墓室里。地下通道纵横交错，两边的小室用于盛放棺木。地下教堂用来举行葬礼。

大理石瓮
死者火化后的骨灰盛放在容器中，安置在家庭墓地或公墓中。这个大理石瓮上刻着：里面盛放着博维·帕基娜的骨灰，她是一名"最不幸的母亲"。常春藤叶子象征了希望再生。

永远怀念阿维塔
上面的墓碑属于一个名叫阿维塔的10岁小姑娘。

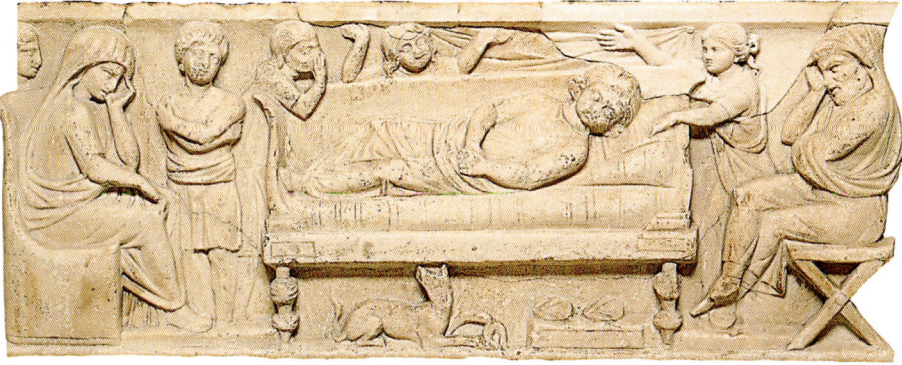

度过鬼门关
这个孩子周围围绕着哀悼者。罗马人认为生者死后要通过冥河进入冥府，所以在尸体口中放一枚硬币来买通摆渡人渡过冥河。葬礼中，人们到墓地埋葬死者，或者到火葬场火化遗体，把骨灰盛放到骨灰瓮中。

林立的坟墓
按照罗马宗教法，为避免传染病，城里禁止埋葬死者。城门外，墓地鳞次栉比。最佳地段是紧靠大路的地方，因为行人能够看到坟墓，记住埋葬在那里的人，这样死者就可以获得永生。

火山灰之下的死亡之城

公元79年，意大利维苏威火山爆发，埋葬了位于山脚下的庞培城，使这里成了最出名的"墓地"。因为庞培城是被突然掩埋，城市保持了原有状态，我们可以了解那里人们的生活。在那里，我们发现了许多未来得及逃走的人的尸体。

玻璃骨灰瓮
死者的骨灰放入罐子或玻璃器皿中。残留的骨头可以证明死者是男还是女。

维苏威火山的牺牲品
上图铸造的这个石灰"模具"是一个人形"模具"。火山爆发时，他未能逃出，衣服和鞋子清晰可见。动物的形状，包括狗，也都以同样的方式保存完好。

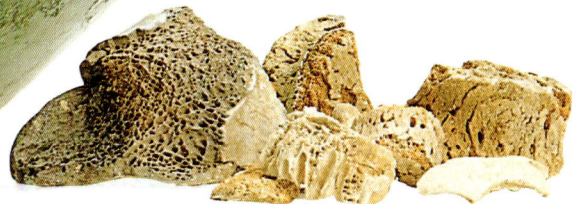

骨灰瓮中焚烧过的骨头残骸

185

耕耘
上面的青铜雕像是一个英格兰农民正在赶牛耕地。

乡村生活

大多数罗马人居住在乡村，耕耘土地、种植庄稼和葡萄、饲养牲畜，或管理橄榄树林。农民生产出粮食、原材料以及燃料等供给奢华的城市使用，留给自己的是无休止的辛苦劳作。意大利农村实行庄园制，庄园主的兴趣主要在城里，但是财富却大部分来自农田乡间。夏日，有钱人喜欢去乡间住宅避暑，他们在海边建造了豪华的别墅。

镰刀
像这样的镰刀是用来收割谷物的。

二粒小麦
罗马时代，谷物已大面积种植，其中包括古代二粒小麦，左图为麦穗以及脱粒后的小麦。二粒小麦含有的维生素比现代小麦的两倍还要多。农民要把谷物收割，脱粒，扬去麸皮，最后储藏。

猎捕野猪
正如这幅来自西西里的马赛克图画所示，猎手们手持长矛，携带猎犬捕杀猎物。

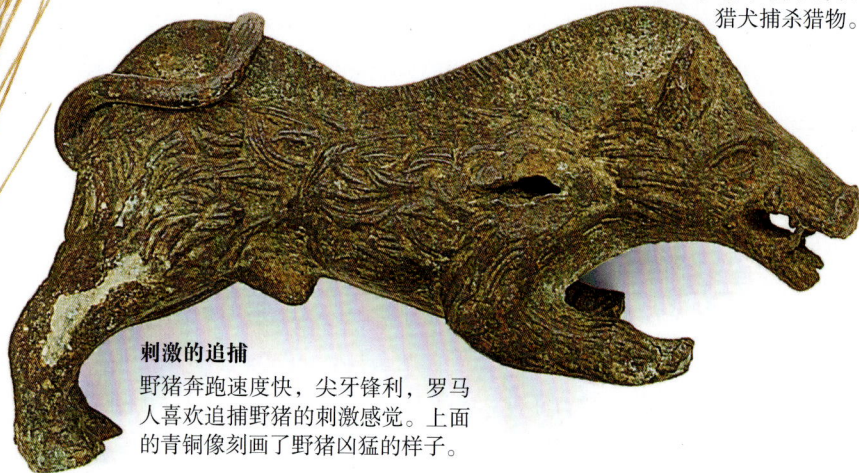

刺激的追捕
野猪奔跑速度快，尖牙锋利，罗马人喜欢追捕野猪的刺激感觉。上面的青铜像刻画了野猪凶猛的样子。

罗马别墅

这块壁画来自皇后利维娅的别墅。我们可以看到富豪们的乡间别墅带有庄严的立柱走廊，建有花园、游泳池，非常富丽堂皇。

青铜公牛

在罗马农业里，牲畜养殖是非常重要的一部分，目的是为了吃肉、产奶以及生产皮革。像这样出色的公牛往往用作种牛。

羊毛剪

从罗马时代起，像这样的铁剪子就用来剪羊毛及布料。

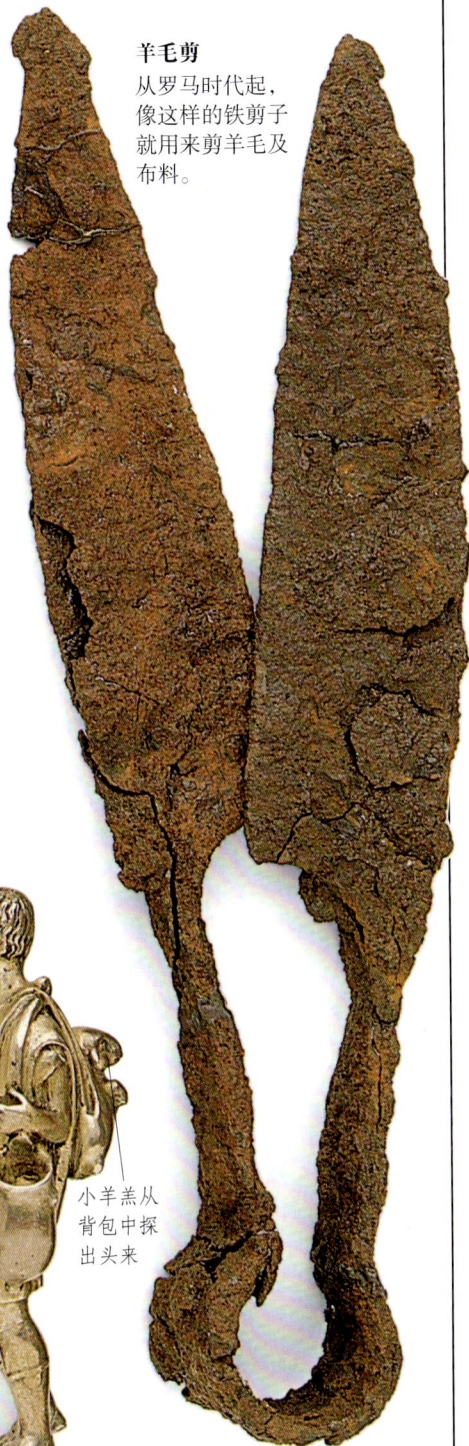

上图浮雕上小斤比特们正在采摘葡萄，踩踏葡萄取汁酿酒，用以祭祀诸神。

酿制葡萄酒

在意大利等地中海阳光地带，葡萄以及橄榄树是重要农作物。酿造葡萄酒在罗马时代已经是一种古老的工艺了，酒的消费和今天相比要多得多。

玻璃"葡萄"瓶

牧童

这是一个银制牧童雕像，所有者是一名富有的罗马人。

小羊羔从背包中探出头来

尼罗河风光

这块马赛克图片展示的是尼罗河野生动物。许多人以捕鱼、捕猎野禽为生。

青铜山羊

农民们养殖山羊是为了获取奶和肉。

交通、旅游与商业

和平是罗马留给当时世界最重要的礼物。在这段时期内，整个帝国在一个政府的统治下和平相处。罗马海军巡视海域，抵御海盗入侵，陆军修建了著名的网状交通干线。畅通无阻的海上通道把许多民族地区和行省连接在一起。商业发展起来，帝国越来越繁荣。商船把意大利和西班牙的酒运送到高卢、大不列颠。而大型货轮则把北非的谷物运送到罗马。圆形大剧场所需的野生动物也源源不断地从其他国家运来。许多游客在帝国境内观光游览，把新的思想带到了帝国的角角落落。罗马的和平也使基督教从东方发源地，沿着陆海通道传播到西方。

驴子与驮筐
罗马人常常使用动物运送货物。这些驮兽要么拉着两轮或四轮马车，要么背上载着重物。这个青铜雕塑中的驴子和现代驴子一样的倔强、顽固。

存储器具
这些两耳细颈椭圆土罐盛放的是意大利酒，主要出口到其他国家。这些陶罐可以紧密整齐地堆放在一起。

罗马小铜子，值2阿斯

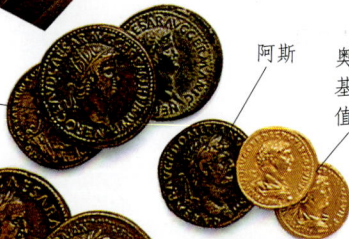

阿斯

奥里斯（古罗马的基本货币单位），值100阿斯

塞斯特蒂厄姆（古罗马的1货币单位），值4阿斯

迪纳里厄斯，值16阿斯

一艘商船
这块迦太基石头浮雕上雕有一艘小船和一名舵手。满载物品的货轮在夏天远航到大不列颠以及印度。由于没有指南针，他们必须紧靠海岸航行。

现金
罗马皇帝铸造硬币的主要目的是付给士兵薪水以及收税。这种货币在帝国境内通用，交易变得非常容易。迪纳里厄斯（罗马小银币）在印度也有发掘。

这个重物使秤杆工作
起来像提秤

提秤，用来称肉

青铜秤
罗马商人使用两种常见
的秤称重：一种是这样
的青铜秤，结构很简
单；另一种是提秤（下
图）。

锁链是现代
替代品

秤盘可以用
布袋代替

买肉
这块浮雕展示了一名屠夫
正在切肉。头顶横杆上挂
满了大块的肉，一名妇女
坐在旁边等待。

钩子，用来
挂东西

橡树果实状
的秤砣

青铜提秤
上面有钩，提秤可
以挂起。要称重的
物体挂在左下的钩
子上，右边的秤砣
沿着秤杆滑动直到
秤杆平衡。此时秤
杆镌刻的刻度就是
物体的质量。

官方的秤砣
这个青铜秤砣来自土耳其，上面雕
刻着赫拉克勒斯的半身像，带有两
名地方官员的名字。秤砣由官方
来标重，以防商
人使用假秤砣。

罗马帝国的衰落

公元200年以后，罗马帝国在北方屡次与"野蛮人"发生冲突，在东方，与好战的波斯人烽火连连。军事将领争权夺利，引发内战，导致国内经济不稳。最后戴克里先和另外3名皇帝设法恢复了罗马的和平，但也付出了惨重的代价。由于政府管理体系庞大臃肿，日益腐败，军队的战斗力也越来越弱，罗马帝国摇摇欲坠。戴克里先的一个继任者——君士坦丁，相信是基督教的上帝帮助他取得了权力。到公元337年，君士坦丁去世时，基督教一跃成为了罗马国教。公元395年，罗马帝国最终分裂为东罗马帝国和西罗马帝国。它们接下来的命运截然相反。

一个基督教家庭
这块金镜子上面画有一家人，带有早期基督教的标志：Chi（x）rho（p）。

讲拉丁语的西罗马帝国
下面的银制雕像代表了罗马——西罗马帝国的首都。这两个人物雕像均来自4世纪的埃斯奎里宝藏，出土于罗马。

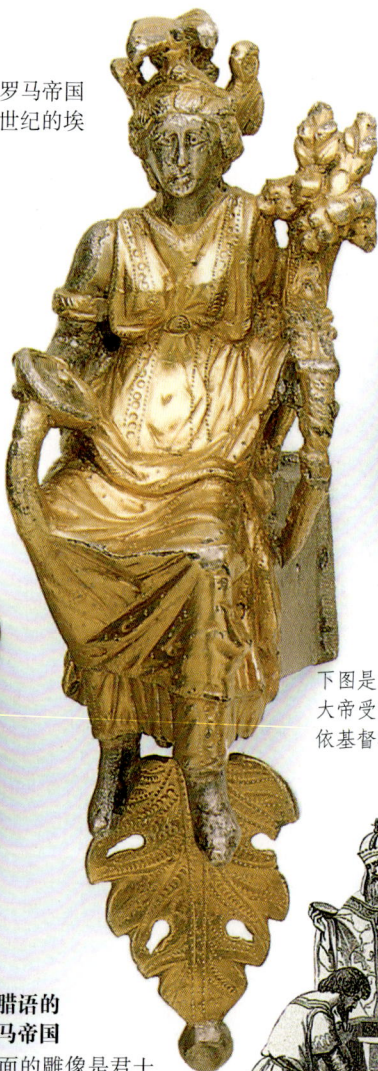

由于出卖了耶稣，犹大拿到30枚银币的报酬

下图是想象出来的君士坦丁大帝受洗图，他是第一位皈依基督教的罗马皇帝。

十字架上的耶稣
这幅象牙箱装饰画刻画了钉死在十字架上的耶稣，左边是犹大上吊身亡。罗马时代的耶稣通常以无须的面孔出现。

讲希腊语的东罗马帝国
右上面的雕像是君士坦丁堡的象征。君士坦丁堡是东罗马帝国首都，是一座基督教城市，由君士坦丁大帝修建，今称伊斯坦布尔。

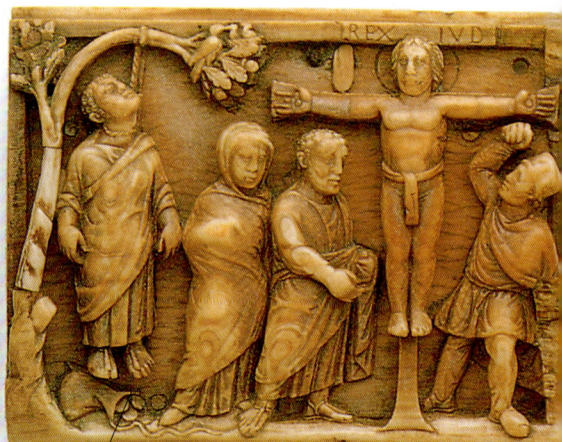

西罗马帝国的衰落

公元406年，日耳曼人突破莱茵防线，涌入西罗马帝国。公元410年，罗马城被洗劫一空。公元470年，最后一位罗马皇帝被赶下台，西罗马帝国灭亡，而东罗马帝国仍然存在着。

闪闪发光的胸饰
日耳曼人之中不乏手艺高超的能工巧匠。左图的胸饰是东哥特人在公元500年用银、金、绿玻璃和红宝石制作而成的。

红宝石

战争武器
这些武器——一个铁矛，两个箭头，出自6世纪高卢一名统治者的坟墓。其时，法国已经建立并逐渐皈依了基督教。

铁矛头

铁制箭头

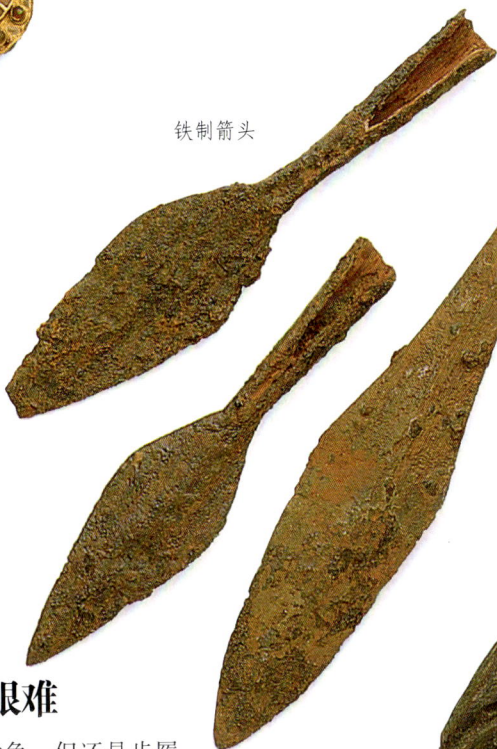

野蛮人

日耳曼人和其他北方民族在公元4世纪不断进攻罗马帝国，最终在这块土地上建立了现代欧洲的许多国家。法兰克人把高卢改为法国，而盎格鲁–撒克逊人把罗马不列颠改为撒克逊英格兰。

阿提拉和教皇
中亚的匈奴人在5世纪席卷了整个欧洲。这幅中世纪图画展示了公元452年教皇正在与匈奴人的领袖阿提拉谈判的情景。

东罗马帝国生存艰难

东罗马帝国经历了数次战争，但还是步履维艰地生存了下来。直到1453年，它仍然自称"罗马帝国"，今天人们称它为拜占庭帝国。

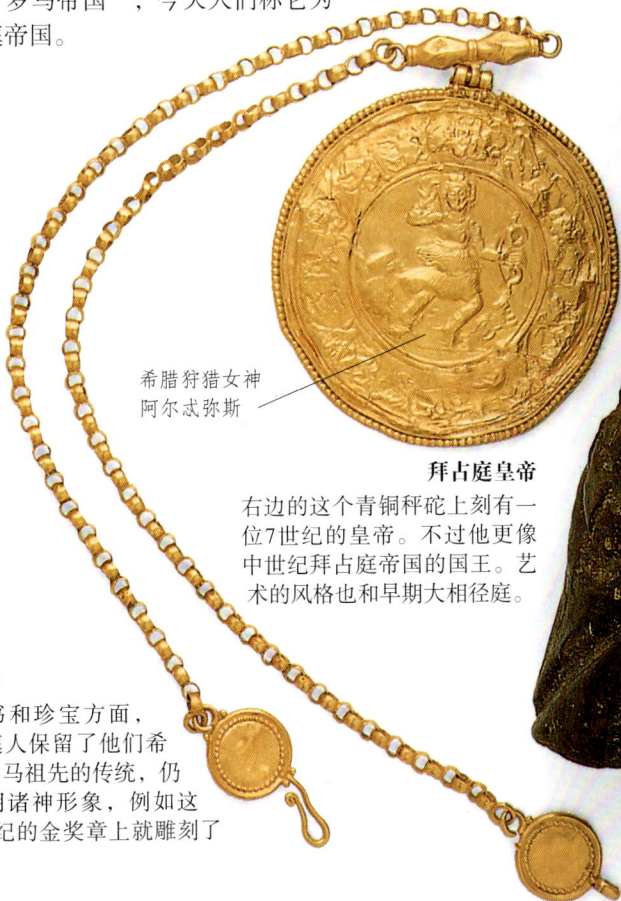

希腊狩猎女神
阿尔忒弥斯

拜占庭皇帝
右边的这个青铜秤砣上刻有一位7世纪的皇帝。不过他更像中世纪拜占庭帝国的国王。艺术的风格也和早期大相径庭。

大奖章
在图书和珍宝方面，拜占庭人保留了他们希腊和罗马祖先的传统，仍然使用诸神形象，例如这块6世纪的金奖章上就雕刻了女神。

罗马皇帝年表

罗马共和国建立约500年之后，罗马爆发内战，共和国时期结束了。尤利乌斯·恺撒的义子屋大维在战争中取胜，成为罗马的第一位皇帝。公元前27年，他改组了政府，被授予最高统帅奥古斯都的称号。奥古斯都有"陛下"和"尊敬的人"之意。

——皇帝都头戴月桂花环

奥古斯都·恺撒

奥古斯都是尤利乌斯·恺撒的侄子，并被收为养子，他是罗马第一位皇帝，也是一位伟大的领袖、统治者和开明的文化和艺术的守护神。他统治的时期被称为奥古斯都时代。

罗马皇帝年表	
奥古斯都	27B.C.—A.D.14
提比略	A.D.14—37
卡利古拉（盖乌斯）	37—41
克劳狄	41—54
尼禄	54—68
格尔巴	68—69
奥索	69
维特里乌斯	69
维斯帕西安	69—79
提图斯	79—81
多米提安	81—96
涅尔瓦	96—98
图拉真	98—117
哈德良	117—138
安托尼乌斯·披乌斯（安东尼·庇护）	138—161
马尔库斯·奥列里乌斯	161—180
路奇乌斯·维鲁斯	161—169
科莫德斯	177—192
柏提·克斯	193
狄第乌斯·犹利安	193
谢普提米乌斯·塞维鲁	193—211
卡瑞卡拉	198—217
盖塔	209—212
马克利努斯	217—218
依拉加巴路斯	218—222
亚历山大·塞维鲁	222—235
马克西姆一世	235—238
戈尔狄安	238
戈尔狄安二世	238
普皮耶努斯	238
巴尔比努斯	238
戈尔狄安三世	238—244
菲利浦	244—249
德西乌斯	249—251
霍斯提利安	251
加卢斯	251—253
埃米利安	253
瓦莱里安	253—260
加里恩努斯	253—268
克劳狄二世奥勒利安	268—270
昆提卢斯	269—270
奥勒利安	270—275
塔西佗	275—276
弗罗瑞恩	276
普罗布斯	276—282
卡瑞斯	282—283
卡林	283—285
钮莫里安（君主共治）	283—284
戴克里先	285—286

克劳狄雕像

高卢反叛国家

波斯杜穆斯	260—269
维克托利努斯	269—271
泰特里库斯	271—274

短暂的叛乱

一时间，反叛国家越来越多：东方的帕尔米拉帝国、高卢帝国（法国）、不列颠和西班牙。它们最后被皇帝奥勒利安打败。

东部反叛的帕尔米拉帝国

芝诺比亚	266—272
（和儿子韦海卜拉特共同执掌政权）	

加里恩努斯雕像

西罗马帝国

马克西米安	286–305
君士坦提乌斯	305–306
塞维鲁	305–307
马克森提乌斯	307–312
君士坦丁一世	307–324

东罗马帝国

戴克里先	286–305
伽勒里乌斯	305–311
马克西姆二世	310–313
李锡尼	308–324

罗马皇帝雕像：谢普提米乌斯·塞维鲁

君士坦丁一世（唯一的皇帝）	324–337

君士坦丁二世	337–340
君士坦斯	350–353
马格嫩提乌斯	350–353

君士坦提乌斯二世	337–361
（353年战败马格嫩提乌斯的唯一君主，帝国迅速统一）	

尤瑞安	361–363
约维安	363–364

君士坦丁二世雕像

君士坦丁二世头像币

瓦伦提尼安一世	364–375
格拉提安	375–383
瓦伦提尼安二世	375–392
荷诺里	395–423
约翰	423–425
瓦伦丁尼安三世	425–455
佩特罗尼乌斯·马克西姆斯	455
阿维托	455–456
马约里安	457–461
利比乌斯·塞维鲁	461–467
安提米乌斯	467–472
奥利布里乌斯	472
格利塞里乌斯	473–474
朱里亚·尼波斯	474–475
罗慕路斯·奥古斯都	475–476

瓦林斯	364–378
普罗科匹厄斯	365–366
狄奥多西一世	379–395
阿尔卡蒂乌斯	395–408
狄奥多西二世	408–450
马仙	450–457
利奥一世	457–474
利奥二世	474
塞诺	474–491

胜利的野蛮人
罗慕路斯·奥古斯都向野蛮人首领奥多亚克投降。

风雨飘摇的东罗马帝国
公元476年，最后一名西罗马皇帝失去政权，东罗马帝国（或称拜占庭帝国）岌岌可危，最终于1453年灭亡。

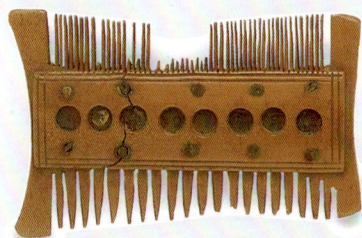

第四章
城 堡

城堡是人类历史上最伟大的创举之一，它带来的浪漫气息可以让每一个人陶醉，人们从它们身上感受到梦幻般的往昔岁月。城堡不仅是君主和贵族的住所，更是统治和权力的象征。

什么是城堡

许多中世纪遗留下来的城堡，至今仍然矗立在世界各地。人们为什么要建造这些城堡呢？什么样的人才能住在里面呢？城堡是为君主或其他贵族建造的宫殿，是他们温暖舒适的住所，还可以用来防御敌人，也是统治和权力的象征。城堡里住着不同阶层的社会群体：站岗放哨的卫兵，掌管士兵、马匹和奴隶的将军，负责饮食的侍从，还有管理房地产和财务的管家。

城塔

意大利的圣吉米尼亚诺被誉为"塔楼之镇"，这里曾经建造过72座城堡，现今有14座保留了下来。

旧城堡的改建

为了防御敌人的入侵，城堡的城墙和城塔经常被整修改建。在12世纪，法国君主亨利一世在法莱斯建造的城塔都是方形的；到了13世纪，新的君主腓力·奥古斯都却把它们改建成了圆形。

城堡的祖先

大约在公元前1250年，在古希腊的迈锡尼，人们建造了迈锡尼卫城。这个坚固的要塞，还不能算是一个真正的城堡。

铁器时代

英格兰梅登堡里的那些宏伟建筑建造于新石器时代，事实上它是凯尔特人殖民地的遗迹。

天然的外岩石层是建造城堡的有利条件

建造者
从这张14世纪的画中我
们可以看到：一个国王
正在指导两个手拿标尺
的建筑师，这些建筑师
是负责城堡建设的。

权力的象征
城堡不但是君主的住所，也是权力的象征。威
尔士北部的卡那封城堡，其各个部分连接
成一个有城墙的城镇，是英格兰爱
德华一世在1283年建造的，目
的就是威慑威尔士人。

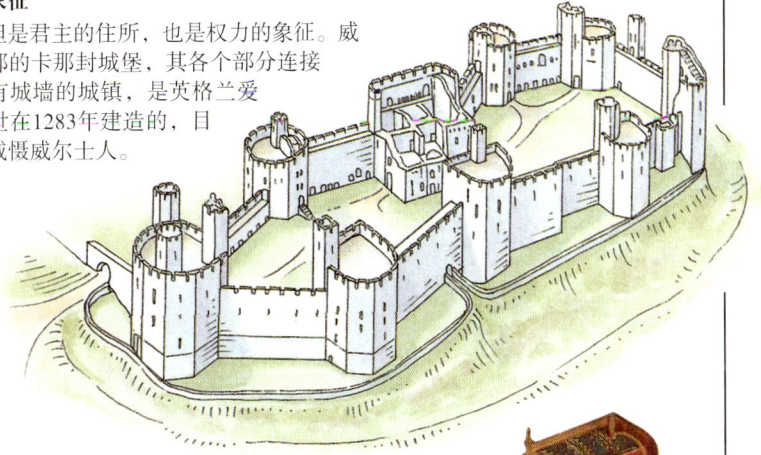

最高处
主石塔

内幕墙

土耳其城塔
土耳其的凡城城堡建于公元
850年，中世纪曾被塞尔柱人
和奥斯曼土耳其人改建，后
来亚美尼亚的基督教徒住在
这里。

陡峭的城墙

会议室
城堡往往是君主和大臣们讨论国
家大事的地方。这幅画展现的就
是在普莱西城堡里，理查二世和
叔叔格洛西斯特公爵正在商量国
家大事的情景。

早期的城堡

最早的城堡出现在9或10世纪，当时查理曼大帝建立的伟大帝国被北欧海盗和马扎尔人推翻。于是这些城堡成了贵族的避难所和驻扎军队的基地。当时，大多数城堡是由泥土和木材建成的。城堡外是一圈有水的壕沟，城堡内是用泥土和石块建成的壁垒，壁垒上面是坚固的木栅，这就是最简单的城堡。到了11世纪，这种带庭院的城堡越来越普遍，有时紧挨着庭院还会再建造一个，使得城堡更加牢不可破。

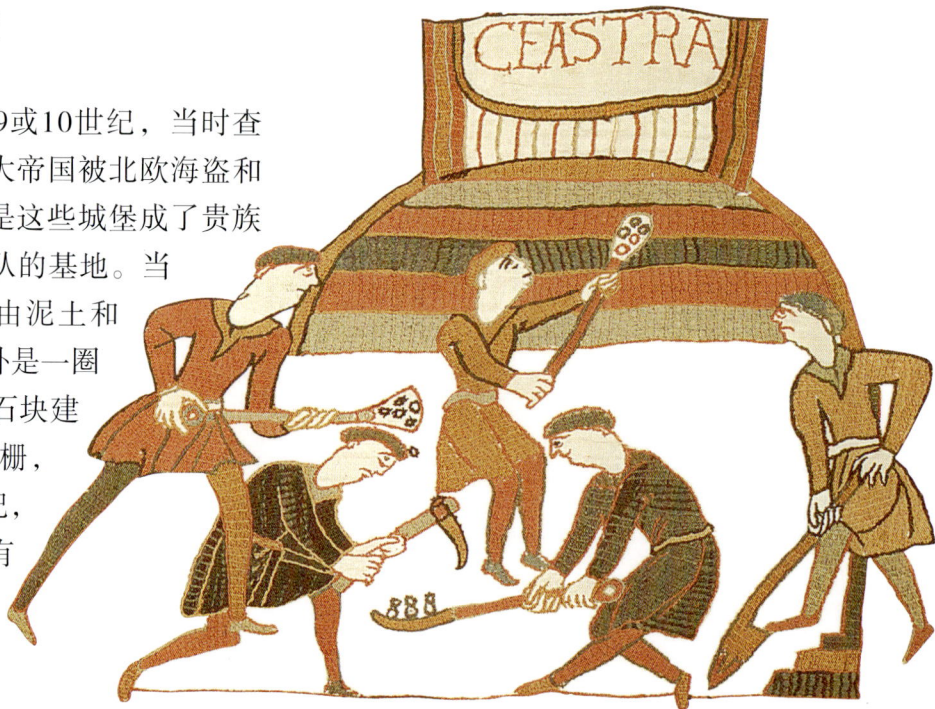

建造台基
从这张1066—1086年间制成的贝叶挂毯上可以看到：在英格兰的黑斯廷斯，诺曼人正在建造一个台基。

最后的遗迹
诺曼人占领英格兰的耶尔登后不久，就建造了这个带有两个外庭的台基，并且引溪水入小护城河。

茅草屋顶

居住房舍

庭院

木栅

马厩

吊桥

城堡的庭院

土石台基

木塔

这幅描绘台基的画来自一幅贝叶挂毯。城堡顶部设有木栅围绕着木塔。

普莱西城堡

这个位于英格兰普莱西的大台基和外庭，是在1066年后由诺曼人建造的。这种城堡仅能维持数月，对于身处敌国的诺曼人来说倒是一种很理想的建筑。

台基和外庭

在11和12世纪，这种城堡越来越多。它们通常有一个庭院，周围有木栅和护城河，出口大门通常设有吊桥，庭院里面有马厩、工作室、水井。台基是最后的隐蔽所，大多数台基仅有5米高。顶部的塔楼通常是用石块和木材建成的。

木瓦屋顶

木制脚柱节

木制走道

土石台基

木制浮桥

塔楼

从10世纪开始，君主们开始用石头建造城堡。建造石头城堡需要很多熟练的泥瓦匠，成本很高，而且建造过程漫长，因此11世纪之前，它们数量并不多。现在我们称之为主塔的部分当时被叫作塔楼或主城。法国诺曼人喜欢给这些雄伟的塔楼建造一道坚固厚重的石墙。与木墙比较，石墙更加坚固而且不易被烧坏。后来，人们就把塔楼建成圆形或是多面形，没有了较大的棱角，负责守卫的士兵也更容易还击。

框架

石制防御工事越来越普遍，台基周围的木栅栏慢慢地被石墙取代。图中的这种结构叫作框架塔楼。这个遗址位于英国康沃尔郡的雷斯托梅尔。

临时围墙

这个八角形的塔楼位于法国的普罗万，始建于1150年。

监　狱

雄伟的塔楼还有许多其他的用途。1415年，奥尔良公爵被英国人俘虏，这座伦敦塔中部的白塔就是当年囚禁他的地方。

两扇窗户采光更加充足

宽大的厅堂

英格兰海丁汉城堡的一层是大厅，人们在厚厚的墙壁上建了壁龛，大厅的上部还有一圈嵌在墙中的壁画。

锯齿状的装饰图纹是12世纪建筑的典型特征

取暖

石块建成的塔楼，人们可以在厚厚的墙体里面生火，烟道穿过墙体通到外面。

壁龛里的窗户

圆顶

英格兰海丁汉城堡窗户的圆形拱顶是典型的罗马式或日耳曼式建筑风格。

窄窄的入口使箭不易射入

多面的塔楼

这个位于英格兰奥福德的12世纪的城堡是多角形的，而不是四角形，可以有效地防止敌人掘楼。

城堡主的旗帜

海丁汉城堡

英格兰海丁汉城堡建于约1140年，是奥布里·德·威尔伯爵为了庆祝他被封为伯爵而建造的。

墙上的过道

角塔，也是瞭望塔

贴面砖

装饰性的窗户

大厅的走廊

大厅

砖块和碎石空隙

一层的大门

石制外墙仍然存在

同心城堡

到了13世纪中叶，人们通常喜欢在环状的石墙内再建造一个环状墙体，这种城堡叫作同心城堡。外围的墙体紧邻并且矮于内部城墙，使内城上弓箭手发射的箭矢能够直接射中外墙外的敌人，增加了其防御能力。如果围城的敌人攻破了外城，内城也可以作为防御的基地，只要内城的城门紧闭，敌人就全部暴露在外墙的过道上了。

城门楼
这个是卡菲利城堡的东大门。拱道上部对称的洞是用来安置吊桥锁链的，后面还有一扇铁闸门和一个双扇门。

用于搭建临时围墙的小孔

城门楼

圆形角塔

外围墙

倾斜的塔楼

人工湖

采 光

这是卡菲利城堡上的一个窗户，用于加强空气流通和更好地采光。即便如此，窗户上也安装了铁格子以防敌人入侵。

铁格子窗

用来防御的湖水

威尔士的卡菲利城堡位于一个筑坝拦截湖水而形成的巨大人工湖中，这样敌人无法挖隧道入侵。

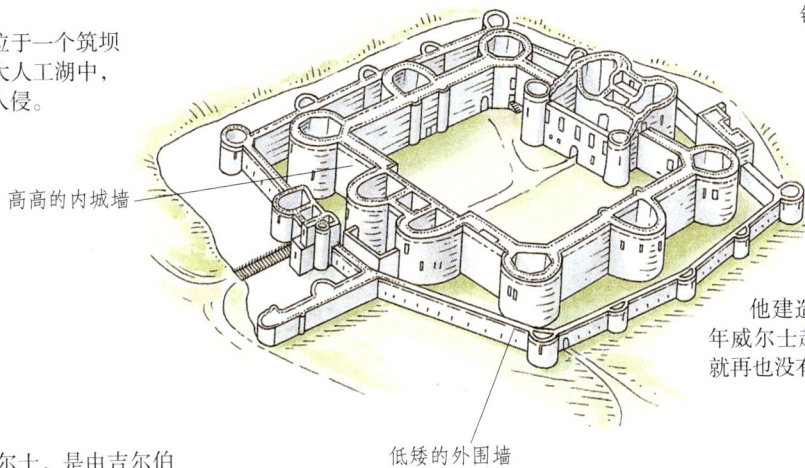

高高的内城墙

低矮的外围墙

爱德华时期的城堡

英格兰的爱德华一世在北威尔士建造了许多巨大的城堡，试图以此来控制整个威尔士。位于安格尔西岛的博马里斯城堡是他建造的最后一个城堡，该城堡于1294年威尔士起义之后开始兴建，1300年停工后就再也没有完成。

卡菲利城堡

卡菲利城堡位于南威尔士，是由吉尔伯特·德·克莱尔男爵在1268—1271年之间建造的。卡菲利城堡是英国最早的城中城，也是威尔士最大的城堡。

箭孔

金属栏杆的窗户

雉堞

内城墙

卢瓦尔河畔的城堡

在法国，人们沿着卢瓦尔河建造了许多城堡，杜艾拉枫丹城堡是最早的城堡之一，也是现今唯一遗留下来的古堡。在腓力·奥古斯都统治时期，法国的城堡已经成为坚固的要塞，筑有围栏、圆塔、小炮塔，这些塔的顶部通常是高高的圆锥形。到了15世纪，法国的城堡变得更加奢华了。

彩色水壶

地面砖

法国特色
彩色水壶在14世纪的法国很流行。纹章画的地板砖来自索摩尔城堡。下面鸢尾花形的纹章则是法国皇家卫队的专用物。

入 口
索摩尔城堡的石阶两侧是突出的炮楼，士兵利用中间的枪眼，向下射击攻城的敌人。

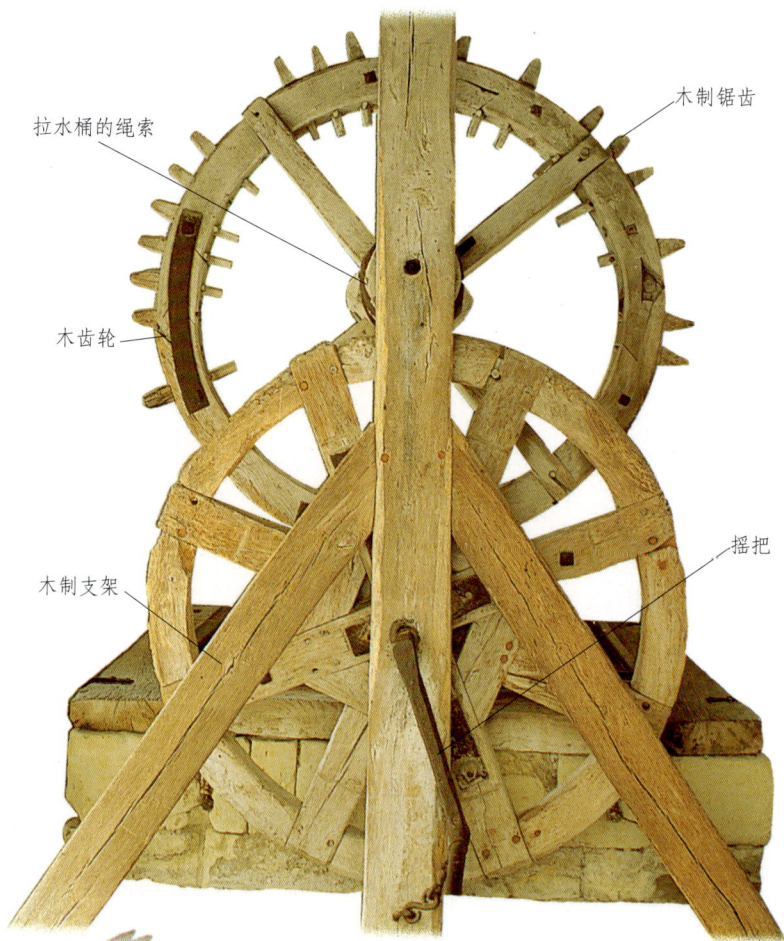

拉水桶的绳索

木制锯齿

木齿轮

木制支架

摇把

索摩尔城堡　右图
索摩尔城堡是在10世纪建成的，之后被翻修过很多次。15世纪的索摩尔城堡是非常奢华的居住地。但是随着西翼的倒塌，索摩尔城堡在17世纪被废弃，后来还被用作过监狱和军营。

绞车
在索摩尔，人们用这样的绞车把水从地下水井中提上来。

君主及其皇妃们
法国的贵族们总认为自己走在时代流行的最前沿。图中16世纪的君主和妃子们都穿着昂贵华丽的长袍。

葡萄园

图中是贝里公爵《祈祷书》中描绘的1416年9月的索摩尔城堡，展现了白色城墙下葡萄园丰收的景象。图中的城堡上，位置较低的窗户都安装了防御性的铁格子。高处的城体上部开着一些枪眼，装饰着绚丽的哥特式线条。城堡的大门处有大小两个吊桥。

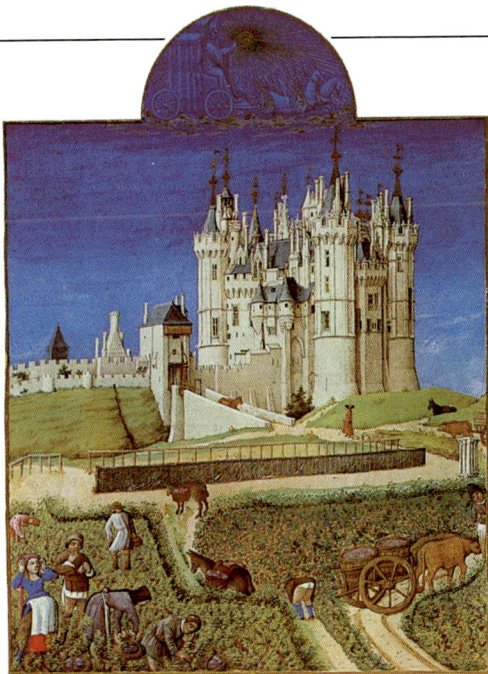

楼梯塔

水井房

水井

索摩尔城堡的庭院内有一口水井，巨大的地下储水池一直延伸到左边的水井房下。

角塔

圆锥形屋顶的小塔

雉堞

西班牙城堡

从公元711年到1492年基督教徒攻克格拉纳达的最后一处要塞期间，西班牙一直处在伊斯兰教信徒的统治之下。在建筑风格上，伊斯兰教信徒会把城塔建成方形或楔形。进入14世纪后，基督教徒南迁，此后建造的许多城堡与法国和英国出现的圆形城堡更加相似。后来，由于王公大臣之间冲突不断，城堡越建越多，大都兼具伊斯兰和基督教两种风格。

石块构成的军舰
这个重建于15世纪的宫殿位于西班牙的塞哥维亚，因其大而长的堡体，人们通常称之为"巨舰"城堡。

装饰性的假雉堞，并没有发射飞弹用的豁口

球体装饰

角塔的雉堞

盾形纹章

放箭的狭缝

一场围攻战

这张13世纪的西班牙壁画描述的是马略卡岛战役,图中的城堡被敌人包围了。战士们正在用固定在木架上的投石机投石。

一场游戏

摩尔人在8世纪占领西班牙后,创建了自己的民族文化。进入10世纪后,基督教徒试图收复西班牙。图中两个摩尔人正在对弈。

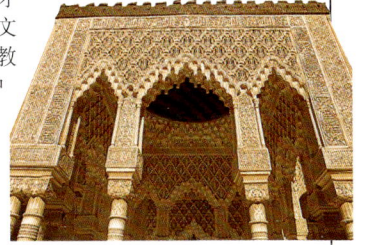

皇家城堡

曼萨纳雷斯皇家城堡是在1475年为第一位亲王公爵建造的。城堡整体呈方形,两重围墙,围墙上有许多圆塔。到了1480年,第二位亲王公爵补建了走廊、炮塔和一些一体装饰。

八角形炮塔

华丽的走廊

格拉纳达

1492年,西班牙南部的格拉纳达被基督教徒攻占,这是摩尔人在西班牙的最后一处要塞。建在此的阿尔罕布拉宫有很多精美的摩尔式装饰品,比如这种庭院周围的拱门。

内围墙

外围墙

德国城堡

在古时的德国，王公贵族们都生活在一个由君主统治的城堡里。到了13世纪，很多贵族开始兴建城堡。地形是德国城堡设计时考虑的重要因素之一，很多城堡利用丘陵和山脉的地理优势。著名的水堡建造在一个相对平坦的地方，四周是宽阔的护城河。条顿骑士团用砖块砌成的城堡看起来更像碉堡。大多数11世纪和12世纪的大型城堡后来都补建了带有侧塔的围墙。

陶器
这就是有名的莱茵陶器，在莱茵河畔烧制。这些水壶由陶工用转盘制作而成，并且上了一半的釉彩。

长久的居住地
梅斯珀尔布伦城堡位于巴伐利亚的施佩萨特，始建于中世纪。人们在16世纪对城堡进行了改建。

山顶上的家
科赫姆城堡位于一座小山的山顶，大约建成于1020年，堡顶是典型的德国风格。这座城堡是一个收通行费的关卡。

手柄

喷嘴

盛水的部分

狮子状水壶
中世纪水罐是一种金属或陶瓷的水壶。水从上部注入，右侧的喷嘴是吃饭时用来洗手的。这只铜合金狮子形水壶上坐着一个人，双手正拉着狮子的耳朵。

入口
德国的普法斯葛拉芬史坦堡的入口有一个木制吊门。为了避免反复吊起的麻烦，人们把吊门套在凹槽里面，可以上下滑动。

208

岛上的城堡

普法斯葛拉芬史坦堡位于莱茵河中的一个小岛上，是1327年巴伐利亚的路德维希一世所建，当时用作收通行费的关卡。

家一般的舒适

这个厕所里有一个坐便设施，使人们更觉舒适。

中世纪城堡的钟塔

枪眼

窗户

围栏

普法斯葛拉芬史坦堡外围墙内侧建有一个木制带顶长廊，拐角处则是一个圆形炮塔。

城堡的重复利用

普法斯葛拉芬史坦堡的六边围墙是1338年到1342年间建造的，目的是为了增加一些炮塔，在1607年人们又建造了一个凸出的碉堡。

防御用的木制临时围墙

17世纪建造的碉堡

天堂般的美丽
这是马克斯堡教堂
天花板上的一幅
画，它展示了当时
的内部装饰风格。

峭壁上的城堡

德国城堡经常利用有利地形使城堡更加坚不可摧。13世纪中期德国中央集权制衰弱之后，许多贵族开始建造城堡。他们发现最简单的方法就是用围墙把陡峭的山峰围起来，再建造一些侧塔，这种方法在欧洲的其他地方也流行开来。

地板砖
这是马克斯堡的一块
地板砖，画面描绘的
是君主试图使黑暗的
地方变得充满阳光。

扩建中的城堡
莱茵河畔的马克斯堡
的中心塔大约建造于
中世纪早期，周围的
防御工事是后来逐步
扩建的。

光滑的陶制砂锅

栅门

墙内的空间
这个墙内小小的空间里面有一个
架子，上面摆满了瓶瓶罐罐，外
面还安装了一个栅栏门。

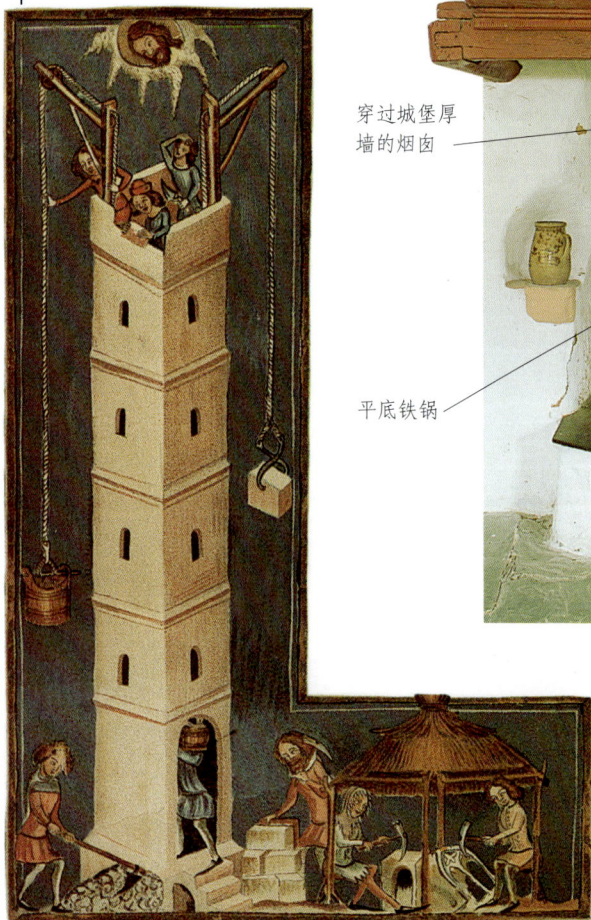

穿过城堡厚
墙的烟囱

金属漏勺

勺子

平底铁锅

引火进房
这个普法斯葛拉芬史坦堡的壁炉
中悬挂着一个金属锅，火堆旁边
的台阶上摆放着水壶和碗，旁边
挂的是一个漏勺和一个长柄勺。
因为厨房容易引起火灾，人们通
常用过道把它和大厅隔开。

建筑工作
这张德国插画取材于
《圣经》中巴别塔的
故事。尽管图中城堡的
建造时间远远早于中世
纪，但是图中工人们使
用的却是中世纪德国的
城堡建造方法。

枪眼

利希滕斯坦城堡

图中的利希滕斯坦城堡位于德国西南部的符腾堡州，建于13世纪早期，这种城堡在德国并不多见。因为内部同时居住着同一家族中的许多不同成员，因此城堡被分了为南北两个部分，每一部分都各有一个长方形或是正方形的观望塔。

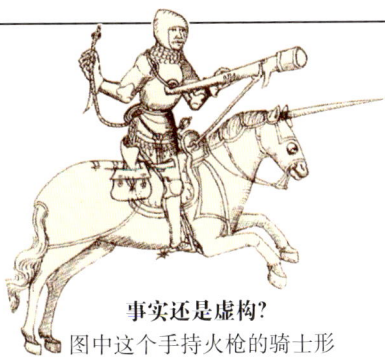

事实还是虚构?

图中这个手持火枪的骑士形象来自于15世纪早期的德国军事设备使用指南。目前人们还不知道这种设计到底有没有被投入使用。

木制钟塔

尖顶装饰

必要的变化

据说在17世纪的三十年战争时期，窗户都被堵死了，只留下用来放箭的狭缝。

山形墙

设有宽大窗户的大厅

带有木制吊桥的城门楼

教堂

将死者用裹尸布裹起来，然后放在棺材里埋葬。

教堂在基督教徒的城堡里非常重要。在早期的城堡中，教堂通常被建在顶层或是入口建筑的上层。随着城堡建筑风格的发展，教堂已成为庭院内部建筑的一部分。教堂里有很多石雕和壁画，通常描述一些圣经故事情节。当时并不是每一个人都识字，大多数人要依赖墙上的这些画去理解圣经。教堂里的牧师是为数不多的能读写的人，因此除了日常的神职工作以外，他们也负责管理城堡中的文献。

政治和宗教信仰

这幅15世纪的插画描绘的是英格兰坎特伯雷大主教托马斯·阿朗戴尔在给亨利四世讲道的场景。中世纪的神职人员往往会参与到政治阴谋当中，有些权势极大的主教甚至可以掌控整个城堡。

皇家金杯

这个皇家金杯是1380年为贝里公爵铸造的，上面的彩釉描述的是圣人的生活。

耶稣诞生时受到三位从东方来的"圣贤"的祝福

"东方三圣贤"

墙壁上的授道

法国的洛什城堡中的这个教堂大门建于12世纪后期，门廊上雕刻了很多塑像。

主教塑像

动物和神兽雕塑

圣·彼得

圣水杯

剑锋很宽

铁手套

追随贝克特主教的牧师

这个主教法冠可能是贝克特主教的。

印　章

主教法冠原来是侧面朝前戴在头上的。后来的主教们（见左页）开始正戴法冠，并一直沿袭至今。

托马斯·贝克特

护膝

殉难

这幅花岗岩雕塑创作于14世纪，记录了托马斯·贝克特主教在1170年殉难时的场景。贝克特是坎特伯雷的大主教，与亨利二世长期不和，亨利二世命令4个骑士把他杀害了。不久，贝克特被追封为圣人，坎特伯雷大教堂也随即成了朝拜者的圣殿。

攻城

如果被围困在城堡里的敌人没有屈服，那么攻城者只有采取强攻了，或挖墙脚，或直接翻过城墙。守城者会在墙内的地上放一碗水来测试是否有挖掘活动。一旦碗里的水泛起波纹，守城士兵就会挖掘一条对应的地道去破坏敌人的计划，这样一场地下的战争就展开了。攻城者也可以用火炮或撞墙木撞击城墙，而守城者则用钩子把撞墙木吊起。最直接的强攻就是把云梯搭在城垛上，士兵登上云梯翻墙进入城内，同时这也是最危险的，因为守城者可以轻而易举地将云梯斩断。

摧毁
在轮子上搭建一个小棚，士兵就在小棚下挖掘墙根的石头，同时用大量木料支撑住挖出的隧道顶部，挖到一定深度时将木头点燃，这样墙就倒塌了。

使者
从12世纪开始，使者常常代表君主勒索投降者。

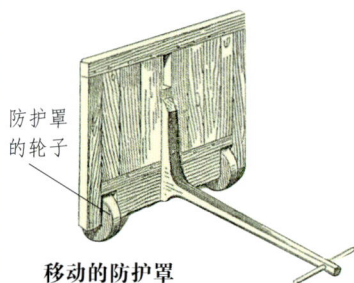

防护罩的轮子

移动的防护罩
在进攻时，射手和石弩手用防护罩保护自己。

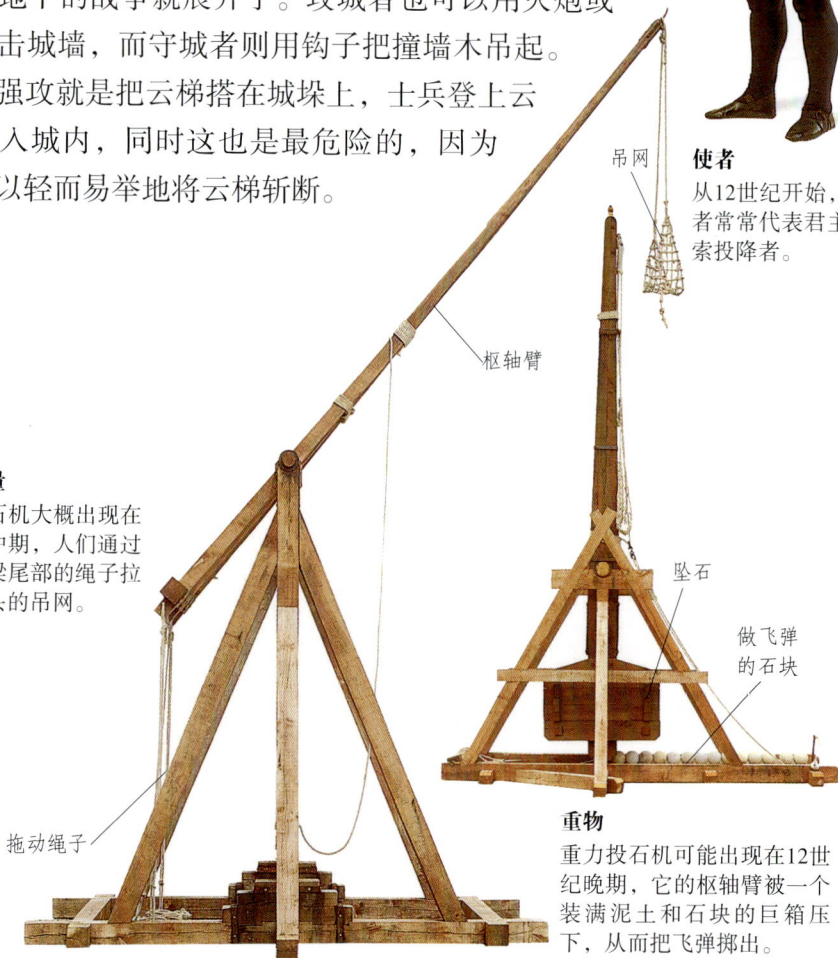

吊网

枢轴臂

人的力量
牵引投石机大概出现在12世纪中期，人们通过拖动横梁尾部的绳子拉起另一头的吊网。

拖动绳子

坠石

做飞弹的石块

重物
重力投石机可能出现在12世纪晚期，它的枢轴臂被一个装满泥土和石块的巨箱压下，从而把飞弹掷出。

绞盘

殉难
死去敌人的头颅有时被扔回敌营以挫伤对方的士气。

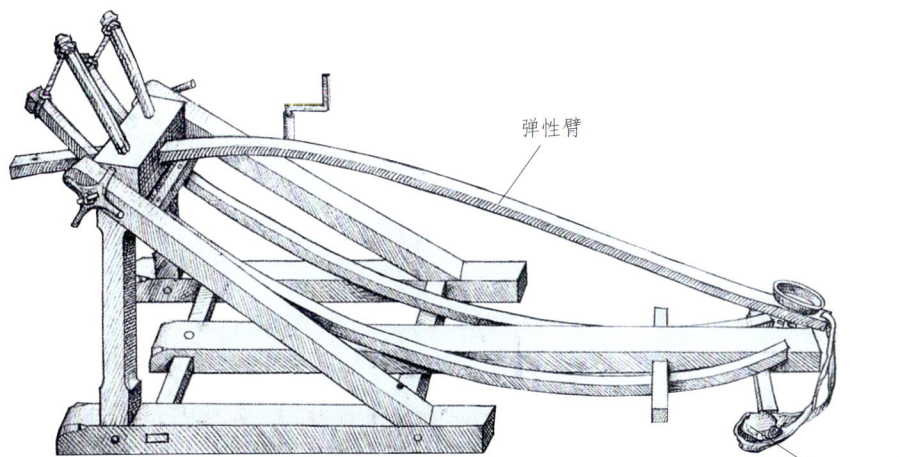

投射器

这个15世纪后期的弹射器，利用弹性臂把飞弹掷出。

弹性臂

悬挂两个飞弹的钩悬带

一，二，起！

一队士兵正在用力拉起投石机的弹性臂。由于投石者也在投石机的射程范围之内，因此防护盾牌是必不可少的。

监视被围城堡的木塔

扭转绳索的棘齿

弓臂

拧紧的绳索

木柄上可滑动的部分

箭矢

弓弦

巨大的石弩

这种石弩早在古希腊时代就出现了，它使用两股绞在一起的绳索来固定两根弓臂。上弓箭时要拉动木柄上的可滑动部分，这需要绞盘甚至滑轮的帮助，所以一个人是无法单独使用石弩的。

用金属加固后的木轮

215

战士和飞箭

防御者利用城堡保护自己和对敌人还击。弓箭手利用城垛和枪眼作掩护，坚守城堡前的大片战场。为了抵挡驻军的乱箭和偷袭，围攻的一方用弩箭严阵以待。当他们前进时，也会在原地留一些士兵在观望塔上监视城堡中的动向。

越过护城河

很多城堡都有护城河保护。围攻者的船只上需要带一排排梯子或木架，试图渡过护城河并越过城墙。

绞盘

很多非常强劲的弓，必须用绞盘才能把弓弦拉开。旋转绞盘的曲柄，用带钩的绳子拉开弓弦。

滑轮

曲柄把

绞索

狭窄的放箭口

这种壁洞的内侧往往空间很大。弓箭手通常站在洞的一侧监视，敌人进入射程时，再站在正中放箭。

弓弦

弓臂

箭矢

长弓在12世纪流行开来，这样的弓箭射程至少在300米开外。一个长弓射手可以一次射出12支箭。

四角箭

用于十字弓的短箭叫弩箭，因为弩箭的铁头是四角的，所以也叫"四角箭"。

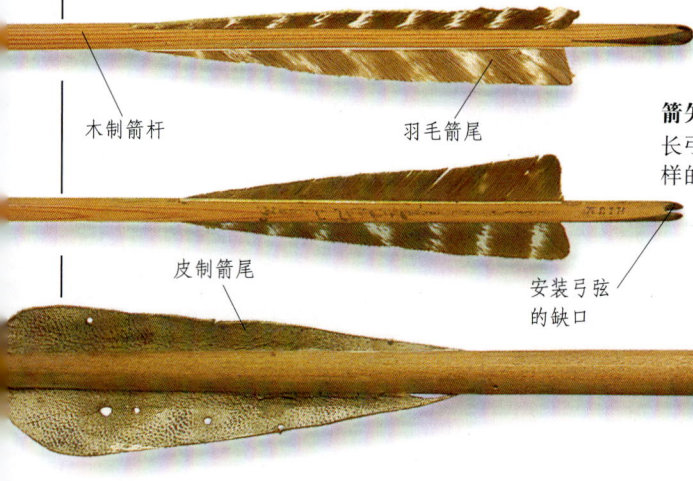

木制箭杆

羽毛箭尾

皮制箭尾

安装弓弦的缺口

镫子

木制箭杆

铁箭头

张开的弓弦

弓臂

弩柄

弩

弩箭

镫子

弩

弩的威力很强大，但是安装箭矢很慢。这种弩适合在城堡里使用，因为弩箭手可以在城垛后重新装配箭矢。

弩箭通常放在腰间的箭袋里

上 楼

在中世纪的城堡里，螺旋形的楼梯很常见。每一阶楼梯都是一层石板结构，上一阶摞在下一阶上面。这种楼梯通常是顺时针螺旋上升的，防守者很容易攻击上楼的敌人，而敌人右手中的武器则会习惯性地误撞到石板上。

投降

加来的市民在1340年向英国君主爱德华三世投降，胜利者接收了城堡的钥匙。

盾牌防护

弩箭手在装箭时必须得到有效的保护。

防守的艺术

对于攻城者来说，护城河是第一道障碍。不管是有水还是干涸，护城河的存在都使攻城器械很难靠近城堡。城门楼相对来说是薄弱点，守城者会把更多的防御工事放在城门楼前，坚守住这个要道，另外还安装吊桥和吊闸。吊闸是一块卡在城门两边的铁质或木质格子窗。护城河上的吊桥有好几种样式，有的是直接拉回来的木板，也有用锁链吊起的吊桥，还有像跷跷板一样的吊桥。

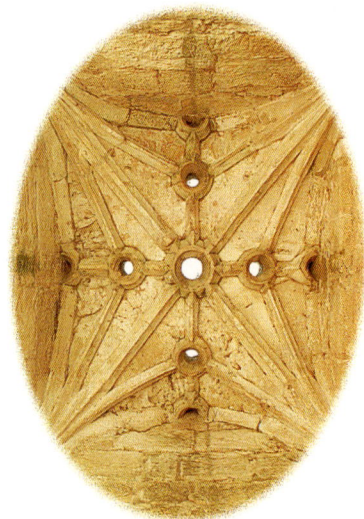

偷袭
博丁安城堡入口通道顶上有几个所谓的"死亡之洞"，守城者可以向下倾倒冷水浇灭敌人的火力。热水、沙石等也由此倒向敌人。

城门楼
入口两边由城塔保护着，守城者通过拱门顶上的缝隙向敌人射箭。

华丽的基地
意大利那不勒斯的努奥沃城堡有一个小型外墙，墙上有突出的锯齿坡，这样从上方落下来的敌人的飞箭会被弹回去，射向敌人。这个城堡作为第一处反炮弹的实验点在1442—1458年间重建，城堡的这种结构还用于反弹敌人的加农炮弹。

枕梁

幕墙

锯齿坡

枪眼

14世纪末期，钥匙孔形状的枪眼出现，圆形部分通常用于手枪，而上面窄缝则用于小型火炮。这个插图中的枪眼来自德国的普法斯葛拉芬史坦堡。

垛口

垛口就是石质护栏，出现于12世纪。

突出的瞭望台

普法斯葛拉芬史坦堡有一些建在墙上的木制建筑。木制的地板上有狭缝，防卫士兵从此处向下投放飞弹，射击墙角下的敌人。

陡峭的屋顶有利于甩掉飞弹

监视敌人的窄缝

木墙

支撑柱

吊桥

这种跳开式吊桥通过锁链吊在两根木柱上。

用锁链放下吊桥的情景

法国朗热城堡的主通道

有垛口的胸墙

哨塔

幕墙与侧翼

位于英格兰博丁安的这座14世纪的城堡，有伸出墙面的侧塔，用来保护幕墙。

圆形城塔更不易被掘倒

开降闸门

枪眼

卫戌部队

生活在城堡里并负责守卫的士兵叫作卫戌部队。在早期的城堡里，君主的城堡总是永久性地居住着一批骑士作为卫戌部队。君主养着他们，他们保卫城堡为君主卖命。之后越来越多的骑士加入卫戌部队，形成了一种替换制度，一个骑士在城堡内工作一定时间之后就会有新的骑士接替他。在14世纪和15世纪，经常有君主雇佣士兵把守城堡。

钢盔

头盔帘

铁手套

铠甲罩衣

部分盾牌

遭遇围困
这张14世纪早期的德国画中，妇女们正在帮助卫戌部队一起战斗。

马的饰品
在14和15世纪，马鞍和缰绳经常用一些悬挂物装饰起来。这个是伯克利家族部队的饰品。

钢铁战士
在14世纪末期，正如这个圣·乔治石像所展现的那样，骑士的四肢通常用铁皮包起来，身上穿着铠甲，铠甲里面是铠甲罩衣，戴着铁制头盔和盔帘。

骑士的责任

在和平时期，城堡仅有一小股部队把守；即使在动乱时期，部队也只有为数不多的几十人。在卫戍部队里，总会有一些骑士和护卫整装待发，随时准备出发去保护君主。君主在平时行路时也需要随行护卫的保护。在这幅14世纪的画上，城堡下有一队全副武装的骑士，城堡里的人们正在吹着喇叭欢迎他们的到来。

穿锁链的环

龙形徽标

磨损的白色釉彩

龙

这个印有龙的徽章出自15世纪。龙是纹章上的常见图案。这个用釉彩装饰的吊饰由于长期使用，已经破旧不堪了。

外框
主教法冠
野猪

公 猪

这个15世纪的马吊饰是先用铜合金浇铸再用釉彩装饰而成的。

意大利风格的圆顶盾

克雷希家族的武器

奖 章

这个14世纪的银制奖章出自意大利佛罗伦萨。上面的右手盾是克雷希家族的专用武器，表示奖章属于克雷希家族。

矮桑树

这是莫布雷家族的矮桑树徽章。贵族侍从通常佩戴着它。

战斗中的士兵

诺曼底城堡里的战士配有铠甲、铁头盔和大木盾。

又一个难题

城堡是守卫周围乡镇的基地，入侵者必须分兵攻取，否则补给线将被切断。

监狱城堡

城堡是看押犯人的好地方。中世纪的很多犯人是政治犯或国家囚徒，也有一些用来索取赎金的贵族。只要这种犯人承诺不逃走，他们还可能得到一些自由。大多数被称作地牢的房间其实是地窖，只有那些不易进出的房间才叫作监狱。中世纪的普通犯罪分子是没有机会被关进城堡的，他们会被处以罚款或其他刑罚，严重的可能被处死。中世纪之后，越来越多的城堡被用作监狱，小说里面出现的刑罚、关押和处决都是在17和18世纪的城堡里发生的。

1244年，威尔士格鲁菲德王子在逃离伦敦塔时被活活摔死。

手铐
这个铁项圈钉在洛什城堡房内的墙上，足有16千克重。

铁项圈

钉在墙上的重重的铁链

城堡的部分用作监狱

理查三世
传说在1483年的伦敦塔里，英国君主理查三世谋杀了他的两个侄子——爱德华五世和理查王子。

木栅窗户

监狱
法国洛什小镇的这个城堡从15世纪就被用作监狱。

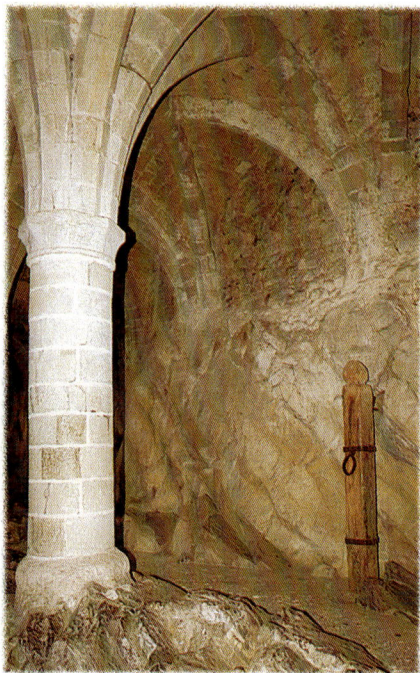

地牢
法国希永城堡地牢中的这根柱子上有一个铁环，用来拴住囚犯以防逃跑。

牺牲品
这幅画刻画的是爱德华五世和他的父母。

222

有鸢尾花形纹章的
旗帜，是法国传令
兵的象征

火刑
那些不服从国家统治的人将被绑
在木桩上烧死，很多这样的火刑
都发生在16世纪。

斩首
长剑在欧洲
是用来斩首
的。图中的这个
被蒙上眼的女侍即
将被砍头。

奥尔良的少女
这是一座19世纪的圣女贞德的
雕塑。这位年轻女英雄在审判
期间，被关押在鲁昂的一个城
堡里。

坚固的
格子门

木钉

窗口

石椅

送食的
小木门

格子门
在洛什小镇的城堡里，犯人都被这种坚固的木格子门关在牢房里。

十字军的城堡

在大约200年间，欧洲的基督教徒为了从穆斯林手里夺取圣地巴勒斯坦的控制权，发起了几次十字军东征。十字军建造城堡把守要道，并用以协助他们攻击附近的城镇，而到了12世纪后期，这些城堡成了国家的岗哨、管理中心、避难所、军队基地等。通常，十字军把城堡建在地理位置优越的地方，三面环水，另一面用高墙和壕沟保护。

攻 城
这幅13世纪的手稿来自于意大利，描述了十字军正在围攻古叙利亚首都安条克市的场景。

穿着锁甲的骑士
十字军通常穿着锁甲，外面罩着外套，头上戴着头盔。

贫穷的骑士
这是圣殿骑士团的图章，展示了骑在一匹马上的两个骑士，暗示他们的贫困。

防卫墙

主塔

小窗

卡拉克城堡
这个城堡位于约旦沙漠狭长的丘陵上，四周是护城河，将这个城堡与附近的城镇和道路隔开。这个城堡建于1142年，切断穆斯林盟军的联络线，因此遭到穆斯林的多次攻击。1188年在穆斯林将领萨拉丁连续8个月的围攻下，城堡陷落了。

院子的矮墙

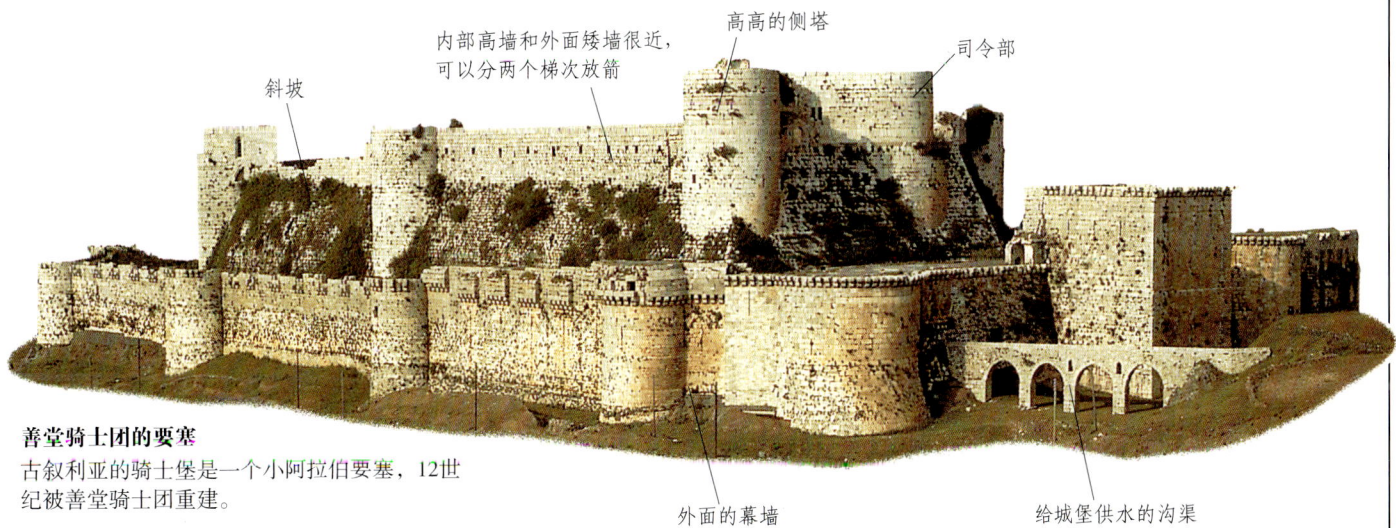

善堂骑士团的要塞

古叙利亚的骑士堡是一个小阿拉伯要塞，12世纪被善堂骑士团重建。

斜坡

内部高墙和外面矮墙很近，可以分两个梯次放箭

高高的侧塔

司令部

外面的幕墙

给城堡供水的沟渠

耶路撒冷的陷落

第一批东征十字军于1099年到达耶路撒冷。这幅关于耶路撒冷陷落的画作于15世纪。

冲锋

这幅描述土耳其战士的画作出自16世纪早期。1453年，土耳其军队围困并攻占了君士坦丁堡，并于1683年到达现在的维也纳。

16世纪的土耳其士兵

穆斯林要塞

这个位于约旦盖特拉奈的城堡是典型的伊斯兰风格，是十字军离开后建造的，它的防御特点就是雉堞和V形箭缝。

保护大门的雉堞

圆锥形雉堞

窄窄的箭缝

装饰球体

日本城堡

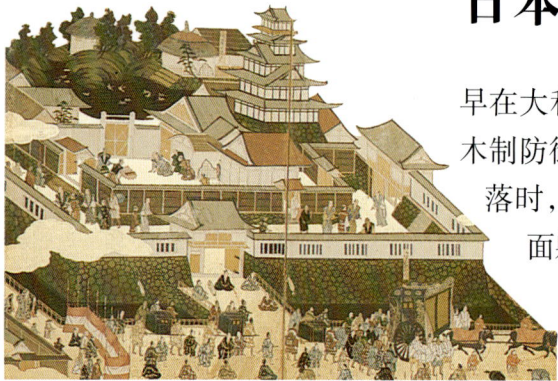

早在大和时代，日本就出现了一些堡垒。到了14世纪，更多永久性的木制防御工事出现，而到了16世纪和17世纪早期，在欧洲城堡走向衰落时，日本城堡的建造进入了全盛时期。日本武士可以躲在城墙后面躲避敌人手枪的射击。在建造城堡时，人们经常利用山脉的地理优势，用石砖垒成围墙，河流、湖泊、海湾等用作天然的护城河。

城堡外庭
城堡有很多层外庭，进攻者要想攻击主塔，必须穿过所有迷宫一样的外庭。

新币
德川家康在16世纪后期改革了日本的货币政策，开始使用金银货币。

1601年的银币

1601年的金币

磨剑
磨剑的人让武士的武器锋利无比。16世纪后期，大名开始在城镇里建造大城堡，大城堡变成政治中心，武士也生活在这里。

武士
日本武士都是训练有素的勇士，为君主效劳。他们的铠甲是把一些铁块捆扎在一起制成的。这些铠甲可以有效地抵挡敌人利刃的攻击。锋利的刀剑也是武士的标志。这幅画描述的是1184年一个日本武士跨越宇治河时的场景。

进攻大门
1160年，人们进攻三条宫殿采取直接攻入的传统方法。这种方法成功的机会很小，不像围困和反间那样有效。

这种高档的装饰是
君主、权力的象征

分层的塔楼

城堡里面通常有数个塔楼，这样守城者就可以从各
个角度向敌人还击。城堡的心脏是建在台基上的数
层的土塔。后来地基都用石墙保护起来，而上面的
结构仍然是木制的。为了防止敌人火攻，木制城
堡会刷一层厚厚的石灰，大门也用厚厚的铁皮
裹起来。

木制的楼层

宝塔屋顶

狭窄的窗口

木瓦屋顶

涂有石灰
的外墙

内部的木
料架构

枪眼

被石砖保护起
来的地基

227

大厅

在城堡里，大厅是最主要的房间，可以用作餐厅、卧室和处理日常事务。城堡一天的生活从早餐开始，弥撒后他们吃一些用啤酒或水酒浸泡过的面包。正餐大概在上午的10点到11点，晚餐则非常丰富。晚餐过后，餐具、餐桌等都被撤掉，大厅就成了娱乐场所，而在里面铺满草芥又成为大卧室，当时只有比较富裕的人才有正式的床。到了13世纪，君主离开大厅，和亲属们都住到其他单独的房间。

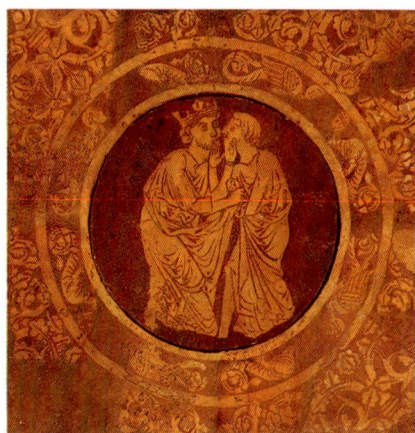

12世纪的铜合金挂灯

放蜡烛的地方

现代的蜡油收纳盒

铺上地板砖

这个13世纪的地板砖描述的是圆桌骑士特里斯坦的传说。皇宫里的宫殿、富人家的大厅、教堂里面都铺着这样的地板砖。

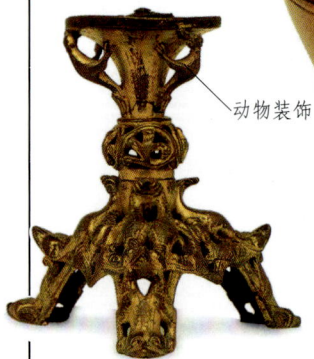

家庭中心

早期的火炉在大厅中间，后来改建到墙里。为了便于取暖，君主的桌子都放在火炉旁，这样君主就可以纵览整个大厅。

挂着佛兰德斯伯爵纹章盾的银鸟

镀金底座

枫木做成的盖子

枫木做成的碗

烛台

这个镀铜烛台产自德国，蜡烛是用动物的脂肪做的。

动物装饰

搪瓷装饰

健康

木盖碗经常用于祝酒，枫木是制碗的最好材料。这个15世纪佛兰德斯的木盖碗底部是镀银的。大厅里面其他的珍贵的器皿还包括盐罐。吃饭时，盐罐通常放在主要客人面前，不重要的客人面前是不会有盐罐的。

宴会

一般人们在大厅里面举行宴会。

陡峭的屋顶

法国卢瓦尔河畔的洛什城堡是11世纪和12世纪的遗迹，后来人们又补建了很多建筑。

皇家厅堂

法国洛什城堡上面有圆塔的防卫墙，通常幕墙构成了大厅的面。早期的大厅是用木材建造的，后来石料逐渐成为建造城堡的主要材料。

大厅的防卫墙

圆锥形的石板屋顶

从塔楼到庭院的门

在圆形塔楼上可以纵览整个防卫墙及四周

大厅的巨型窗户

捞出食物
一个14世纪的厨师正准备用肉钩捞出烹调中的肉。

厨房

加热食物必须用火，而随之带来火灾着实让人头疼，所以城堡的厨房通常和其他的建筑隔开，单独建在庭院里。但做好的食物端到大厅餐桌上会变凉，因此厨房和大厅之间通常会有一个通道相连。通道的墙壁上还可能有烤炉，周围有食品储藏室、酒类储藏室和面包烘烤室等。

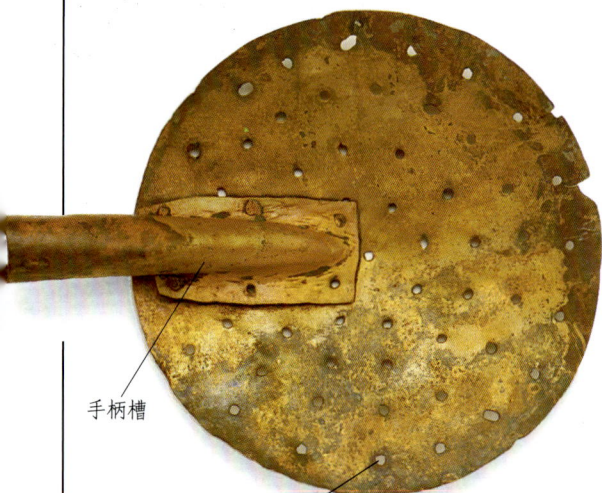

撇渣器
很多食物是在沸水中煮熟后食用的。撇渣器可以滤除锅中的渣滓，上面的小孔是用来滤干水分的。

手柄槽

滤水
的小孔

去除果核
这个器具用来剔除苹果核。

中空的管子用来剔除果核

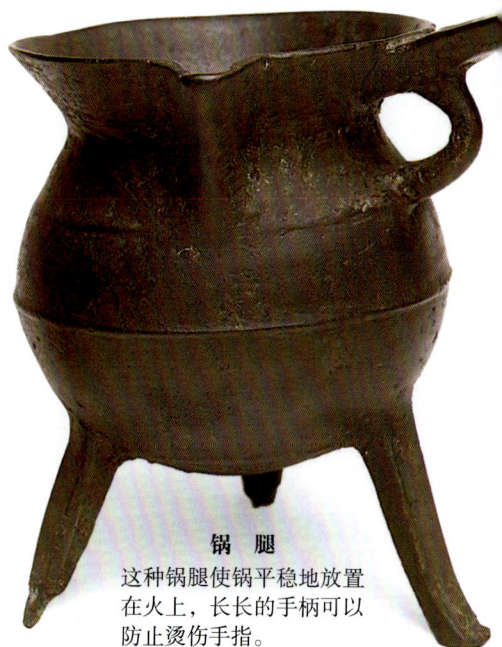

木柄

锅 腿
这种锅腿使锅平稳地放置在火上，长长的手柄可以防止烫伤手指。

刀
厨房里有各种尺寸的刀具用来切割食物或剔除骨头。

肉 钩
这个用具的金属尖头有时被折成钩状。肉钩能够把肉放进一大锅沸水中或从中取出。用沸水煮是中世纪食用肉类的常用方法。

钩状尖头

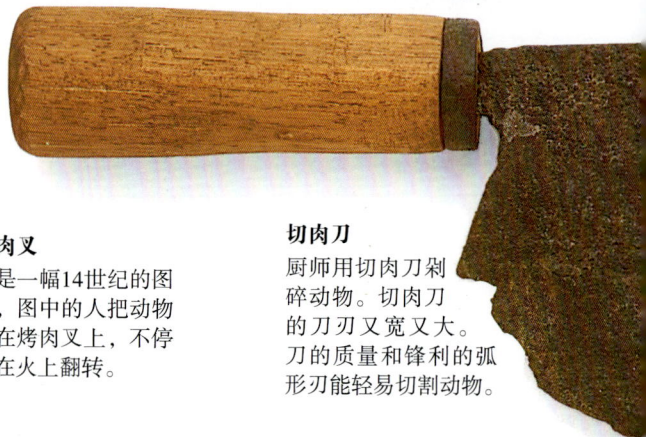

烤肉叉
这是一幅14世纪的图画，图中的人把动物穿在烤肉叉上，不停地在火上翻转。

切肉刀
厨师用切肉刀剁碎动物。切肉刀的刀刃又宽又大。刀的质量和锋利的弧形刃能轻易切割动物。

糖块

白糖在欧洲非常珍贵稀有，需要从东方进口。如左图所示，质量最差的精糖是圆锥形糖块，是从小麦粉中提炼出来的。红糖和糖蜜大多产自意大利的西西里岛。

悬挂锅的铁链

把手

14世纪末期的发型

悬挂

通过壁炉上面的挂钩，这个平底锅可以被悬挂在壁炉上面。

动物状壶嘴

流行的水壶

到13世纪，由铁、青铜或铜制造的水壶逐渐取代了陶瓷类的水壶。图中的这个水壶大概是14世纪末期铸造的。

动物头像壶嘴

水壶

很多水壶是陶瓷的，上面还涂有绿色的釉料，这是典型的中世纪陶器风格。图中的这个水壶的壶嘴做成了动物头状。

又宽又厚的刀刃

餐桌上的食品

城堡大厅里供应着各式各样的食物，牛羊肉是主要的肉菜，人们把屠宰的动物圈养在厨房附近，有时也把肉腌起来存放。家禽和蛋类也很受欢迎，而野生的鸟类渐渐地从菜单上消失，成了人们把玩的宠物。在食用肉类时，人们会用产自城堡庄园的洋葱、大蒜、香菜等调味。最普通的蔬菜是晒干的豌豆，人们通常会把青鱼腌制起来，当然城堡的鱼塘里面也有淡水鱼。最引人注目的菜需要厨师们的精工细作，他们有时把糖、面粉、杏仁饼、蛋白软糖、果子冻混在一起涂上颜色后做成城堡、军舰、狩猎场等形状。

烧好的
野鸡尾
部插着
羽毛

啤酒
普通人的饭桌上用粗糙的陶罐盛放麦芽酒或其他不知名的酒。直到中世纪后期人们才知道啤酒花，当时啤酒都是用大麦、小麦、燕麦或是这3种的混合物酿成的。

无花纹的
陶器口

盘菜
人们会使用各种方法装饰肉食，比如插上一些羽毛，或用水果或蔬菜汁来给食物上色。

把手

水果
城堡里面经常会出现带围墙的果园，像插图中这样的水果都可以在里面种植。

锡盘

带花边的锡碗

碗
这个12世纪的青铜器叫作
罕沙碗，在当时很流行。

人脸状盖子

凝视
这个铜合金水罐的盖子是一
张正在凝视的人脸图案，罐
脚是动物的爪子形状，像这样
的水罐用来盛放由香草和蜂蜜
酿造的甜酒。

宴会
贵族们有专门的男侍伺候，男侍都是训练有素的侍从。在这幅
15世纪的画中，大多数人都坐在长凳上，仅一些高贵的人坐椅
子。进餐者都有各自的勺子和刀子，那时叉子还没有出现。通
常两个人共用一个碗或酒杯。

**动物爪子
状的罐脚**

布丁
这是一盘美味的杏仁
牛奶布丁。

玫瑰花瓣

面包盘
扁平的陈面包，可当作盘
子用。人们拿它们蘸着肉汁
吃。纯小麦面包是最普通的面包，
富人们则吃最好的白面包。

娱乐

城堡里的生活并不全是工作和战争，人们还特别喜欢狩猎或放鹰行猎。一些户外活动是非常危险的，像骑士的锦标赛、摔跤或者暴力的球类运动等。为了消磨室内时间，人们玩一些棋类游戏、听音乐或讲故事。吟游诗人会为女士们唱爱情歌曲，或讲有关骑士精神的浪漫爱情故事。吟游诗人给城堡生活带来了很多乐趣，也有一些皇帝或贵族拥有自己的小丑供娱乐。

蒙住鹰眼的眼罩

厚手套保护手不被抓伤

拴鹰的皮革脚带

赌徒
男人们经常用骰子进行赌博。

王室的乐事
这个徽章的图案就是一个骑马的国王带着他的猎鹰。社会的各个阶层都热衷于猎鹰训练。猎鹰训练术是一项需要学习的技术，这其中有无穷的乐趣。

园丁的乐园
园丁管理城堡的花园，这里种植着餐桌上所需的香料和水果，也是统治者和夫人小姐散步聊天的地方。

被擒住的鹰
统治者通常会在自己的房间里养一只猎鹰。很多训鹰时用的工具，都是在十字军东征时期由中东传入欧洲的。

鹰铃
鹰的腿上系着铃铛，这样养鹰者就知道这个小家伙在哪儿了。

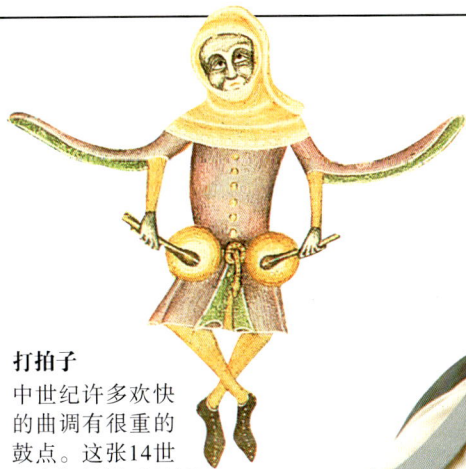

打拍子
中世纪许多欢快的曲调有很重的鼓点。这张14世纪中期的插画所展示的小鼓叫作定音鼓。

艺人
图中的这个艺人正吹奏着牛角笛。所谓牛角笛就是用一段皮革把木笛和一个中空的牛角连接而成的一种乐器。

木笛

开衩的袖子

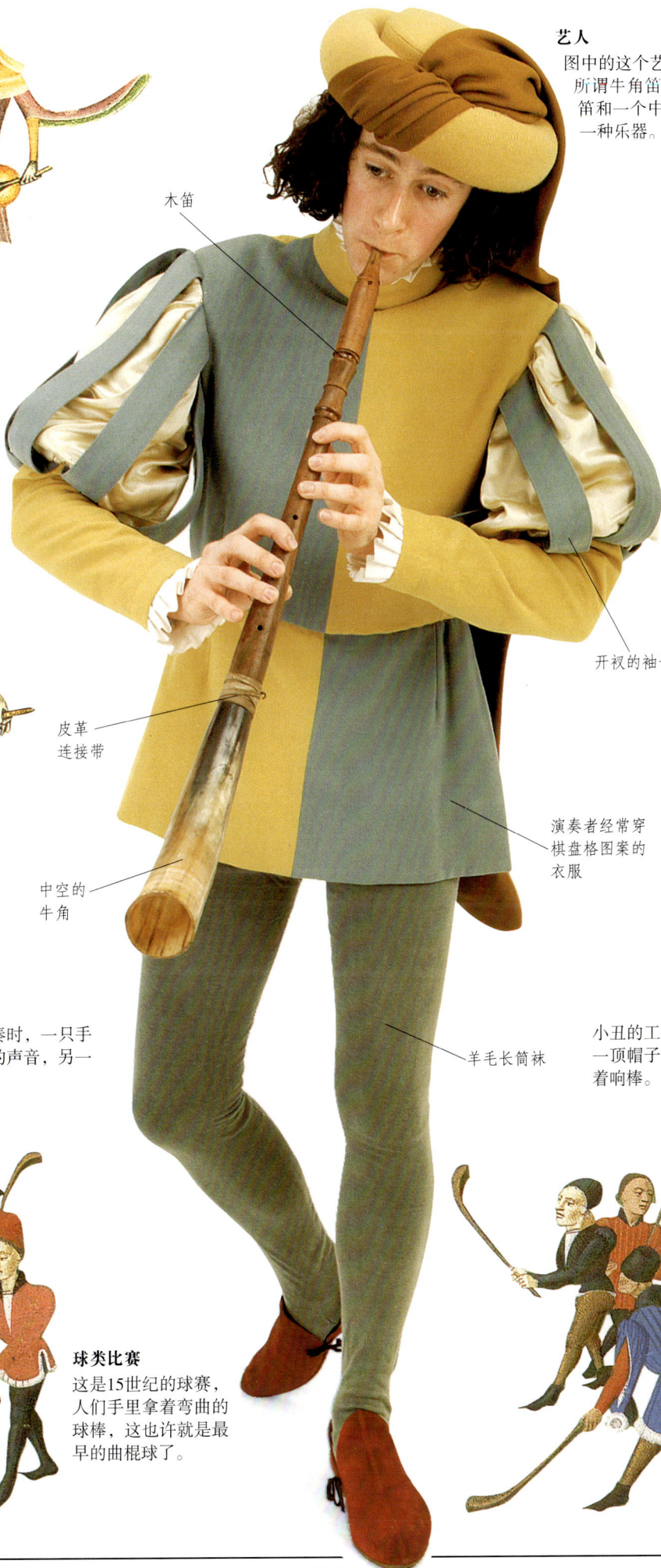

皮革连接带

中空的牛角

一种类似手风琴的乐器
这是14世纪时的乐器。演奏时，一只手转动手柄使琴弦发出嗡嗡的声音，另一只手则弹出所需的音符。

演奏者经常穿棋盘格图案的衣服

羊毛长筒袜

小 丑
小丑的工作就是逗人们笑。他们戴一顶帽子，身上系着铃铛，手里拿着响棒。

球类比赛
这是15世纪的球赛，人们手里拿着弯曲的球棒，这也许就是最早的曲棍球了。

妇女和孩子们

城堡里面最重要的女人就数女主人了。骑士的家人也生活在城堡里，其他贵族的孩子们也在城堡里面接受训练。一些贵妇人有专门的女侍照料日常生活，当然也有一些男侍。所有女子，不分等级都要学习纺纱、编织、缝纫。

高低之分
这幅15世纪的画刻画了一个衣冠整齐的妇人和一个劳动妇女，显示了她们不同的社会地位。

侧 鞍
巴斯的妻子是《坎特伯雷故事集》中的人物，她改嫁了好几次，说明了当时的妇女还是有一定自由的。

石质头像
这个14世纪的枕梁雕刻成了妇女脸状。枕梁是用来支撑拱门和横梁的。这个妇女戴了个头巾。

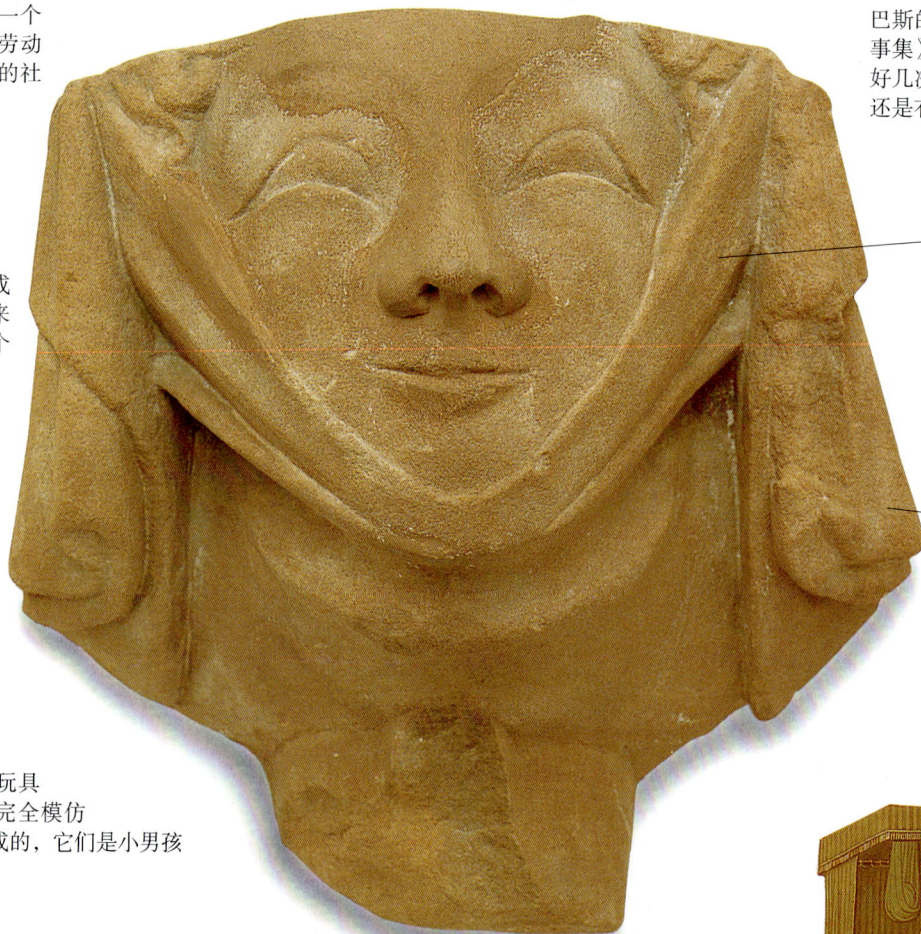

用卡子固定头发上的头巾

面纱

战斗玩具
这个金属的玩具剑和头盔是完全模仿实物大小做成的，它们是小男孩的玩具。

剑

头盔

贵族家庭的男孩子长到7岁，就会被送到城堡中当听差并学习礼仪。7年之后开始训练做一名扈从，大概到了21岁就会被封为骑士。女孩子也会被送到城堡里，由女主人教授纺织、掌管家务和文雅的举止。

生养孩子
在中世纪，由于卫生条件和医疗水平有限，生小孩是很危险的。贵族妇女通常把婴儿交给奶妈喂养。

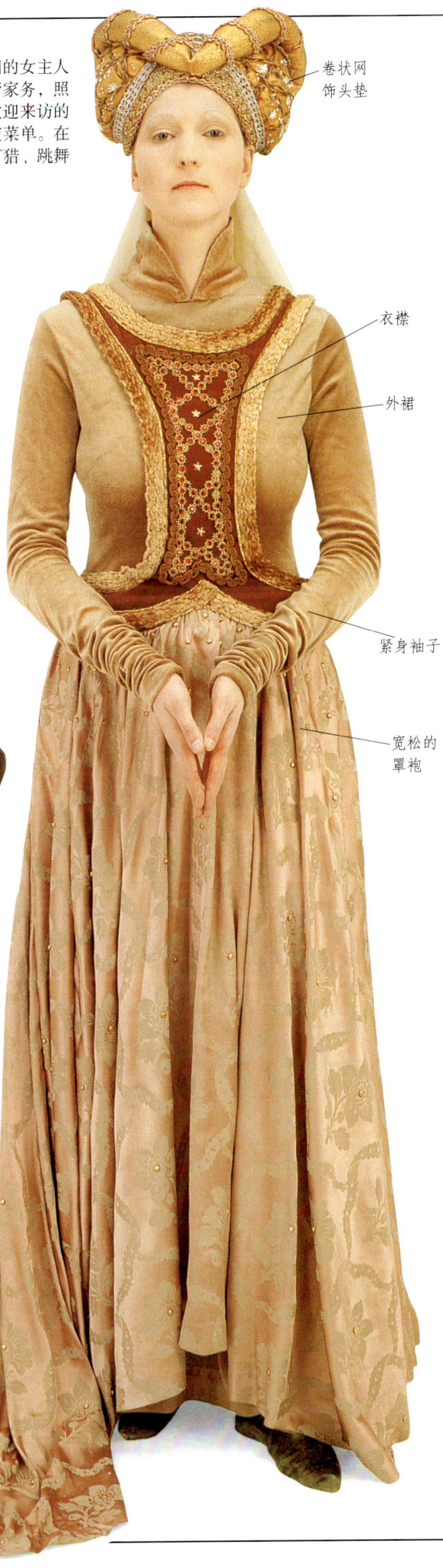

女主人

图中的这位15世纪早期的女主人要在丈夫不在家时掌管家务，照料庄园，在城堡门前欢迎来访的客人，管理厨房并制定菜单。在空闲时间，她可以去打猎、跳舞或玩一些棋类游戏。

卷状网饰头垫

衣襟

外裙

紧身袖子

宽松的罩袍

结亲

贵族们经常为了得到对方的土地而娶一个女继承人为妻。君主身边的人必须得到允许才能婚嫁。

蓝宝石 红宝石

财富的象征

女士喜欢佩戴名贵且做工精良的珠宝，这也显示了她们的富有。

紫水晶

13世纪后期的英国镀金胸针

英国的十字胸针

皮带子

坚硬的鞋底

这种木鞋的鞋底很坚硬也很厚，可以系在普通皮鞋外面，很实用。

木制鞋底

克里斯蒂娜·德·皮桑

这位女子在14世纪后期创作了许多诗歌和其他作品，在15世纪早期成为一位职业作家。

下摆

国王的金币
这个金币是西西里埃德蒙国王的印玺。

埃德蒙国王王位上自己的画像

君主

从君主本人到小公爵，他们都以城堡为家。一个大城堡可以为实力雄厚的君主提供掌管国家事务的基地和舒适的生活。君主和一些地位显赫的贵族都会有数个城堡，他们不在的时候会委派城堡监管去管理城堡。君主把一些城堡委托给一些地方官管理，比如州长，州长就可以以城堡为基地，管理整个州。这种城堡通常建在城镇之中，并和城墙相连。

这种灰狗是打猎的好帮手。

回家
这个14世纪的骑士回家了，他戴着露面钢盔，城塔上的人向下观望。

帽子
图中的这个贵族戴了一顶羽冠，这是典型的15世纪的帽子。

个人物品
君主有自己的一套餐具。这是一套4把刀里面的两把，上面有勃艮第·约翰公爵的纹章。

切肉的刀

吃饭的餐刀

在1371年到1404年间使用的纹章

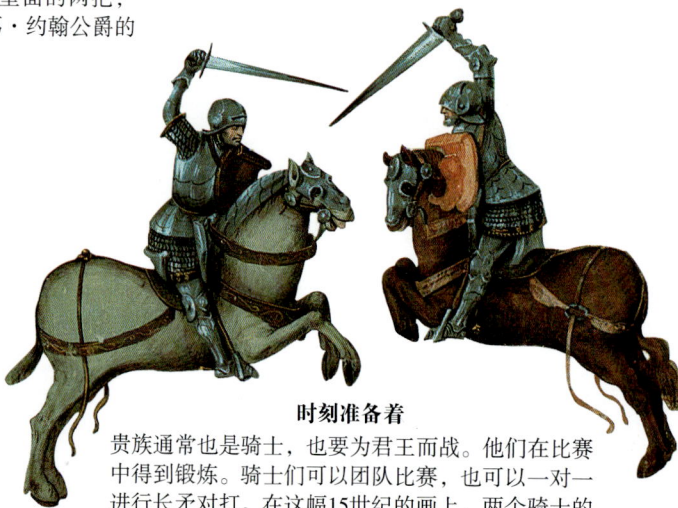

时刻准备着
贵族通常也是骑士，也要为君王而战。他们在比赛中得到锻炼。骑士们可以团队比赛，也可以一对一进行长矛对打。在这幅15世纪的画上，两个骑士的长矛已经被打落，正在用各自的剑对打。

象牙做成的珠宝箱
图中的这个法国珠宝箱是用象牙雕刻而成的，上面雕刻着13世纪法国爱情小说*Châtelaine de Vergy*中的情节。这个珠宝箱制作于14世纪上半期。

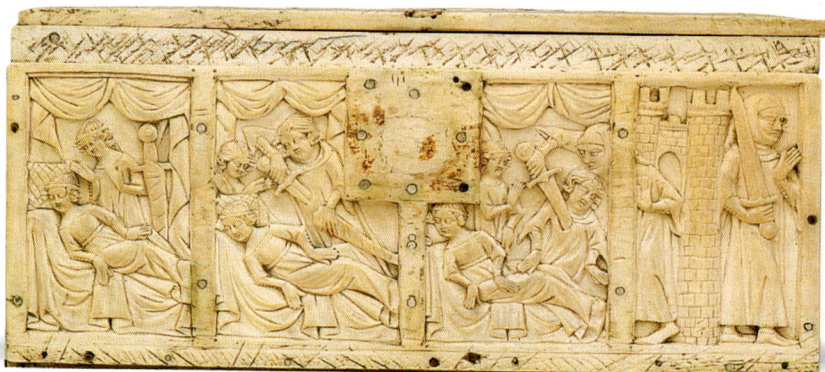

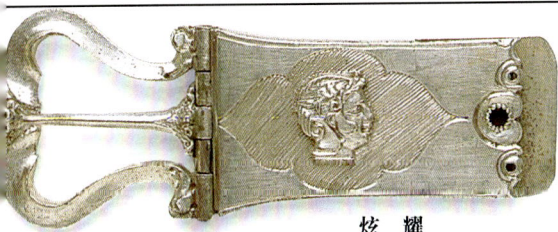

贵族的富有从他们的亲属和家臣身上
都能看出来。这个15世纪早期的银带
扣是在希腊的卡尔息斯市发现的。

贵 族

在动乱的10世纪和12世纪，小城堡的贵族
对于穿着是不讲究的，那些大城堡的贵族
却很在意穿着。图中的这个15世纪的贵族
穿着的长袍叫作胡普兰衫。

紧身上衣
的领子

徽章领子

徽章吊坠

亚麻衬衫

镀银腰
带佩饰

宽袖

腰间的
钱包

柔软的长袍

羊毛紧身裤

银

内 衣

14和15世纪的男子在长袍
里面会穿一件紧身上衣，
上衣里面还要穿一件衬
衫。衬衫非常的朴素、实
用，一般会用亚麻来做。

炫 耀

这个14世纪早
期的腰带佩饰
镀有一层银，镶嵌
在腰带上。这也是
在希腊的卡尔息斯
市发现的。

尖头皮鞋

纺织物

中世纪的人们通常自己做衣服。他们或是自己动手织布纺纱，或是直接购买亚麻做成衣物。羊毛是最普通的纺织物。富人则穿质量更好的衣服，如亚麻或丝绸布料。人们的衬衫都是亚麻的，因为亚麻紧贴皮肤时感觉很舒服。各式各样的丝绸制品在中世纪也流行起来。

染 缸
衣服在装满天然染料的染缸里上颜色。天然染料通过煮植物的根和叶获得。白脱牛奶是一种非常有效的漂白剂。

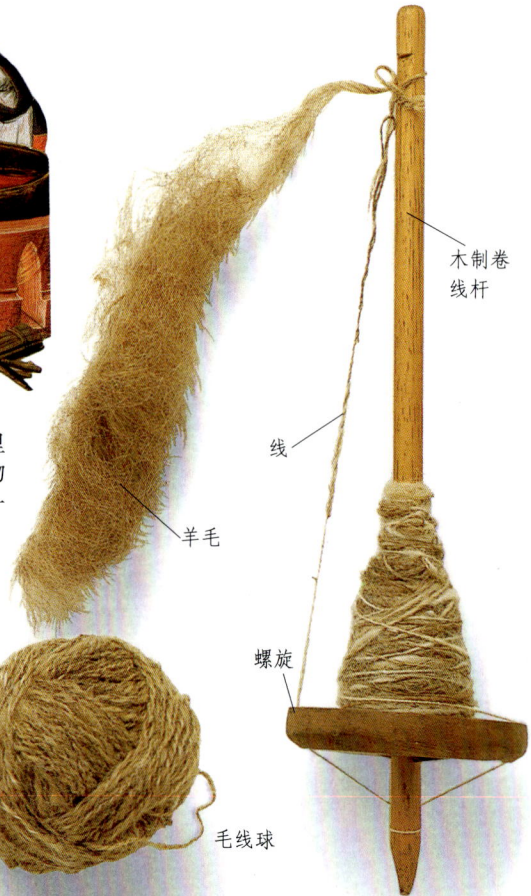

木制卷线杆

线

羊毛

螺旋

毛线球

有弹性的裁刀尾部

利刃

裁布的剪子

内刃

羊毛剪

裁 刀
这样的小裁刀只能用来裁布。裁刀的两个剪臂尾部相连，只要把两个剪臂向一起按就可以裁剪东西了。

纺毛线
先把羊毛从羊身上剪下来洗干净，捋顺，然后将这些毛拧成毛线。

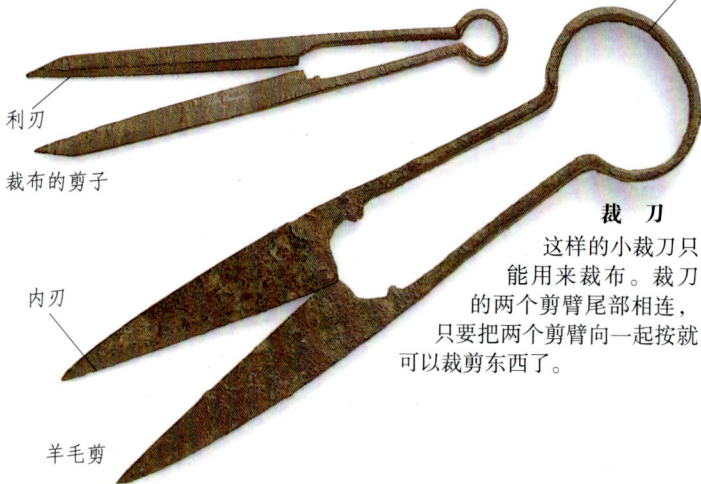

铁刃

卷线杆

皮革制品

皮革可以制成皮鞋、马鞍、皮衣、刀鞘、皮腰带，铠甲上也有皮质品。有些水罐和水桶也是皮革制成的。

皮匠
画上是一个在做生意的皮匠。

利刃
这把刀是用来切割皮革的。皮匠手握刀柄前后移动，就可以切开皮革了。

旋转轮子带动捻
线杆的旋转

转动带有大轮子
的捻线机

操作工用手把
羊毛捻成线

羊毛

纺纱

大多数妇女都会纺纱，图中这个
14世纪的妇女正在操作捻线机。大
轮子带动卷线杆旋转，拧成了线的纱丝
就会缠绕到卷线杆上，这些羊毛线送入织布
机就被织成布。

田野里

城堡所需的大多数食物都种在城堡四周的地里，当然这些地属于城堡的主人。从事耕种的农民居住在附近的村庄里，当灾难来临时，农民和他们的牲畜可以得到城堡主的保护。在中世纪，农业种植是一项非常艰辛的工作。为了耕地、播种、收割，农民们一年四季都要风雨无阻地早起。

播种
种子通常被兜在布里，农民再用手将种子播在地里。

剪枝
每年的3月份，人们都用一种短柄钩镰给葡萄树剪枝。

耕作
农民通常用牛拉犁，一般是4头或者更少，正如14世纪的这个瓷砖画描绘的。

镰刀
到了7月份，农民用镰刀收割庄稼。一部分秸秆留在田地，给牛当饲料。小麦和大麦经过打谷分离出谷粒再磨成面粉。

扬场
这是15世纪早期法国贝里公爵《祈祷书》中6月的情景画。图中男人们用长柄镰刀割断干草，妇女们将干草扬起，以吹掉干草中的杂质。

二粒小麦的麦穗和谷粒

铁镰刀

拉车
这辆14世纪的干草车正在上坡。

242

葡萄酒
这张15世纪的佛兰德斯画展示了人们对葡萄树的精心护理。葡萄采摘下来放在大桶里，然后工人赤脚踩在上面，挤出葡萄汁。这些葡萄汁被收集用来发酵酿酒。

繁重的劳动
这是15世纪的插画，描绘了农民种植前用锄头翻地的情景。

土地之子
农民是不允许离开土地的。农民生产出来的粮食一部分要作为赋税交给主人。他们靠天吃饭，灾荒之年只能挨饿。14世纪的黑死病就夺走了很多农民的生命。

皮帽

叉

粗质羊毛束腰外衣

皮包

叉 子
这个干草叉有两个叉齿，用于把干草捆叉上车。

斧子

斧 子
斧子可以用来砍树、劈柴或者截断圆木。

"鸟嘴"

钩镰
这个工具是剪枝用的，利刃很长，还带着一个"鸟嘴"。

暖和的紧身羊毛裤

适于艰苦工作的硬皮靴

243

城堡中的动物

城堡里会饲养一些给居民提供肉类食品的牲畜。一些牲畜在院子里圈养，一些则在田野里放养。冬天快到时，大部分牲畜会被宰杀，因为没有足够的饲料让所有的牲畜度过冬天。畜肉会用盐腌渍或用烟熏过后挂在储藏室中保存起来。中世纪的家畜个头小、毛少、肉少，奶也少。当然人们也会猎一些野味。

科茨沃尔德长毛绵羊
中世纪的绵羊是不可或缺的动物，羊肉可食用，羊皮可以做成用来书写的羊皮纸，羊毛可以做衣服。

甜料
糖在当时非常稀少昂贵，人们更多食用蜂蜜。蜂匠们通常用柳条编织蜂巢。

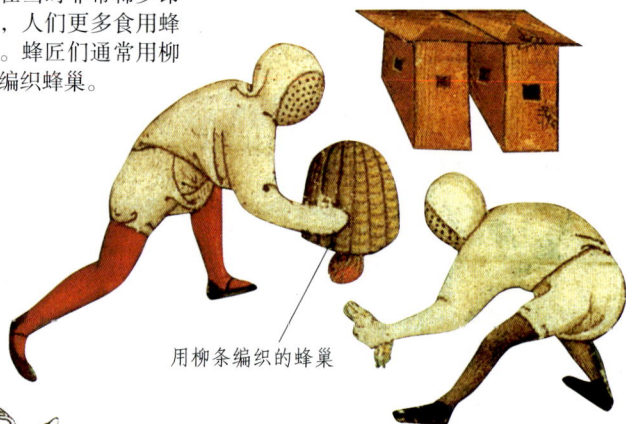

用柳条编织的蜂巢

一月又一月
这是12世纪的一套象牙游戏币中的一个。每一个游戏币上都刻有不同月份。

十二天宫的白羊座标志

扛着木棒的男人代表1月份

又长又弯的羊角

巴高特山羊
巴高特山羊最早是14世纪十字军撤军时从圣地巴勒斯坦带回欧洲的。

新鲜的蛋
小鸡可以在城堡的庄园里面放养，或圈养。

中世纪的猪
中世纪的猪长得和野猪差不多，但是远不及现在的畜养猪肥壮。

像野猪一样黑而多毛

抓兔子

猎手把雪貂放进兔子的一个洞口，在另一个洞口放一张网抓逃出来的兔子。

野鸡

人们经常用弓箭射杀或用猎鹰捕杀野鸡来丰富餐桌。

林中放猪

为了满足冬季肉食的供应，人们经常在11月把猪赶到附近的林地里。在这张15世纪的画里，人们打落橡树果来喂猪。

斑点绚丽的毛皮

宽宽的牛角

冬天既长又密的羊毛很保暖

牛乳头

长角牛

长角牛自石器时代就被人类驯养，牛肉味道鲜美，牛皮用作经久耐用的皮革。牛还可以套上轭拉着犁去耕地。奶牛还能产奶。

245

城堡的建设者

淡水资源丰富的合适位置被选定后，君主签订合约雇佣一个建筑师设计和建造城堡，备受尊崇的建筑师也会雇佣一个职员做预算和采购建筑材料，再下面就是施工队了。他们分工明确：采石工在采石场获得石料；石匠切下质地好的建筑用石，再雕刻一些装饰图案；泥瓦匠再用这些石头去垒墙。

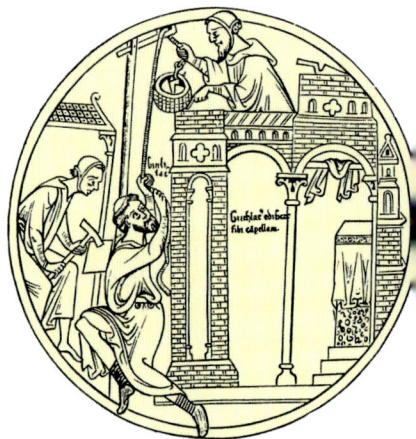

默契的配合
左边那个13世纪的石匠正在修石，右边一篮子石块正在向上吊运给墙头上的工人。

铁撬
铁撬是不可缺少的搬运工具。

凿子
从12世纪开始，凿子的用途越来越多，并取代了斧头成为凿石头的主要工具。

圆规
圆规用于量取石块的长度、画圆或雕刻。

建设者
工人们利用木制斜坡和独轮车运送石料。

修石
修整石块是一项高难度的工作。图中这个15世纪的石匠正在研究方形石块是否符合他要的尺寸。

测量臂

泥铲
工人用泥铲将灰泥砌上墙。灰泥由石灰和沙子混合而成，可以把石灰墙和琢石粘在一起。到了中世纪后期，人们开始用灰泥建造砖砌城堡。

凿子
凿子用来凿断和装饰石料。

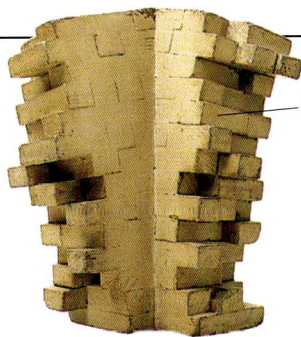

拱顶
为了负载石制屋顶的质量，诺曼时期的工人利用肋架拱顶，在两个对角支柱上面建造拱顶。这个是拱顶的支柱内侧。

穹窿

篱笆

涂料

垂直
君主正在和一个手拿铅锤的建筑师谈话。铅锤用来检查高墙是否垂直。

铅锤

篱笆和涂料
城堡庭院里的很多建筑都是木制结构，立柱之间的缝隙用篱笆填充，外面涂上涂料。

库西堡
这是法国埃纳的库西堡城塔模型，库西堡是在1225—1245年间由公爵恩德朗三世建造的。

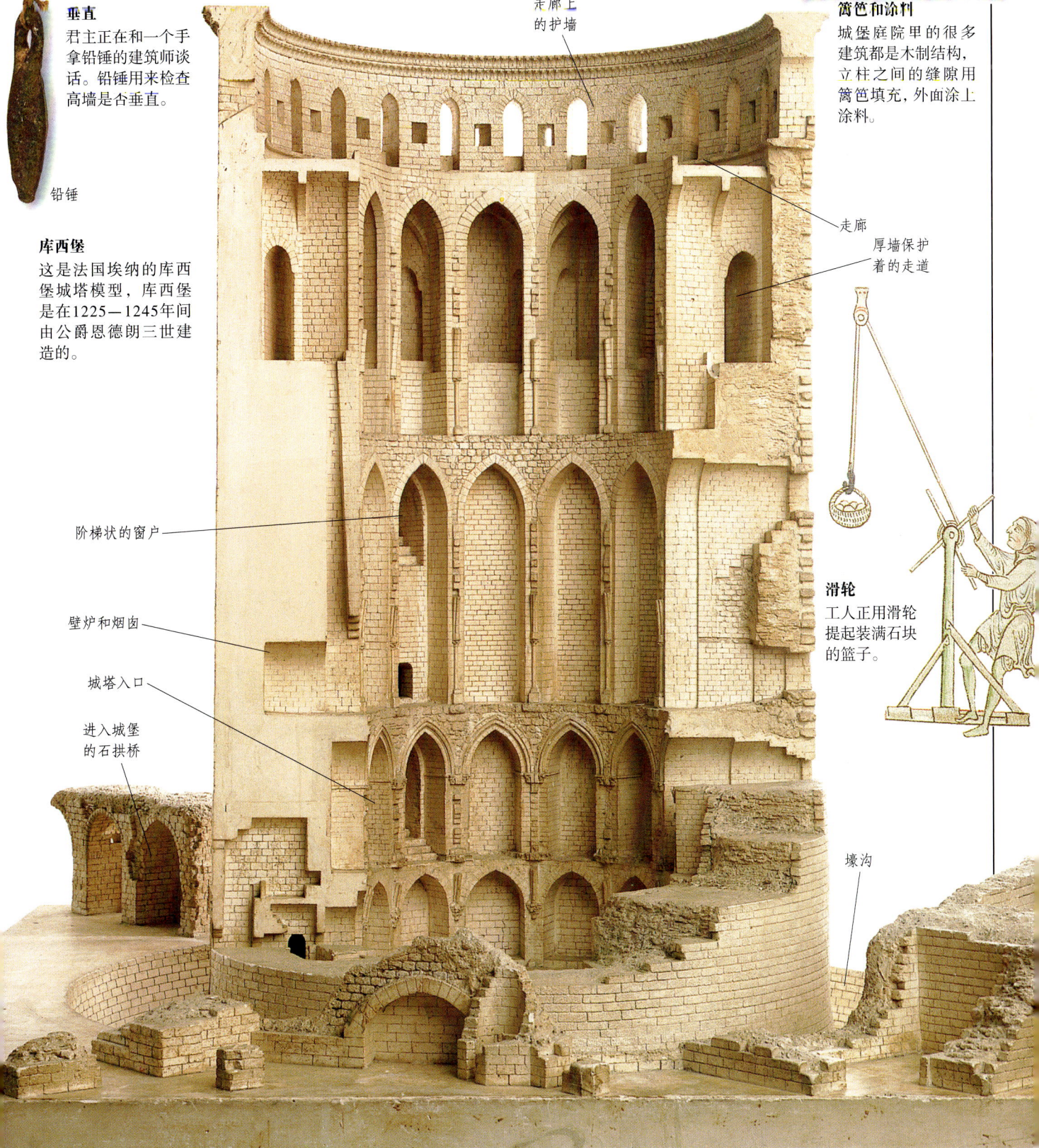

走廊上的护墙

走廊

厚墙保护着的走道

阶梯状的窗户

壁炉和烟囱

城塔入口

进入城堡的石拱桥

滑轮
工人正用滑轮提起装满石块的篮子。

壕沟

247

木匠

12世纪之前，木制城堡比石制城堡更常见，这需要大量的专业木匠来制作木栅栏、木通道、城门楼、外庭建筑和台基上的木塔。当石制城堡流行起来以后，一些防护设施仍然需要用木头来做。即使在石制的建筑中，庭院建筑也通常是木制的或骨架是木制的，房顶、天花板的横梁、地板以及家具等也是木制的。如果战争之时，木匠还要做弹弓和其他的机械装置来自卫。

临时围墙
可移动的木制临时围墙由在防卫墙上伸出的横木支撑。

斜坡式的屋顶
庭院建筑通常采用高斜度的屋顶。在这幅图中，房顶的大多数椽已经被去除了，我们可以看清载重的主梁。

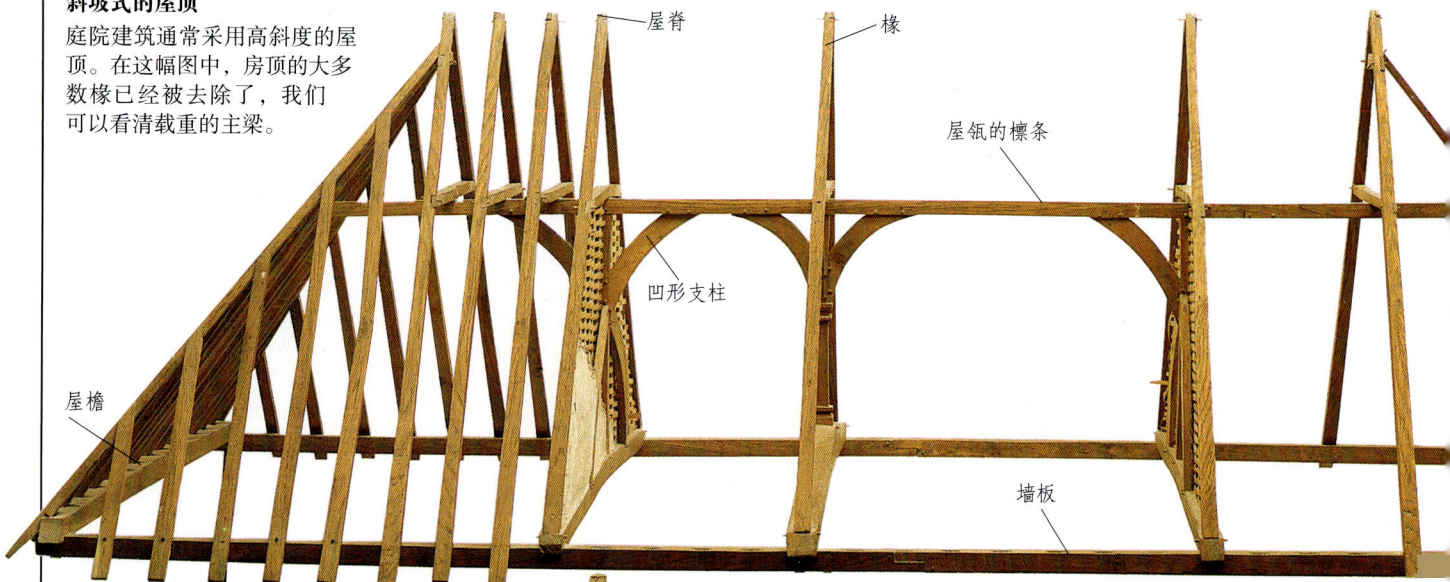

屋脊

椽

屋瓴的檩条

凹形支柱

屋檐

墙板

刨平
横梁要用刨子刨平。

连接
几种方法可以把木块连接起来。通常的做法是修理木块，使上下两块可以完全密合起来，或是一个套在另一个里面，或是用木钉把木板钉起来。

木门
图中的这扇门有两个门板。城堡主要的大门是由结实厚重的木板做成的，有时还要用铁条加固。

不称职的工人

这是来自14世纪早期英格兰特灵古镇的瓷砖，图中一个木工头在责备一个木匠。

锯

这两个木匠正在用双人锯截木头。

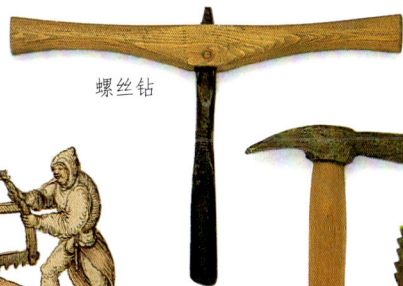

螺丝钻

锤子

木匠的工具

中世纪木匠的工具和现在的很相像，螺丝钻用来钻孔，手锯用来截细木头。

手锯

木匠

熟练的木匠往往供不应求。由于木材短缺，建造城堡时，需要一个木匠来修理损坏的物品。

系梁

锥子

钩镰

阔斧

扁斧

凿子

顶 针
女裁缝需要一枚顶针来保护手指，金属匠就要为她做个这样的东西。

金属制品

城堡里的人们使用各种各样的金属制品。铁制品在日常生活中随处可见，从马掌、马具到围攻器具、门环、工具、桶箍铁门等。所有这些金属制品都是由本城堡中的铁匠打造的。统治者不断地从当地商人那里为自己和骑士购买盔甲，有钱的统治者的一些盔甲甚至在国外订做。

工作中的铁匠
在这张15世纪的画中，铁匠正在打凿一块放在铁砧上的铁片，他们的工具挂在背后。

平头剪
平头剪用来把铁皮切割出所需的基本形状。

切割刀刃

防护和危险
像图中这种16世纪骑士的盔甲和武器经常会在战斗和马上比武中损坏。军械士负责修理，他们在城堡中的作用不可替代。

固定
在打造金属时，人们用钳子来固定金属以防其移动。

手柄

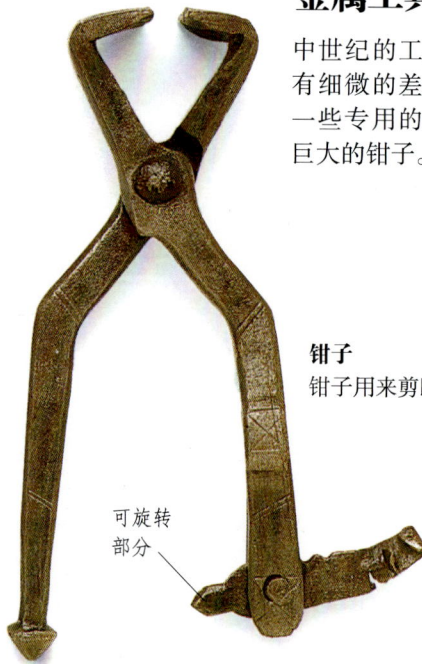

金属工具

中世纪的工具和现在的工具有细微的差别。军械士另有一些专用的工具，比如这个巨大的钳子。

钳子
钳子用来剪断金属丝。

可旋转部分

铜
在这张14世纪的图中，一个铁匠正在加工铜器。

餐具

每一个用餐者都拥有一个特制的专用汤匙。像图中这个15世纪的汤匙一样，大多数汤匙由铜合金做成，有钱人家则用银制餐具。

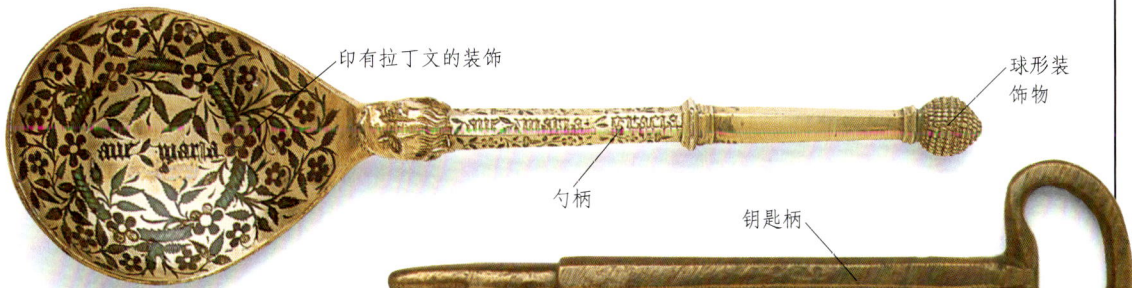

印有拉丁文的装饰

勺柄

球形装饰物

钥匙柄

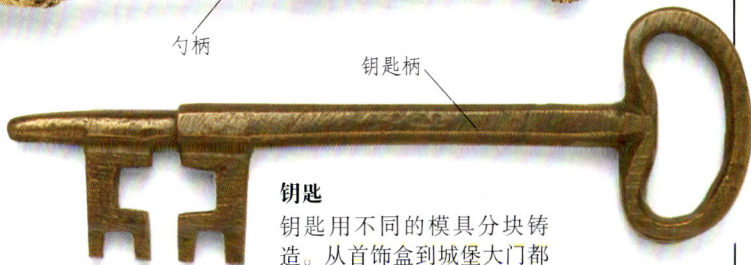

钥匙

钥匙用不同的模具分块铸造。从首饰盒到城堡大门都要用到钥匙。

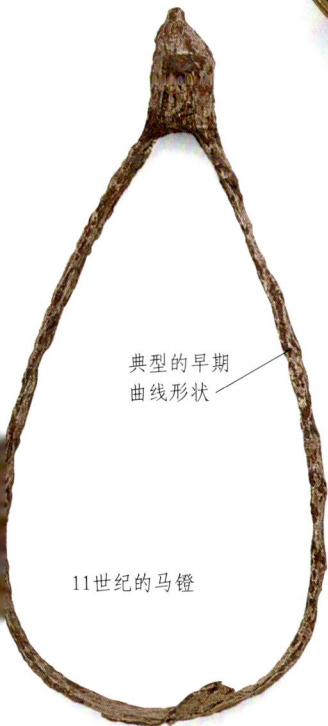

典型的早期曲线形状

11世纪的马镫

连接皮带的扣环

14世纪的马镫

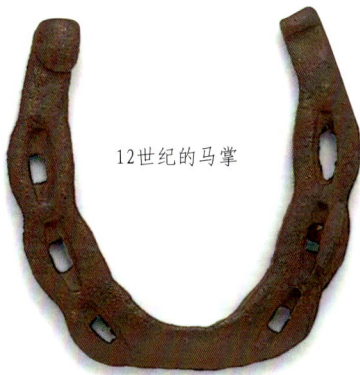

12世纪的马掌

马掌

直到12世纪，马掌才成为人们生活中的必需品。中世纪的一些马掌的一侧有一个突起，可以防止马滑倒。这些对以马背为家的骑士来说很重要。

马镫

马镫是骑士装备的重要部件。人们一般用皮带来做马镫。马镫渐渐成了平民日常骑马时的必需品。

熔化的金属倒入这里

模具

有些金属制品是把熔化的金属液倒入模具中做成的。这个15世纪的塑像是把铅加温熔化，浇铸成形。

铸　造

这幅画展示的是19世纪的铁匠铺，与现今同行使用相似的工具。

塑像

模具

衰落的城堡

到15世纪末期，社会秩序越来越稳定，城堡渐渐失去了军事地位。14世纪早期，枪械在欧洲出现，但是仍然无法摧毁城堡，城堡的建设又持续了200年。进入16世纪后，一些城堡在军事上继续使用，咽喉要地也用作兵营。但更多城堡坍塌废弃了。在18和19世纪，人们逐渐又开始重视这些城堡，因为它们是中世纪的象征。

火药的先驱者
罗杰·培根是一名修士，以著作科学技术方面的书籍而闻名，是西方第一个描述制造火药方法的人。

土耳其人的进攻
1453年，土耳其人试图攻进固若金汤的君士坦丁堡，这是基督教拜占廷帝国最后的堡垒。土耳其人的火炮在城墙上留下了密密麻麻的洞。

迪尔城堡
这个堡垒位于英格兰小镇迪尔，是亨利八世在15世纪30年代建造的，是英国沿海防御建筑的一部分。

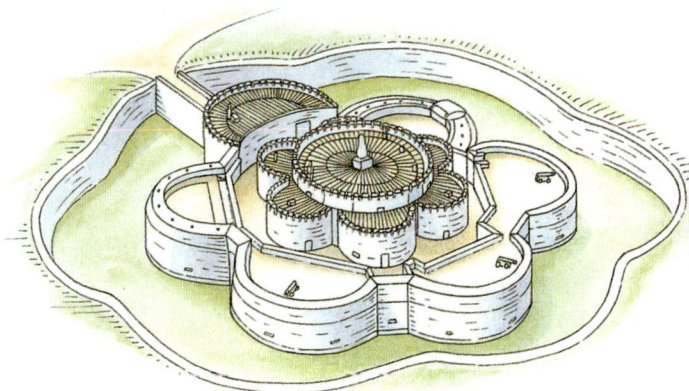

瓶状火炮
最早关于火炮的画是1326年在英国出现的，它们像花瓶捆绑在一个木架上。这样的火炮可以发射较大的金属镖。

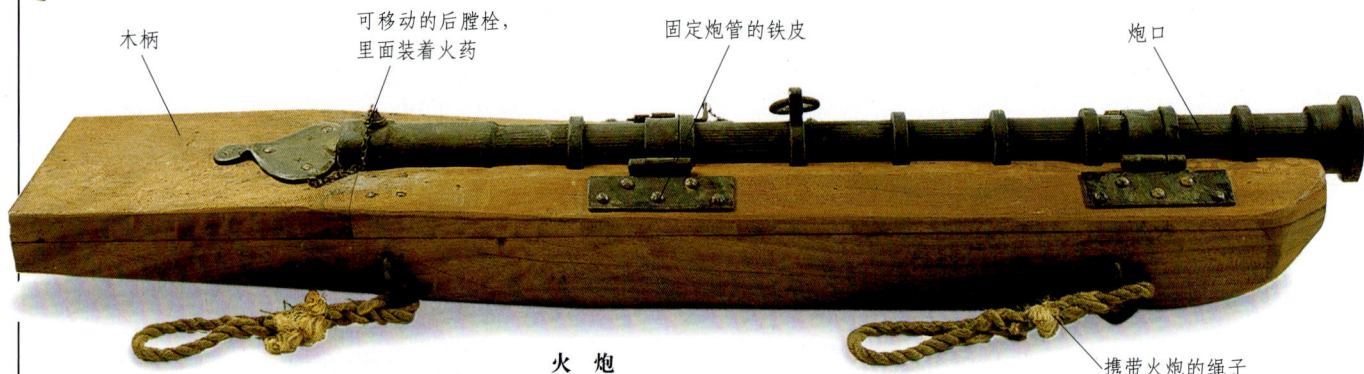

木柄

可移动的后膛栓，里面装着火药

固定炮管的铁皮

炮口

携带火炮的绳子

火　炮
巨大的射石炮用来轰炸厚厚的石墙。小一点的火炮，如图中的复制品，则便于携带。到了15世纪，一些火炮上安装了轮子。

神话般的城堡
德国的新天鹅石城堡由巴伐利亚的国王路德维希二世在19世纪后期建造。城堡的设计师深受中世纪浪漫主义的影响。

支撑炮身的凹口

14世纪后期手枪的复制品

木盾

标识射手所属君主的纹章

铁管

铁制半球形帽子

防弹衣，里面是铁皮

铁制小圆盾

木支架

枪 手
早期的手枪需要枪手躲在大盾后面发射，可以用烧红的金属丝引燃，也可以用硝酸钠浸泡过的粗线做成的火柴引燃。在城堡里面，枪可以拿到城墙的枪眼处发射，大型枪炮则要到城墙的开垛口处发射。

这种15世纪的晚礼服叫作胡普兰衫

他们是谁?

城堡的居民通常和一个小村庄的人数旗鼓相当,包括君主及其一家、官员、士兵、内侍、外事人员、仆人,甚至还有一群演艺人员。据说在14世纪,英格兰的温莎城堡里光内侍就有400个。

城堡的主人

贵族和他的家庭

城堡的主人既是贵族也是骑士,他们誓死效忠国王,在战争中保护国王,也要管理自己的领地。

女主人,虽然她没有自己的权力和财产,但是也有些相应的指挥权,因为她要负责这个大家庭的收支账目、管理厨房、招待重要的客人和照顾孩子,丈夫外出时,还得独自负责所有家务。

贵族的孩子,在7岁时会送往别的贵族家庭学习。女孩子学习交往礼仪方面的知识、纺纱、缝纫、管理家务。男孩子送到城堡后成为骑士的侍从,他们也要学习交际礼仪,而且还要照顾贵族的饮食,并开始成为扈从乃至骑士。除了长子,其他孩子是不继承财产的,而且会被送往教堂,因此就不会经过扈从训练而成为骑士。

官员

主管是城堡的二把手,君主不在时负责整个城堡的事务,很多城堡的主管由城堡主的亲戚担当。

管家也非常重要,他要管理城堡的财务收支,还得组织农场里的劳动,城堡主外出时,负责主持庄园法庭。如果君主有几个毗邻的庄园,管家的作用就更大了。

内侍管理着城堡里从侍女到侍从的所有人员。

司库负责替君主收取赋税和租金,也负责发工资或其他支出。

监守负责给庄园里的农民分配工作,管理牲畜,负责城堡和外围建筑的维修工作。

领班直接工作在监守手下,他也是一个农民,是由农民自己选出的管理劳动的人。

教士其实就是城堡教堂里面的牧师,是城堡受过最好教育的人,往往也是唯一可以读写的人。他平时负责处理君主的信件和文件,有时也教城堡主人的孩子读写。

治安官由君主任命,是警察部门和当地政府职能的统一。君主不在时,治安官以一个处在城镇战略要地的城堡作为基地,负责整个城镇的安全。有些治安官就是城堡的主人。

领班的白色手杖是权力的象征

领班

仆 人

侍从和扈从出身贵族，但是要服侍君主，例如君主吃饭时，他们要把饭菜端上桌。

奶妈负责全天候照顾贵妇及其婴儿。

家仆的服务性工作是全方位的。女仆人有洗衣工、缝纫工、纺纱工、织布工；男仆人有泥瓦匠、木匠。他们负责城堡日常生活所需的各种工作。

厨房工人大多数是男性，有厨师、面包师、管理餐具室和食品室的司膳总管、啤酒师、酿酒师、装瓶工人、管理酒窖的司膳总管、厨子，还有一些帮手。也有一些酿啤酒的女人，她们叫作啤酒女工。

外事仆人，包括马夫、铁匠、军械士、园丁、养蜂人、猎人、猎兔者，还有养狗者。放鹰者也很重要，鹰既可以当宠物玩，也可以利用它们去猎取小动物。

家臣是一些受信任的老仆人，他们通常为主人服务了一生。作为回报，他们老态龙钟不能干重活或完全丧失了劳动能力后，会得到主人的照顾。

画中描绘的官廷侍女

侍女都是一些有教养的受过良好教育的贵族随从。

卫戍部队

骑士领导卫戍部队守卫城堡。他们通常会携带家眷。每一个骑士会有一个扈从跟随，扈从会照管武器、盔甲和战马，在战场上也会帮助骑士。

佣兵是一支不可轻视的防御力量，尤其在13世纪后期到14世纪，封建制度开始衰落的时候。很多佣兵都是赤脚上战场的，他们用的是弓箭和一些最普通的武器，例如斧子、锤子、长矛之类。佣兵因为耗费比较少，所以最终取代了骑士。

政治犯人通常被关押在城堡里，尤其是那些下面有地牢的城堡。

传令官是给君主送信的士兵。

骑士和扈从

供人娱乐者

敲打定音鼓的歌手

乐师有时候会被有钱的贵族永久性雇佣，专门给贵族和客人娱乐，在礼堂里奏乐。有些贵族甚至有自己的诗人、说书人和小丑。

巡回艺人会被那些没有自己乐队的贵族请来为自己表演。其中有吟游诗人和民谣歌手，另外还有哑剧演员。

第五章
武器与铠甲

人们为了狩猎、攻击他人或者保护自己，总是要使用武器。而黄铜、青铜和铁等金属的发现，引发了工具和武器制造的革命，工具和武器都开始变得日益牢固和强大。

史前武器

人们为了狩猎、攻击他人或者保护自己总是要使用武器。在旧石器时代，人们使用武器的主要目的仅是为了狩猎。早期人们发现，把坚硬的石头，削成锐利的形状，就能用来杀死动物。在数千年后的石器时代，手柄的发明为武器带来革命性变革。人们发现，在斧子或者矛的顶部捆绑上一个把手，攻击的威力会更大。

燧石片

握持手斧的正确姿势

锤断燧石
制作燧石工具，首先用一块石头将一块大燧石锤成小块。

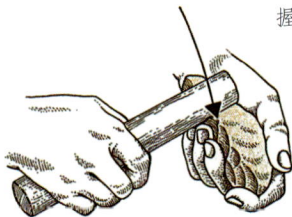

做成碎片
用木制或骨头制锤了把燧石打制成工具或者武器所需要的形状。

加压剥离
用一件骨头、石头或者木材制成的工具打磨燧石的表面。

燧石块
最初的工具和武器类似上图的燧石块。

粗糙的石器时代的手斧
公元前25万年—公元前7万年（右图）
这种石器时代的手斧和259页左上图所示的手斧是同一时期，但是技术含量低于后者。

两把石器时代手斧
公元前30万年—公元前20万年
这两把斧子是由现代人类的祖先打造的。

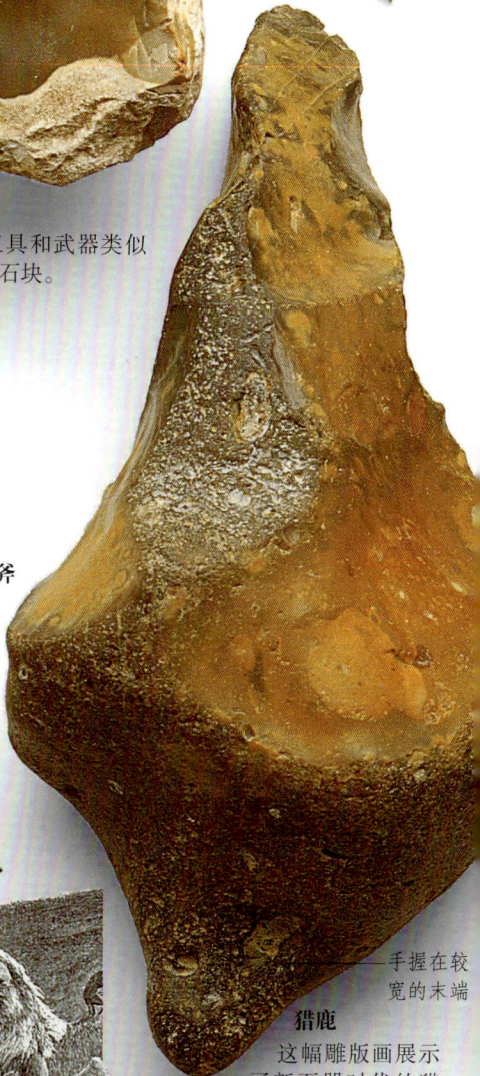

手握在较宽的末端

猎鹿
这幅雕版画展示了新石器时代的猎人正在用一把燧石斧子宰杀一头鹿。

258

两把成形的石器时代手斧
公元前25万年—公元前7万
年（左图和下图）
当石器时代的人猎杀动
物时，他们将手斧当
作武器使用。

粗糙的刃口

石器时代中期手斧
公元前8万年—公元前4万
年（右图）
这两把手斧年代相差不
远，由尼安德特人打造。

上图所示的是在西班牙境内的雷米
西亚水平洞穴发现的一幅石洞岩
画。这幅岩画绘于公元前1.2万
年至公元前3000年之间，以石
器时代的弓箭手为主题。

矛头部的尖端

矛头
公元前2万年
这种类似于矛头的东
西是由智人打造的。
那时人们已经发明了
手柄。

石器时代猎杀猛玛象的情形
图中的这只猛玛象被猎手们驱赶到陷阱里
后，被用岩石砸死，身体上的矛应该是用锋
利的木材削制的。

石器时代的猎手
在欧洲国家发现
的石洞岩画展示了
石器时代的猎人们
猎杀动物的情形。

投射武器

挥舞棍棒、投掷石块、发射弹弓或者射箭都是在使用投射武器。自史前时期以来，这种投射武器就被用于狩猎和搏斗。与众不同的投射武器还包括澳大利亚土著居民的传统武器回飞棒，以及中非和西非部落成员使用的形状古怪的投掷武器。

石制箭头

亚述人马术师
在这幅亚述人的浮雕中，一位马术师手持一把长枪，腰佩一把剑，背挎着一张弓和几支箭。

回飞棒 左图
这种大型木制回飞棒只能直飞，不会返回投掷者的手中。

坚硬的木材

握持处

敲击的尖端

投掷回飞棒
澳大利亚土著居民正在使用回飞棒。

防守棒 上图
这种澳大利亚土著居民使用的防守棒可以让矛和回飞棒之类的投射武器偏离原来的方向。

锐利的末端

投掷棒 右上图
澳大利亚土著居民利用投掷棒的末端将对手打昏。

澳大利亚土著居民狩猎图
这幅19世纪的油画中，一群澳大利亚土著居民正手持手杖、盾牌和鱼刺进行狩猎竞赛。

澳大利亚土著居民的枪 上图
枪由石头或骨头制成，这种标枪的顶端和石器时代猎人使用的矛头大致相同。

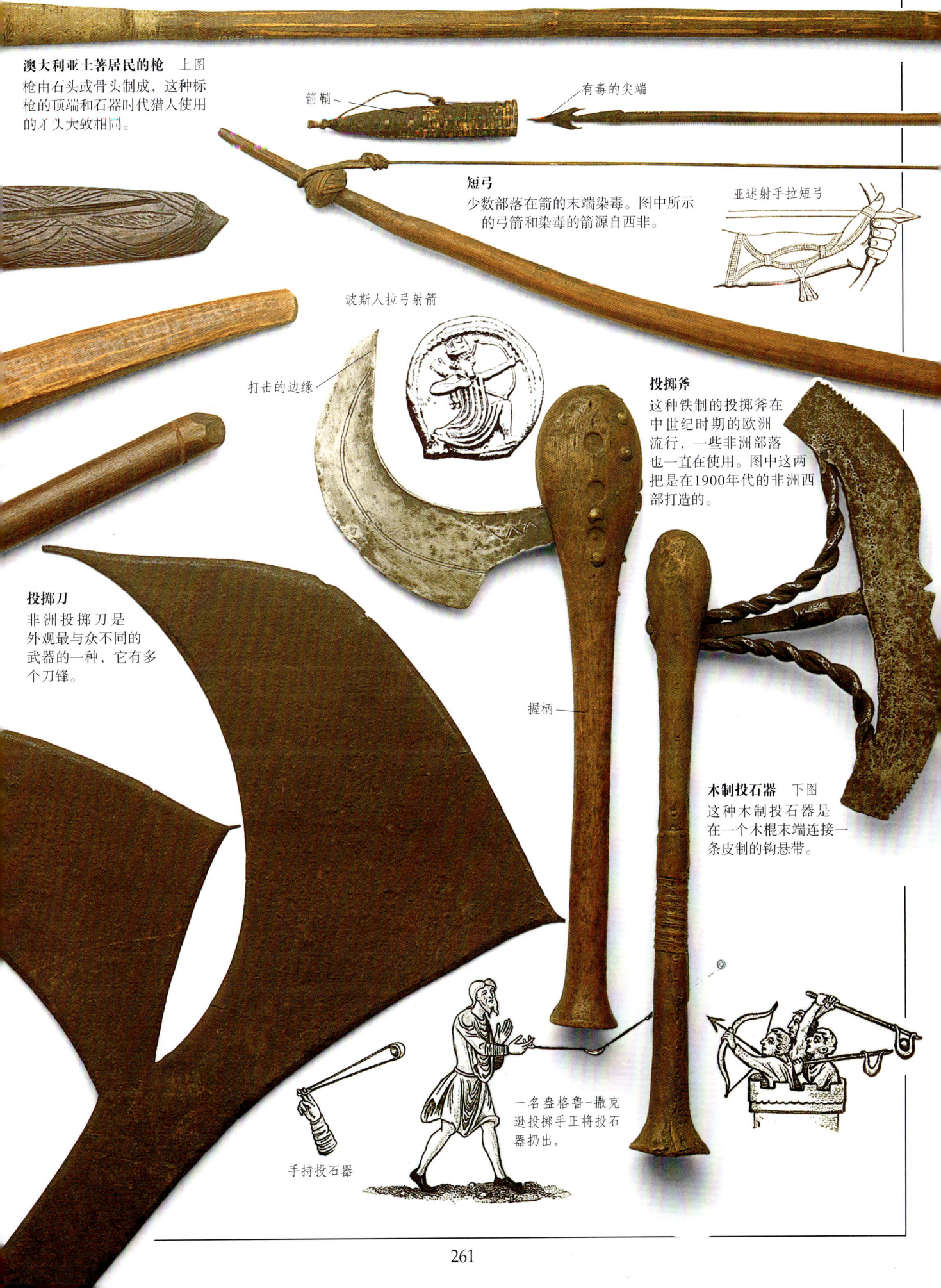

箭鞘

有毒的尖端

短弓
少数部落在箭的末端染毒。图中所示的弓箭和染毒的箭源自西非。

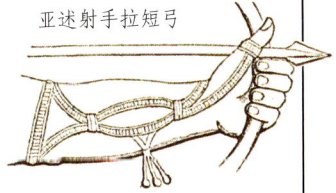

亚述射手拉短弓

波斯人拉弓射箭

打击的边缘

投掷斧
这种铁制的投掷斧在中世纪时期的欧洲流行，一些非洲部落也一直在使用。图中这两把是在1900年代的非洲西部打造的。

投掷刀
非洲投掷刀是外观最与众不同的武器的一种，它有多个刀锋。

握柄

木制投石器 下图
这种木制投石器是在一个木棍末端连接一条皮制的钩悬带。

一名盎格鲁-撒克逊投掷手正将投石器扔出。

手持投石器

最早的战士

黄铜、青铜和铁等金属的发现引发了工具和武器制造的革命。在青铜器时代的早期，斧子和矛仍然是用皮制的带子或者绳子固定在一个手柄上，但到了青铜器时代的晚期，人们通过牙槽将武器更为牢固地固定在握柄上。在公元前6世纪和公元前7世纪，凯尔特部落的人们开始使用铁以及青铜制造的工具和武器。

制造工具或者武器的铸块碎片

插入把手的牙槽

燧石打制的箭头

若

倒钩

燧石打制的箭头
约公元前2500年，人们用上图这些带有倒钩和苫的箭头打猎和战斗。

凯尔特战士，公元前450年

戟刃
公元前2300年—公元前1600年（下图）
在爱尔兰和欧洲大陆都制造过这种用黄铜制成的戟。

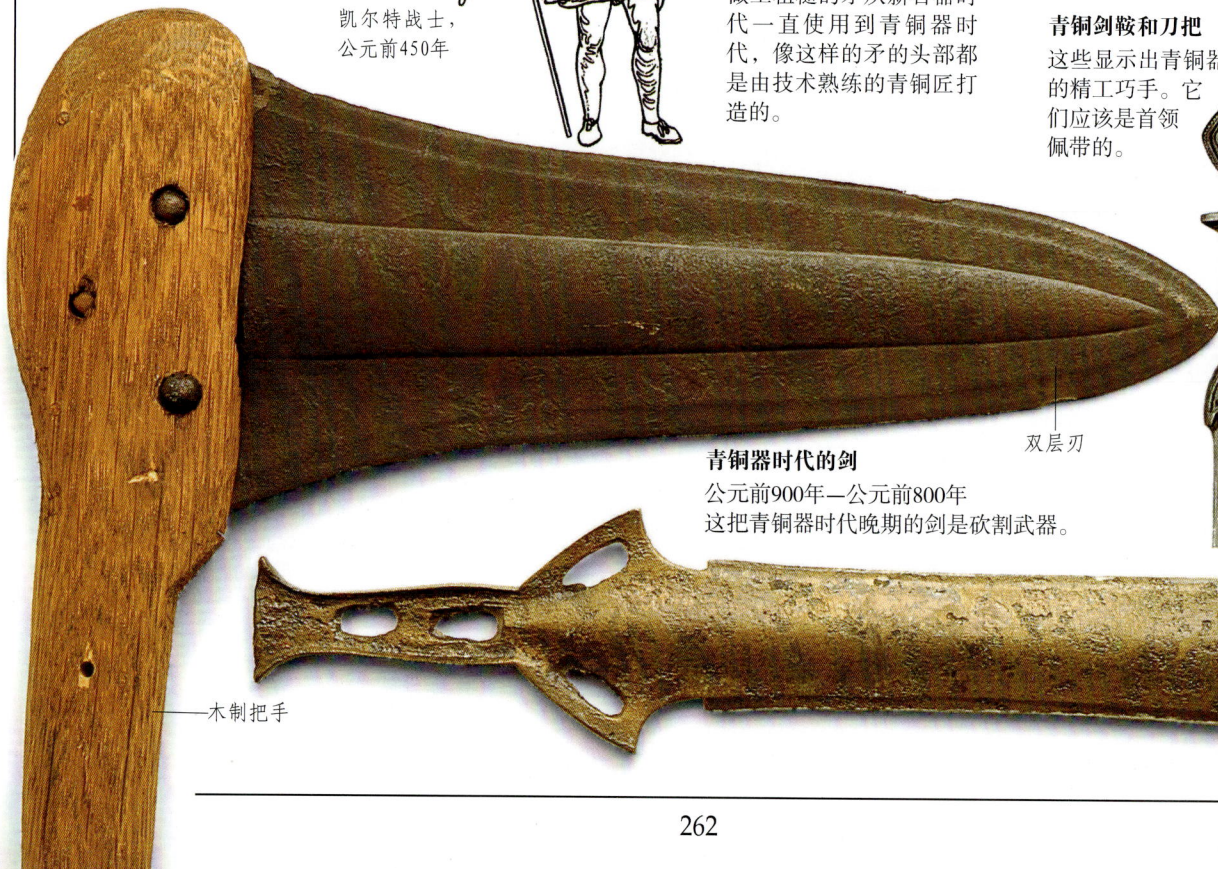

一条细绳将斧头穿过这个环固定在手柄上

青铜斧子头
公元前750年—公元前650年
到晚青铜器时代，青铜匠们学会了将带有牙槽的斧子插上木制的手柄。

青铜制的矛的头部
公元前900年—公元前800年（上图）
做工粗糙的矛从新石器时代一直使用到青铜器时代，像这样的矛的头部都是由技术熟练的青铜匠打造的。

青铜剑鞍和刀把
这些显示出青铜器时代晚期青铜匠们的精工巧手。它们应该是首领佩带的。

双层刃

青铜器时代的剑
公元前900年—公元前800年
这把青铜器时代晚期的剑是砍割武器。

木制把手

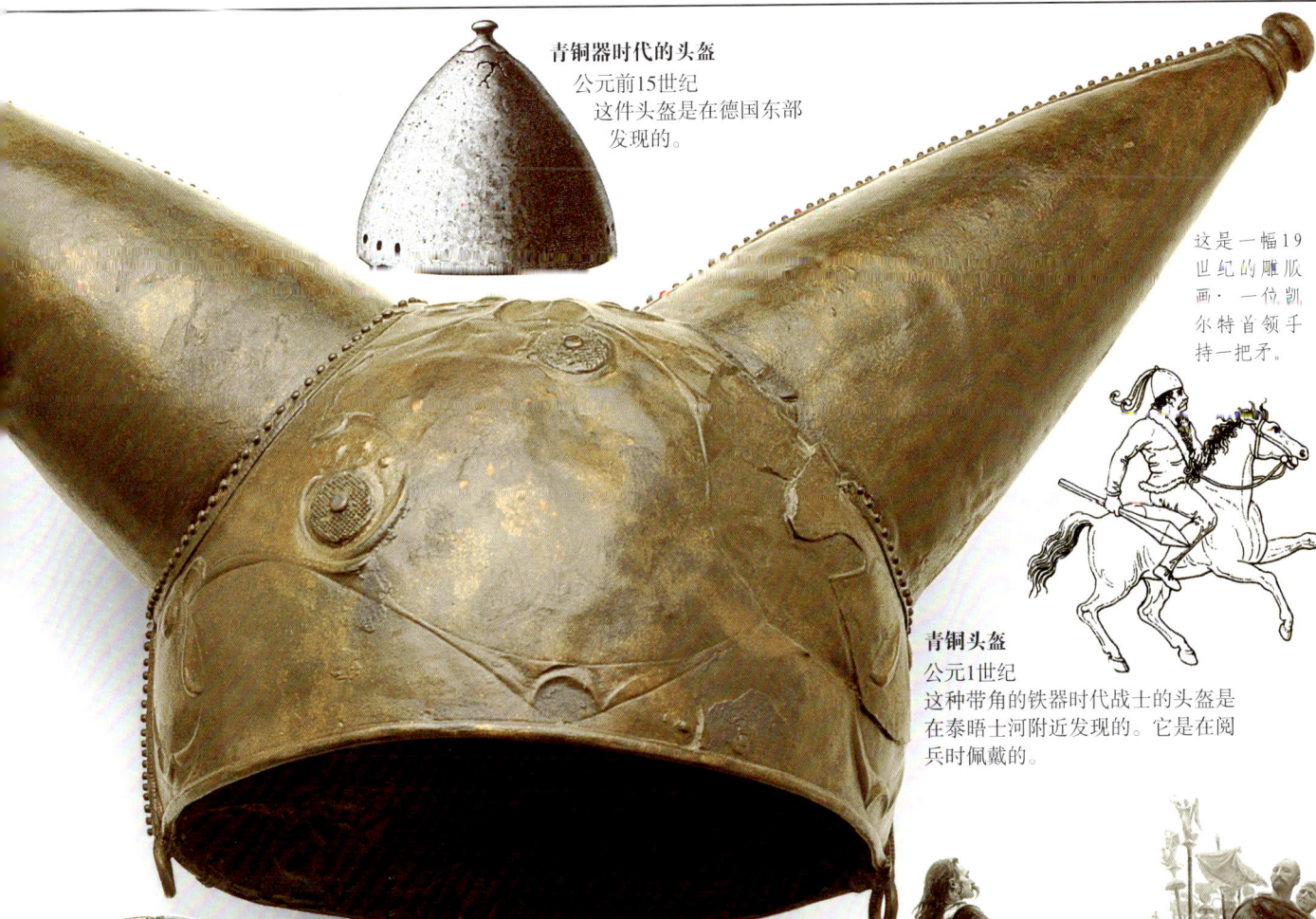

青铜器时代的头盔
公元前15世纪
这件头盔是在德国东部
发现的。

青铜头盔
公元1世纪
这种带角的铁器时代战士的头盔是
在泰晤士河附近发现的。它是在阅
兵时佩戴的。

这是一幅19
世纪的雕版
画·一位凯
尔特首领手
持一把矛。

铁器时代的盾牌
公元前200年—公元前100
年（左图）
这个盾牌是在泰晤士河流
域被发掘的，大概在仪式
上使用。

韦辛格托里克斯 右图
为反抗罗马的统治，韦辛
格托里克斯发动高卢起
义，在公元前52年被尤利
乌斯·恺撒俘获。在这幅
油画中，地上散落着的武
器是一个盾牌、一顶头盔
和一把剑。

刀尖

铁器时代的匕首
公元前550年
这把英国人使用的匕首应
该属于一名部落首领。

**青铜器时代
早期匕首**
欧洲部落中大人
物使用这种匕首
近距离作战。

防护装置

青铜片绕在木制衬套上

双刃

希腊人和罗马人

两支古代最强大的军队分别是在亚历山大大帝统治下的马其顿军队和罗马军队。公元前334年到公元前326年间，马其顿王国拥有一支手持长矛的强大步兵团，这也是罗马军队的基础，辅助主力骑兵作战。在公元前800年到公元200年间罗马军队战斗力不断增强。罗马人对武器进行改革，军队辅以严明的纪律和组织，一举将罗马推上了古代统治者的地位。

古罗马送旗人佩带着一把短剑。

军用匕首
士兵们挂在臀部左侧腰带上的短匕首。

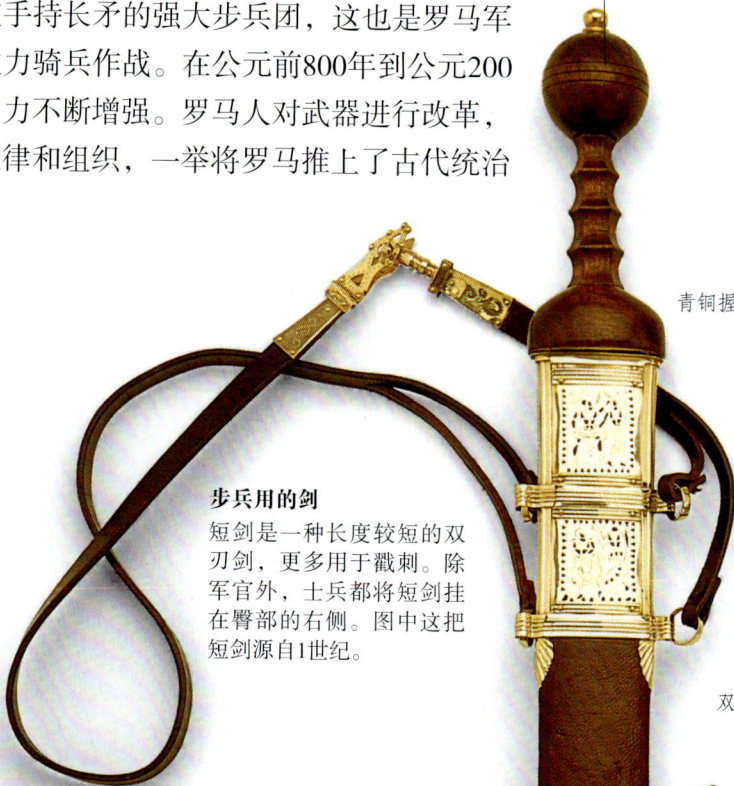

木制或骨制

青铜握柄

双刃剑

步兵用的剑
短剑是一种长度较短的双刃剑，更多用于戳刺。除军官外，士兵都将短剑挂在臀部的右侧。图中这把短剑源自1世纪。

木制剑鞘

剑鞘圆环，可挂在腰带上

古希腊步兵

古希腊的步兵用的是这样的盔甲：一顶金属头盔、一片青铜或者一层层亚麻布制成的护胸甲、一个金属盾牌和护腿盔甲。

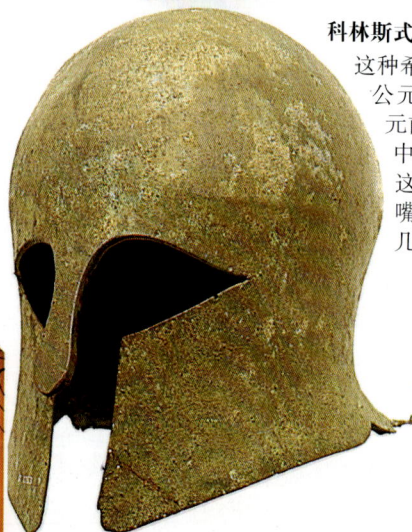

科林斯式头盔
这种希腊头盔最初出现在公元前8世纪，到了公元前7世纪时才达到图中这种优美的形状。这种头盔只有眼睛和嘴暴露在外，提供了几乎全方位的保护。

古希腊的花瓶
图中这个花瓶上是古希腊英雄阿喀琉斯刺杀彭特西勒亚的情形。这幅画绘于公元前540年，展示了那个时期头盔的样式和护甲的形状。

《伊利亚特》
这幅维多利亚时期的绘画展现的是希腊史诗《伊利亚特》中的战士。《伊利亚特》这部史诗写于公元前8世纪，由诗人荷马完成。

铁制尖端

马鬃头冠

马鬃头冠的固定器

铁制头盔

这种高卢帝国时代（公元50—150年）的铁制头盔有一个颈部护甲、一个额头护甲和一个马勒带。

青铜头盔

蒙特夫提诺时期的青铜头盔设计简单，头盔上带有马鬃冠。

宽阔的马勒带

投掷矛

左图中右侧的矛头是一个常见的矛头形状，图中左侧短标枪长长的头部可以刺穿盾牌。

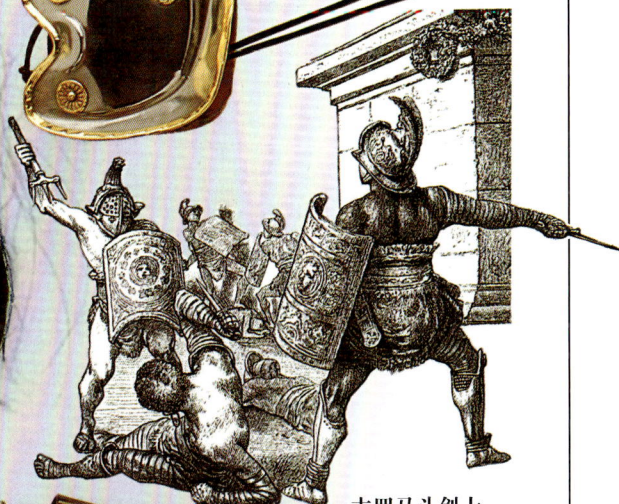

古罗马斗剑士

古罗马斗剑士的武器和盔甲，如佩剑和长方形的盾牌，都和军队士兵的相似。

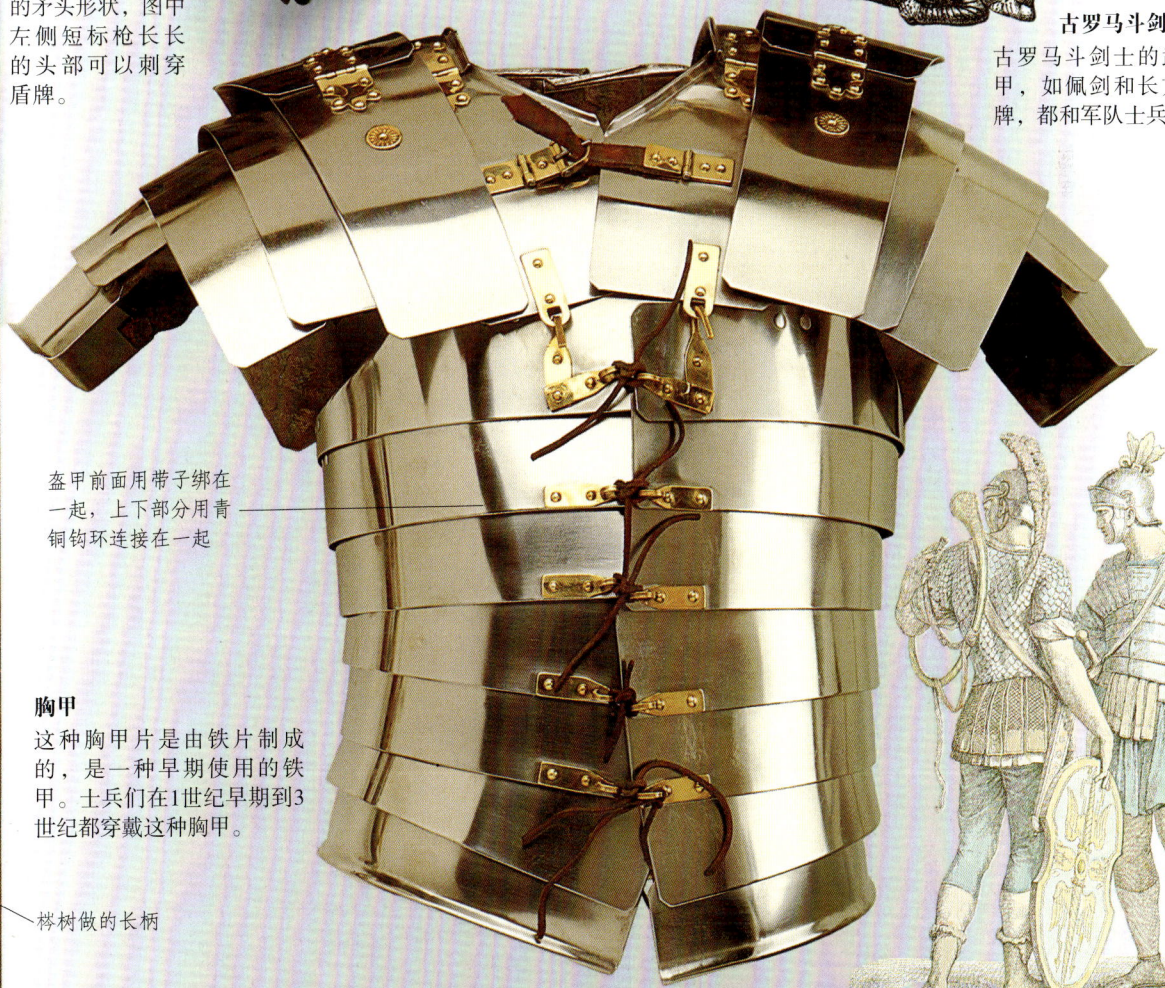

盔甲前面用带子绑在一起，上下部分用青铜钩环连接在一起

维多利亚时期关于古罗马士兵的绘画

胸甲

这种胸甲片是由铁片制成的，是一种早期使用的铁甲。士兵们在1世纪早期到3世纪都穿戴这种胸甲。

梣树做的长柄

265

早期欧洲的武器

在欧洲历史上，公元400年至900年被称为"黑暗时期"。在这一历史时期，日耳曼人和斯堪的纳维亚部落居民（盎格鲁-撒克逊人、诺曼人或北欧海盗）袭击并迁入低地国家，如英格兰、法国和西班牙。我们对这段时期的了解来自留存下来的武器和装备，还有贝叶挂毯等纺织品上的记载。

扁平的柄头

盎格鲁—撒克逊剑
公元500—600年（上图）
剑只有撒克逊人的上层人士才会使用。

图中剑上丢失的握柄应该是木制的

北欧海盗的剑刃 上图
这是一种尖端有些钝的双刃剑。

复制还原的杆

短矛
公元400–500年（上图）
这种头部较短的撒克逊矛用来戳刺或投掷。

铁制的头部

长头矛
公元400–500年（上图）
这种撒克逊刺矛有叶状的长头部。

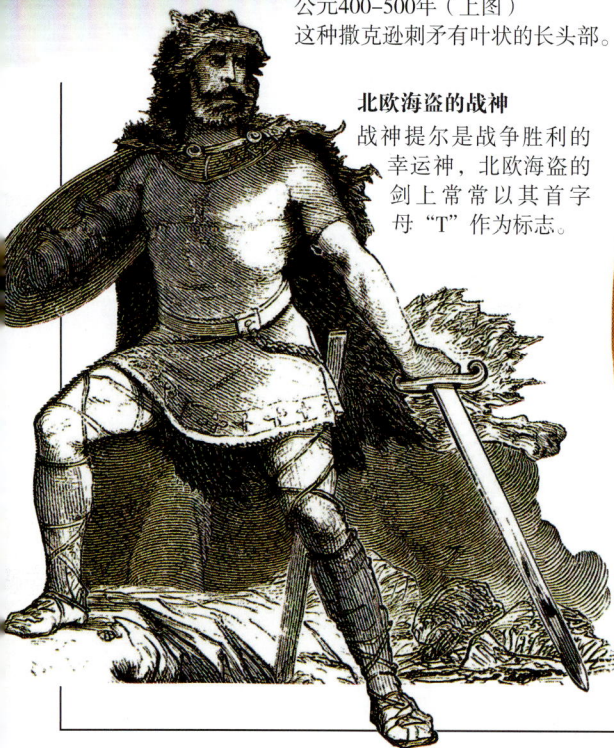

北欧海盗的战神
战神提尔是战争胜利的幸运神，北欧海盗的剑上常常以其首字母"T"作为标志。

盎格鲁-撒克逊人的头盔
公元600年
这个头盔是从一个盎格鲁-撒克逊人的墓地里发掘的。

诺曼人袭击英国人
贝叶挂毯是一个关于诺曼时期武器资料的珍贵文献。它记载了诺曼人1066年入侵英格兰的历史。

镶嵌的装饰

剑的防护装置 1040年
一般是由金属、象牙、骨头或者兽角制成的。

圆形的一端

凹槽用以减轻锋刃的质量

弯曲的横梁

北欧海盗的剑
公元900—1000年（下图）
这种剑用于砍割。

金字塔状的柄头

北欧海盗的斧子
公元900—1000年

诺曼人射手 右图
这个射手是贝叶挂毯（最上图）中仅有的一名穿防护衫的射手。

诺曼骑士的马刺和马镫

诺曼人的马刺 11世纪
马刺首次使用是在古代的希腊和罗马。

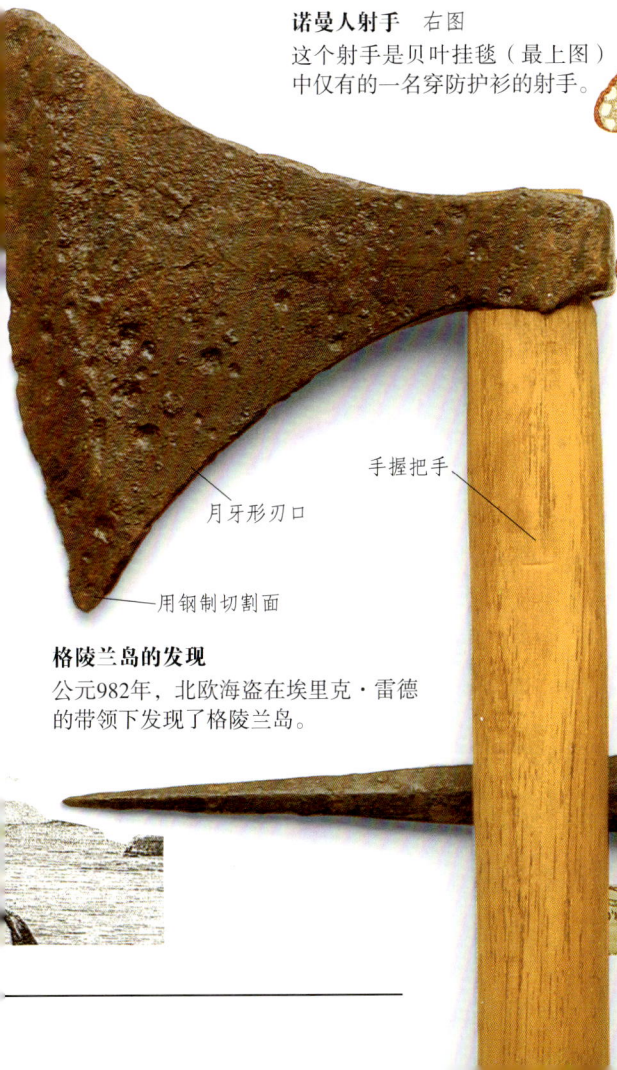

3支诺曼人的箭

手握把手

铁制箭头

月牙形刃口

用钢制切割面

格陵兰岛的发现
公元982年，北欧海盗在埃里克·雷德的带领下发现了格陵兰岛。

锋利的诺曼长矛

欧洲的剑

剑是人类最古老的武器之一。剑由剑柄和剑刃组成。剑刃可笔直可弯曲，用于切割、戳刺或者两种用途皆有，并且剑刃可单刃可双刃。在数千年的时间里，刀剑大多数是用来切割的，用一只手握持。但从1400年代开始，体形更大的刀剑开始投入使用，使用者需用两只手才能挥舞，如苏格兰双刃大砍刀。

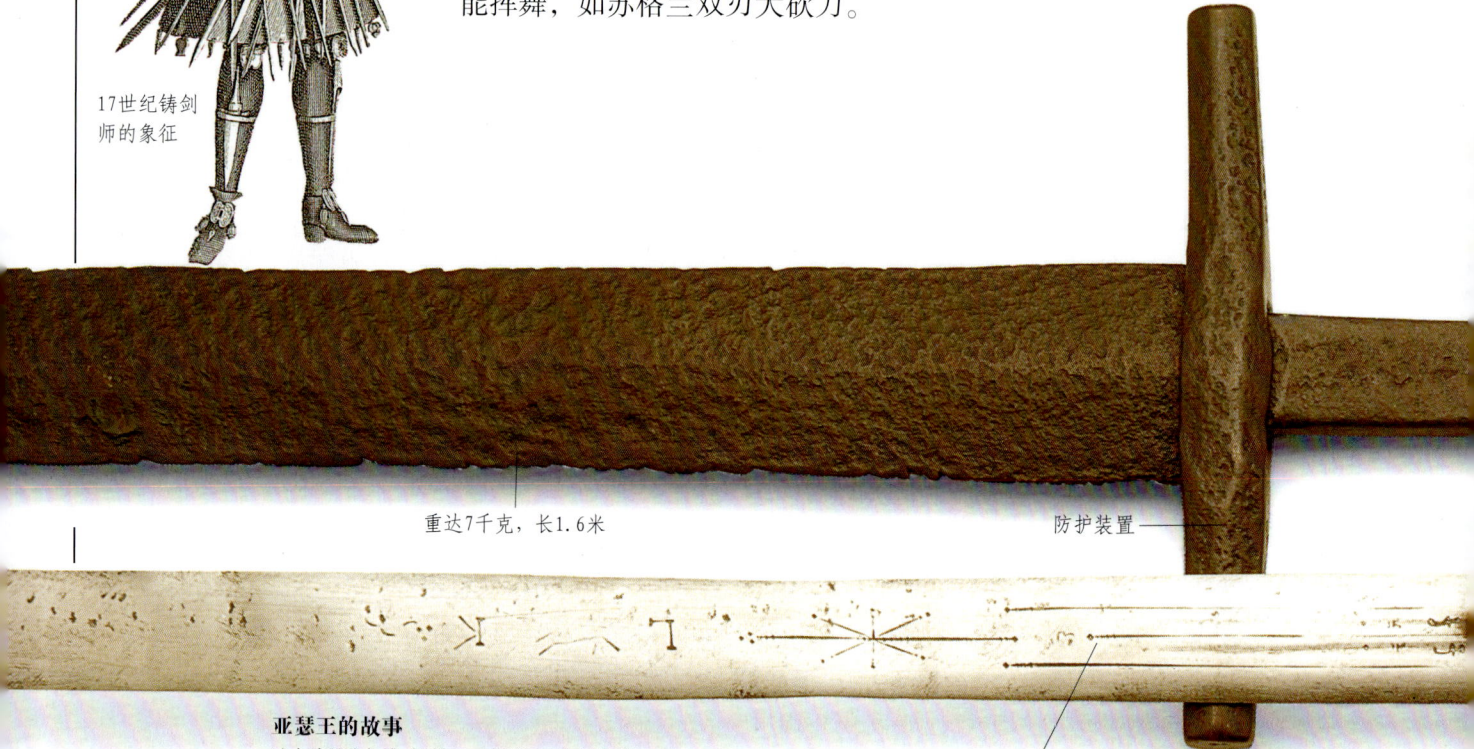

17世纪铸剑师的象征

重达7千克，长1.6米

防护装置

又长又宽的双刃剑

亚瑟王的故事
这幅插图由维多利亚时期的画家沃尔特·克雷恩绘制，描绘了兰斯洛特骑士将亚瑟从死神之手解救出来的情形。图中兰斯洛特骑士手持一把典型的中世纪的剑。

锋利的剑尖

单刃剑挥舞动作

用于切割的剑　1580年（下图）
锋刃轻微弯曲，单刃且尖端锋利，这种猎剑或者佩剑最适合切割。

把手已经丢失

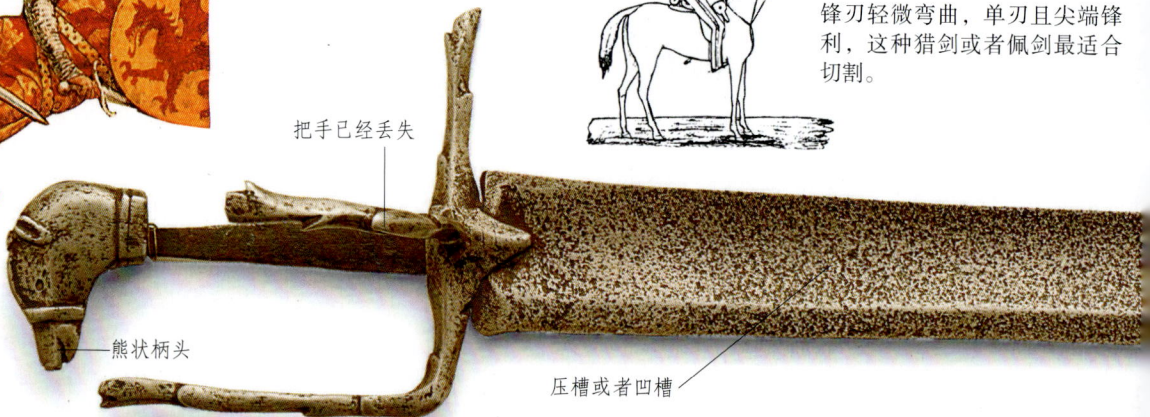

熊状柄头

压槽或者凹槽

268

双手握剑格斗 15世纪
两名骑士正双手握剑进行私人格斗。

私人格斗 上图
私人格斗意味着用武力解决私人纠纷。

双手握持的剑 1300年（左图）
体形最为庞大的剑，是中世纪步兵使用的需双手握持的剑。这种巨型武器很可能只在仪式上使用。

苏格兰双刃大砍刀 1620年（下图）
这种双手握持的刀剑是真正的苏格兰双刃大砍刀，苏格兰高地区的人从15世纪到17世纪早期都在使用。

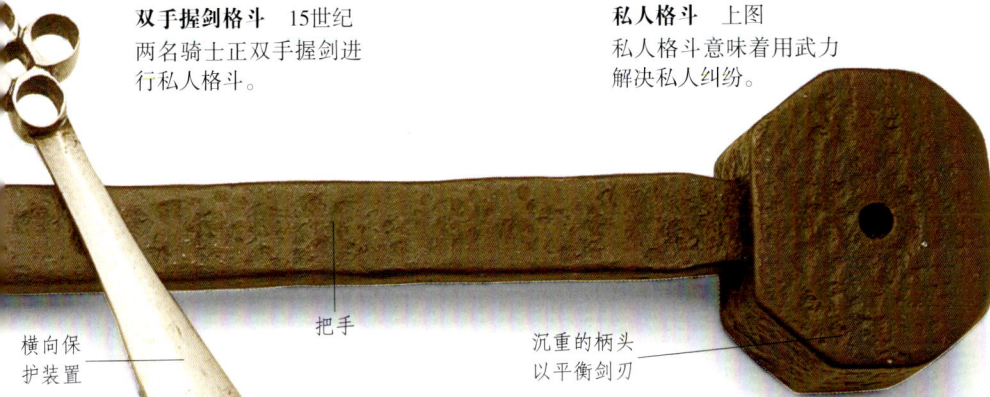

把手

横向保护装置

沉重的柄头以平衡剑刃

木制把手

车轮状柄头

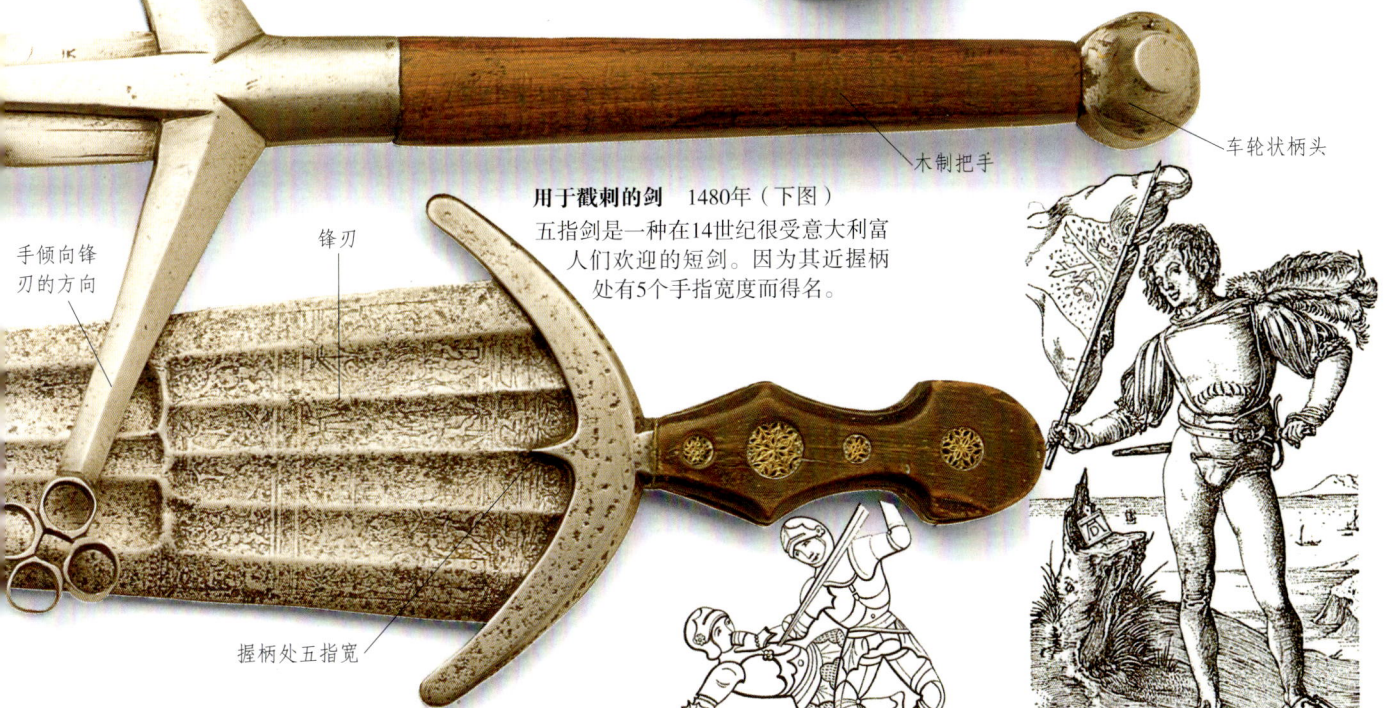

手倾向锋刃的方向

锋刃

用于戳刺的剑 1480年（下图）
五指剑是一种在14世纪很受意大利富人们欢迎的短剑。因为其近握柄处有5个手指宽度而得名。

握柄处五指宽

刺穿盔甲
右侧士兵手拿一把尖端锐利的剑，中间有一条凸纹沿着锋刃向下，便于戳刺。

这名16世纪德国送旗人手里拿着一把双刃短剑。

单刃剑

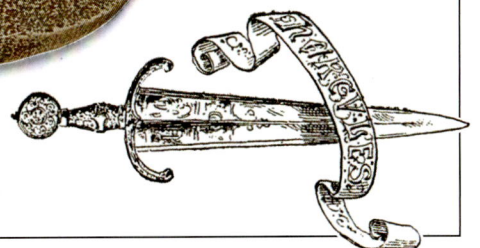

十字弓和长弓

在中世纪，十字弓和长弓的出现为狩猎和战斗带来了革命性的改变。通过与剑术和简单机械结合，人们发现十字弓往往比传统的弓更致命。尽管十字弓威力强大，射程很远，但发射的速度却比长弓慢，且造价不菲。长弓是一种传统改良弓，射程可达91米。由于两种武器各具优势，所以许多中世纪的军队内均设有十字弓手和长弓手。

中世纪
钢铁箭头

15世纪长弓手

正在使用绞盘的士兵
十字弓在发射之前要先旋紧而后将弓弦向后拉，故此发射的速度较慢。

十字弓的发射步骤

1. 通过装在十字弓握柄上的松紧旋钮，将弓弦固定在设定的位置上。
2. 将箭放置在凹槽内，然后托住支撑架的尾部来瞄准。
3. 向上推扳机的尾端，将箭射出。

守护城池的射手们 左图
在15世纪，许多要塞城镇都培养射手。

钢铁箭头已丢失

19世纪的英国长弓

英国紫杉木做的长弓
长弓通常由紫杉木制造，长度因国家而异。在英格兰，弓的长度通常是一名射手伸展开来的两只手臂之间的宽度。

装弓弦的凹槽

270

共轭控制杆
这是一种用来控制小型十字弓的工具。两侧的角状翼在弓的支撑杆两端的枢轴上滑过，然后将把手向后拉。

钩住弓弦的钩子

控制杆把手

弯曲的角状翼能划过枢轴

罗宾汉
人们一直将英国的传奇人物罗宾汉同长弓联系在一起。叙述其事迹的歌谣中也讲述了他作为一名射手的丰功伟绩。

绞盘把手

曲柄

绞盘
绞盘是一个盒状底盘，支撑架的末端安放在里面。滑轮可以让射手在拉动威力强大的弓弦时更省力气。

绞盘的牙槽

佛兰德斯人带绞盘的十字弓（16世纪）

支撑杆

扳机

凹槽

箭袋
长弓的箭通常放在箭袋里或者插在腰间。

长弓的箭
长弓的箭的长度依弓的长短而决定。箭杆由桦树或者桦树制造，箭头由铁打制，羽毛来自于鹅的翅膀。

箭杆

波斯人用的弓
波斯战士常常携带用木头、筋或者兽角制成的内弯复合弓。

箭翼或者箭羽

弓弦通常由大麻或者亚麻制成

把手

271

接下页

15世纪的士兵为大弓手支撑大盾。

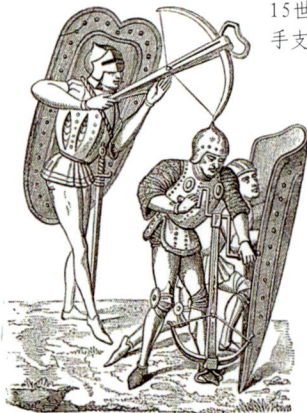

保护大弓手 左图
射手准备射击时，常常隐蔽在一个巨大的盾牌后面。大盾用木头制成，外面包裹着帆布，14世纪到16世纪在围攻战中经常使用。

15世纪中期的大盾

16世纪十字弓的箭

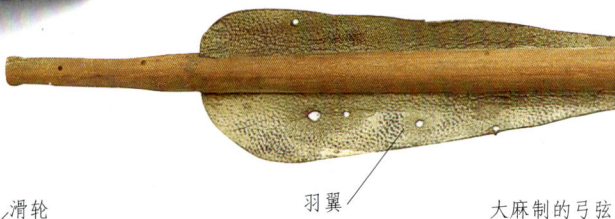

木制箭杆

羽翼

大麻制的弓弦

军用十字弓的箭 上图
庞大的军用十字弓发射的箭可以在183米内轻易刺杀一个人。

吊钩

滑轮

松紧旋钮

16世纪的十字弓

球形捏手

放置十字弓箭的压槽

十字弓的控制杆
发射弹头的十字弓体积小、质量轻。大弓手将十字弓靠在胸前，然后通过按压球形捏手来启动内部的控制杆。

英国发射子弹的十字弓（18世纪早期）

前视柱

手柄末端

支撑杆

扳机

弓弦

一把源自16世纪的装饰精美的运动竞技用十字弓

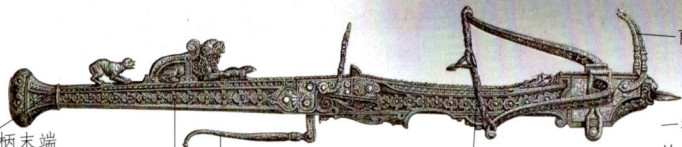

发射子弹的十字弓 上图
发射子弹的十字弓是18世纪晚期至19世纪早期在练习打靶和射击小游戏中很受欢迎的一种武器。

接上页

15世纪的法国大弓手们正从大盾后面射击。

威廉·退尔

传说瑞士的国民英雄威廉·退尔被逼用十字弓将箭射向放在自己儿子头上的一颗苹果。退尔因为拒绝向13世纪的奥地利人投诚效忠，而被施以处罚。

十字弓
铁制箭头

两支16世纪军用十字弓箭

钢铁制尖端

纵火箭

在16世纪以前，人们一直都在战争中使用纵火箭和十字弓箭。纵火箭将一卷大麻或者亚麻浸入含有沥青的物质，放置在箭头，在射箭之前将其点燃即可。

镫子

瞄准口

准星

瞄准口

瞄准口装在弹头和十字弓之间，有许多孔径观看不同的距离。图中瞄准口是平放的，已被推到垂直的位置上，以备发射。

双重弓弦

准星

可移动的瞄准准星安置在前视柱和发射弹头的十字弓之间。

凹痕

273

斧子、匕首和刀

斧子、匕首和刀自史前时期就被人们当作武器使用。起初，斧子的头部用石头或者青铜打造，到中世纪基本都用钢或铁制造。匕首通常两面有锋利的刃，刀通常只一面有刃。

这名19世纪的美国步兵手中握着一把猎刀。

环状刀
环状刀作为指环戴在食指上。在非洲东部坦桑尼亚地区的图尔卡纳湖流域，讲班图语的人们使用它。

环绕食指的圆圈

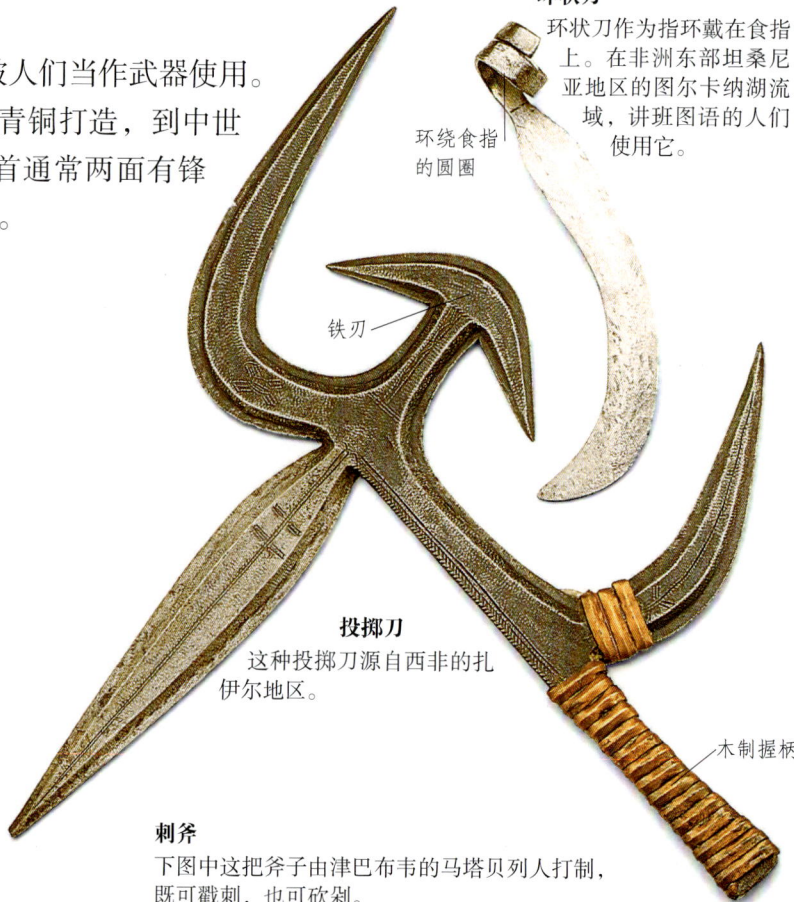

铁刃

投掷刀
这种投掷刀源自西非的扎伊尔地区。

木制握柄

刺斧
下图中这把斧子由津巴布韦的马塔贝列人打制，既可戳刺，也可砍剁。

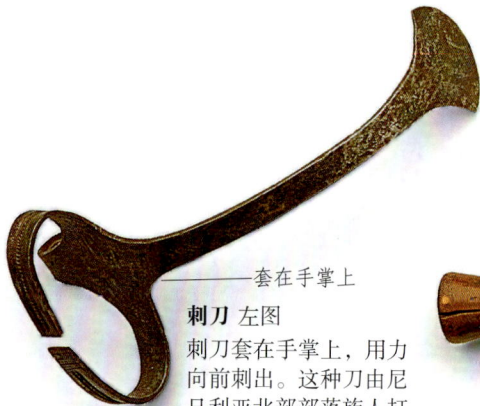

套在手掌上

刺刀 左图
刺刀套在手掌上，用力向前刺出。这种刀由尼日利亚北部部落族人打造使用。

阿兹特克人的匕首
阿兹特克人是中美洲印第安人，曾经统治墨西哥。图中这把匕首由燧石打造。

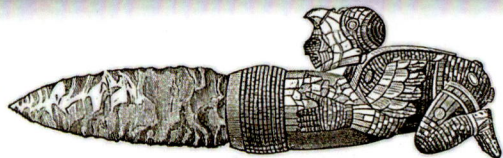

竹制握柄缠绕着编织藤条

那加战斧 上图
这把"刀"来自阿萨姆邦那加山地区，由猎人头的猎人们在邦内混战时使用。

兽角制成的把手

折叠刀 上图
这把19世纪晚期的西班牙刀，刀刃可以部分折回刀柄里。折回去的刀刃由一个钢铁制成的弹簧固定在刀柄内。

执行死刑时用的斧子
执行死刑的斧子常常是一种单手握持的"T"形斧子，稍晚，出现双手左侧握持大斧子。它只在中欧和北欧使用过。

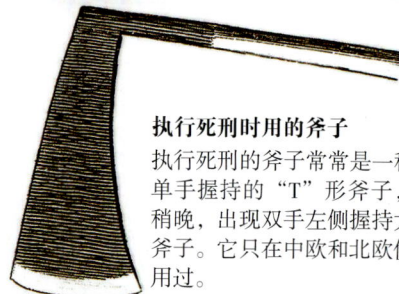

染色的动物毛发

伊哥洛特式斧子
这种斧子握柄装饰精美，既可作为工具也可当作武器，是由居住在菲律宾境内吕宋岛上的伊哥洛特人打造的。

长而薄的锋刃

短又重的双刃刀

马来西亚匕首 下图
匕首在马来西亚人的文化中扮演着重要角色，且随着地区不同，刀刃和握柄的形状也不一样。

象牙刀把

特有的波浪状锋刃

白银和黄金做装饰

双刃弯刀

兽角做成的握柄底扣

苏丹匕首 上图
源自阿拉伯，在战争或仪式中使用。

黄铜象头饰品

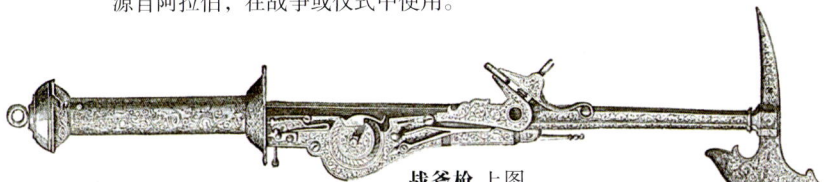

战斧枪 上图
这把集斧子和齿轮簧板枪作用于一身的武器，是为16世纪的贵族打造的。

印度战斧
图示战斧源自印度北部。常常在握柄和刀刃之间有独具特色的装饰，也被称为"象头"。

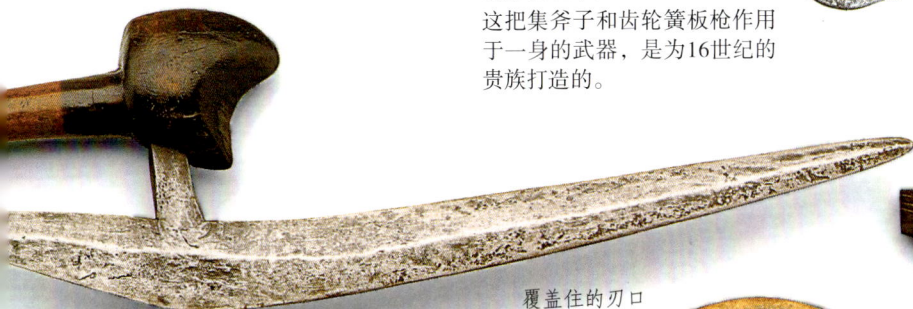

覆盖住的刃口

单刃刀

腕刀
腕刀是一种带有犀利切割面并可以佩戴在手腕上的刀。图中腕刀带有一层覆盖物，以便安全佩戴。

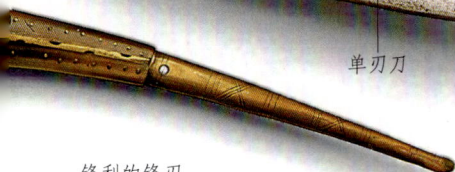

锋利的锋刃

鲍伊刀
图中的猎刀和美国探险家詹姆斯·鲍伊有关，于1906年在旧金山打造。

鹿角做成的握柄，用铆钉固定在柄脚上

中空的金属握柄，用来隐藏匕首

镀金的圆头是这把隐藏的旋进匕首的把手。

铠甲和金属盔甲

将铁环连在一起制成的铠甲很可能是由凯尔特人引进的，在14世纪之前广泛使用于西欧。但对于穿甲箭等锋利的武器，铠甲抵挡起来越来越困难。金属盔甲开始简单地加在铠甲之上，从14世纪开始，骑士们外出征战时就装备上整套的金属盔甲了。

早期的腿部护甲
这件1289年的意大利浮雕，展示了中世纪的皮革腿部护甲。

身穿铠甲的骑士做出投诚动作（1250年）。

织成衬衫状的铠甲
这件亚洲的衬衫状铠甲是由坚固的铁环连接成的。

长柄战斧 1580年（右图）
它可以穿透铠甲。这件来自法国的武器供徒步作战的骑士们使用。

身穿护颈铠甲的中世纪士兵
这是威斯敏斯特宫窗户上的一个装饰。

马上枪术比赛 1446年
在用长枪比赛时，士兵们穿着盔甲。

排列成绳状的弯曲点，可使袭击而来的武器偏离方向

胸甲 1570年
这件轻便而又坚固的单片式胸甲出自意大利声名远播的军械师之手，是金属甲制作技术的完美体现。

连接胸甲后板的皮带带扣

神话人物装饰

钝钝的爪状装置

德国骑士
这幅大约创作于1500年代的雕刻展现了一名全副武装的骑士形象。

停枪处防止长枪倾斜

连接胸甲和腿甲的皮带带扣

金属护手 1580年（左图）
这件盔甲中保护手和腕关节的金属护手源自德国北部。

护腕的金属

钢制关节护甲末端

军械师的车间 1517年
这种风格独特的源自16世纪的德国和奥地利的盔甲，在马克西米利安一世之后被称为马克西米利安盔甲。这幅雕刻作品中，马克西米利安正在造访自己的首席军械师。

脚部弯曲处做成关节状

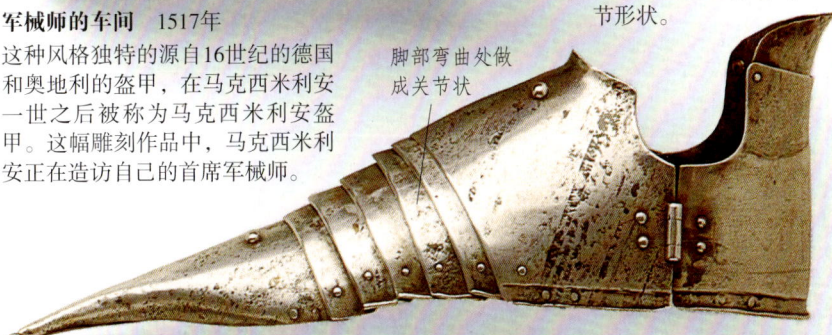

金属足甲 1450年
这部分用来保护足部的盔甲，需要严格按照足部大小，精心打造出关节形状。

一套盔甲

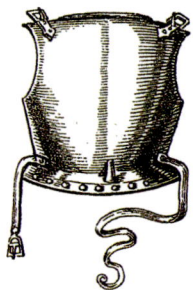

到了15世纪中期，一名全副武装的骑士从头到脚都被包裹在金属盔甲里。不过，经过中世纪晚期军械师们的精工巧做，全副武装的骑士并不像看起来那样备受束缚。盔甲接合处的设计尚可允许很大幅度的活动。本页和对页这套盔甲是16世纪中期在意大利车间里打造的。

13世纪波希米亚一位国王的印章，展现了同期战场上典型的盔甲。

颈部护甲
护喉甲胄在15世纪时开始流行。

位置靠上的部分可以和帽舌一起抬上去，以便呼吸和吃喝

连接护胸甲和后板的皮带带扣

通风孔

铰链和枢轴

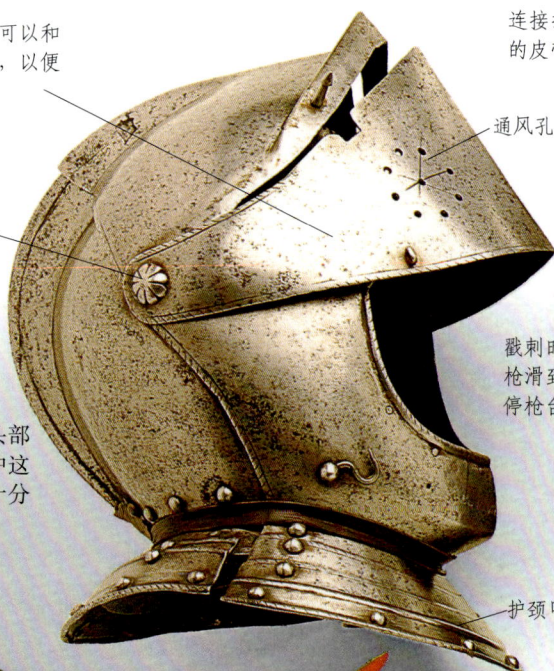

保护头部
右图
骑士用头盔将头部保护起来。图中这种头盔和脸部十分吻合。

戳刺时防止长枪滑到后面的停枪台

护颈甲胄

连接腿甲和胸甲的皮带

关节状腿甲

圣·乔治杀死暴龙
左图
一些中世纪以盔甲为主题的插图将盔甲传奇化，往往并不准确。

护胸甲
上半身铠甲是用来覆盖躯干的盔甲，由一片护胸甲和一片后板通过绳索彼此相连构成。从这种护胸甲延伸住下是下摆和腿甲。

肩甲

枪兵的盔甲
17世纪枪兵的武器装备包括一把长枪、一把剑和 个小圆盾，盔甲是一顶无面甲的头盔及一块胸甲。

肩甲

全臂铠甲

护肘

护膝铠甲

护肘

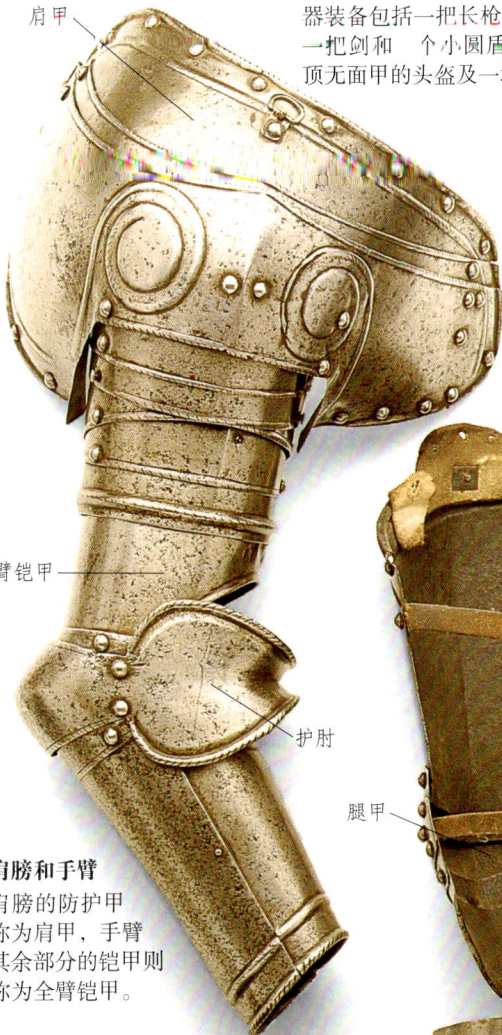

腿甲

护膝铠甲

全臂铠甲

肩膀和手臂
肩膀的防护甲称为肩甲，手臂其余部分的铠甲则称为全臂铠甲。

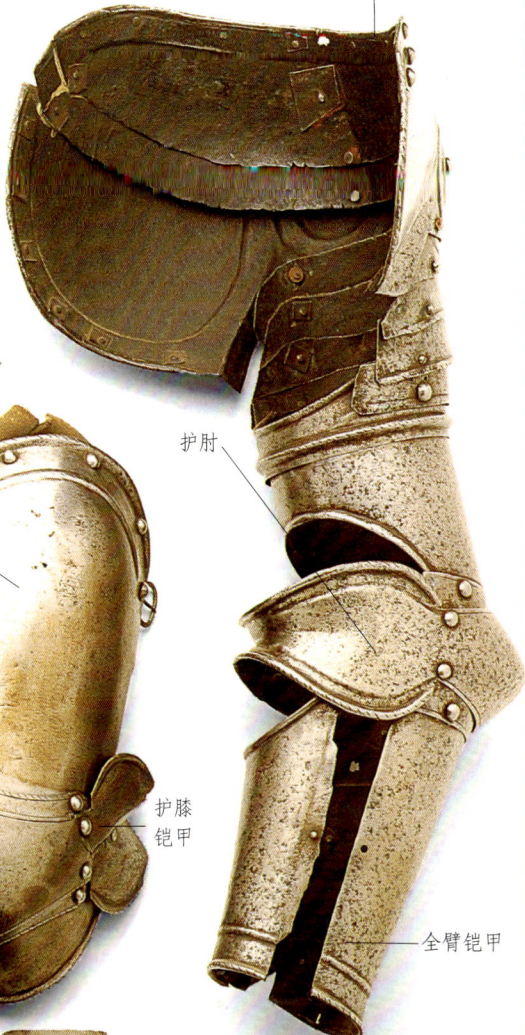

德国骑士
1485年
一名全副武装的骑士骑在一匹身着马披铠甲的马背上。

挂钩

露指手套

拇指护甲

露指手套

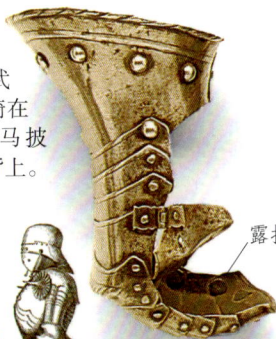

护胫甲

腿部防护
腿甲保护大腿，护胫甲保护小腿，膝盖则由护膝铠甲保护。

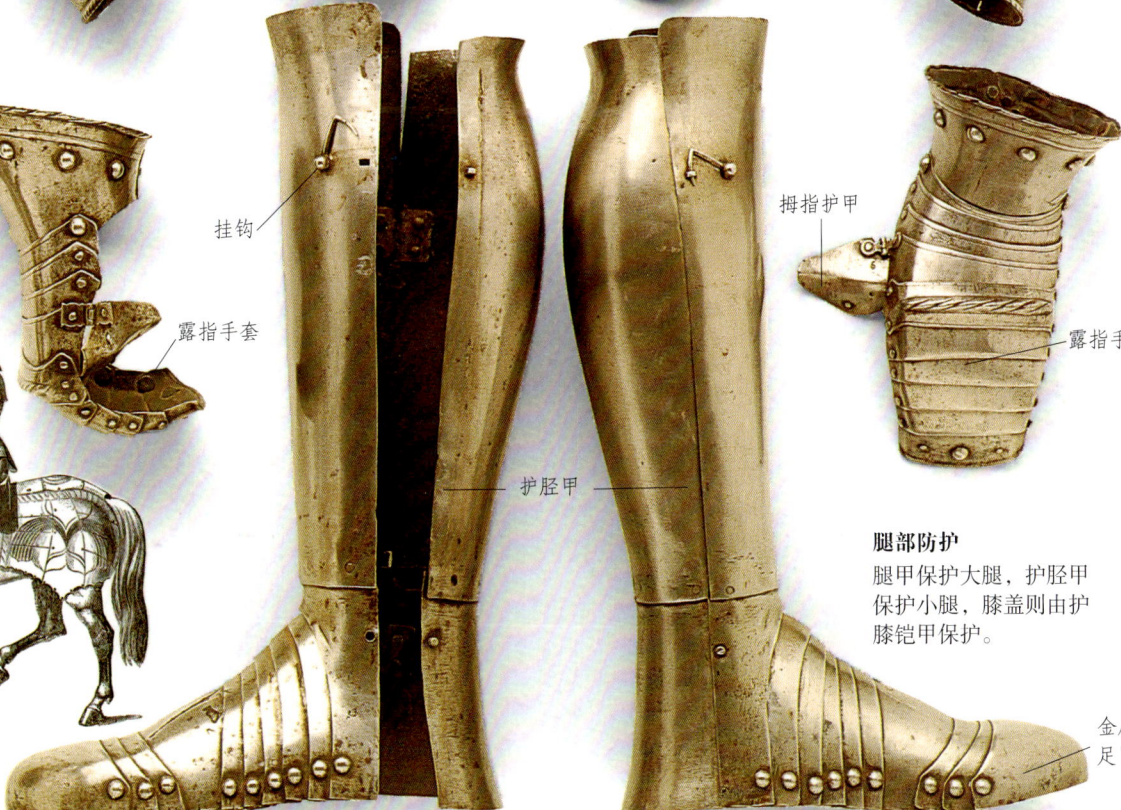

金属护足
保护足部。

金属足甲

头盔

自青铜器时代起，战士们就开始佩戴保护性的头盔。到中世纪，为了更好地保护面部和颈部，头盔变得相当大。头盔刚开始时还是全封闭式的，在内部加衬垫以便佩戴舒适，但非常热。后来，带有帽舌和护颈的开放式的露面钢盔慢慢流行起来。从大约14世纪开始，带有金属颈部防护的头盔出现，但却十分笨重。后来它逐渐被侧开式头盔所取代。而后，前开封闭式头盔也出现了。它到16世纪发展成为无面甲头盔。骑兵的高顶帽子直到16世纪才出现。

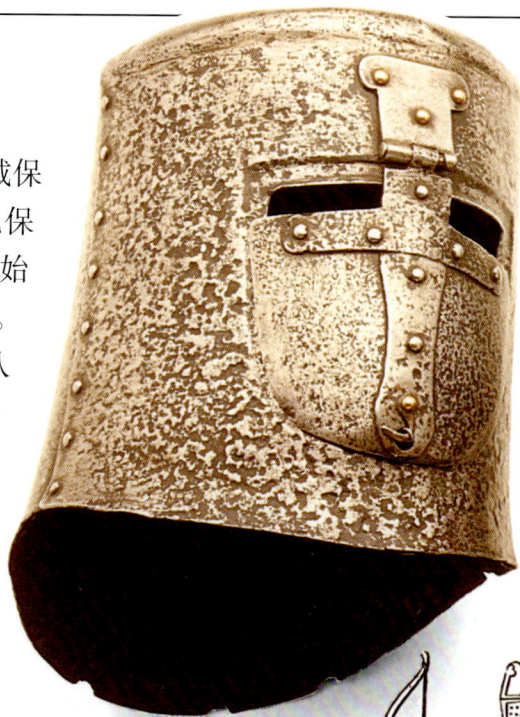

平顶头盔
从12世纪早期，十字军战士就开始佩戴这种大头盔。上图这顶头盔是一个19世纪的复制品。

13世纪带有眼部裂口和呼吸孔的头盔

射手 1290年（右图）射手佩戴着一顶圆锥形头盔。

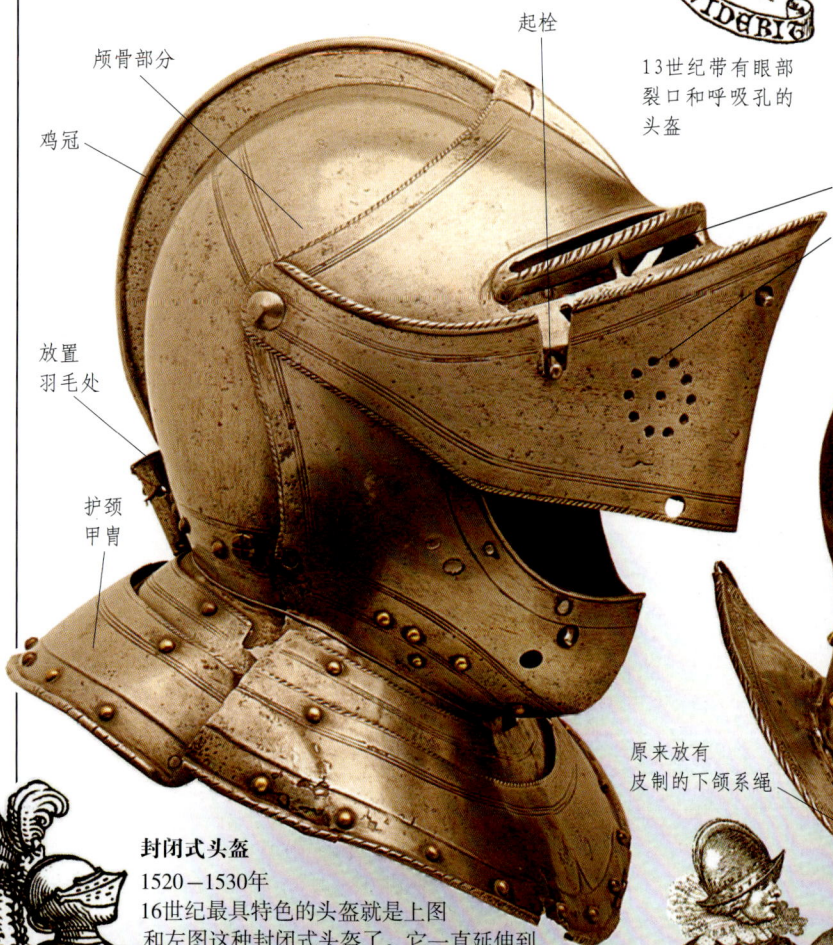

起栓

颅骨部分

鸡冠

带有眼部裂口和呼吸孔的帽舌

高高的冠

放置羽毛处

护颈甲胄

边缘弯曲向上直至锋利的顶端

封闭式头盔
1520—1530年
16世纪最具特色的头盔就是上图和左图这种封闭式头盔了。它一直延伸到下颌，带有一个相连的护颈甲胄。

原来放有皮制的下颌系绳

带冠的无面甲头盔
由枪兵和步兵佩戴。他们发现在瞄准时开放式的头盔更为便利。

带面甲的头盔
下图17世纪带面甲的头盔，边缘扁平，带有面颊防护。

3个钢铁片焊
接在一起

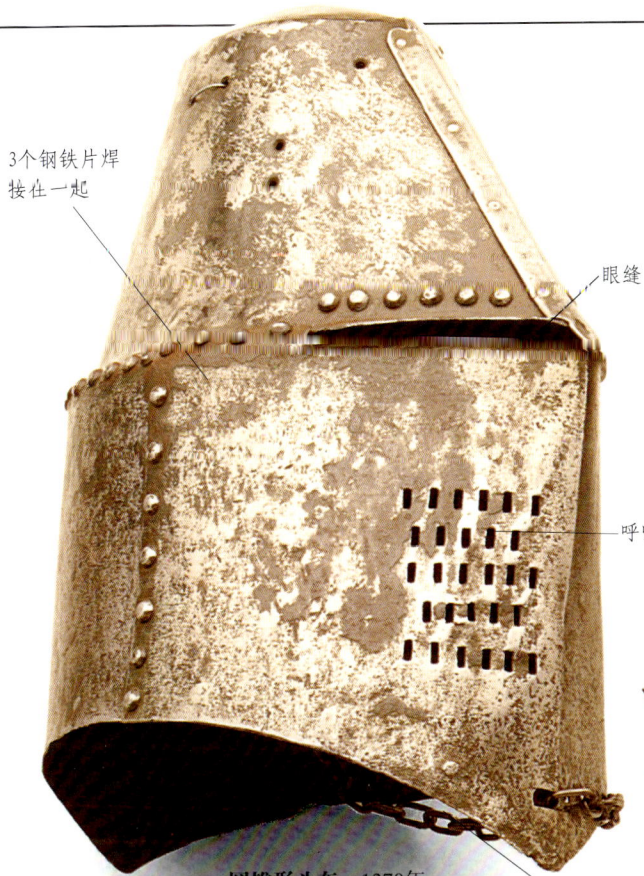

眼缝

呼吸孔

圆锥形头盔 1370年
这种头盔（图中为19世纪的复制品）很
可能是戴在露面钢盔（右图）的顶上。

防护链

链接帽舌
的纽扣

露面钢盔
在1350—1450年
间最受欢迎的头盔款
式是露面钢盔。本图中除了
颈部的金属片，其余大部分
已丢失。

14世纪的骑士佩戴露面钢
盔，而普通士兵则佩
戴叫作"锅盔"的
头盔。

护颈用铆钉
固定

最初覆盖着
布料，很可
能是天鹅绒

脸部的防护
由3个垂直
的铁片组成

保护脸颊
的甲片

龙虾尾式头盔 1630—1650年
在17世纪中期佩戴的一种
头盔。这种帽子源自德
国，头盔上有一个薄板
状的护颈和一个可调整的
倾斜的护鼻。英版（上图和左图
所示）头盔上有一个保护脸部的
铁片、一个保护颈部的铁片和两
个绞合连接的甲片以保护脸颊。

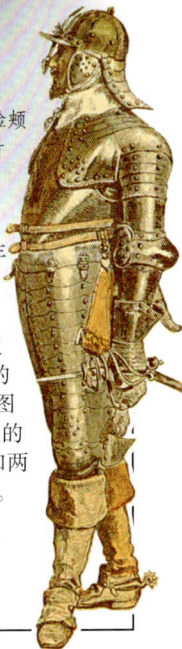

可调整的护鼻片

铁制帽子 1640—1650年
这是一个高顶铁制帽子，带有一
个可调整的护鼻片。英国内战
时期的骑兵在特殊场合时
会佩戴这种帽子。最初帽
子上还覆盖有布和羽毛。

17世纪的步
兵戴着普通
的帽子

骑马刺枪铠甲

11世纪时，骑士们在马背上进行最早的竞赛。但一直到14世纪，竞赛才演变成一种多姿多彩的重要社会活动。骑士们可以向君主和同僚们展示自己的战斗技巧和勇气。在13世纪，马上枪术比赛，即两名骑马的士兵用长枪一决胜负，出现在比赛项目中。从大约1430年起，障碍物开始使用，而后"骑马刺枪"一词出现了。

法国骑士在比赛

盾形纹章
参加竞赛的人的身份是通过盾牌或者铠甲罩袍上的徽章来确认的。

阅兵头盔 1630年
这顶带有人的面具的头盔大概是在17世纪竞技场上出现的阅兵部队所使用的。

一场马上枪术比赛 上图
到16世纪时，大量游行队伍出现在竞赛中。竞技场用栅栏围了起来，王室和其他贵族可以从帐篷内俯瞰场上的情形。这幅绘画中，国王亨利八世和一名骑士正在进行骑马刺枪比赛，王后在一旁观战。

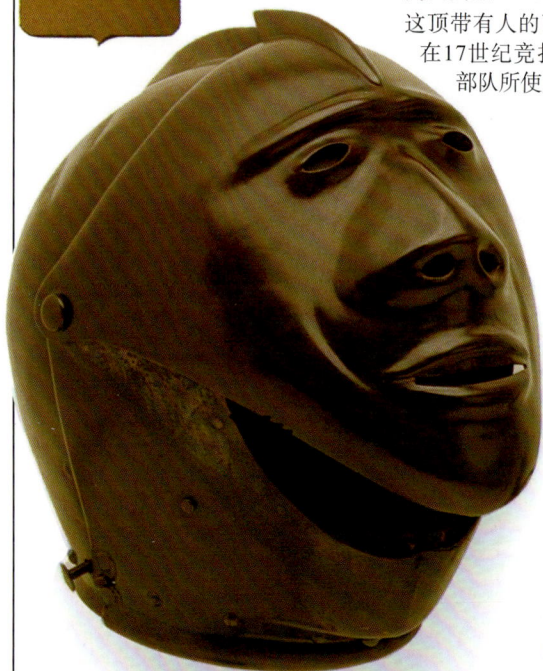

骑马刺枪比赛中使用的踢马刺
马术师们的脚后跟上装有踢马刺，以此来驱策马匹。15世纪时，踢马刺常常带有齿轮。这种齿轮上装有坚硬又锐利的长钉。

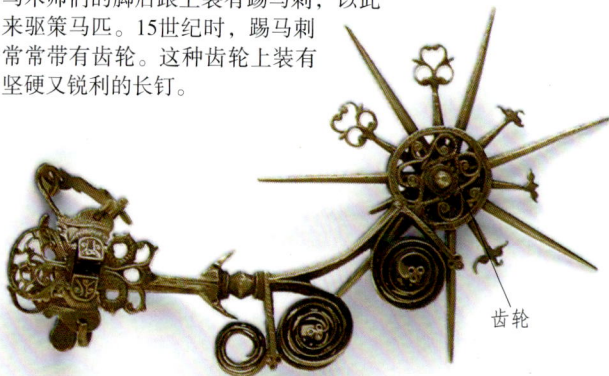

齿轮

马匹穿戴的盔甲 下图
在马上枪术比赛时，在华丽的马衣下常常有缓冲物挡住马的胸膛，甚至会有金属盔甲。护面是一连甲的金属盔甲，是用来保护马匹的前额和面部的。

堂吉诃德在风车房骑马刺枪
在小说《堂吉诃德》中，堂吉诃德想象着风车房的风车都是巨人，因而同他们进行骑马刺枪比赛。

保护面部、胸部和手臂
在骑士的面部、颈部和胸部起保护作用的盔甲称为主盔甲，而在左臂上添加的另外一件盔甲则称作辅助盔甲。

16世纪的沙弗伦马用护面

连接马上枪术比赛用的盔甲和野战盔甲的孔

主盔甲

用来将主盔甲装到下面的野战盔甲上

意大利骑马刺枪铠甲
（1540年）

连接辅助盔甲和下面的盔甲的螺孔

沙弗伦马用护面

刚性盔甲
图中盔甲是马上枪术比赛时穿戴的。当长枪受损后，如果参赛者用其他武器继续进行打斗，则首先要脱去刚性盔甲强化的部分。

辅助盔甲

保护左手
护手铠甲是一个加固的部分，用来保护手部。

骑马刺枪比赛用的木制长枪

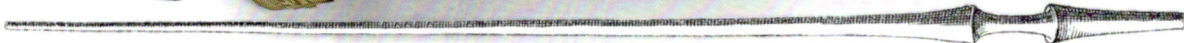

护手铠甲

283

印度战士

在几千年甚至几万年的时间里，波斯工匠是亚洲工匠中的佼佼者，波斯的武器和盔甲及制作技巧也在亚洲诸国中独领风骚。在16世纪，莫卧儿人的入侵将波斯风格的铠甲和武器引入了印度。尽管在当时的印度出现了早期印度艺术品中的那种盾牌和武器，但是本书所展示的印度北部的武器和盔甲与波斯战士的武器存在惊人的相似。

19世纪雕版画
上的一柄弯刀

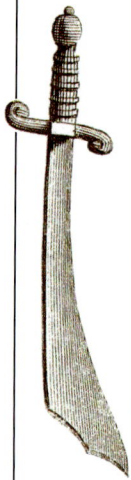

内弯匕首
一种叫"堪杰尔"的印度匕首，双刃锋刃轻微内弯，握柄由全钢打造。

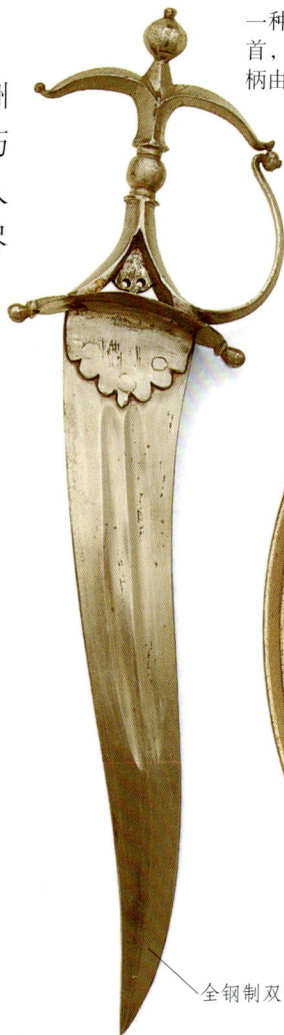

象牙把手

短小而又笔直的
十字形护手

珐琅装饰

莫卧儿人打斗的场面 下图
莫卧儿人在印度建立了一个强大的帝国。在这幅17世纪的莫卧儿绘画中，战士们装备着标志北印度风格的盔甲和武器。

全钢制双刃锋刃

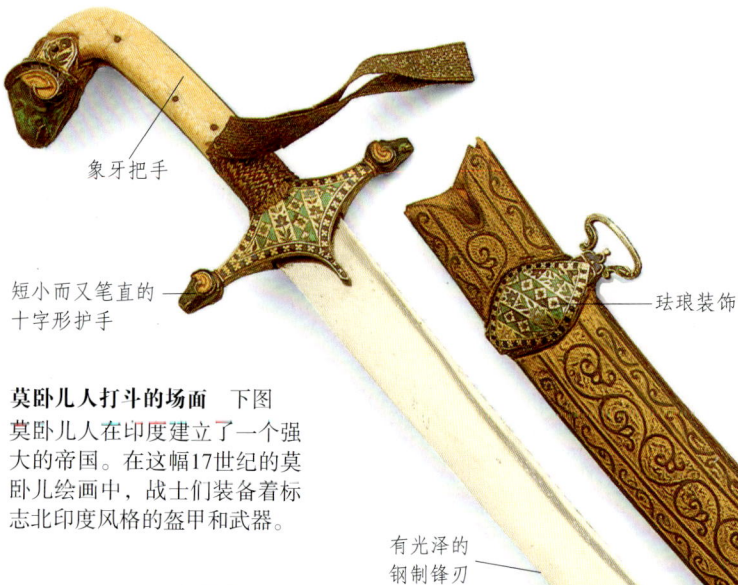

有光泽的
钢制锋刃

吊环

天鹅绒衬套

轻型马刀 右图
塞施尔弯刀是一种具有典型印度风格的轻型弯刀。塞施尔弯刀源自波斯，后来传到印度，最后遍布欧洲。

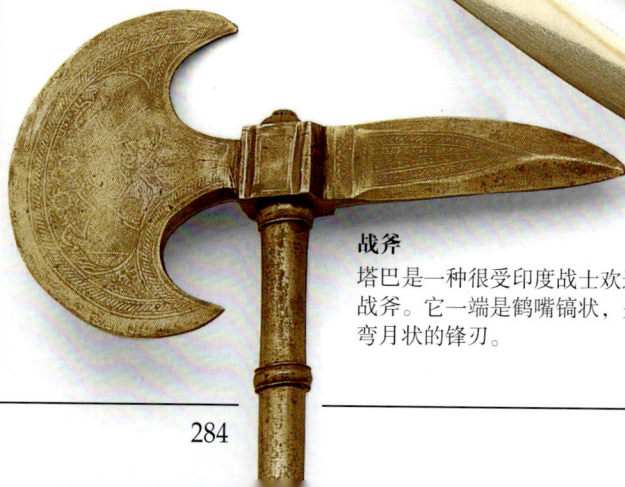

战斧
塔巴是一种很受印度战士欢迎的全钢制战斧。它一端是鹤嘴镐状，另一端则是弯月状的锋刃。

284

圆形钢盾 下图
在18世纪时期，印度和波斯的战士使用一种由钢或者兽皮制成的圆形盾牌，盾牌把手上有4个凸饰以便将盾牌放置在左臂上。

北印度头盔
上面的盔甲做成的门帘称为护面具，长度可垂至肩膀。这种头盔可用一条编织带固定在下颌下。

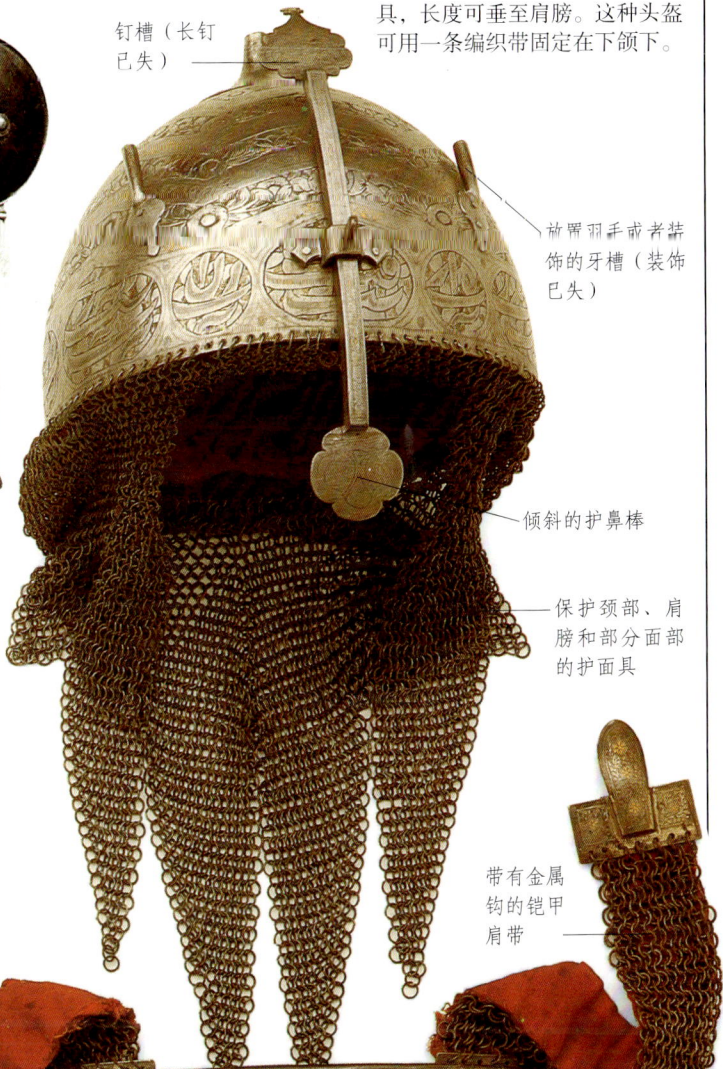

钉槽（长钉已失）

被罩羽毛或者装饰的牙槽（装饰已失）

印度战士
上图是拉杰普特战士的照片，摄于1857年。这个战士的装备有一个圆盾、一把弯刀和一把火绳枪。

倾斜的护鼻棒

保护颈部、肩膀和部分面部的护面具

19世纪北印度使用，带有钢打造的花纹和镀金装饰的圆盾

带有金属钩的铠甲肩带

矩形胸甲 右图
印度胸甲由一个轻型的胸甲、一个后板和两个侧板组成。这4块金属板打造成适合穿戴的形状。

手臂防护装置 下图
管状的全臂铠甲固定在手臂上。铠甲延伸的部分是为了保护手部。

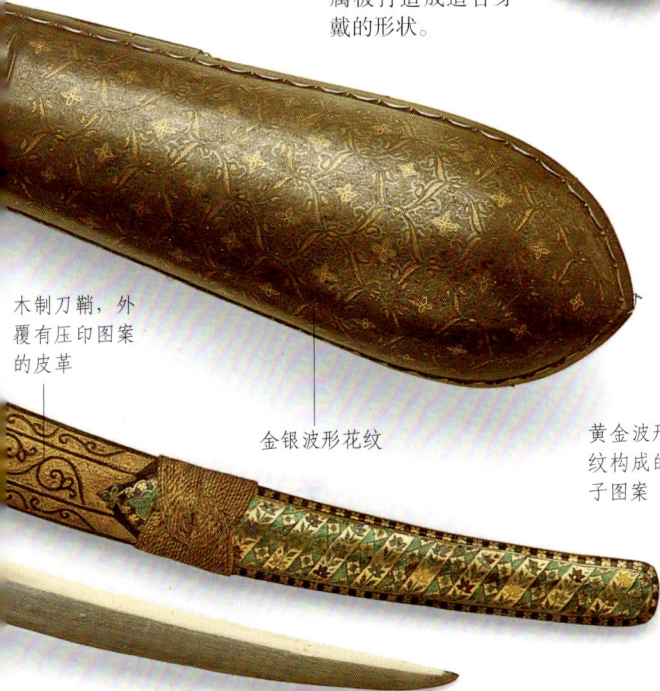

木制刀鞘，外覆有压印图案的皮革

金银波形花纹

黄金波形花纹构成的格子图案

印度武器

锡克战士正在
使用火绳枪
（1846年）。

纵使外来风格给印度的武器和盔甲带来了一定的影响，印度地区的人们还是创造出带有其自身特点的武器，这些武器与印度-波斯风格的刀剑和欧式风格的步枪一起使用到了20世纪初期。这些有漂亮装饰的特有武器包括"卡塔"和"沙克拉姆"。卡塔是一种戳刺用的印度匕首，而沙克拉姆则是锡克战士佩戴在缠头巾上的钢制战用铁圈。

镶嵌着红宝石和钻石的翡翠把手

穿甲匕首
白沙-卡布兹是一种源自波斯和北印度主要用来刺穿铠甲的专用匕首。锋刃在握柄处较宽，向顶端逐渐变窄，直至汇聚成刀锋。

装备多种武器的神 上图
这是装备精良的印度神人的画像。画像中神的武器包括一把斧子、一把戳刺用的匕首、几把三叉戟和剑、一把权杖和一支长枪。

战斧空柄内的匕首

隐藏匕首的空柄

全钢战斧 上图
这种战斧有一个刃口稍圆的细长锋刃。空柄内藏着一把匕首。

金制波形花纹的钢柄

单刃剑 下图
这种锋刃弯曲的剑在印度广受欢迎。这把单刃剑有一个短把手，以及旁遮普地区独特的碟状圆头。

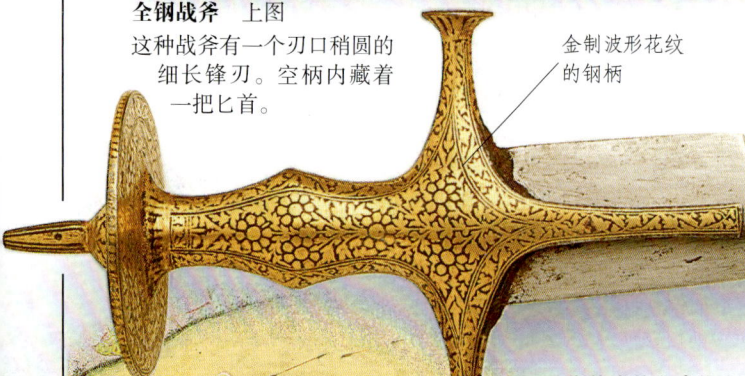

作战中的印度战士 左图
在这幅描述莫卧儿时期战争的画作中，每个战士都佩带着一把卡塔。画中还有战士手持印度式的弯刀，也有一些战士携带着圆盾。其他武器还包括弓箭、长枪和火绳枪。

火绳枪的火药瓶

火绳枪是一种直到20世纪早期还在印度某些地区使用的武器。图中这个涂漆镀金的火绳枪的火药瓶被雕刻成角的形状，一个印度神人从鱼嘴处露出。

木材雕刻制成

印度神人

战环

沙克拉姆是一种外缘呈剃刀形状的钢环，印度西北部的锡克人大多使用这种武器。锡克战士将数个铁环套在缠头巾上，投掷前将铁环在食指上旋转，然后从腋下掷出。

锋利的外缘

打磨成圆形的内缘

打磨后的刃口

白银和镀金装饰

锡克战士将沙克拉姆绕在食指上旋转

四角形的锤头

弯曲的单刃锋刃

巨大的双刃锋刃

戳刺用匕首 右图

这种印度匕首即卡塔，是仅在印度地区发现的武器。这种匕首完全由钢铁打造，握柄呈"H"形状，近距离作战时用于戳刺。

保护手腕的金属栏

两个平行的金属杆把手

皮革盾牌 左图

这种盾牌由皮革制成，上面饰有印度神人。

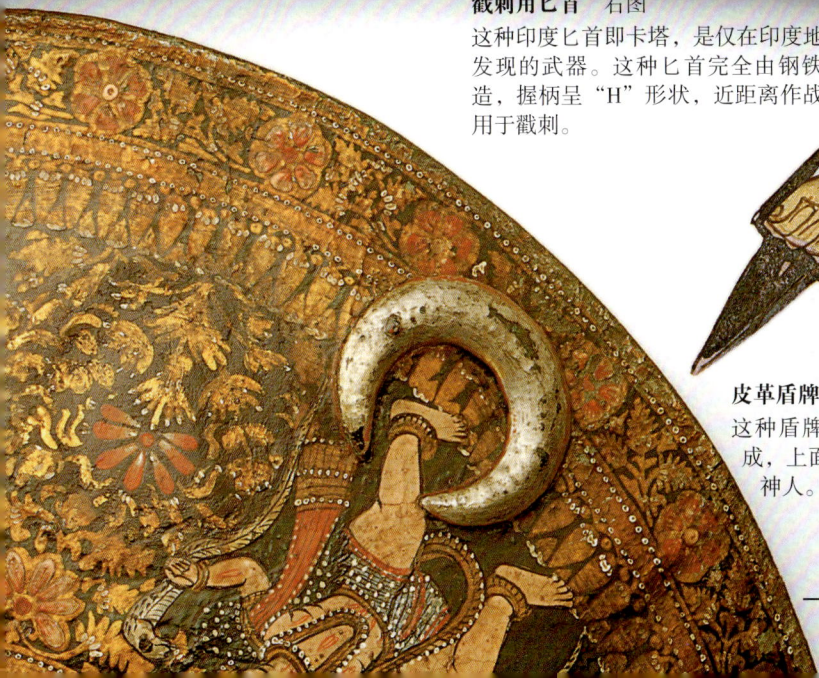

日本武士

日本的武器和盔甲十分独特。在经过长达数千年的演变之后，日本盔甲上的装饰越来越多，其中以日本武士的盔甲最为有名。从12世纪到1868年武士阶级被推翻前，这种武士盔甲一直是最高荣誉的象征。日本的武器制作精良，尤其是刀，是目前为止出现过的最好的刀。

一个翼（刀的防护装置）

肋差刀鞘，由涂漆的木材制成

长枪头部的木制护套

保护连接点的金属项圈

珍珠母贝镶嵌而成的装饰

一层层钢包裹软铁而成的锋刃

涂漆把手

涂漆刀鞘

卡布图头盔

黑色漆器上的大龙虾图案

将刀绑到腰带上的丝绳

日本刀的防护装置

步兵 上图
这名19世纪的步兵穿着一件轻型的上半身铠甲。它主要为步兵设计，可以包覆住士兵胸部的两侧，下摆则可保护胸部以下的躯干。

匕首 上图
一把典型的单刃日本匕首。

木制把手，上覆鱼皮，用编织绳缠绕

短刀 左图
一名武士要佩带一长一短两把刀。这是一把17世纪的肋差，不仅可以作战，还可在切腹自杀仪式时使用。

长枪 左图
骑兵所持的短锋刃捷利（长矛），步兵则持长锋刃的捷利。

刀鞘的装配
匕首和刀鞘的两边带有一种称为"小冢"的小型刀（左图）和一把叉状物，即扣盖（小冢的左侧图）。

护手装置

一场日本武士之间的格斗 左图
这幅19世纪早期的图片展示了两名日本武士用武士刀进行刀术比试的情形。他们的第二把刀肋差，用束腹缠在腰部。

武士的辫子穿过的开口

铆钉固定的金属做成的头盔碗部

保护性副翼

黄铜和涂漆装饰

放置头盔冠部的牙槽

将面具和头盔连在一起的绳子

大麻做成的胡子

护颈

层叠状的颈部防护装置

日本武士的头盔
这种日本头盔一般称为"卡布图"，风格从史前时期到19世纪都在不断地演变。它用头盔碗部的绳子固定在头部。

战时面具
战士们佩戴不同类型的战时面具，上图中这个带有一片鼻甲的半面具就是其中的一种。

一名日本将军佩戴着一顶卡布图头盔。

防护用套袖
下图这种防护用套袖即"科特"，是全臂铠甲的一种。它由贴身的材料制成，用带子绑在手臂和胸部附近。

丝绸制成，上面铺有连着金属片的锁子甲的衬

早期的枪炮

尽管早在14世纪欧洲就已经开始使用火药，但直到16世纪人们才开始使用一些小型的武器。人们使用木制枪托来帮助瞄准，吸收火药发射后的后座力，包裹滚烫的枪管以保护双手。利用枪上的引火装置，人们可以等待恰好的时机开火。火绳枪的操作简单，就是在扣动扳机的同时，将一个不完全燃烧的缓燃引信推进到一个装有引火药的火药池里。后来的引火装置——转轮点火机更上了一个台阶，可以在发射的同时产生火花。转轮点火机造价太过昂贵。在更为便利的燧石发火装置出现前，前述两种引火装置一直都在发挥着作用。

重装骑兵
转轮手枪是骑兵佩带的第一种小型武器。

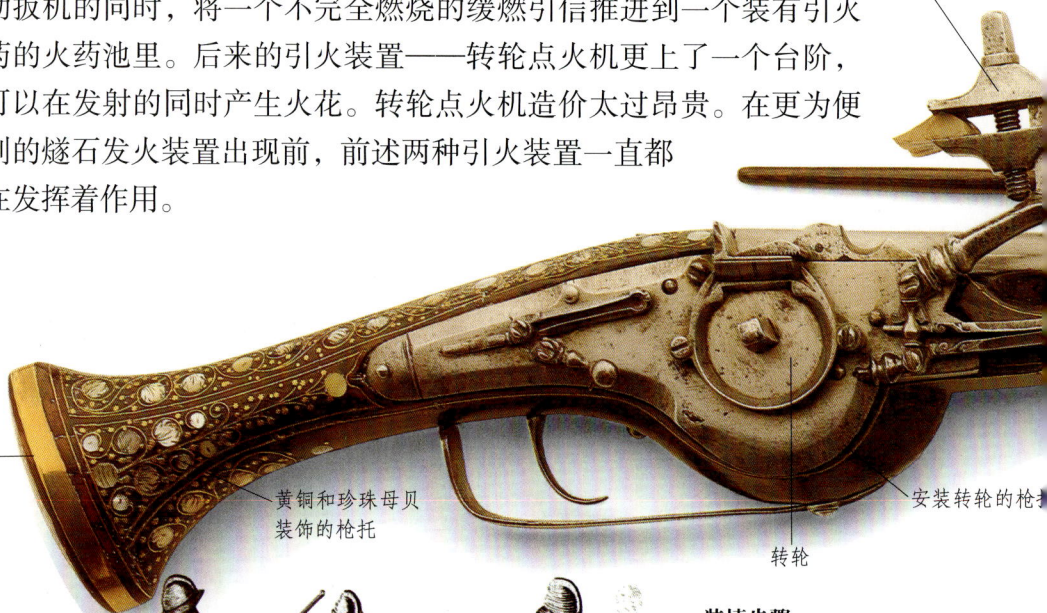

鸡冠或者狗头状的击铁

黄铜枪柄帽

黄铜和珍珠母贝装饰的枪托

安装转轮的枪机

转轮

将步枪放到肩膀上前进

将步枪悬空并保持平衡

装填弹药

查看底火是否可用

发射

装填步骤
早期的前膛枪可能看起来简便，但在使用时必须严格按照步骤来装填，以免走火或者伤人。左侧是装填和发射步骤。

火绳枪
图中这把火绳枪是17世纪早期典型的步兵使用的步枪。火药池的盖子仅在发射之前才会打开。推动扳机后，枪机将底火推挤到火药池内以引燃引火药，然后一簇火花从一个装在枪管内的小导火孔中穿过并引爆主体火药。

模糊目标
最初的黑火药的一个缺点就是其发射后产生浓密的白色烟雾，这种烟雾常常会模糊目标，错失袭击机会。

装引火药的火药池和火药池的盖子

绳子充当缓燃引信

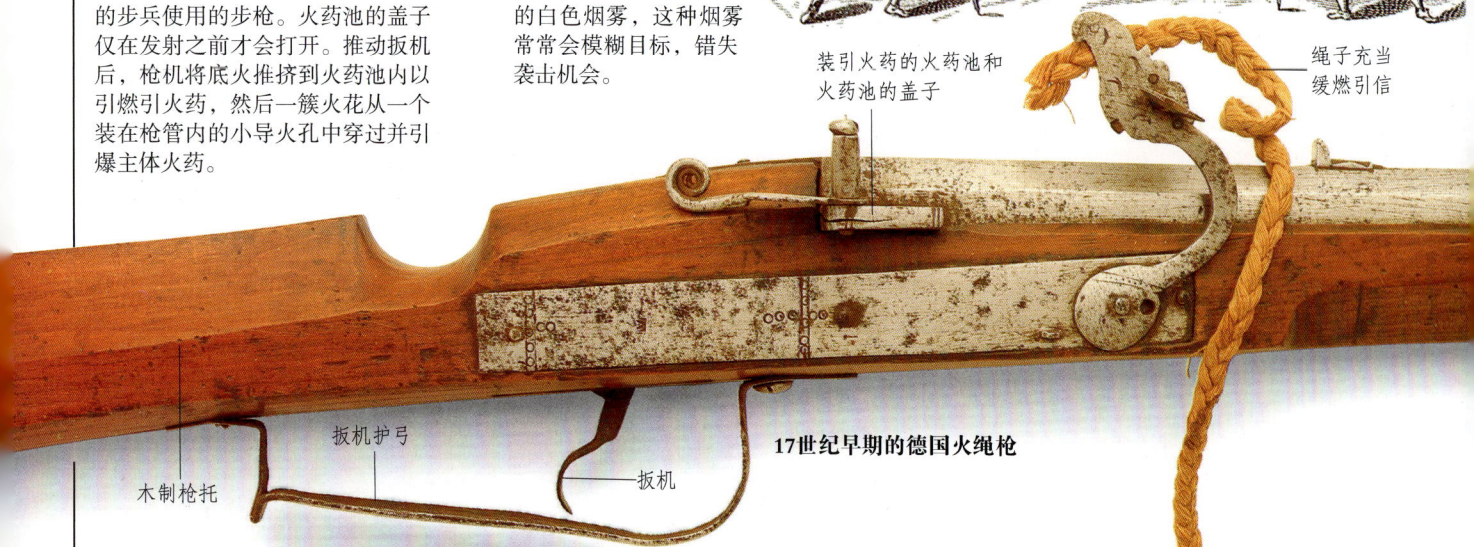

木制枪托

扳机护弓

扳机

17世纪早期的德国火绳枪

转轮发火枪

这种枪机通过一片黄铁矿石撞击在簧轮的突出边缘来产生火花。在火药池的正下方是一个四方形的轴，轴上装着一个栓，当栓被推转后，一个连接在主发条上的短链会将发条上紧。在狗头或者鸡冠状的火药盒放到火药池后，转轮被释放，锯齿摩擦黄铁矿石片就会产生大量的火花溅入火药池内，点燃引火药并引爆主体火药。

火枪的射程
枪炮的优势在于能比刀刃武器更快击中敌人。

木制的推弹杆

转轮发火手枪 北欧，17世纪

步枪的支撑物
沉重的火枪要放置在叉状的支撑物上发射。

步兵
这名步兵带着一条引燃的底火以供步枪发射时使用。

大多数早期小型枪炮都是前膛枪——在枪口的前端或者尾端上膛

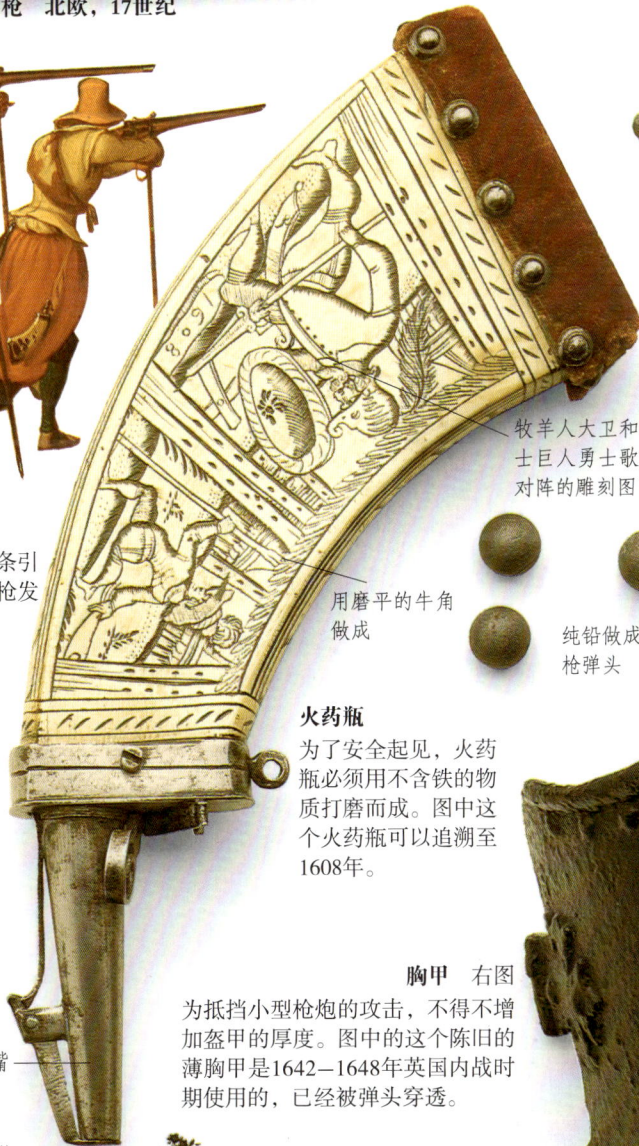

牧羊人大卫和非利士巨人勇士歌利亚对阵的雕刻图

用磨平的牛角做成

纯铅做成的手枪弹头

火药瓶
为了安全起见，火药瓶必须用不含铁的物质打磨而成。图中这个火药瓶可以追溯至1608年。

胸甲 右图
为抵挡小型枪炮的攻击，不得不增加盔甲的厚度。图中的这个陈旧的薄胸甲是1642—1648年英国内战时期使用的，已经被弹头穿透。

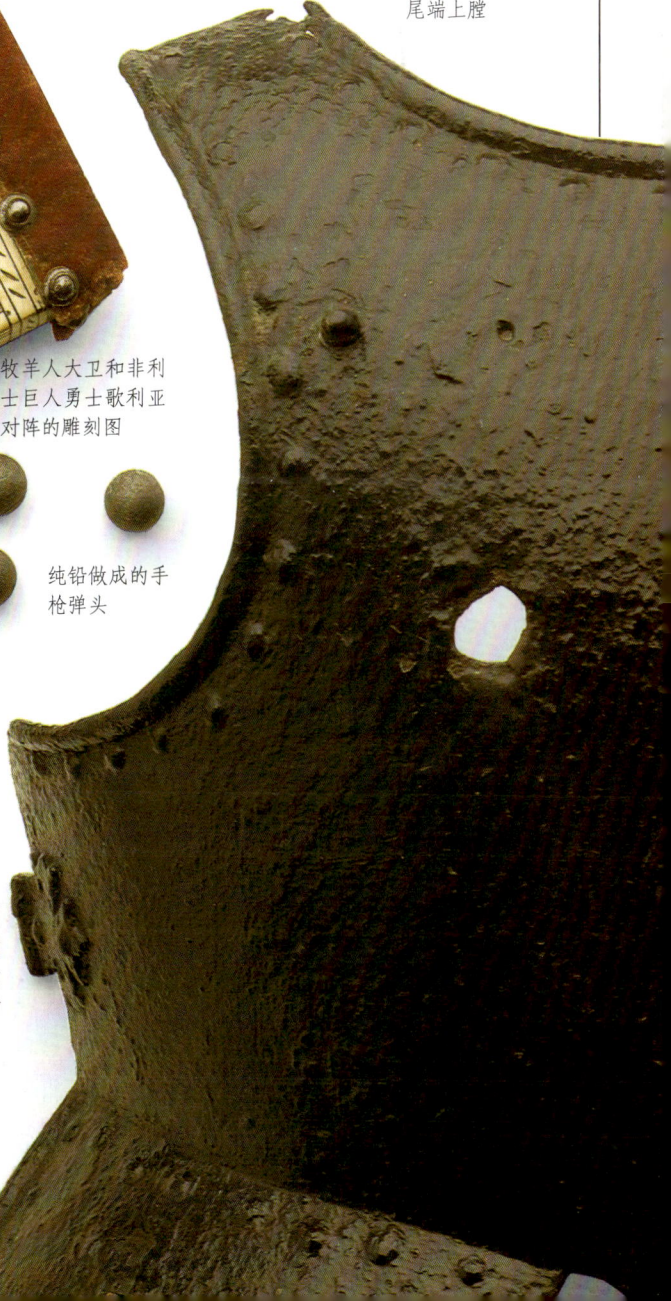

火药瓶嘴

黑色火药

燧石发火枪

由于燧石发火装置比火绳枪机更可靠，价格也比转轮发火装置便宜，因此从17世纪晚期到1830年，欧洲和美国的大多数枪炮都用燧石发火。燧石发火装置大概由法国的马丁·李·布尔茹瓦在1620年发明，可以设置在两个位置上——发射挡或保险挡。在燧石发火装置的基本设计上稍加改动后，燧石发火武器不仅在大型战场上一统天下，还作为一种重要的民间武器用于决斗、自卫和射击比赛等。

《金银岛》中的独脚海盗朗·约翰·斯里渥

探险家的射击游戏
当探险家使用燧石发火的猎枪时，可以清楚地看到火药池的闪光。

上膛并发射燧石发火枪

1. 将扳机扣到半击发的安全位置。
2. 从火药瓶中倒出适量火药或者将子弹下置到枪管里。
3. 装填好包裹在布片中的弹头或者用推弹杆将子弹下置到枪管中。
4. 从火药瓶中倒出少量火药放在引火药的火药池内。
5. 关闭火药池盖子。
6. 将扳机扣到全击发位置，然后开火。

步枪子弹

步枪弹药盒
每个纸卷的弹药包括一次射击所需的弹药和子弹。

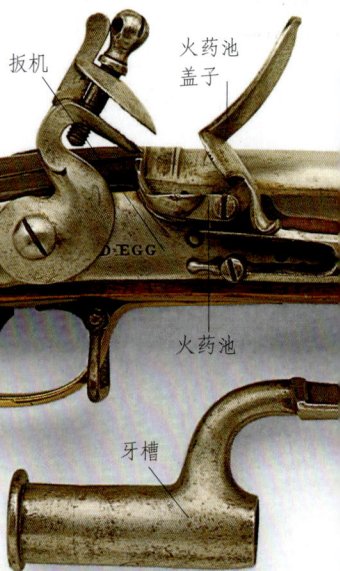

扳机

火药池盖子

火药池

黄铜制成的枪柄帽

胡桃木制枪托

牙槽

燧石发火枪
这把18世纪晚期印度风格的步枪是长型武器，也是燧石发火步枪之一。由于这种步枪非常牢固，使用方法简单而且相对安全可靠，因此在1720年至1840年一直是英国步兵的主要武器。

刺刀
这种刺刀是配合燧石发火步枪使用的。大多数欧洲和北美的军队都使用这种刀刃呈三角形的刺刀，它通过牙槽安装在枪口上。

推弹杆

铁制枪管

放置到半击发安全
位置的扳机

枪套手枪
图中这把典型的枪套手枪是约
1720年在英国制造的。其枪管比
普通手枪长，一般由骑兵军官
使用，放置在马鞍两侧的枪
套中。

银制枪
柄帽

银制侧
面护甲

扳机护弓

枪把

步兵的操练
《步兵操练手册》
出版于1800年，此处
的图解都出自该手册。
这本手册向士兵详细讲
解了怎样放置和使用步
枪射击。

魁北克战争中蒙哥马利将军之死 1775年
美国独立战争期间，美国士兵使
用的是一种高准确度的燧石枪，
即著名的肯塔基来复枪。

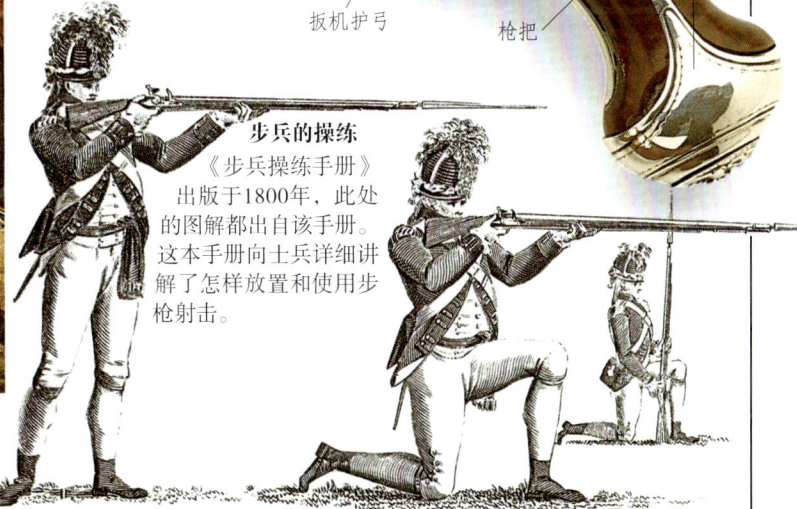

兽角做成的枪把

扳机

黄铜护甲

铁制枪管

钢制的剑刃

剑中枪
剑中枪是一种较为特殊的燧石发
火武器。它是在猎剑中藏有一把
安装在锋刃上部的手枪。

卡宾枪射击
这是托马斯·罗兰森绘于1798
年的作品，画中的骑兵正用燧
石发火的卡宾枪射击。卡宾枪
枪管较短且枪体质量较轻，非
常适合在骑马时使用。

推弹杆

刺刀的刀鞘
刺刀的刀鞘用皮革制成，上面
有一个黄铜挂钩以便将其固定
在饰带上，或者挂在士兵皮带
的环带上。

黄铜装饰

坚硬的皮革

决斗用剑

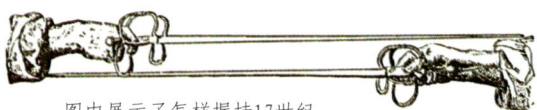

图中展示了怎样握持17世纪练习用的双刃长剑。

虽然剑的威力强大，但中世纪的骑士和步兵在战争中使用的剑的设计却非常简单。到了16世纪，剑的设计发生了变化，一些剑的锋刃变得更窄、更长也更加锋利。这些剑以"双刃长剑"著称，不仅可以在遭遇突袭时保护自己，还能用来参加正式的剑术搏斗，也就是"决斗"。

决斗是为有钱有身份的贵族们设计的。用双刃长剑来搏斗的技术因"击剑术"而闻名于世。这个时期打造刀剑最著名的铁匠大多来自于西班牙的托莱多、意大利的米兰和德国的佐林根。在1650年左右，双刃长剑被一种更轻、更短，护把也更加简单的剑所取代，这种剑被称为"轻剑"或者"宫廷用剑"。在用手枪来决斗的17世纪以前，绅士们都一直佩带这种轻剑。

用双刃长剑决斗
小说《守财奴的女儿》所绘的一幅18世纪的图画。决斗是在伦敦的图赛尔牧场进行的。

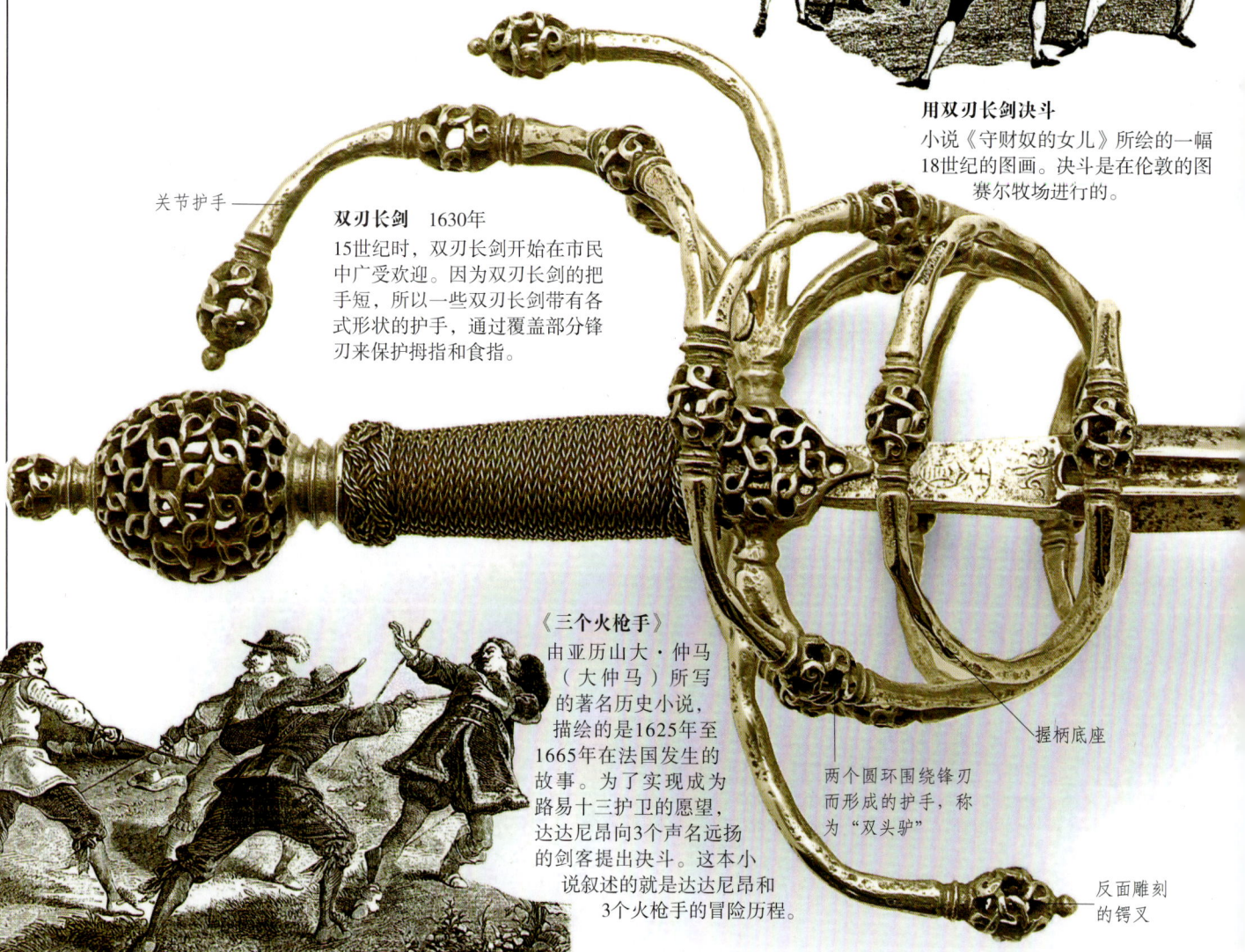

关节护手 ——

双刃长剑 1630年
15世纪时，双刃长剑开始在市民中广受欢迎。因为双刃长剑的把手短，所以一些双刃长剑带有各式形状的护手，通过覆盖部分锋刃来保护拇指和食指。

《三个火枪手》
由亚历山大·仲马（大仲马）所写的著名历史小说，描绘的是1625年至1665年在法国发生的故事。为了实现成为路易十三护卫的愿望，达达尼昂向3个声名远扬的剑客提出决斗。这本小说叙述的就是达达尼昂和3个火枪手的冒险历程。

握柄底座

两个圆环围绕锋刃而形成的护手，称为"双头驴"

反面雕刻的锷叉

294

用匕首挡开攻击

用双刃长剑进行搏斗的艺术被称为"击剑术"，主要在16世纪早期的法国和意大利发展起来。在雅克·克罗特所做的这幅版画中，一个击剑士手持一把左手握的匕首在练习挡开攻击的动作。

轻剑 1740年

在17世纪早期，双刃长剑开始被轻剑所取代。这把剑是在法国打造的，既可以用于决斗又可以作为日常佩带的武器。

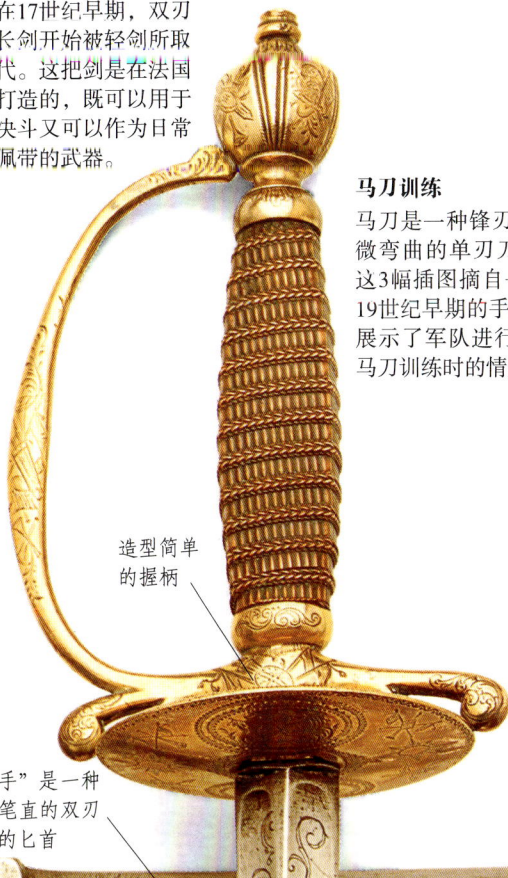

马刀训练

马刀是一种锋刃轻微弯曲的单刃刀。这3幅插图摘自一块19世纪早期的手绢，展示了军队进行徒步马刀训练时的情形。

造型简单的握柄

"左手"是一种有着笔直的双刃刀锋的匕首

由于剑柄非常短，拇指会伸到锋刃之上

用匕首防卫 1650年（左图）

一种在决斗中专门用来防卫敌人攻击的匕首，人们称其为"左手"。

6个马刀切割点

描述马刀训练的手绢上展示了头部的6处可瞄准位置。

长而薄的双刃刀锋

THE SIX CUTS

击剑运动 1640年

握有双刃长剑和防卫匕首的剑手，先用匕首将对手的剑压低，使其无法继续攻击，以杀死对手。

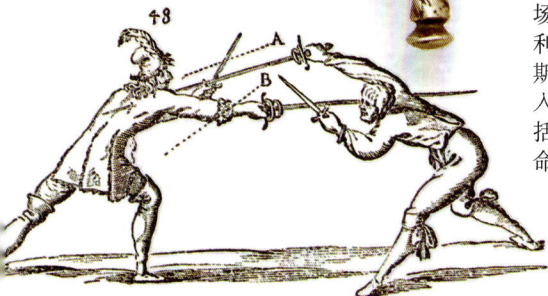

轻型三角形锋刃

一场著名的法国决斗 右图

这幅19世纪的版画描述的是1548年在巴黎进行的一场决斗，其中一方就是亨利三世最宠爱的武士奎拉斯。奎拉斯的助手也被卷入。两组中的3个人，包括奎拉斯在内，都受了致命伤。

接下页

普鲁士轻骑兵
右侧的轻骑兵手持的马刀在19世纪成为欧洲轻骑兵所佩带的主要带刃武器。

刀商的店铺 1755年
在一名波斯刀商的店铺内，顾客正在测试新刀，窗户附近的工人正在制作刀柄。

单刃刀 1620年
单刃刀是一种17世纪欧洲骑兵使用的军刀，在对敌作战时可用于切割和戳刺。

护手——保护手的防护装置

17世纪防护用匕首的锋刃

17世纪双刃长剑的锋刃

德南战役 左图
这幅油画描述的是发生于1712年的一场战争，战争双方分别是法国人和荷兰－神圣罗马帝国联军，胜利的一方——法国维拉尔斯元帅正使用一把轻剑为士兵鼓舞士气。

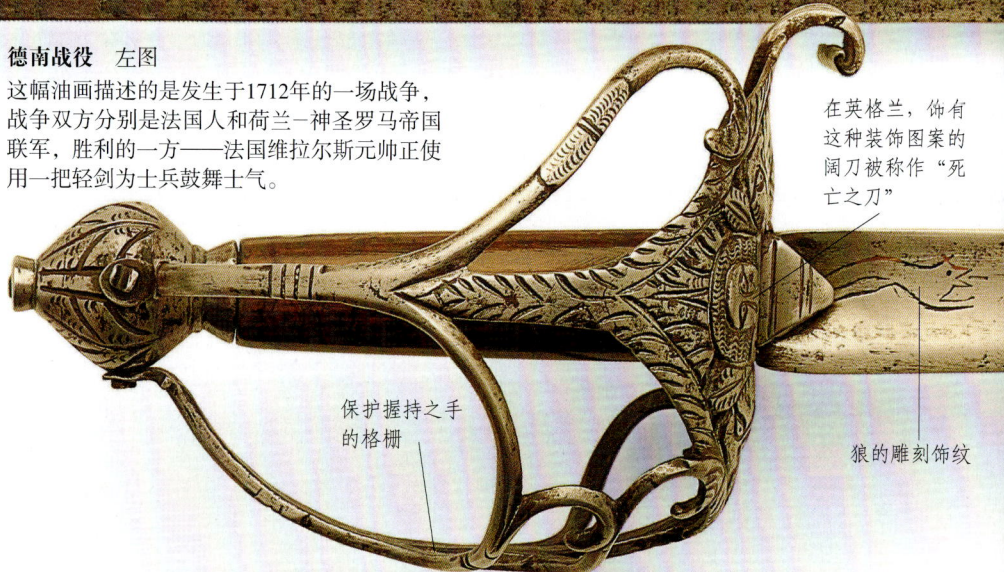

在英格兰，饰有这种装饰图案的阔刀被称作"死亡之刃"

保护握持之手的格栅

狼的雕刻饰纹

接上页

以蚀刻法制作的双刃锋刃

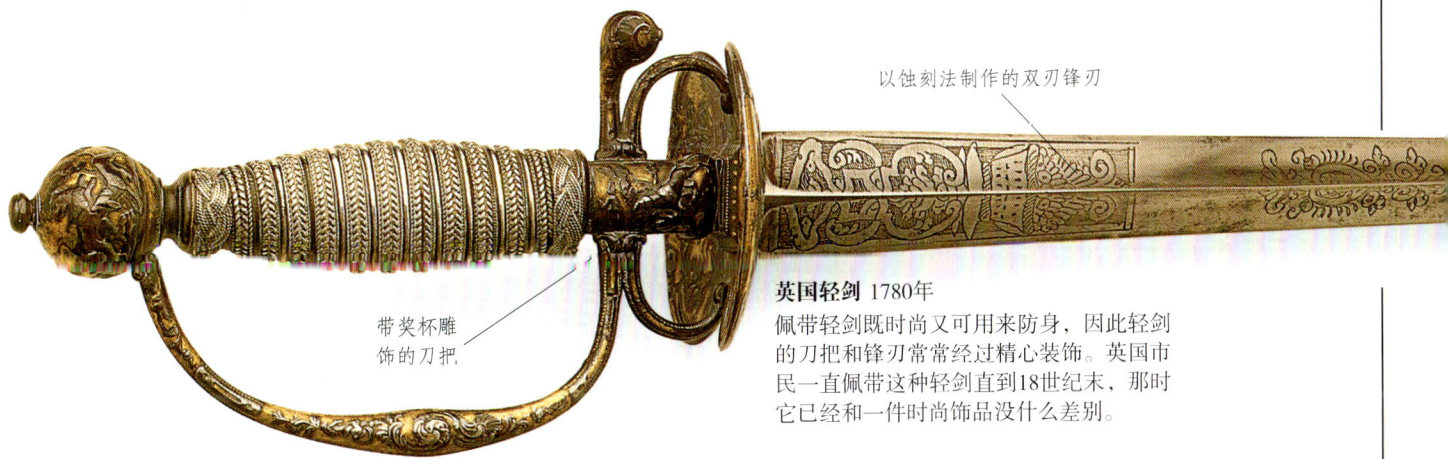

英国轻剑 1780年
佩带轻剑既时尚又可用来防身，因此轻剑的刀把和锋刃常常经过精心装饰。英国市民一直佩带这种轻剑直到18世纪末，那时它已经和一件时尚饰品没什么差别。

带奖杯雕饰的刀把

笔直又粗厚的单刃锋刃

轻剑训练 1686年
到16世纪末期，许多剑术教练教授新的剑术，比如如何用剑刃而非匕首抵挡对方的剑。图中这幅演示轻剑训练的插图是从一个法国的专题论文中选取的。

雕刻饰纹的单刃刀锋

猎剑 1780年
图中这把较短的法国佩剑是用来打猎的。

内弯的护手钩

骨制把手

阔刀训练
据一本同时代的书中记载，阔刀使用安全、操作简单，但是需要很大力气才能使用自如。

阔刀 1610年（下图）
这种沉重的双刃军刀以"阔刀"之称闻名。在17到19世纪，这种刀在骑兵中广受欢迎。

16世纪的刀柄
阔刀的刀柄在决斗中能够保护握剑之手，很适合战斗，使用起来比双刃利剑要简单得多。图中这把阔刀由15世纪一名德国步兵使用。

一名雇佣步兵使用的阔刀和刀柄

决斗用手枪

尽管并不合法，但几千年来，决斗一直是一种很受欢迎的解决纷争的方式。到18世纪晚期，燧发枪的制作几近完美，从而取代了刀剑在决斗中作为首选武器的地位。枪炮制造工人开始配套制作专门用来决斗的手枪。为了使决斗用的手枪尽可能精确，手枪的性能绝对都是一流的，而且在瞄准器和扳机等装置上进行了更多的改进。所有的决斗用手枪都是前膛枪，直到1820年至1830年间，才开始使用燧石点火装置。

决斗时代行将结束
这是一名法国决斗者（1887年）。他的对手的位置如本页左上角所示。两个人分居两侧，距离很远，命中率也不高。

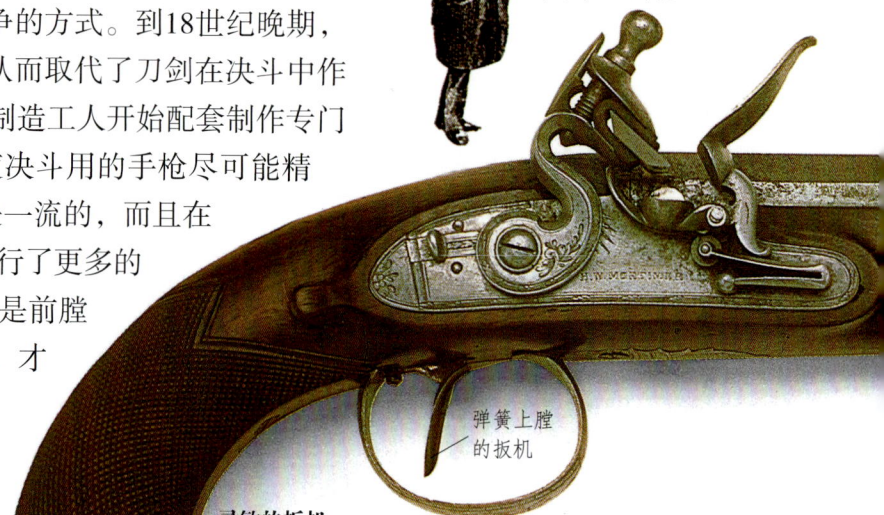

弹簧上膛的扳机

灵敏的扳机
许多决斗用手枪都有一个"精确的"扳机，由置于枪机内的一个额外的弹簧启动。这些轻型扳机可以在不惊动目标的情况下开火。

手枪把手

木制枪托 右图
在所有的决斗用手枪上，木制枪托的制作都很精致，以使枪托的尾部刚好适合决斗者的手握持。

枪托的尾部

控制推弹杆的木制末端

制作一颗弹头

供手枪使用的铅弹是火药工人通过一种弹头铸模在家中造制的。将铅用火烧至熔化，然后将其倾倒入铸模中。几秒钟后，将弹头振摇而出。

黑火药

衬里布片
为了使弹头紧紧固定在枪管里，通常会用布片或者皮革片将弹头包裹起来。

亚历山大·普希金
名人决斗中最为有名的就是俄国伟大的作家普希金。1837年他和妻子的情人决斗时不幸丧命。

铅弹

管口也是一个衡量工具

推弹杆
推弹杆是木头或者金属制成的，位于枪管下面的一个凹槽内，用来将子弹和布片一起推降到枪膛内。

弹头铸模
弹头是将熔化的铅倾倒进弹头铸模冷却后制成的。

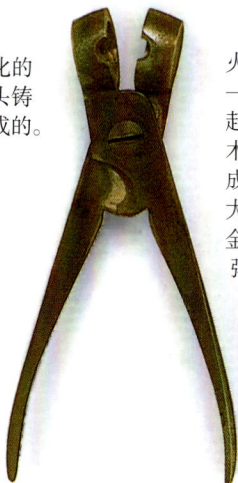

火药瓶
火药一般放置在一个火药瓶内。起初火药瓶使用木材或者兽角制成。到19世纪，大多数火药瓶由金属制成。当子弹发明后，就不再使用火药瓶了。

将弹头推降到枪膛的金属末端

美国反决斗漫画
1821年（左图）
当这部反决斗漫画在费城出版时，决斗在美国的流行程度和在英法等国家已经没什么两样。

荣誉之战 1820年
人们称决斗为"荣誉之战"。如果一位绅士认为被另一位绅士所侮辱，则可向对方发出决斗的挑战。对方如果拒绝应战，会被视为绅士名誉的污点。罗伯特·库鲁圣以决斗时代的视点用画作记录了这个毁灭性的决斗场面。

瞄准器

枪口

推弹杆凹槽

一把英国决斗用手枪
1800年（下图手枪的枪机单独展示）

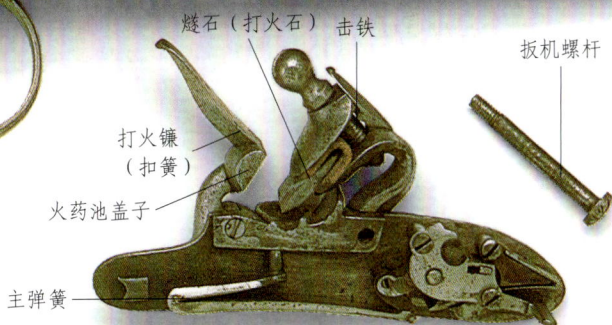

枪管
决斗用手枪是上膛枪。枪管通常是八边形，配有瞄准器。

燧石（打火石）　击铁

打火镰（扣簧）

扳机螺杆

火药池盖子

主弹簧

枪机 左图
枪机是一种用来给手枪加燃料的机械，通过螺杆固定在枪托的一侧。当扣动一把燧发枪的扳机时，击铁向前旋转，使打火石刮擦到打火镰并推开火药池盖子产生火花。火花溅入起爆炸药，点燃起爆炸药，并通过小的接触孔引爆枪管里的主火药。

决斗的规则
决斗双方和"助手"（即给枪上膛的随从），以及为决斗作证的朋友，对决斗的严格规则达成协议。通常，两名决斗者按照已经协议约定的距离分别站立，手中的枪指向地面。在信号发出后，决斗双方抬起手枪，开火。

清洁燧发枪的步骤

1. 用连在推弹杆上的工具或者专用的清洁杆将所有未发射的子弹和火药从枪管中拔出。
2. 用连在推弹杆或者清洁杆上的布料清洁空的枪管，并上油。
3. 刷除起爆炸药的火药池内部和周围燃烧过的火药。
4. 给扳机上油。
5. 如果打火石用尽则填充上新的打火石。

盛放扳机和给枪管上油的油罐

火药池刷子

一场非致死性的决斗
（法国，1893年）

少量燧石

燧石和皮革
皮革的用途是夹紧枪机钳口的燧石。

螺丝起子
用于移动枪机。

拦路强盗使用的武器

在实行枪支注册许可之前的那些不受法律约束的年代里，许多枪炮的制造和改良是为了对付有武器的强盗。绅士在骑马时携带一对皮套枪，放在马鞍旁。乘车旅行时，骑士会在外套口袋内放置一把小型手枪，他的护卫可以携带一把老式大口径的短程喇叭枪。这种老式手枪适合近距离对抗，宽大的枪口容易威慑住对手，枪管内填充的铅弹更容易命中目标。

燧石发火装置
（部分丢失）

拦路盗贼袭击一名旅客
在这幅托马斯·罗兰森绘于1813年的漫画中，一名旅客被3名持枪的拦路盗贼拦截。

燧石发火的老式大口径短程喇叭枪
这种手枪发射许多近距离有效的小子弹。图中这把18世纪晚期的老式大口径短程喇叭枪上有一把弹簧固定的刺刀。

推弹杆

匣式簧板型的燧石发火装置

并排的两个黄铜枪管

小手枪
双管枪的两个枪管都可以通过同一个扳机发射。通过枪身上的铁制滑块可以选择将哪支枪管同火药池连接起来。图中这把特殊的小手枪是在1785年的伦敦制作的。

银制枪柄帽

300

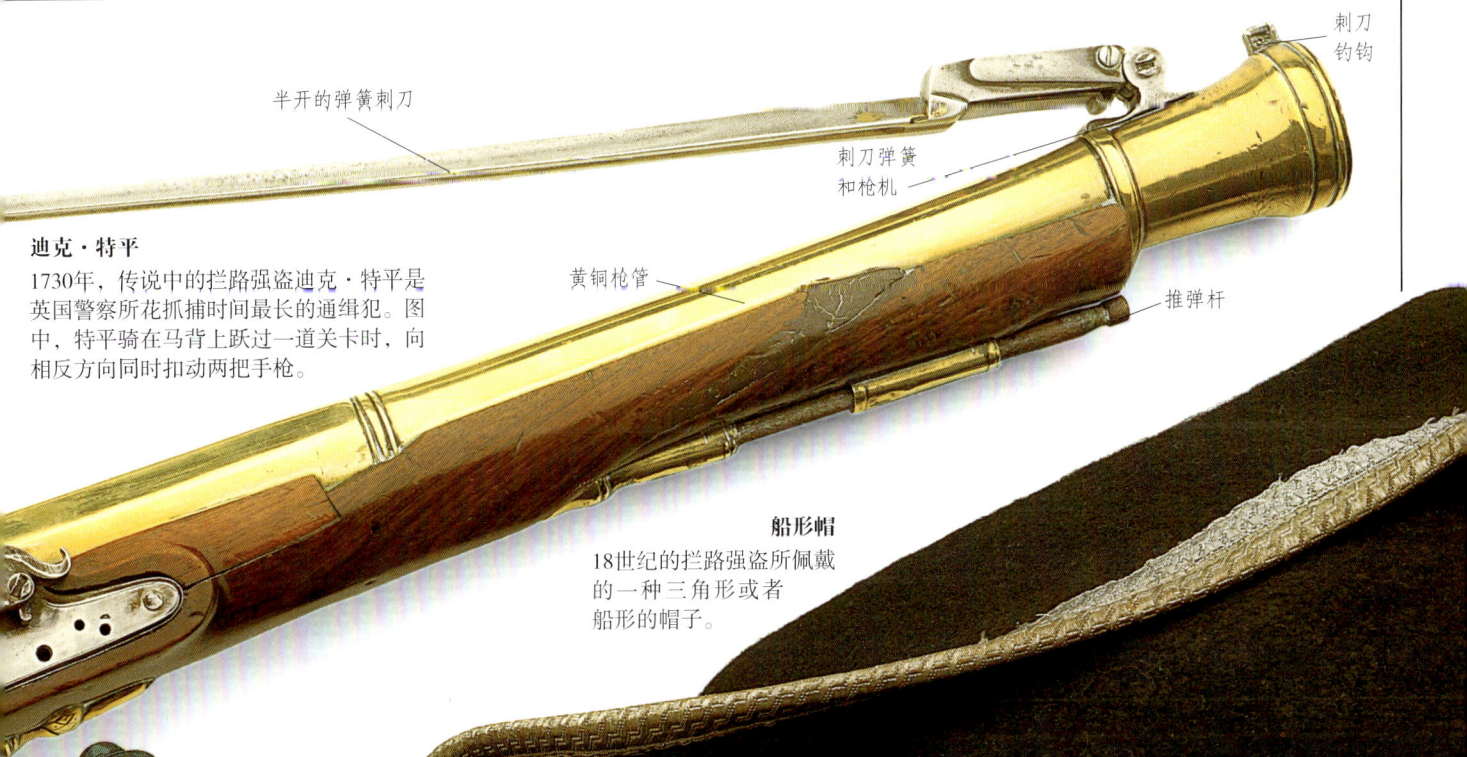

半开的弹簧刺刀

刺刀
钓钩

刺刀弹簧
和枪机

黄铜枪管

推弹杆

迪克·特平
1730年，传说中的拦路强盗迪克·特平是英国警察所花抓捕时间最长的通缉犯。图中，特平骑在马背上跃过一道关卡时，向相反方向同时扣动两把手枪。

船形帽
18世纪的拦路强盗所佩戴的一种三角形或者船形的帽子。

罗伯特·马卡尔
18世纪，出名的拦路强盗变成了民间英雄。图中是名为罗伯特·马卡尔的臭名昭著的强盗。

皮套手枪
一旦子弹用尽，这把18世纪早期的皮套枪上的枪柄帽可以使这把手枪倒转过来当作棍棒使用。

镶嵌的黄铜

枪柄帽

拦路强盗发动的一次袭击
1750年，两名拦路强盗抢掠了正在伦敦附近驾驶邮递马车的艾琳顿领主。在这个时候，艾琳顿领主手持的老式大口径短程喇叭枪毫无用处。

古怪的手持武器

有史以来，一些表面上看起来不实用的古怪武器一样被人类创造出来并使用。这几页展示的这些奇形怪状的武器向人们证明，许多地方和部落族人使用的武器，或者军械工人为富有的顾客制作的奇怪的组合手枪，不仅做工精巧而且同样致命。

意大利炮手的钻孔锥 下图
这把18世纪的匕首刃上的刻度是炮手计算大炮口径时使用的。

雕刻花纹的锋刃

"乌鸦脚" 左图
铁蒺藜或者"乌鸦脚"是由4个或者更多个锋利的铁制长钉制成的，一般撒落在马匹或者步兵脚前。

单刃锋刃

最后的盔甲 下图
在17世纪和18世纪期间，欧洲和美国的步兵经常佩戴一种一片式盔甲——护喉甲胄。军官戴护喉甲胄的用途与其说是保护躯体，不如说是一种地位的象征。下图所示护喉甲胄是19世纪英国海军舰队的一名军官的。

匕首的锋刃

护喉甲胄

扳机

藏在把手里面的枪管

打开枪口插栓，即可开火

餐具手枪 右图
人类发明的最不切实际的燧石发火武器，肯定是这副刀和叉制成的武器（于1740年前后在德国制造）。

印度权杖 右图
这种全钢的权杖是19世纪印度制造的。权杖的所有者可以在其坐下时，将权杖作为依靠之用，击打任何攻击者。

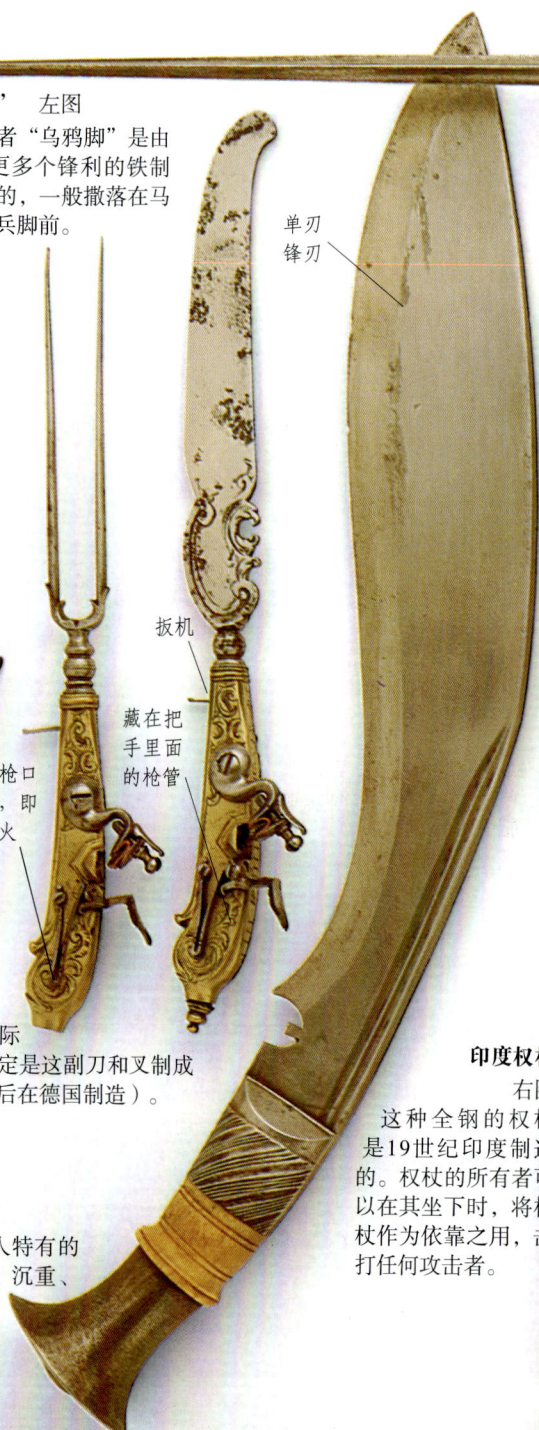

廓尔喀族人的小刀 右图
库克是尼泊尔廓尔喀族人特有的小刀，也是其主要武器。沉重、弯曲的锋刃使其成为一种致命的战斗武器。

阿帕契手枪 右图
在1900年前后，一群巴黎罪犯自称是北美印第安人阿帕契族人的后代。这群人使用的是特殊的销子发火的连发左轮手枪，上有一个折叠的锋刃和一个指节铜套式的枪柄。

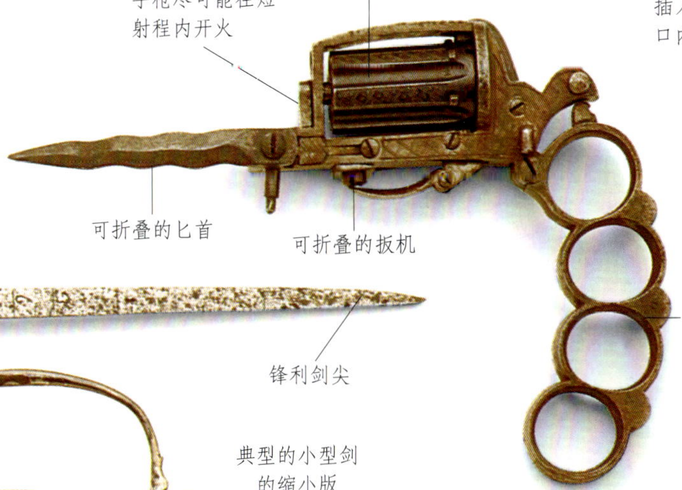

没有枪管，因此手枪尽可能在短射程内开火

6个膛

把手的末端插入步枪枪口内

锋刃上的刻度

可折叠的匕首

可折叠的扳机

锋利剑尖

指节铜套构成的枪柄

可旋转象牙把手

男孩用的剑 下图
在18世纪，富有的父母在他们的儿子第一次离开托儿所穿上马裤时，将专门的小型剑作为礼物送给孩子。

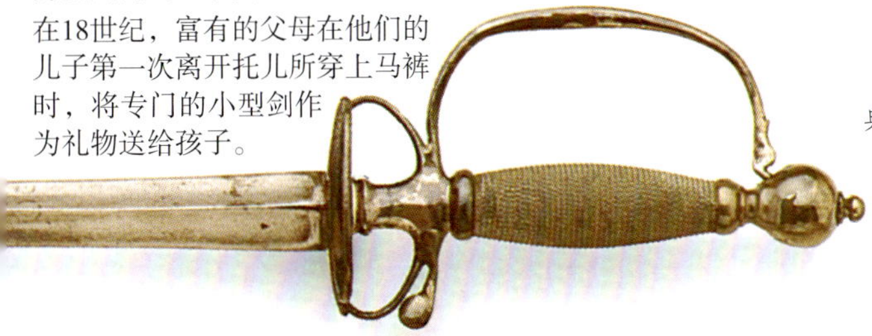

典型的小型剑的缩小版

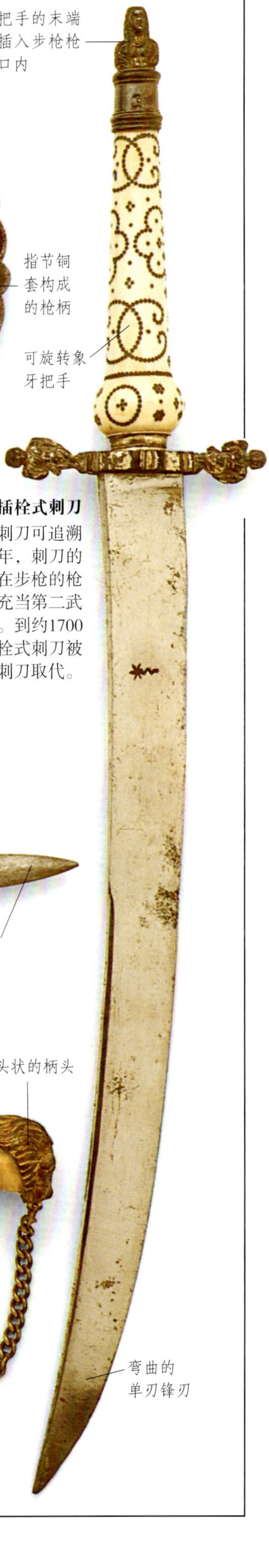

锻钢制造

旋进"手杖"内，以隐藏锋刃

卷形握柄

插栓式刺刀
早期的刺刀可追溯至1650年，刺刀的锋刃插在步枪的枪口内，充当第二武器使用。到约1700年，插栓式刺刀被凹槽式刺刀取代。

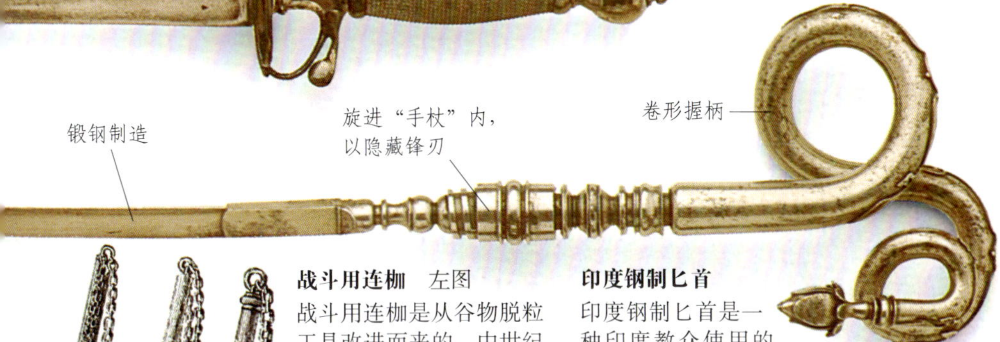

战斗用连枷 左图
战斗用连枷是从谷物脱粒工具改进而来的，中世纪时用于对抗盔甲。

印度钢制匕首
印度钢制匕首是一种印度教众使用的钢制武器的一部分。这种钢制武器被称为苦行者的拐杖。

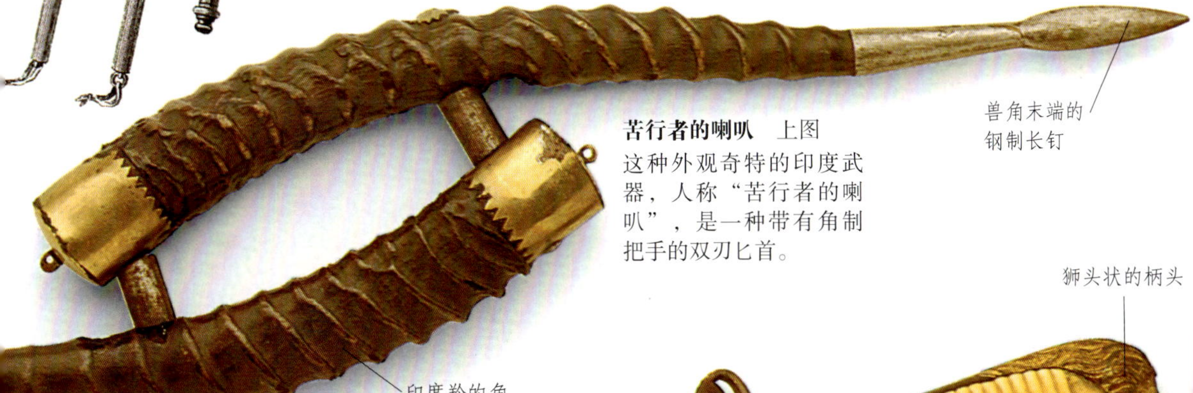

苦行者的喇叭 上图
这种外观奇特的印度武器，人称"苦行者的喇叭"，是一种带有角制把手的双刃匕首。

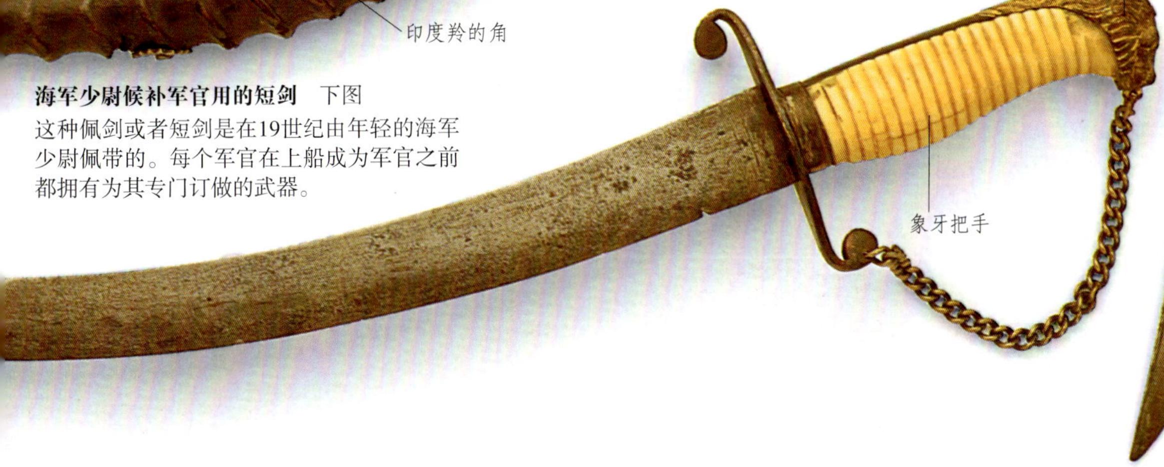

兽角末端的钢制长钉

狮头状的柄头

印度羚的角

海军少尉候补军官用的短剑 下图
这种佩剑或者短剑是在19世纪由年轻的海军少尉佩带的。每个军官在上船成为军官之前都拥有为其专门订做的武器。

象牙把手

弯曲的单刃锋刃

掷弹兵和骑兵

在拿破仑·波拿巴大肆征服欧洲领土的18世纪初期，燧石发火的步枪、卡宾枪和手枪等成为欧洲和北美洲军队的主要武器。在各种特殊的燧石发火的枪炮中，负责摧毁入口和路障等防御设施的手榴弹发射器最为特别。起初，手榴弹由经过专门训练的掷弹兵使用，到19世纪，大多数掷弹兵就是普通的步兵军队，他们使用的是燧石发火枪而不是手榴弹。

黄铜制火柴盒

法国掷弹兵
这名法国轻型步兵团的士兵的主要武器就是燧石发火枪。

扫除多余火药的刷子

掷弹兵的弹药袋和腰带
一名18世纪的英国掷弹兵的弹药袋上装饰着一个单腿的掷弹兵。这个时期的掷弹兵头戴尖窄的帽子，以便举臂过肩投出手榴弹。

铁制外壳

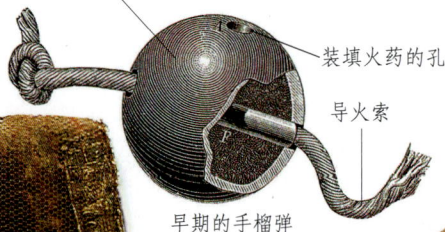

装填火药的孔

导火索

早期的手榴弹

天鹅绒袋子

手榴弹

弹药袋

点燃的火柴

枪托

LOVE AND HONOUR

燃烧的手榴弹

浅黄色皮带

单刃锋刃

士兵点燃手榴弹 左图
16世纪晚期以手榴弹著称的小型炸弹已经在欧洲战场上广泛使用。早期的手榴弹是在空心的铁球中填充上黑火药，在铁制外壳上钻一个孔，然后旋进一个短的导火索即可。

手榴弹投弹器
这个看起来威力无比的武器是用来扩大手榴弹的射程的，第一次出现在16世纪。

1米长的枪管

骑兵的攻击
在1815年的滑铁卢之战中，法国的骑兵攻击英国步兵方阵时发生了一系列著名的会战。英国方阵中的两列士兵交替着发射和装弹药。这次战争佐证了法国骑兵无法攻破英国方阵。

鸢尾花形的纹章

骑兵之剑
18世纪晚期，法国的军刀上都有一个装饰有鸢尾花形的纹章的黄铜握柄。鸢尾花形的纹章是法国王室的象征。这种剑有一个单刃的笔直锋刃。

篮形握柄，为手提供防护

英国军官佩戴的有檐平顶筒状军帽（19世纪早期）

雕刻的文字

拿破仑·波拿巴（1812年）

胸甲骑兵的剑
在拿破仑的军队里，胸甲骑兵或者重型骑兵团使用的剑是一种带有镀铜握柄、锋刃轻微弯曲的法国军刀。

有檐平顶筒状军帽
在19世纪，许多军队的士兵都佩戴有檐平顶筒状军帽。

维护法律和秩序

警剑 下图
19世纪的警察机关和监狱保卫人员配备了短剑。在英国，短剑并不是标准配置。

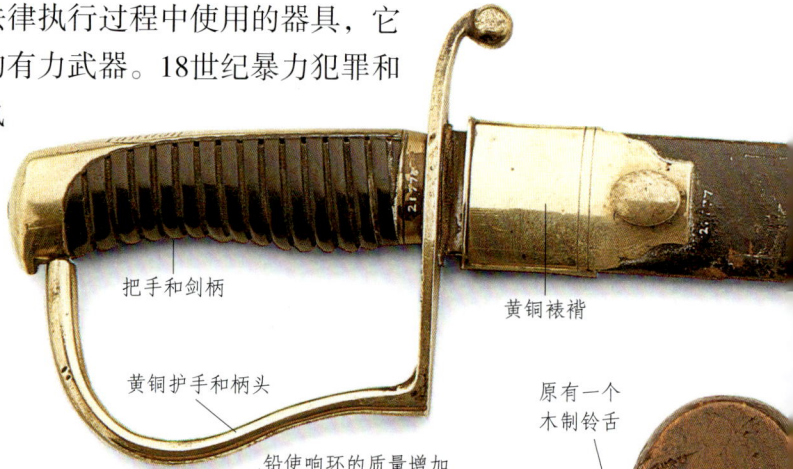

"警察"这个词代表着不同的军事力量——民兵、军人、武警、便衣等。这几页将展示法律执行过程中使用的器具，它们都是打击犯罪和维护秩序的有力武器。18世纪暴力犯罪和平民动乱发生得如此频繁，执法装备远远不能满足情势所需。到了19世纪晚期，柏林警察开始装备上刀剑、手枪和黄铜打制的金属指套，而纽约和波士顿等美国城市中的警察于1850年首次使用枪炮。在欧洲的大多数地区和美国的乡镇，人们越来越尊重由普通平民担任的武器装备极少的法律执行官。

伦敦警察
19世纪晚期的警察仅仅带着一根警棍和一盏照明灯进行夜间巡察。

把手和剑柄

黄铜护手和柄头

黄铜裱褙

原有一个木制铃舌

铅使响环的质量增加

警用响环
在响环（上图）上，铅增加了额外的质量。带有铃舌的响坏（右图）可以发出一种特别响亮的声音。

在颈部后面固定的扣子

皮革领口
在一些早期的警察机关内，警官们穿戴一种称为"宽大硬领巾"的皮革制成的领口，以免被人用绳子扼杀。

一对把手

白铁皮制外壳

图画书中的警察
19世纪警察的形象常常被用来吓唬小孩子。这幅出自一本儿童图画书中的警察图画可以追溯至1867年。

警哨 右图
在19世纪，许多警察机关开始使用哨笛，取代响环。

宽大硬领巾有10厘米宽

磨砂玻璃制成的放大镜

舷窗式提灯
19世纪英国警察使用的标准照明灯，通过吊钩挂在警察外套的腰带上。

枪柄

枪托和
枪机

枪管

偷猎者用的枪
犯罪分子常常对武器进行改造以满足特殊的犯罪需求。这把18世纪的燧石发火的"猎枪"被拆分成3个部分以便偷猎者藏在衣服里。

木制警棍 下图
这根木制短棍称为警棍。从1820年起英国警察就开始携带这种警棍。图中这根警棍的所有者是伦敦市的一位法官（出上于1839年）。

单刃锋刃插在
皮革剑鞘内

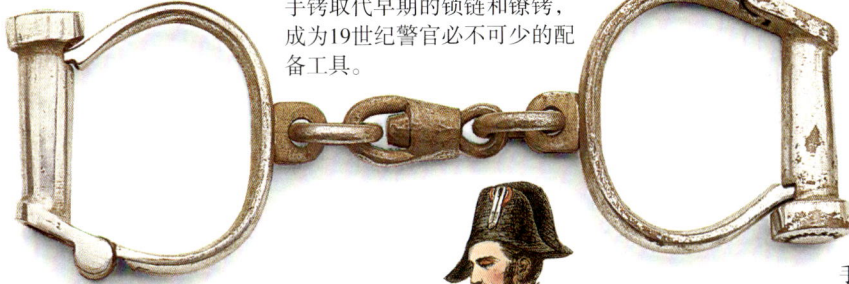

手 铐 下图
手铐取代早期的锁链和镣铐，成为19世纪警官必不可少的配备工具。

银制的杆
上以皇冠
作为拱顶

伦敦武器
的标志

法国文官警察 右图
图中是1850年的一名法国文官警察。法国文官警察穿着蓝色制服，戴着双角帽，佩带标准配置的短剑。

手 杖 1750年
这种正式的棍棒或者手杖仅仅作为权势的象征而携带。

最早期的警察 下图
第一个现代的警察机关是由罗伯特·皮尔爵士于1829年在伦敦创建的。

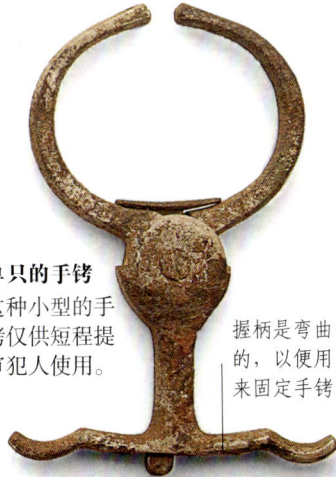

单只的手铐
这种小型的手铐仅供短程提审犯人使用。

握柄是弯曲
的，以便用
来固定手铐

乌木手柄

**监狱内用的
手铐**
图中这类手铐是在监狱内部转移犯人使用的。

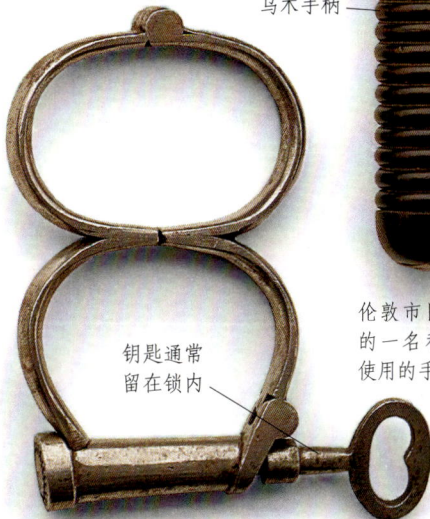

钥匙通常
留在锁内

伦敦市区内一个公司的一名私人保安长官使用的手杖（1820年）

英国警哨
1884年的样式

撞击式发火武器

撞击式发火装置是枪炮发展史上一个极其重要的发明。在19世纪早期，这种装置能够瞬间点火，在应对潮湿天气方面性能也得到极大的改善。撞击式发火装置最常见的样式是套管雷管，这种套管雷管内装有引爆物质，放置在一个钢制引火嘴上。当受到打击时，雷管引爆并将火花通过引火嘴传递到弹药管内，引爆弹药。早期的雷管枪仍旧是前膛枪，雷管和火药、子弹分隔开来。后来，三者一起装在一个独立的金属子弹的底部。

夏洛克·福尔摩斯
一名演员扮演的侦探夏洛克·福尔摩斯。图中他手持一把撞击式发火的左轮手枪。

撞击式发火的左轮手枪
这是由英国枪械师威廉姆斯·特郎特于1855年制造的撞击式发火左轮手枪。这种独立的往复式的扳机设计可供一只手使用。推动下游的扳机使得旋转枪膛转动并扳动扳机准备发射；推动上游的扳机则开火发射。

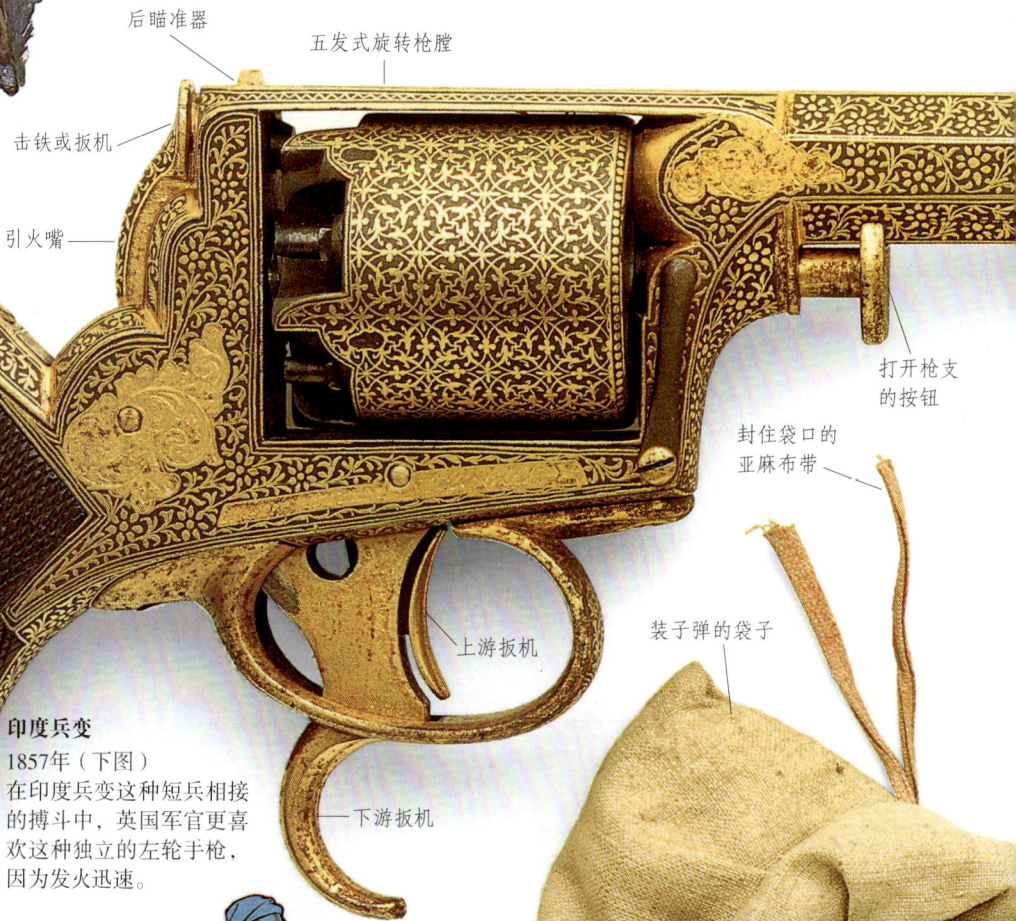

后瞄准器

五发式旋转枪膛

击铁或扳机

引火嘴

打开枪支的按钮

封住袋口的亚麻布带

上游扳机

装子弹的袋子

印度兵变
1857年（下图）
在印度兵变这种短兵相接的搏斗中，英国军官更喜欢这种独立的左轮手枪，因为发火迅速。

下游扳机

将子弹上膛
为了将左轮手枪上膛，需要将铜制的盖子从放置在弹头内的火药的纸袋上移走，并将子弹上推至旋转枪膛的前方。左轮手枪上应该配置一个可分离的装填器。

撞击式发火的散弹猎枪

这幅撞击式发火的散弹猎枪图作于1850年。撞击式发火装置极大地增加了击中鸟的机会，也推动了其他运动和游戏的发展。

拉·马特左轮手枪

这种左轮手枪是由一名居住在美国的法国人发明的。这种枪很重，旋转弹膛围绕着一个中心旋转。

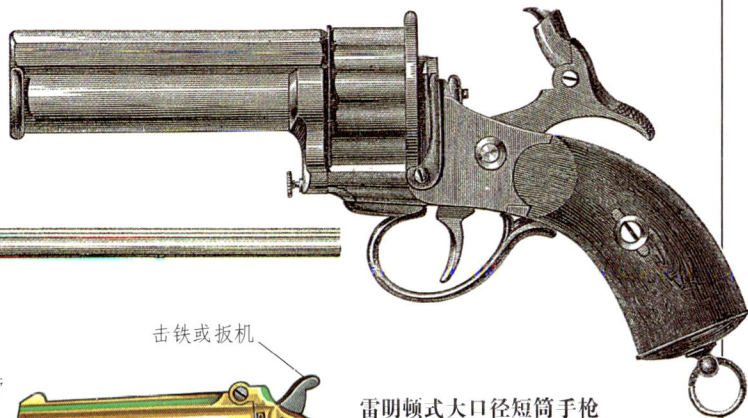

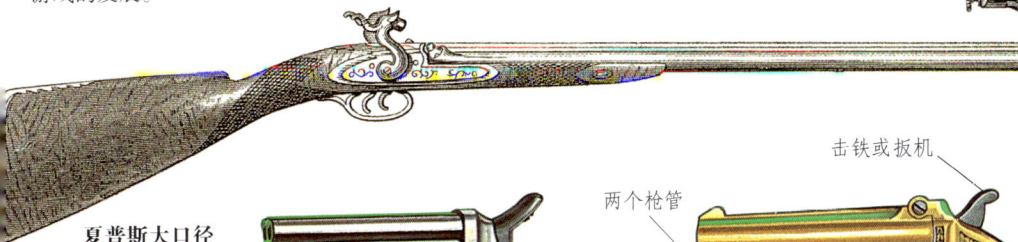

夏普斯大口径短筒手枪

它是在原来的大口径短筒手枪的基础上改造的，是一种发射小口径子弹的四枪管式手枪。

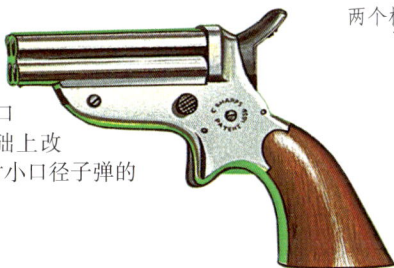

两个枪管

击铁或扳机

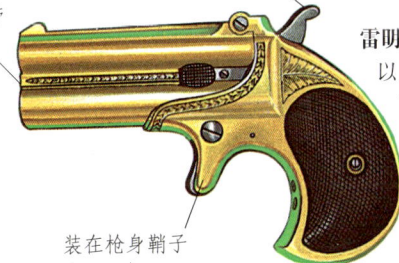

装在枪身鞘子中的扳机

雷明顿式大口径短筒手枪

以原来的撞击式发火的大口径短筒手枪为模型改造而来的另一种类型的小手枪就是这种两发式的雷明顿手枪。雷明顿式大口径短筒手枪发射一种金属子弹。

镶金装饰工艺

前瞄准器

底部带有润滑油脂的铅弹

引火嘴和扳手

引火嘴是一件撞击式发火武器最为关键的部分，依靠扳手来清洁和移动。引火嘴旋转进入手枪内部，将撞击式雷帽的火花传递到火药中。

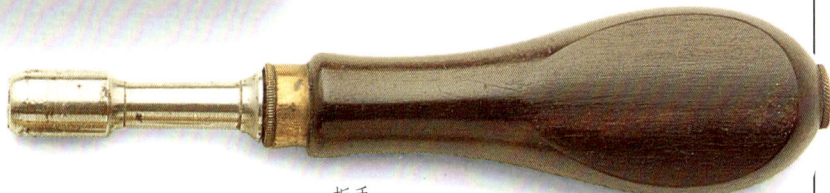

扳手

引火嘴　　铜制撞击式雷帽

空槽

弹头

弹头铸模

这种弹头铸模有两个用来铸造球形弹头或者平底弹头的空槽。平底弹头如左图所示，弹头上面还附有锰土。

附着的锰土

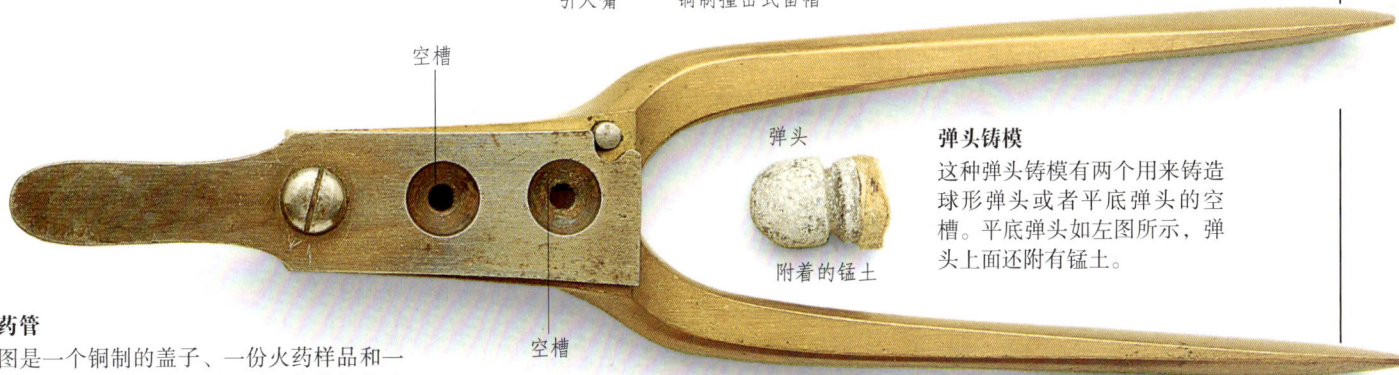

空槽

火药管

下图是一个铜制的盖子、一份火药样品和一个火药瓶。如果子弹不可用时，像特郎特这种撞击式发火的左轮手枪可以从火药瓶倒出火药上膛。当独立的子弹出现后，火药瓶逐渐被废弃了。

可调的衡量性喷口

金属火药瓶

盖子

弹药

手枪

手枪是一种为单手使用设计的简单短枪管枪炮，是一种便于携带的武器。19世纪，种类繁多的手枪被设计制造出来以供军队和普通市民使用。一些手枪在再次上膛之前仅能发射一颗子弹，但也有一些连发左轮手枪可连续发射一连串的子弹。

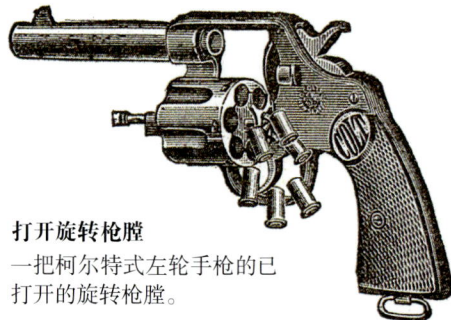

打开旋转枪膛
一把柯尔特式左轮手枪的已打开的旋转枪膛。

哥萨克手枪
源自俄国南部高加索山脉地区的一种带有一个密克立特式枪机的手枪。哥萨克手枪是一种燧石发火枪，主要在西班牙和中东地区使用。

3个用来固定枪托内枪管的嵌条之一

"邦特莱恩"专用左轮手枪 上图
这种枪是柯尔特决斗者型转轮枪中长枪管的版式，之所以有名是因为奈德·邦特莱恩，他是19世纪一位创作了400多部动作小说的美国作家。

击铁

过渡期的左轮手枪 上图
这件武器代表着转管手枪和真正的左轮手枪之间的过渡，价格便宜，在1850年前后很流行。

刺客用的手枪 下图
这把形状奇特的手枪以掌心左轮手枪而闻名，通过类似挤压的动作来发射。它曾经在1901年被用来刺杀美国总统威廉·麦金利。

七发式子弹仓

枪管

击铁

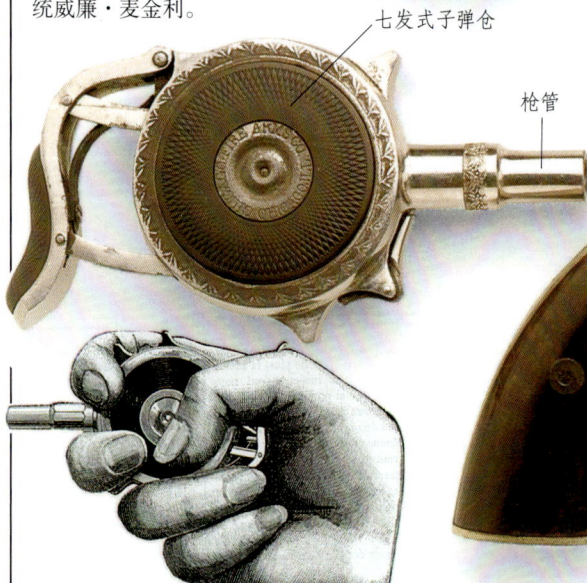

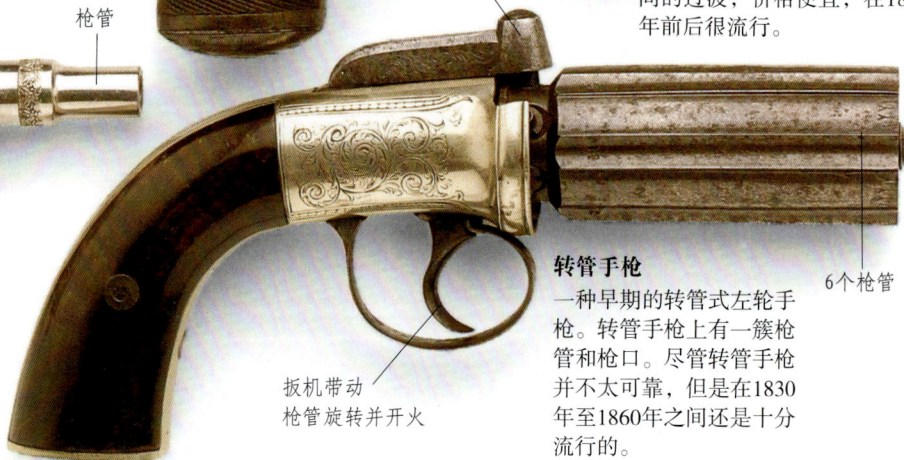

转管手枪
一种早期的转管式左轮手枪。转管手枪上有一簇枪管和枪口。尽管转管手枪并不太可靠，但是在1830年至1860年之间还是十分流行的。

6个枪管

扳机带动枪管旋转并开火

制造联合式手枪
的弹头的铸模

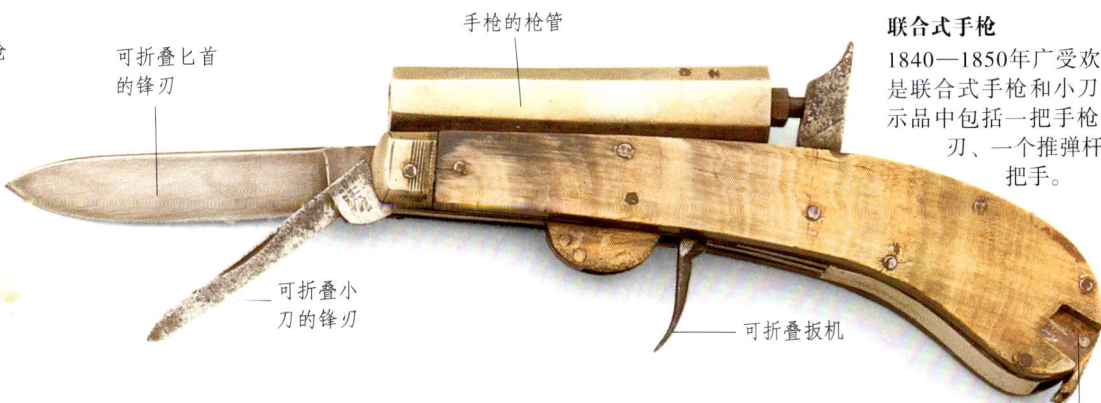

可折叠匕首
的锋刃

手枪的枪管

可折叠小刀的锋刃

可折叠扳机

联合式手枪

1840—1850年广受欢迎的武器是联合式手枪和小刀。图中展示品中包括一把手枪、两片锋刃、一个推弹杆和中空的把手。

中空的把手，盛放弹药和弹头铸模

装饰性的黄铜花纹

推弹杆

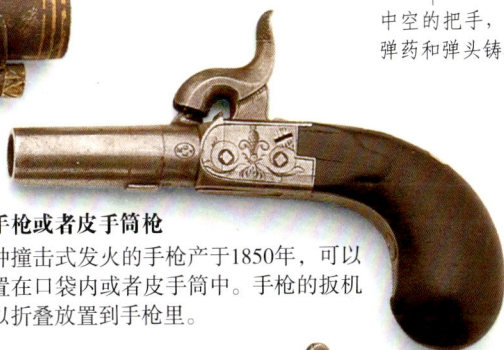

小手枪或者皮手筒枪

这种撞击式发火的手枪产于1850年，可以放置在口袋内或者皮手筒中。手枪的扳机可以折叠放置到手枪里。

专用的约305毫米长的枪管

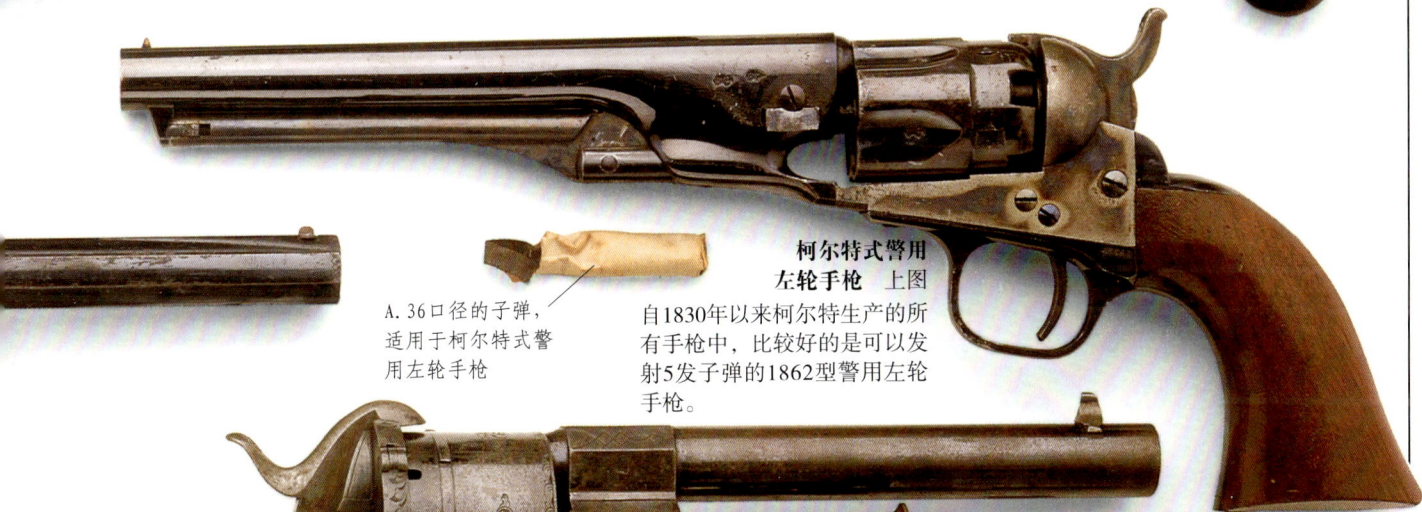

A. 36口径的子弹，适用于柯尔特式警用左轮手枪

柯尔特式警用
左轮手枪　上图

自1830年以来柯尔特生产的所有手枪中，比较好的是可以发射5发子弹的1862型警用左轮手枪。

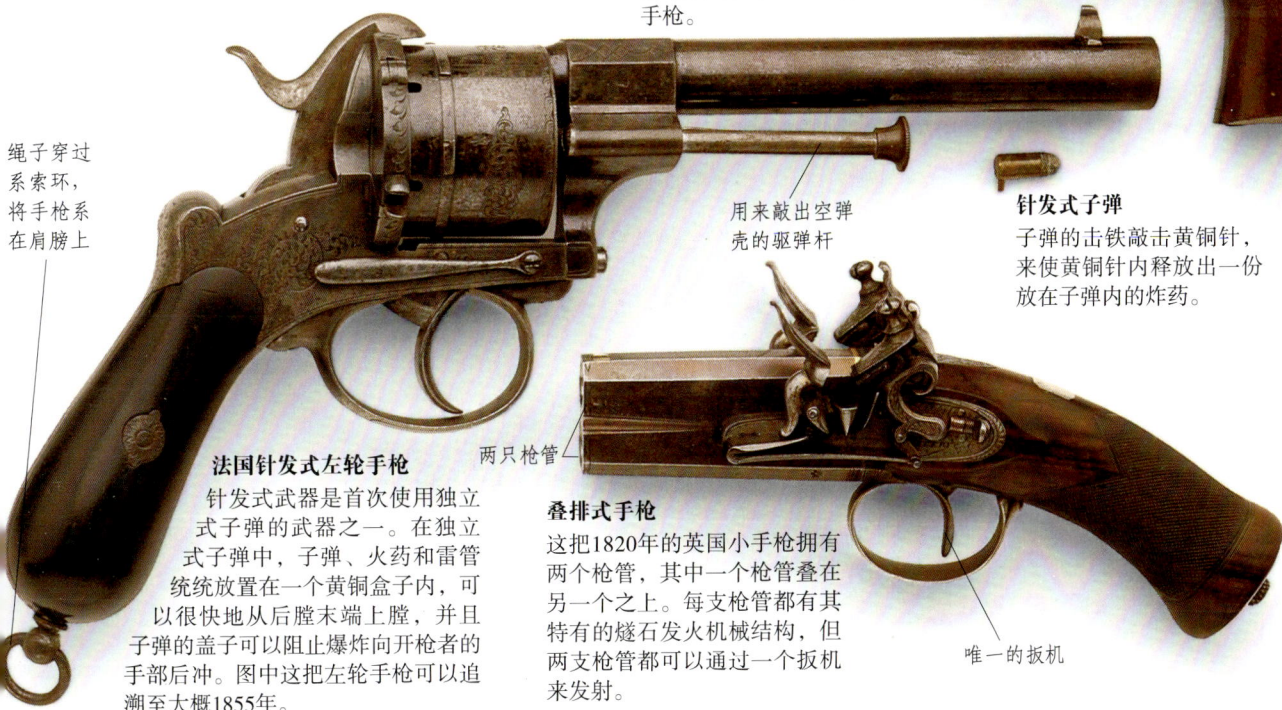

绳子穿过系索环，将手枪系在肩膀上

用来敲出空弹壳的驱弹杆

针发式子弹

子弹的击铁敲击黄铜针，来使黄铜针内释放出一份放在子弹内的炸药。

法国针发式左轮手枪

针发式武器是首次使用独立式子弹的武器之一。在独立式子弹中，子弹、火药和雷管统统放置在一个黄铜盒子内，可以很快地从后膛末端上膛，并且子弹的盖子可以阻止爆炸向开枪者的手部后冲。图中这把左轮手枪可以追溯至大概1855年。

两只枪管

叠排式手枪

这把1820年的英国小手枪拥有两个枪管，其中一个枪管叠在另一个之上。每支枪管都有其特有的燧石发火机械结构，但两支枪管都可以通过一个扳机来发射。

唯一的扳机

征服西部的手枪

美国在19世纪向西部扩张的年代恰恰也是枪炮快速发展的时期，而且无论殖民者、美国西部牧人、美国军队，还是印第安人和逃犯，所开发出来的新型枪炮也大多相似。其中最受欢迎的是连发左轮手枪，比如塞缪尔·柯尔特制造的左轮手枪和连发枪，以及温切斯特连发步枪。温切斯特连发步枪质量很轻，在马背上可以当作卡宾枪来使用，而且在长距离射击时，比连发左轮手枪还要精确。

"水牛"比尔拿着一把温切斯特1873型连发步枪，和苏人首领斯汀·布尔站在一起。

操作杆

操作杆和扳机护弓合成一体

剩余的子弹

铁制镶板

胡桃木枪托

腰带上的活套

枪带和手枪皮套
这件19世纪的枪带和手枪皮套，与弗雷德里克·雷明顿绘制的穿着战斗服装的美国骑兵图画中所佩带的枪带和手枪皮套相似。

"街头之战"
弗雷德里克·雷明顿1888年为一本杂志绘制的这幅画中，两个人在一个西部酒馆外相互射击。

温切斯特1873型连发步枪
温切斯特1873型连发步枪常常被称为"征服西部的步枪"。使用时，将子弹通过枪机旁边的装弹口盖，装填入枪管下面的弹匣内。用杠杆在每次击发之间清除空的弹壳后，再将新的子弹装填到后膛内。

击铁

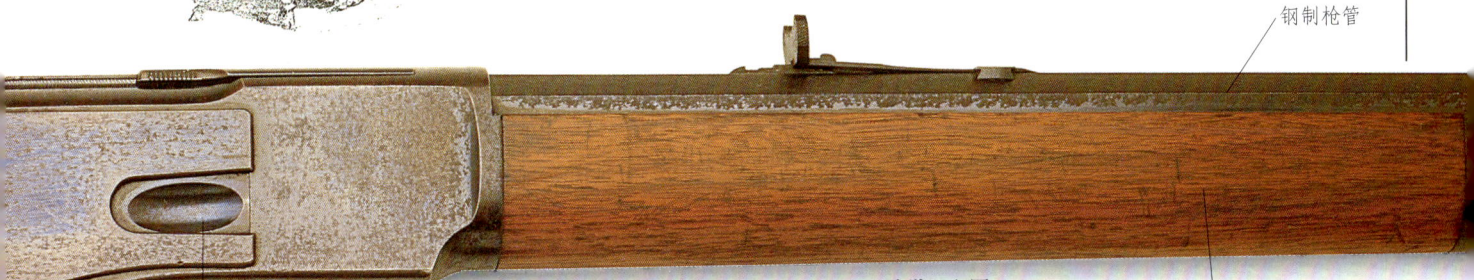

钢制枪管

装弹口盖

钢管弹匣

44-40子弹 左图
许多温切斯特步枪和柯尔特左轮连发手枪发射的都是这种很受欢迎的子弹。这种子弹有0.44英寸（约1厘米）长，40则意味着子弹内的火药装药量为40克。

击铁

护弓

装弹口盖

单动模式枪机

旋转枪膛

抛壳管

约127毫米长的枪管

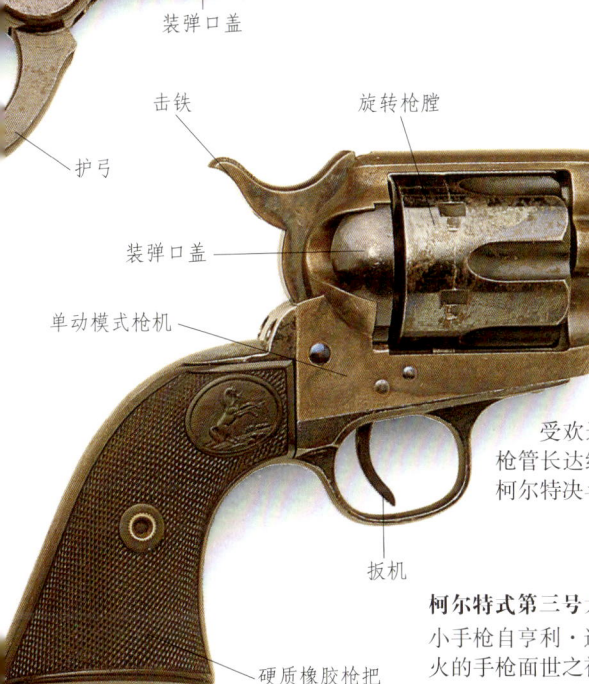

柯尔特决斗者型转轮枪
柯尔特式单动模式军用左轮手枪一般被称为"决斗者型转轮枪"，是时至今日最受欢迎的手枪。这把骑兵型转轮枪枪管长达约178毫米，是枪管最长的一种柯尔特决斗者型转轮枪。

史密斯和文森式左轮手枪 右图
这版左轮手枪打开了枪机。史密斯和文森式左轮手枪可以在枪机打开时自动清除空的弹壳。

抛壳顶杆

扳机

硬质橡胶枪把

柯尔特式第三号大口径短筒手枪
小手枪自亨利·迪林格制造的撞击发火的手枪面世之初就开始流行了。41口径的柯尔特式手枪可以放在口袋中供异常情况时自卫使用。

单发武器

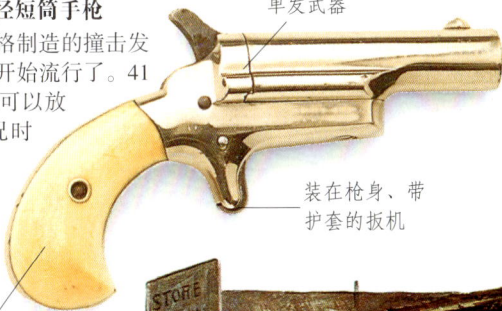

"枪战" 下图
这幅查理·罗塞尔绘制的枪战油画，很好地阐明了柯尔特式左轮手枪在西部战争中所扮演的角色。

装在枪身、带护套的扳机

象牙制成的枪托

"战争" 左图
19世纪的牛仔、印第安人、士兵和边远地区居民使用的武器，被美国当代画家弗雷德里克·雷明顿惟妙惟肖地用画笔记录了下来。

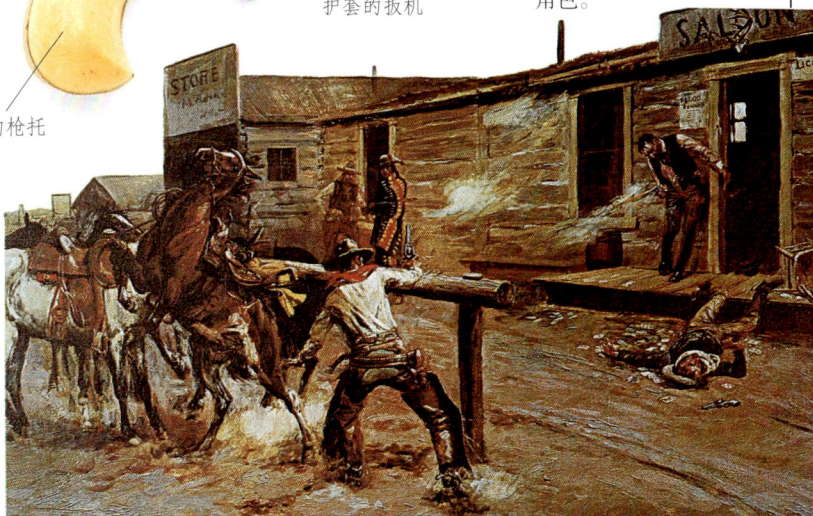

北美印第安人

北美大陆土著居民的人口数曾一度达到100~200万人。然而，从1492年至1900年的几百年间，由于欧洲殖民者强行侵占，印第安部落的数量骤减。在同白人商人进行最初的和平接触后，18世纪生活在大平原和西南部地区的部落族人，为防止白人占领自己的家园进行了艰苦卓绝的斗争。这些印第安人在获得欧洲步枪以前，使用的基本上都是相同的武器，即弓箭、小刀、棍棒以及印第安战斧。

印第安人在宗教仪式上佩戴的典型面具

石刃小刀
所有的印第安人都拥有小刀，这把小刀是由一位来自加利福尼亚的胡巴印第安人于1900年打造的。

精细打磨的石质锋刃

海华沙
海华沙是一位奥吉布瓦印第安人，是亨利·朗费罗于1855年所著的长篇叙事诗中的英雄。在这篇叙事诗中，海华沙成为民族领袖，并向白人传授和平的理念。

羽毛装饰

布条和羚羊皮

羚羊皮做的箭袋

桦树做成的箭

战弓 1850年
直到平原印第安人在1850年至1860年期间开始获取枪炮作为武器之前，最重要的用来打猎和战争的武器就是弓。这把弓是用桦树制成，属于一位奥马哈人勇士。

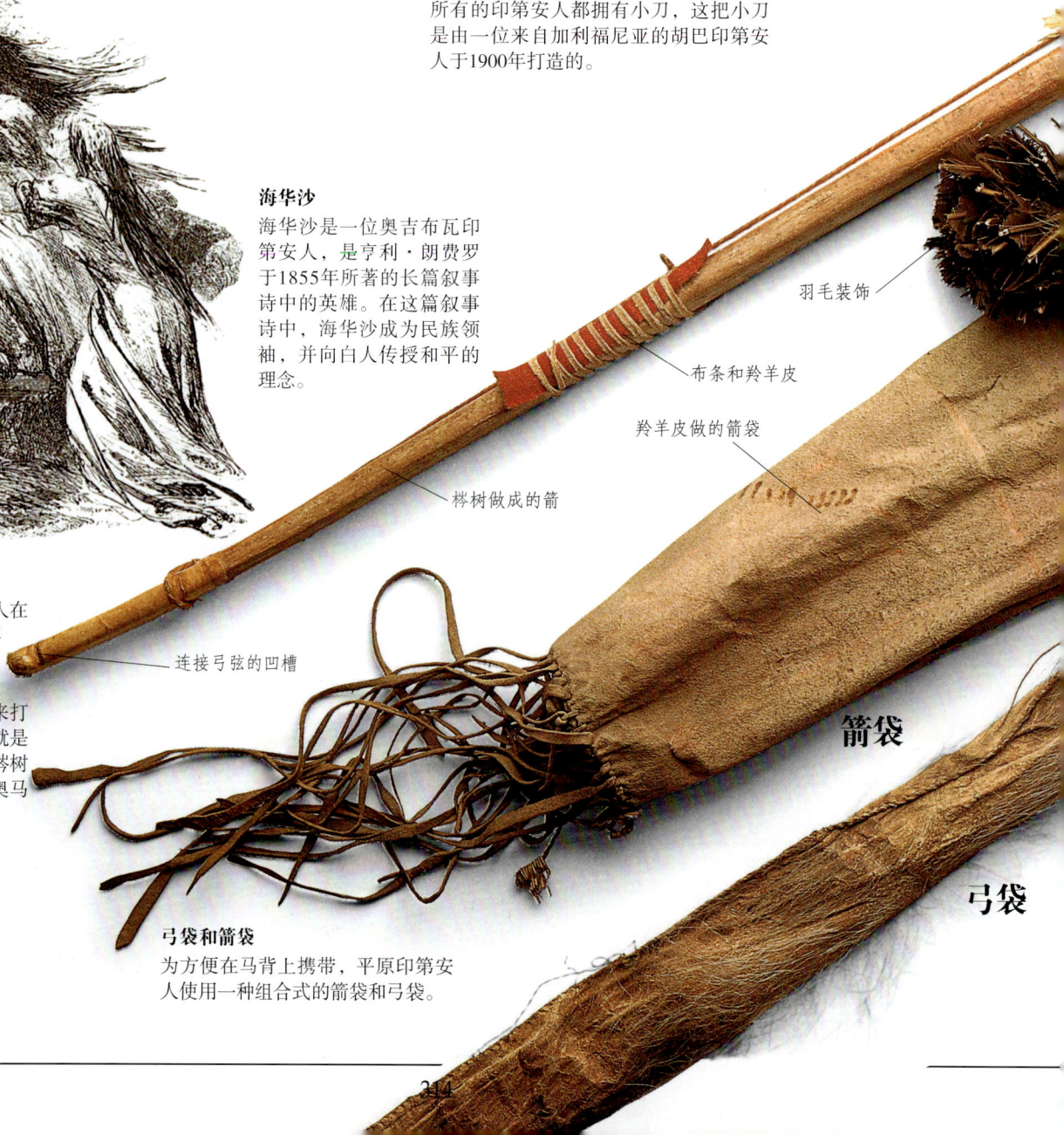

连接弓弦的凹槽

箭袋

弓袋

弓袋和箭袋
为方便在马背上携带，平原印第安人使用一种组合式的箭袋和弓袋。

猎杀野牛
18世纪早期，乔治·卡特琳在平原印第安地区花了6年时间来记录当地居民的生活方式。在这幅油画中，印第安人正在猎杀野牛。

海华沙管 1890年（下图）
这根海华沙管据推测应该是由伟大的阿帕契族人首领葛让尼莫在佛罗里达流放时制作的。

印第安战斧式锋刃

鹰羽毛做成的头饰 左图
这张艾恩·普鲁姆在1907年拍摄的照片中，一名平原印第安人首领头戴用鹰的羽毛做成的头饰，这种头饰仅仅在仪式或者庆祝活动上才可以见到。

两条野牛肌腱拧成的弓弦

铁制的烟叶碗

箭 下图
平原印第安人用的箭头是用野牛的骨头制成的。其他地区的印第安人使用石头打制的箭头。

飞羽

木制柄

羚羊皮把手

一名印第安人手持一把战棍正在迎战另外一名挥舞印第安战斧的印第安人

刀刃上的雕刻显示了一名印第安人正在威胁一名欧洲人

中空握柄

阿帕契海华沙管

铁制的烟叶碗
1800年（左图）
在欧洲商人开始向印第安人供应铁之前，印第安人用石头来制作印第安战斧的头部。

他们是谁?

那些制造了早期武器和盔甲的技术工匠和有名的铸剑师很少在其作品上留下名号，对于他们的生平我们也了解甚少。在之后的岁月里，工匠们会将自己的名字雕刻在铭牌上或者作为手艺和质量的象征压印在作品之上。

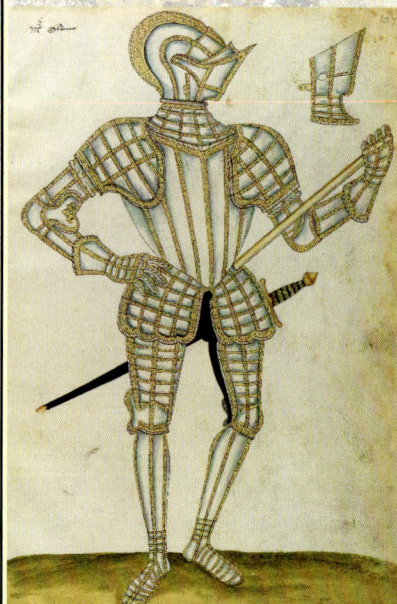
翼

军械师和铸剑师

麦奥岑学校　公元1100—1750年
麦奥岑学校是日本一所培训军械师的学校，由木讷萨克建于12世纪，以制造盔甲和翼闻名。

雅各布·霍尔德设计的盔甲

士郎正宗　公元1265—1358年
士郎正宗是日本镰仓地区有名的铸剑师，他很少在锋刃上刻名或者做任何装饰。他和日本许多的铸剑师一样坚信：一把精良的锋刃其价值是不言而喻的，不需要用作者的名字来彰显其价值。

米萨格里亚家族　始于公元1390年
意大利米兰市的军械师家族，后来将其家族的名字改为内格罗尼。这个家族以装饰精美、制作优良的盔甲闻名。

苏森霍佛兄弟　公元1459—1519年
康拉德·苏森霍佛是马克西米利安一世皇帝统治时期的宫廷军械师，他开发了有凹槽的盔甲类型，这种盔甲称为马克西米利安式盔甲。

汉斯·格伦沃尔特　14世纪晚期
纽伦堡地区的军械师，为马克西米利安一世工作。

科罗曼或者科尔曼　公元1476—1517年
奥格斯堡军械师，是专为马克西米利安一世和查理五世皇帝打造盔甲的宫廷军械师。

特雷特兹家族　公元1460—1517年
奥地利因斯布鲁克地区的军械师家族。

大五郎　公元1485—1564年
专攻翼和盔甲制作的日本军械师。

霍普佛兄弟　15世纪早期
奥格斯堡地区的雕刻师，他为科尔曼打造的大部分盔甲进行雕刻加工。

雅各布·拓普　公元1530—1597年
因斯布鲁克军械师，曾在英格兰的格林尼治地区工作过一段时间。

安德里亚·费拉拉　公元1550—1583年
意大利刀剑师，他的刀在苏格兰很受欢迎。闻名于世的苏格兰高地阔刀就是以他来命名的。另一位意大利刀剑师吉安多托可能是他的兄弟。

雅各布·霍尔德　公元1578—1610年
英格兰格林尼治军械厂的军械大师。

阿萨德·阿拉汉　公元1588—1628年
波斯铸剑师，他的锋刃是用非常光亮的钢制成的。

枪炮制造者

亨利·迪林格
公元1786—1868年
美国武器制造工匠，以制造体形特别小的撞击式发火的手枪而闻名。

尼古拉斯·冯·德雷斯
公元1787—1867年
德国枪炮工匠，他设计了一种步枪，子弹可以在扳机附近上膛，这样士兵可以躺倒开枪，避免敌人的射击，因此更安全。

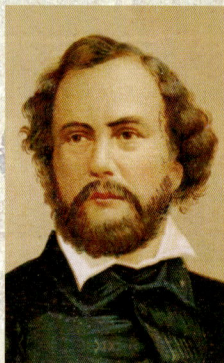
塞缪尔·柯尔特

塞缪尔·柯尔特
公元1814—1882年
1836年凭借一把左轮连发手枪获得首项专利的美国发明家。他所制造的几种著名的枪型，诸如柯尔特45式左轮手枪和柯尔特决斗者型转轮枪至今仍在使用。

奥利弗·温切斯特
奥利弗·温切斯特以前是个对枪炮很感兴趣的衬衣制造商。1866年，他在美国康涅狄格州建立了温切斯特连发武器公司。

费罗·雷明顿
公元1816—1889年
美国发明家，是一个小武器厂的老板埃利费莱特·雷明顿的儿子。费罗·雷明顿管理这个武器厂的机械部门，并在1860年成为工厂的主管人。他完善了雷明顿后膛上膛式步枪。

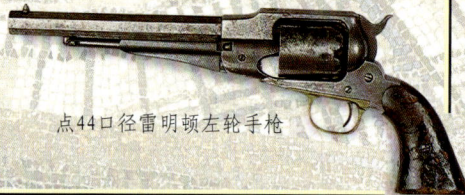
点44口径雷明顿左轮手枪

统治者、战士和英雄

尤利乌斯·恺撒　公元前100—公元前44年
罗马的将军和政治家，使得罗马在西欧的势力范围得到扩充。恺撒在公元前55年和公元前54年入侵大不列颠，还打败了高卢人。

亚历山大大帝

亚历山大大帝　公元前356—公元前323年
亚历山大大帝是马其顿国王腓力二世的儿子，他的老师是亚里士多德。他不到20岁的时候就成为马其顿王国的国王。他征服了波斯，将埃及纳入版图，并建立了亚历山大市。

亚瑟王　公元6世纪
亚瑟王是传说中的大不列颠国王。据说他将大不列颠的各个部落联合在一起，还传说他能够舞动神剑"王者之剑"。

查理曼大帝　公元742—814年
拥有击败撒克逊人、在西班牙重创阿拉伯人、占领西欧大部分地区等辉煌业绩的法兰西国王。查理曼大帝在800年被罗马教皇加冕，成为罗马皇帝。

查理曼大帝

阿尔弗雷德大帝　公元849—899年
阿尔弗雷德是英格兰韦塞克斯王国国王，曾击退了丹麦人的入侵。他将军队组织成常备军并建立了网状的城堡或强化的中心城市，这些措施使得他的继承人能够维持英格兰的统一。

"征服者"威廉第一　公元1028—1087年
威廉是诺曼底的公爵，也是英格兰第一个诺曼人皇帝。在公元1066年的黑斯廷斯战役中，他击败并杀死了英格兰国王哈罗德，并取代盎格鲁-撒克逊人的领导者地位，建立了一个新的诺曼人统治的帝国。

罗宾汉
公元1250—1350年
传说中的英格兰逃犯和英雄。据说他和随从住在舍伍德森林里，凭借一把弓和一个直角棍纵横四方。传说中他劫富济贫，受到当时人们的推崇。

威廉·退尔　公元13世纪
传说中的瑞士爱国者和著名射手。在当地的奥地利执事逼迫他用箭射向一个放在他儿子头上的苹果时，他杀死了这些执事们。据说这成为瑞士从奥地利独立出来这一运动的导火索。

"黑王子"爱德华　公元1330—1376年
"黑王子"爱德华是英格兰国王爱德华三世的儿子，是一名优秀的战士。在青少年时，他就参加了1346年的克雷西之战。"黑王子"之名是从他在马上枪术比赛时所穿的黑色外套得来的。

亨利五世　公元1387—1422年
1415年侵入法国并在阿金库尔战役大败法国强敌的英国国王。阿金库尔战役的胜利主要归功于他麾下长弓手们的高超射术。

马克西米利安一世　公元1459—1519年
哈布斯堡王朝的统治者，在1493年成为神圣罗马帝国的国王。他的对外扩张政策使其陷入与法国、瑞士及德国的战争之中。当时一款带有皱褶的盔甲就是以他的名字来命名的。

亨利三世　公元1551—1589年
1574年至1589年期间的法国国王。在他统治时期，以胡格诺派和天主教派之间的内战而为人所知。亨利三世是法国最后一位出身于维尔瓦皇族的皇帝。

拿破仑·波拿巴　公元1769—1821年
法国炮兵军官，1804年成为法国皇帝。1805年，拿破仑在特拉法尔加角被英国海军击败，但在一系列的陆战成功后，他一统欧洲。当法国被入侵后，拿破仑被迫退位，尽管后来他重新取回了权力，却在1815年的滑铁卢之战中最终被击败。

威灵顿公爵　公元1769—1852年
在半岛战争期间击败法国取得胜利后被封为公爵的一位英国将军。在1815年的滑铁卢之战中，威灵顿公爵和布吕歇尔元帅带领下的普鲁士军队共同击败了法国军队。

格布哈德·列博莱希特·冯·布吕歇尔
公元1742—1819年
普鲁士元帅。1814年的雷兹格之战中，他击败了拿破仑·波拿巴，并在1815年的滑铁卢之战中再次打败了拿破仑。

拿破仑

詹姆士·鲍威
公元1790—1836年
出生在肯塔基的美国拓荒者。他发明的匕首就是以他的名字来命名的。他是得克萨斯州军队的陆军上校，他在1836年的阿拉莫之战中去世。

威廉·弗雷德里克·科迪
公元1846—1917年
美国军队的侦查员和快马邮递员。在他杀死了5000头美洲野牛并以此作为供应铁路工人的肉类需求合约的一部分之后，获得了"水牛比尔"这一绰号。

马克西米利安式盔甲

古埃及 术语表

斧子 古埃及雕刻和加工木材的工具。

护身符 驱除邪恶的符咒。

古埃及 从公元前3100年左右到公元前30年的埃及法老时代。

安卡 古埃及生命的象征，通常只有神和王室才能佩戴。

前堂 作为通向一个较大房间通路的小房间。

考古学 通过发掘和分析文物来研究人类历史的一门学科。

巴 死者生命的本质，通常的代表形象是死者的头在鹰的身体上。

角砾岩 不同颜色的石头黏合到一起的杂色石块，通常用来雕刻瓶罐。

坎努帕斯罐 存放死者内脏器官的一种特殊容器。

涡卷饰 在埃及文物中围绕法老名字的椭圆形边界。

安卡

安卡

坎努帕斯罐

桂皮 一种月桂树的皮，烘干后用来制作香水和熏香。

大瀑布 由于大石块的阻挡而形成的强有力的水流，在尼罗河上有多处湍流，在它们边上通常竖立着石碑。

曲柄手杖 钩状的放牧人使用的棍棒，是王室的象征。

三角洲 在河流入海口处呈三角放射状的地区，因为尼罗河流经大沙漠，埃及人十分依赖三角洲和河谷来发展农业。

世俗体 以僧侣手稿为基础的一种流行而快速的写作方式（见祭司体和圣书体）。

王朝 同一血缘关系家族的连续统治。

防腐处理 使用化学物质、盐、香料、药膏来保存尸体防止其腐烂。

尖顶饰 装饰性的标志或者棍棒上的球形捏手。

连枷 形状像玉米脱粒工具的王室象征物，代表了土地的肥沃。

亚麻 用来提取纤维纺织成亚麻布的一种开花植物。

乳香 一种燃烧成熏香烟的芳香树脂，通常来自于乳香属树。

腰带 系在腰上的带子或者绳索，通常用精美的石头、贝壳、金银来装饰。

指甲花染料 将一种热带灌木的叶子烘

曲柄手杖

连枷

出自卡纳克的雕像，手执连枷和曲柄手杖

干磨碎用来染头发和皮肤，古埃及人认为这样能帮助人抵御危险。

指甲花染料

祭司体 一种简化的象形文字（参见圣书体和世俗体）。

圣书体 古埃及用来构成语言的图形文字（参见祭司体和世俗体）。

熏香 树脂或者香料燃烧产生的有香味的烟，在宗教仪式上燃之以净化神庙空气。

卡 死者的灵魂，古埃及人认为它能使肉体复活（参见"巴"）。

卡哈特 法老假发上戴的一个袋状物。

眼圈墨 在古埃及男人、妇女和儿童用来把眼睛装饰得生动的一种黑粉。

青金石 古埃及人广泛用来制作珠宝或工艺品的亮蓝色石头。

莲花 一种水生植物，它的形状被固定化地广泛用于古埃及的装饰。

莲花

木乃伊 通过天然或者人工处理的方式进行防腐处理过的死者尸体。

泡碱 在尸体用绷带包裹前用来将其烘干的混合物，含碳酸钠等。

318

尼美斯 古埃及法老戴的有特殊花纹的头巾。著名的图坦卡蒙法老面具就戴着一个巨大的金质蓝尼美斯。

诺姆 古埃及42个行政区划，每一个都拥有它自己的神。

方尖碑 一种锥形石柱，基座是正方形或者矩形的，侧面倾斜一直延伸到顶端。

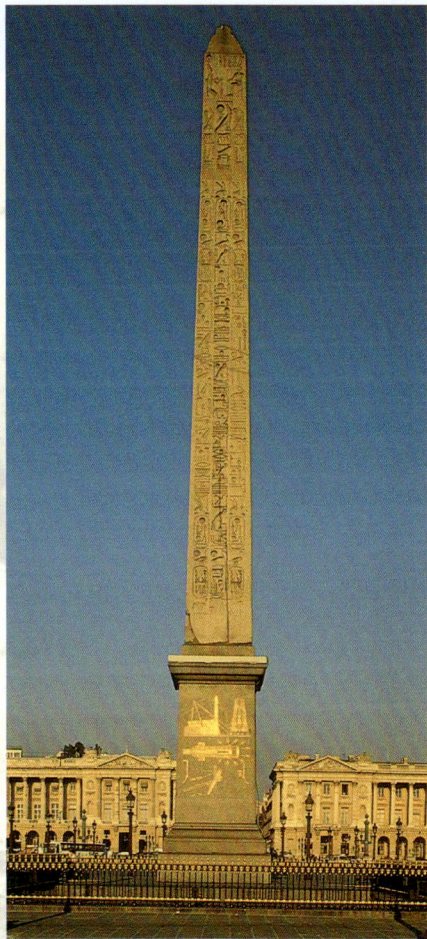

巴黎的埃及方尖碑

调色板 一种表面平滑的物体，在上面可以调和用来写字或者化妆的颜料。

纸莎草 一种很高的河边生芦苇，它的茎广泛用来制作篮子、草鞋、船、绳子和类似纸的薄片或者卷片。纸莎草在古埃及是书写的主要材料。

胸饰 悬挂在胸前的饰物或者类似的珠宝，通常是一个金属框架里镶嵌着颜色亮丽的玻璃或者宝石。

法老 古埃及统治者的称号，本意是"大房子"，最初是指宫殿而不是统治者。

金字塔 有着正方形基座和倾斜侧面的大型石头建筑物。在埃及，金字塔通常用作王室成员的坟墓，但是也有一些其他的用途。

摄政者 代表年幼或没能力亲政的法老统治的朝廷官员或者王室成员，通常是法老的母亲。

石棺 做工精细的大型石制棺材。

圣甲虫 象征太阳神凯普里（Khepri）的神圣的粪甲虫。

书吏 不同于一般人的政府官员，会读书写字。

赛那特 以善恶对抗为基础的古埃及游戏。

夏勃悌 一种仆人形象的雕像，和主人埋在一起，可以替主人完成一些体力劳动。

桔橰 用杆、桶、平衡架制成的工具，用来将尼罗河里的水提取到灌溉渠道。

神龛 用来盛放神的雕像或者保存死者尸体的容器；一个专门用来纪念死者的地方。

镰刀 一种内部边缘（通常用燧石来制作）锋利、用来收获谷子的月牙形工具。

侧边发辫 在头上一侧以显示年轻的发辫。

叉铃 贵妇和女祭司所佩戴的一种礼仪性的嘎吱嘎吱响的东西。

西提拉 在神庙中盛放圣水的图案丰富的金属或陶质的桶状容器。

蛇盘棋 埃及人的一种游戏，包括一根轴和一块圆形的石板，代表了一条蛇缠绕在自己的脖子上。

灵魂之所 放在死者坟墓中以供死者来世居住的房屋模型。

斯芬克斯 在古埃及，斯芬克斯是一个长着狮子身体和法老头颅的特殊形象。人们认为斯芬克斯在东方和西方的地平线处守卫着通往地狱的入口。

石碑 直立的石柱或者表面有雕像或者题字的石碑。

掷杖 一种类似于飞去器（回旋镖）的木质打猎工具，用来打伤或者杀死猎物。

陵墓 包括用来放置死者尸体的墓穴、纪念碑或者建筑物。

阴间 人们想象中的位于地下深处的死者的住所。

夏勃悌雕像

蛇形标记 法老前额上的眼镜蛇形状象征王室的标志，传说眼镜蛇这种毒蛇会朝法老的敌人喷射火焰。

维西尔 由法老任命的最高级官员，分管上、下埃及等事务。

乌加特之眼 太阳神荷鲁斯眼睛形状的保护性符号。

扬场 通过将谷物抛向风中把谷壳和谷粒分开的过程。

乌加特之眼

古希腊

算盘 古代用于计算的框架工具，用穿线的小珠子制成。

莨苕 长有厚厚扇形树叶的植物，常用来装饰希腊的艺术和建筑作品。科林斯式圆柱的柱顶覆盖着莨苕树叶。

广场 古希腊的露天市场或者公共场所。

莨苕装饰的柱顶

双耳细颈椭圆土罐 双柄窄颈的罐子，有些带有形状渐细的底座，用于盛放酒、橄榄油或其他液体。

饮宴厅 家庭中的小型餐厅，专供男子和他们的朋友娱乐时使用。

球形瓶 陶土制成的香水瓶，经常被做成各种奇异的动物造型，如猴子或刺猬等。

柱廊

公民大会 古代雅典市民和官员的集会，人们在大会上讨论一些有关公共生活的问题。当涉及到法律和城邦的一些重要议题时，公民大会至少需有6 000人出席才能召开。

男像柱 古典建筑中雕刻成男子形象的圆柱。

柱头 建筑上圆柱的顶端部分。

女神像柱 古典建筑中雕刻成女神形象的支撑圆柱。

开筒袍 古希腊男女服饰的基本样式，用两块长方形布制成，在肩部和侧面的底部加以固定，束于腰间。

城邦 传统意义上的希腊城市，包括其周边区域，拥有独立的政府。

柱廊 成排的圆柱，用来支撑拱门、屋顶、建筑物的上层或者墙的上部。

圆柱 一种美观的直立式建筑结构，常被用来支撑拱门、屋顶、建筑物的上层或者墙壁上部。大多数圆柱包括底座、柱身和柱头（顶部的装饰部分）。

科林斯式 古典建筑中的3种主要风格（柱形）之一。科林斯式圆柱的直径和凹槽的宽度介于陶立克式和爱奥尼亚式圆柱之间，此圆柱有精美的喇叭形柱顶，上面装饰着莨苕树叶。

议事会 强大的五百人顾问团，负责安排雅典公民大会相关事宜。

上半身铠甲 护胸甲，通常用青铜材料制成。由希腊士兵穿着，用来保护他们的背部和胸部。

民主制度 一种政府管理体系，被统治者通过民选代表行使他们的言论权。

陶立克式 古典建筑中的3种主要风格（柱形）之一。陶立克式圆柱非常坚固，有很宽的凹槽和平面圆的柱头。

琥珀金 古希腊用于铸造早期硬币的金和银的合金，随后的硬币改用纯银铸造，有时还会使用纯金。

陶制护膝 一种陶制半圆柱形护膝，是希腊妇女在整理纺线羊毛时使用的一种工具。它通常装饰精美，适合固定在膝盖上。

湿法壁画 在湿润的灰泥上画成的绘画作品。直到中世纪，湿法壁画一直在许多气候温暖的国家里流行。

装饰带 深嵌的带状装饰物，常常环绕于墙壁上部。

在这幅湿法壁画中，颜料被湿润的灰泥吸收了，色彩得以固定

一幅14世纪的湿法壁画，创作手法类似于古希腊

大帆船 古希腊或古罗马的战船，常由一排或多排桨手驱动。

文法老师 教授读、写和数学等核心学科的老师。

护胫甲 希腊士兵在战争中佩戴的腿部保护装置，通常是青铜质地。

葛利芬 神话中的怪兽，拥有雄鹰的头与翅膀、狮子的身体。

体育馆 用于体能练习和训练的大房子或建筑物。

闺房 希腊家庭中女性的房间，里面存放着织布机、婴儿玩具和日常用品。

葛利芬

希蒂洛　一群机智、貌美的女子，主要工作是在宴会上演奏音乐、表演舞蹈，供男人们娱乐。

希马申　古希腊人穿着的一种外套。这种外衣的一端通常被拉在右胳膊下，另一端搭在左肩膀上。

海马　指神话中的一种似马的动物，有两只前脚和一条类似鱼或者海豚的尾巴。

重装备步兵　全副武装的希腊步兵。"重装备步兵"一词来源于hoplon，意为"盾牌"。

爱奥尼亚式　古典建筑3种主要风格（柱形）之一。爱奥尼亚式圆柱非常高雅，凹槽略窄，柱顶装饰以漩涡状花纹。

音乐老师　教授音乐的老师。

西塔拉琴　一种乐器，类似于里拉琴，但体形较大。

青年雕像　裸体男孩的大理石雕像，通常被用于宗教仪式中。

基里克斯陶杯　双柄、有脚的饮酒杯，杯口较浅。

迷宫　复杂的网状通道，用墙壁和篱笆建成，令人非常迷惑。

里拉琴　一种希腊弦乐器，琴身中空，最早用龟壳制成。

壁饰　绘在干灰泥上的墙壁装饰画。

酒坛　指一种长颈酒坛，通常是陶瓷或者金属质地，装饰精美。

圣坛　一个神圣的地方。古希腊人经常在这里通过神职人员向神灵们咨询建议或者占卜未来。最著名的圣坛是位于德尔斐城的阿波罗圣坛。

乐队席　希腊剧场中平坦的圆形区域，用于演员和歌舞队的表演。

柱形　根据建筑外形和比例的不同，古典建筑有多种不同风格，柱形便是其中的一种。最著名的3种柱形是陶立克式、爱奥尼亚式和科林斯式。

陶器碎片　上面雕刻着文字和图案的陶器片断。

教仆　一种工作性质比较特殊的希腊家奴，专门负责陪同男孩子上学。

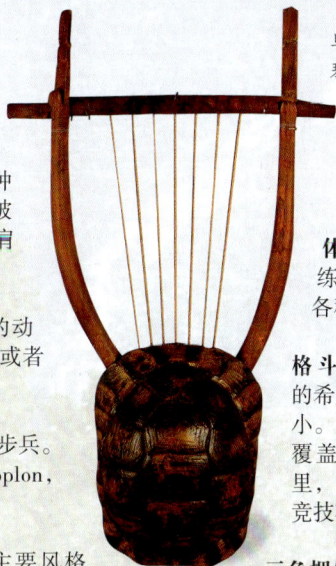

早期的里拉琴，琴身用龟壳制成

体育老师　指导体能训练的老师，这些训练包括各种竞技项目或摔跤。

格斗场　一种有专门用途的希腊建筑，较之体育馆略小。里面有更衣室和地面上覆盖着沙子的院子。在这里，男孩子们可以学习各种竞技项目和摔跤。

三角楣饰　建筑物顶部的三角形山墙，门顶装饰有三角形建筑图案。

峻络袍　一种早期的造型更为简单的希腊开筒袍。

脂粉盒　希腊女子用来存放化妆品的小容器或者盒子。

头盔，能保护面部、鼻子和前额

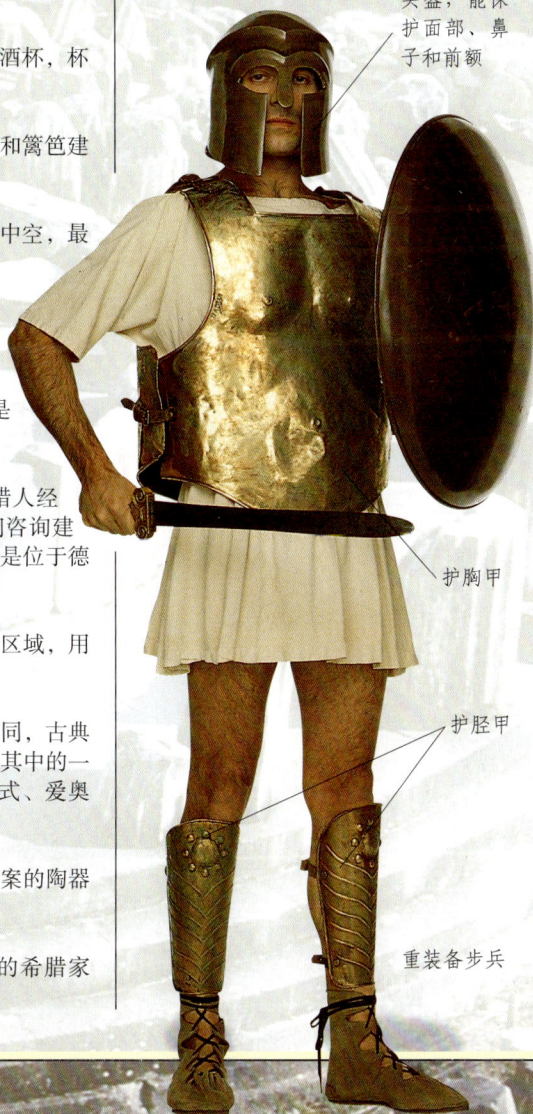

护胸甲

护胫甲

重装备步兵

奴隶　像物品一样为他人所有的男人、女人或小孩子，通常要为主人干活。

有顶长廊　长长的柱廊结构，一面有墙。人们常常在那里会面聊天及谈生意。

将军　十人军事指挥官之一，负责对有关古希腊的防御和战时等相关事宜做出决定。

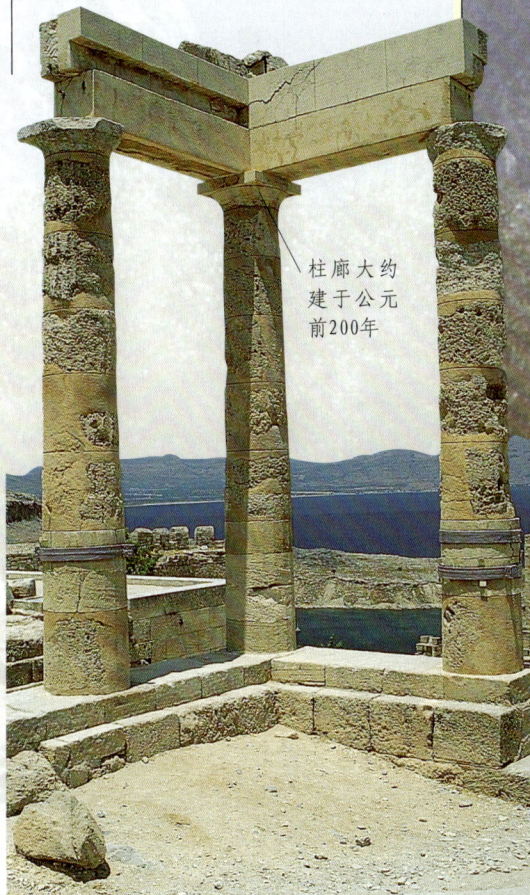

柱廊大约建于公元前200年

林多斯岛上被损坏的有顶柱廊

酒会　指全部由男子参加的酒会，小型的私人酒会常常在家中举行，当人数增多时，就在公共建筑内举行。

圆形会场　圆顶的建筑，政府议事会的成员在此会面。

3层桨座战船　一种快速的战船，需要170名船工一起才能划动，船工靠船的两侧分3层依次排坐。

暴君　希腊城邦的专制统治者，通常以武力垄断大权。

漩涡状花纹　爱奥尼亚式圆柱上装饰的螺旋形花纹，有时也被用于陶制花瓶上。

古罗马

圆形大剧场 椭圆形状的竞技场，通常露天，在这里角斗士进行生死对决。

两耳细颈椭圆土罐 细颈、两柄罐，由上到下呈锥形，用于盛放酒类、橄榄油以及其他液体等。

高架渠

高架渠 特意修建的渠道（位于地下或地上），专门用来给罗马各城市输送水源。

中庭 罗马房屋的中央大厅，所有的房间均向它开门。

装饰性斜挎肩带 背带，从肩上垂下，斜挎过身体，直到臀部一侧，用于悬挂短刀、长剑等。

腰带 带有下垂的皮条装饰的腰带是罗马士兵服上重要的一部分。

野蛮人 希腊语，后来被罗马人引用，意指那些生活在罗马帝国之外的人们所不熟悉的人群，通常罗马人认为这些人是粗鲁的、未受过教育的。

长方形廊柱大厅 公共建筑物，辉煌壮观，常位于广场中，用作审判及礼仪仪式等。

罗马军鞋 军鞋，坚固结实，鞋底使用平头钉加固，适用于长途行军。

弩炮 罗马军队突击时使用的军事机械，用以向敌人城墙投掷石块或飞镖。

骑兵 马上骑兵团，由精于探察和马背上战斗的士兵组成。

监察官 政府官员，负责管理罗马公民户口、承包政府工程如修建道路、神殿等，修正长老院议员资格。

百人团 罗马军队的连队，由80人组成。负责百人团的长官称为百人队队长。

玉髓 一种五彩石英，用来制作首饰，或雕刻小型半身像。

马车 起初用于战争中，后来用于比赛。用两匹马拉的称为两马赛车，4匹马拉的称为四马赛车。

竞技场 圆形或椭圆形体育场，座位呈阶梯状，罗马帝国的赛车在这里举行。

公民 自由人（和奴隶对应），有受人尊敬的地位，享有很多权利和特权，例如选举权。

城市国家 传统上的城市，连同周围领土，被看成是一个独立的政治领土。

步兵队 罗马军队的分支。每个步兵队可分为6个百人团。

执政官 罗马共和国时期当选的两名官员之一，是共和国内最高职位。

长榻 无后背座位，有时带有两个装饰榻头，罗马人用来休息或者吃正餐。

民主 政府运行体系，所有被统治的人通过选出来的代表行使权力。

独裁者 统治者，有至高无上的权力。独裁者经常通过镇压民主，获取、保障自己的权力。

纺纱杆 用来钩住亚麻线或羊毛纤维。因为只有女性从事纺织业，所以这个词现在有了第二含义"女性"，特别是在宗谱中。

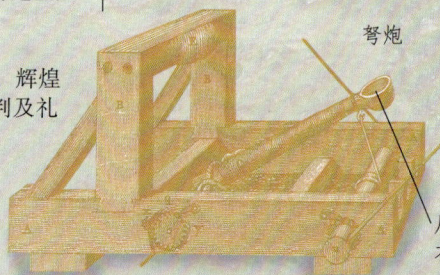
弩炮

从这里投掷石弹

多莫斯 城市中的私人住宅，通常带有一个有立柱走廊的后花园。

马赛克图画中展示的车赛

皇帝 帝国无上的统治者称为"皇帝"，其等级比"国王"要高。奥古斯都·恺撒于公元前27年称帝，成为罗马帝国第一任皇帝。

骑士 起初是罗马帝国骑兵中的一员。成为一名骑士，要富有，能够养得起马。后来，"骑士"一词指的是富有的士兵或长官，其职位仅次于长老院的成员。

法西斯 一种仪式上用的捆绑束，上露斧头，象征着法律赋予的权力。

饰针 装饰用的胸针，用来系住斗篷或其他衣物。

皇帝奥古斯都

广场 位于罗马城镇中，四周建有公共建筑的场地，公共事务或商业活动都在此进行。

战舰 古罗马或古希腊的战船，划桨提供动力。

鱼酱 用鱼、盐和其他调味品制成的味道浓郁的酱。

守护神 一个人的守护精灵（古罗马含义）。

角斗士 受过培训的战士，在公开比赛中和其他角斗士进行生死决斗。

短剑 和质量轻的长剑相比，它较短，罗马士兵常将其佩带在右边。

长官 高级官员，通常是一名长老院议员，管理罗马帝国的一个行省。

火炕式供暖系统 指安装在罗马大住宅中的中央供暖系统，热空气通过地板下的空间以及墙壁上的管道，从而使温度升高。

孤岛 大面积的住宅区，所建大量住房用于出租。

朱诺 妇女的守护神。

家庭守护神 家神，家中祖先的神灵。

神龛 古罗马每个家庭都供奉的家神神位。

桂冠 用月桂树叶编织而成的圆环，戴在头上，象征着权力。

桂冠

军团 罗马军队的组成单位，每个军团包括3 000 ~ 6 000人（军团士兵），可分成10个更小的单位，称为步兵队。

研钵 用石头或陶器制成的沉重碗具，用杵去捣碎食物，也就是我们今天使用的杵与臼。

马赛克 地面或墙面上的装饰，把小块玻璃、石头或瓦片粘结在一起，组成一幅图画或图案。

骨螺紫 骨螺是某种软体动物，可以从中提取染料。

演说家 出色、雄辩的公众演讲者。

莎草纸 莎草是埃及的一种水生植物，其茎秆可以压制成像纸一样的薄片，罗马人用其书写文件。

家族之父 罗马家庭中的男家长，对妻子、孩子和仆人有绝对权威。

列柱走廊花园 以柱围绕的花园，通常在住宅的后面。

短矛 沉重、带尖的投枪，用来刺穿敌人的盾牌和盔甲。

装饰板 用陶土、陶瓷或金属制成的小平板，装饰以雕刻花纹或凸起的图案。

平民 罗马公民，属于普通劳动阶层。

行政长官 每年被选举出来的罗马高级地方行政官员。

禁卫军 由皇帝奥古斯都建立的精英部队，负责护卫罗马将军或皇帝的安全。

行省财务长官 罗马官员，负责税收、罗马帝国行省中的军饷以及服役等问题。

行省 位于意大利之外的罗马帝国领土。行省的本地居民被称为"行省人"。

匕首 罗马士兵佩带在左手边的双刃短剑。

财务主管 选举出来的罗马官员，负责国家财政。

浮雕 雕刻或铸造的形象突出于其背景。

共和国 国家权力由人民或人民代表掌握，而不是由皇帝、君主或独裁者掌握。

剑鞘 用来盛放或保护剑身。罗马军官佩带的宝剑和剑鞘装饰华丽，是地位的象征。

长老院 罗马议会，由富有贵族组成，负责在法律、政府行政管理等方面给执政官提供建议。议会成员被称为"长老院议员"。

奴隶 被他人拥有且被视为财产的男人、女人和孩子，通常用来从事某种工作。

马赛克图案

旗 有图案区别的旗子或雕塑，特别是指军队中的军旗。

浴场 指罗马公共浴池。

食铺 罗马城镇中街道上出售热食品的小摊。

托加袍 罗马男性公民穿的正式服装，由一件包裹身体、从肩部垂下的衣物组成，通常为白色；议员们穿的托加袍带有紫色的边。

保民官 由平民选举出来的代表，在政府中保护他们的权利。

凯旋式 为得胜归来的将士举行的欢迎仪式，队伍的后面是捕获的俘虏以及掠夺的财宝。

束腰外衣 罗马男士服装，短袖，束腰，长及膝盖。

别墅 豪华的乡村住宅，为罗马富有的家庭所有。

图案由成千上万块细小的彩石组成

议员的托加袍

城堡

8世纪直布罗陀的摩尔人城堡遗址

火炮 像加农炮和火枪一样的火器。

城堡外庭 城堡的庭院，和台基组成普通的城堡。

碉堡 城堡外面的防御工事，通常放在城墙前面守护着城门。

拱门 石块垒成的拱形顶棚。

棱堡 城堡围墙上的防御塔。

斜外墙 墙外从底部到顶部由于厚度减薄而形成的向后倾斜的墙表面，可以使墙基更坚固。

攻城木 一种粗重的大梁木，战争中用来冲撞城门或城墙，是一种攻城器具，通常有一个撞角。

防卫墙 城堡围墙上面士兵可以用来躲避的胸墙。

射石炮 能发射巨大石球的加农炮。

啤酒坊 酿啤酒的建筑或房间。

食品室 存放酒类和食品的房间。

石弩 利用弹性原理制成的能投射巨石的机器。

锁子甲 用铁环扣成的护甲。

骑士精神 中世纪的骑士们所具有的一种宗教性质的职业道德。

根据地 守卫和控制城镇的军事要塞。

盾徽 绘在盾上面的徽标，是标明军队所属的盾形纹章。

枕梁 支撑横梁或其他平衡物的突出石块。

庭院式城堡 幕墙包围庭院式的城堡。

雉堞 城堡围墙上的有缺口的防卫墙，士兵可以利用这些缺口开火。

弩 发射箭矢的武器。

幕墙 普通城堡的外墙。

吊桥 城堡门前可以吊起的桥，紧急时可以阻止敌人进入城堡。

骑士爵位的授予 君主授予某人骑士爵位的仪式，仪式上君主会用剑敲打骑士的双肩表示授予。

土木工事 有壕沟和筑堤包围的防御土垛。

开堞口 在墙或护墙上开的用于射击的洞口或者拱门。

前厅 从主塔前面延伸出来的建筑，包括大厅和主通道。

堡垒 保护外部防御部队的工事。

私室 盥洗室。

卫戍部队 占领和防御城堡的集团军。

城门楼 镶嵌在幕墙里面的巨大的坚固工事，用来把守城堡的主要入口。

护手 保护手和腕的金属手套，也是盔甲的一部分。

卢瓦尔河畔圣米歇尔城堡的城门楼

主塔 城堡里最主要的城塔，通常包括储藏室和君主的指挥部。

礼堂 城堡主要的接待室，可以在里面吃饭、住宿，举行其他一些社交活动或召开正式的会议，仆人们晚上就睡在里面。

纹章 一个具有象征意义的盾徽系统，在战争中或平时用来代表所属家族或军队。

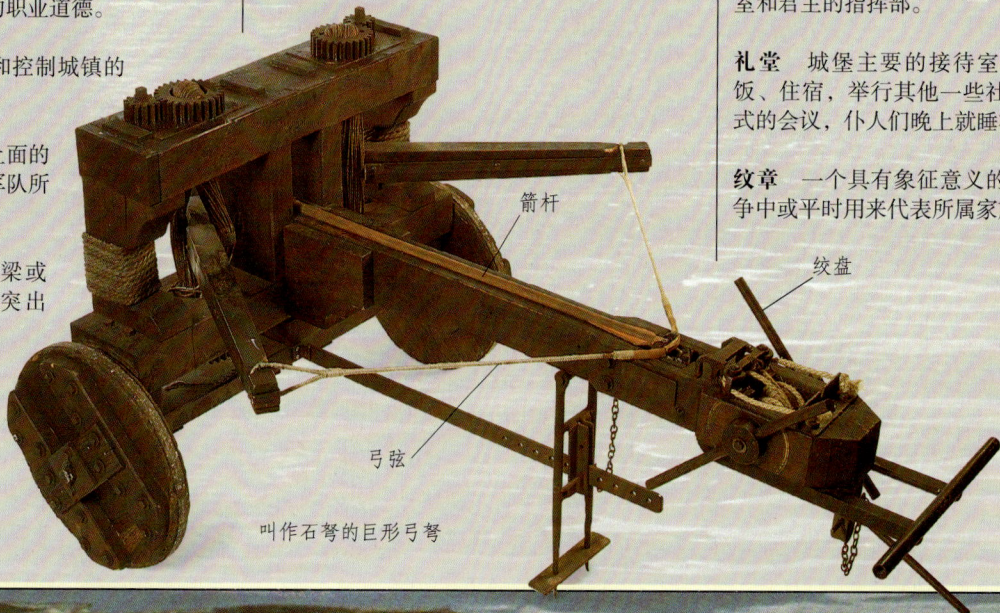

箭杆

绞盘

弓弦

叫作石弩的巨形弓弩

城堡外庭　　　　　　　　　　　　台基

英格兰萨塞克斯郡的赫斯特蒙苏城堡
护城河

马上枪术比赛　两个骑士骑在马上对
冲，试图把对方刺下马的一项比赛。

要塞　（见主塔）

骑士　贵族出身受过训练的武士，通常
全副武装骑在马上。

长矛　装有铁尖头的长木杆。

长弓　可以远距离射出箭矢的强弓。

枪眼　在墙或护墙上开的用于射击的窄缝。

君主　拥有城堡和大片土地的骑士或贵族，
有专门的仆人和农民为他工作。

钉头锤　有金属末端的重武器，锤头一端会
镶嵌很多铁钉。

堞口　建在城堡围墙的上方，防守的士
兵可以在上面攻击敌人。

手铐　束缚敌人手脚的金属锁链。

建筑师　技术精湛的建筑工匠。

护城河　城堡周围的大的壕沟，里面有
水可以防御敌人。

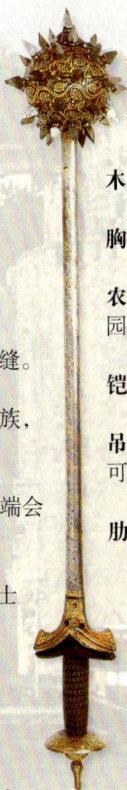

钉头锤

台基　自然或人工的土垛，和外庭组成普
通的城堡。

地下密牢　隐秘的地牢，通常只能从
一个地板门进入。

骑士扈从　贵族出身的男孩成为骑士
的第一阶段。

木栅　坚固的防御性木栅栏。

胸墙　走廊外面的矮墙。

农民　在君主的种植园里干活的人，靠在
园中种庄稼养活全家。

铠甲　金属片做成的重盔甲。

吊闸　悬挂在城门楼上的铁格子，放下来
可以把敌人挡在外面。

肋架拱顶　用来支撑石梁的对角圆拱。

岗哨　在城门放哨的士兵。

围攻　为了占领一个城堡或其他建筑
而采取的包围策略。

攻城军营　围攻时，袭击者临
时搭建的宿营地。

攻城机　用来攻城的强大武器，如弩
炮、攻城木。

攻城塔　可以移动的木城塔，把它推到城
墙边，攻城者可以顺着它爬上城墙。

金属工匠　金属工，像打铁的铁匠，
还有金匠等。

武士　贵族出身的男孩作为骑士侍
从期满后，成为骑士前的最后阶段。

岩屑堆　（见斜外墙）

马上比武大会　两组骑在马上戴有
盔甲的武士用钝长矛和剑互相战
斗，现场有观赛的群众，通过比武
也可使骑士的技术得到训练。

炮塔　凸出城墙的小防御塔。

掘城墙　挖墙脚的一种攻城方法，
可以破坏城墙根基。

拱顶　支撑石梁的拱形建筑。

面罩　头盔上可以拉下的护罩，可
以有效保护面部。

走廊　沿着城墙延伸的走道。

整套铠甲

武器与铠甲

炮兵

军械师 中世纪时专门打造盔甲的金士；在欧洲，有行业协会专门管理军械师。

火绳钩枪 起初，"火绳钩枪"一词是指一种重型的火绳枪；随后，这个词用来指撞击式发火枪，最终用来指制作精良的枪支而不是步枪。

大炮 起初"大炮"一词意味着任何可以投掷石块和其他发射物的机械；后来用来指火炮。

露面钢盔 头盔，在14世纪很流行，一些头盔上有金属的帽舌来保护面部。

刺刀 设计用来安装到枪嘴内或者枪嘴上面的锋刃。

老式的大口径短枪 短的枪或者手枪，带有一个大的枪膛和宽阔的枪嘴，可以发射许多小的子弹。

十字弓用的箭 短而重的箭，和十字弓一起使用；带有4个侧面的十字弓用的箭有时称作四角箭。

后膛上膛 枪炮从后膛或者枪支的后部上膛，而不是像步枪那样从前膛上膛。

阔刀 大型军刀，带有一个宽阔笔直的锋刃。

轻盔

轻盔 源自勃艮第地区的头盔，由16世纪时期的骑兵和步兵军官佩戴。

骑兵 骑马的士兵，常常分为两个主要的组别——轻骑兵（其主要任务是搜索和追捕溃逃的敌人）和重型骑兵（主要任务是打击冲撞，也就是以固定的线路进行冲锋）。

双刃大欹刀 双侧刃口，需用双手握持的阔刀，带有一个长而沉重的锋刃，由苏格兰高地地区的人在15世纪至16世纪使用。从高卢语"巨大的刀"演变而来。

戴在头盔内的防护帽 穿在盔甲下面的盔甲兜帽。

十字弓 在中世纪的欧洲十分受欢迎的一种武器，在弓上有一根绳索，将绳索向后拉来发射十字弓用的箭或者四角箭。大多数十字弓的威力都异常强大以至于需要用机械来缚住或者拉动这种弓。

上半身铠甲 身体护甲的一种，由一片胸甲和一片背甲穿在一起组成，通常用皮带或者带扣固定；起初由皮革做成，后来用青铜，最后用钢铁制成。

决斗用手枪 高质量、前膛装填的手枪，清洁、上膛所需的配件均放在一个盒子里，还附属有自制子弹。

决斗用剑 在人们不再将携带剑作为日常生活的一部分后，剑始作为决斗武器使用。

剑术 在17世纪早期的法国和意大利发起的用双刃长剑进行搏斗的技术和技巧。

连枷 一个铁制或者木制的球（有时上面会遍布长钉）通过一个锁链连接在一个把手或者握柄上，或者通过一个旋转坐架连接在一根棍棒上。

燧发枪 一种在15世纪晚期发明的枪，在燧发枪里，燧石通过撞击钢制的击铁，将火花传递到起爆火药，并点燃主要的装填火药。为了使用安全，在发火前燧发枪的枪机需扳到"全压位置"上。

小槽 沿着锋刃的长度向下的压槽，用来减轻锋刃的质量。

金属护手 手部盔甲。

短剑 古罗马步兵使用的短的双刃戳刺用剑。

护胫枪 用来保护小腿的源自欧洲的盔甲，起先仅用来保护胫骨，后来也包括了保护小腿的部分。

掷弹兵 起初，训练军队使用手榴弹；掷弹兵戴着低的军帽，以便他们可以轻易地

将步枪投掷过肩膀，自由地用两只手来点燃并投掷手榴弹。到了19世纪，掷弹兵一词用来指普通的步兵军队。

匕首

行会 中世纪用来控制和管理一种特殊的技艺如盔甲制作技艺的协会。

戟 权杖武器的一种，由一个长长的木制握柄和一个斧子锋刃装配在一起构成，后端是吊钩，顶端是一个长钉。

手榴弹 中空的铁球内装填有爆炸性物质，螺旋插入一个很短的引信。第一枚投入使用的手榴弹出现在17世纪。

腹卷 日本步兵穿的上半身铠甲，由一片胸甲和称为卡萨逐目的下摆构成，下摆用来保护身体的下半部分。

甲肖 全套铠甲。

面甲（米特罗）

鳞铠 用铠甲制成的长款束腰外衣。

头盔 完全盖住头部和脸部的头盔，通常是圆柱形的，从12世纪早期开始使用。

剑把 一把剑的末端，是由一个用来掌握的把手、一个用于保持锋刃平衡的圆头和（有时会有）一个保护性护手组成的。

步兵 步行作战的士兵。

马上枪术比赛 赛中的一个项目，两个骑在马上、戴有盔甲的武士试图用钝长矛将对方击下马。

卡布图 日本头盔。

武士刀 日本武士使用的长长的战刀。

波状刃短剑 有一段呈锋刃形状、带有把手和鞘的马来西亚刀。

长弓 欧洲中世纪使用的高大而又威力无比的弓。通常是由一片紫杉木制成的，从赤木质（抵抗压缩的部分）和白木质（抵抗张力的部分）进行塑形和打磨，最终形成一个强大的天然的弹力。

权杖 带有一个把手和一个金属头部的武器。一些权杖的头部带有长钉，其他的设计成穿透性武器。

火绳枪 一种早期的开火机制简单的枪，在这种枪上有个S形的操纵杆，将操纵杆压下则可将一根火柴杆进火药池中，从而点燃火药。这种枪后来被燧发枪取代。

马克西米利安式盔甲 一种16世纪带有凹槽雕刻的金属盔甲的名称，在神圣罗马帝国马克西米利安一世统治时期十分流行。

面甲（米特罗） 源自日本的面部盔甲，一些面甲上还有类似老人、魔鬼或幽灵的装饰。

无面甲的头盔 轻型开放式头盔，常常由单片钢铁制成，带有一个宽阔的边沿、一个帽舌和护面。流行于16世纪中期，主要由步兵佩戴。

步枪 起初用来指一种放在支撑台上发射（由于其质量）的火绳枪。后来用来指任何由步兵使用的枪支。

肩甲 欧洲金属盔甲中用来覆盖肩膀的部分。

大盾 巨大的木制盾牌，可以在射手和十字弓手上膛和发射武器时保护他们。

撞击式发火装置 前膛上膛和后膛上膛的枪炮都可以使用的发火装置。撞击式发火装置是在18世纪投入使用的，在这种装置内有一个击铁，由它撞击一种可以爆炸的物质，引发其爆炸并发射子弹。

枪兵 步兵通常都带一把长枪或者长矛、长剑，并且通过手持一把小圆盾、戴一顶无面甲头盔和穿上半身铠甲，来保护自己，防止被步枪击中。

意大利翁布里亚地区的行会标志

柄头 刀柄末端的圆形物，用来平衡锋刃的质量。从法文"苹果"衍生而来。

考验 通过近距离拉开一把十字弓射向盔甲，随后用步枪来重复前面的步骤以验证盔甲的质量。通过考验的盔甲有时会压印上制者自己或者行会的标志。

双刃长剑 带有锋利尖端的剑，通常剑上有一个复式剑柄覆盖住手，还有一个扣栓样的东西保护关节。

金属足甲 覆盖在脚部上方的足甲，用皮带和（或）缎带固定。

沙弗伦马用护面 保护马匹头部的盔甲。

塞施尔弯刀 源于波斯的轻型猎刀，后被称为弯刀。

沙弗伦马用护面

轻剑 轻型双刃长剑，带有一个设计用来戳刺的三角形锋刃。从16世纪晚期一直使用到17世纪晚期，在这段时期因为轻剑大多作为时尚配饰使用，故而又有"民用剑"或者"步行剑"之称。

踢马刺 装在骑马人脚后跟部的尖状物，用来刺激马匹使其加快奔跑速度。常常被看作骑士身份的象征（源自谚语"当骑士赢得马刺"）。

细短剑 一种小匕首，具有锐利的锋刃，用来戳刺。

长矛 15世纪出现的，由参加马上枪术比赛的骑士使用。

锦标赛 起初是用来训练男人们准备作战用的模拟战争，后来演变成一个在复杂的规则下展示作战技巧的平台。包括马上比武或者混战（两组人骑在马背上进行搏斗），马上枪术比赛和后来的徒手作战。

翼 日本制造的刀的防护设施。

弯刀 锋刃弯曲的印度刀。

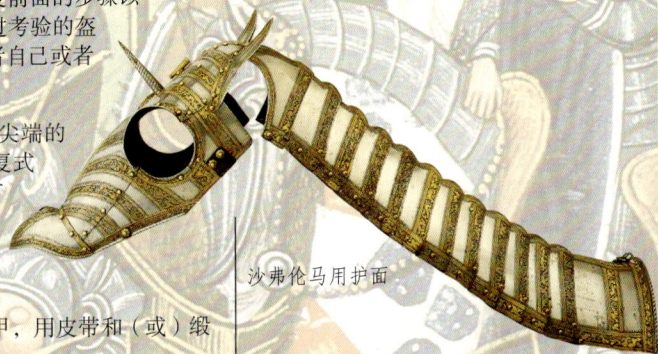

全臂铠甲 一种源自欧洲、戴在手臂上的金属盔甲。

帽舌 13世纪出现的用来保护面部的盔甲，这种盔甲用铰链连接，可以旋转到头上。有些帽舌也可以从头盔上拿下来，以便清洁和修理。

肋差 短的日本刀，日本武士将其作为作战时使用的第二种战刀（使用时间在武士刀之后）。

齿轮簧板枪 齿轮簧板枪使用的发火装置的结构相较火绳枪而言更为先进。使用齿轮簧板枪，通过齿轮的旋转产生的火花涌入火药池内，从而引爆火药装药。齿轮簧板枪后来被燧发枪取代。

绞盘 拥有滑轮和把手的一种机械装置，安装在十字弓的握柄末端上，借此旋紧十字弓的绳索，以备发射。

进行马上枪术比赛的骑士

感 谢

古埃及

DK出版社衷心感谢以下各位对本书的帮助：

The Department of Egyptian Antiquities, British Museum for the provision of artefacts for photography; James Putnam for his invaluable assistance in arranging for artefacts to be photographed and for his help with picture research; Celia Clear of British Museum Publications; the Departments of Oriental Antiquities and Medieval and Later Antiquities, British Museum for extra objects for photography; Morgan Reid for his advice on photographic lighting; Meryl Silbert for production; Karl Shone for special photography (pp. 24-25); Lester Cheeseman for his desktop publishing expertise; Kathy Lockley for picture research.

还要感谢：

James Putnam for assisting with the updates; Claire Bowers, David Ekholm- JAlbum, Sunita Gahir, Joanne Little, Nigel Ritchie, Susan St Louis, Carey Scott, & Bulent Yusef for the clipart; David Ball, Neville Graham, Rose Horridge, Joanne Little, & Sue Nicholson for the wallchart.

DK出版社衷心感谢以下各位许可使用他们的图片：

Picture credits a=above, b=bottom, c=centre, far=far, l=left, m=middle, r= right, t=top

Agyptisches Museum/Photo: Staatliche Museen zu Berlin: 52bl. Ancient Art & Architecture Collection: 14bl, 14 bm, 15tr, 15 bl, 18tr, 32-33t. Anglo Aquarium Plant Co./Barbara Thomas: 30ml. Bridgeman Art Library: 28tr, 32tl, 32br. British Museum: 10b, 13tr, 14m, l 5 m , 18br, 19tl, 19tm, 19br, 20tr, 22m, 23t, 23br, 26tl, 30mr, 31tl, 31mr, 32m, 33r, 34mr, 36, 37, 38m, 39mr, 44tl, 45t, 44bm, 48m, 49tl, 501,50b, 53bl, 54m, 55tm, 57tm, 60tl, 60bl, 61br, 62bm, 63bm, 64tr, 641m, 66bl, 66bm, 67tr. Brtitish Museum/ Nina M. de Garis Davies: 43m, 52mr, 55b, 65m. Peter Clayton: 32tl, 42m. Bruce Coleman Ltd: 45mr. Michael Dixon, Photo Resources: 14tr, 29tl. Egypt Exploration Society, London: 58br. Mary Evans Picture Library: 61tr, 66tr. Werner Forman Archive: 12tr. Editions Gallimard: 24tl. Griffith Institute, Ashmolean Museum, Oxford: 27b. Robert Harding Picture Library: 16ml, 17bl, 27mr, 31bl, 40-41b, 41tr, 46tl, 57ml, 58tl. George Hart: 27m, 32m. Michael Holford: 44br. Hutchison Library: 13mr. Courtesy of the Oriental Institute of the University of Chicago: 48-9b.

Popperfoto: 42tl James Putnam: 35ml. Louvre/© Keunion des Musees Nationaux: 59tm. Uni-Dia Verlag: 47 ml. University College, London: 26b, 41ml. Roger Wood: 36tl. Verlag Philipp von Zabern/ Cairo Museum: 12-3b.

Illustrators: Thomas Keenes: 25tl, 36br, 37bl, 47t, 59bc; Eugene Fleury: 12cl

Wallchart:

DK Images: British Museum be, cr (The Rosetta Stone), fcra (Papyrus), tl; Egyptian Museum, Cairo c, cra (Nefertiti); Wellcome Institute / Science Museum, London cb.

All other images © Dorling Kindersley. 更多请见: www. dkimages.com

古希腊

DK出版社衷心感谢以下各位对本书的帮助：

The Department of Greek and Roman Antiquities, the British Museum for providing ancient artefacts for photography; Patsy Vanags of the British Museum Education Service for her assistance with the text; Bill Gordon for his superb model of a Greek farmhouse on pp. 94-95; Alan Meek for the armour & weapons on pp. 120-121. Helena Spiteri, Andrew Chiakli & Toby Williams for modelling the clothes & armour. Anita Burger for hairdressing & makeup; Jane Parker for the index.

还要感谢：

Dr Hugh Bowden for assisting with revisions; Claire Bowers, David Ekholm-JAlbum, Sunita Gahir, Joanne Little, Nigel Ritchie, Susan St Louis, Carey Scott, & Bulent Yusef for the clipart; David Ball, Neville Graham, Rose Horridge, Joanne Little, & Sue Nicholson for the wallchart.

DK出版社衷心感谢以下各位许可使用他们的图片：

a=above/ b=bottom/ c=centre/ f=far, l=left, m=middle, r─right, t=top.

AKG-images: 132cra; Erich Lessing 132tl American School of Classical Studies, Athens:

98cla

Ancient Art & Architecture Collection: 78tr, 110tl, 122cl, 129cr; R. Sheridan 124cl

The Art Archive: ET Archive 128crb

Ashmolean Museum, Oxford: 75tl

Bildarchiv Preussicher Kulturbestitz (Antikenmuseum Berlin): 99tr

The Bridgeman Art Library: British Library 126tl; The Fine Art Society, London 79tl, 56br; House of Masks, Delos 86tl; Houses of Parliament, Westminster, London 84br; National Archaeological Museum, Athens 101cr, 116cr; National Gallery, London 122cb; Private Collection 96tl, 108br; Roy Miles Fine Paintings, Private Collection 127tl; Staatliche Antikensammlung und Glyptothek, Munchen 44c; The Vatican Museums 113clb

Corbis / Zefa: 128c; Damm 91cl; Konrad Helbig 83tc, 92tl; K. Scholz 85tr; Starfoto 116tl

DK Images: British Museum 82tr, 82bl, 82br, 83c,

83bc, 83br, 84tr, 85cla, 85clb, 85br, 86bl, 106tl 113tr, 113br, 114bc, 114br, 131tr, 131br, 133tr, 134clb, 135cla; Lin White 130tc, 130tcr

Ekdotike Athenon: 118bl

Getty: Allsport / Gray Mortimore 111cl; Allsport / Vandystadt 111c; Hulton Archive 111b; Image Bank 117c, 118tl, 119br, 125bc; Time Life Pictures / Mansell 77tl, 78tl 128tl

Sonia Halliday: 74tl, lite, 77tr, 78bl, 86tr, 91tl, 91tr, 91c, 99c, 110cr

Michael Holford: 72tr, 73tr, 75bl, 82tl, 86br, 87c

The Kobal Collection: 129c

Mary Evans Picture Library: 84tl, 92cl, 97cl, 101cr, 104tr, 105tl, 110b, 112tr, 112br, 113c, 113bc, 120c, 122tl, 122c, 122bl, 124tl, 124c, 124cr, 125, 129cb, 130br, 130bt, 135tc

The National Gallery, London: 75cr, 78br, 87tr, 88tr, 89bl, 129b

Anne Pearson: 90br

Photo DAI, Athens: (neg. Mykonos 70) 78cb

Photostage: Donald Cooper 105tc

Robert Harding Picture Library: 104cl, 115br, 118bc, 119cla, 125bl; G. White 82cra

Royal Ontario Museum: 83tl

Scala: 77bc, 86cla, 92b, 401tl,104b, 107b,110cla;

Delphi Museum 90bl; Heraklion Museum 74b; The Vatican Museums 102tl

Illustrations: John Woodcock and John Hutchinson.

Maps: Sallie Alane Reason

Wallchart: Corbis: David Lees br; DK Images: British Library fclb (Pottery); British Museum c, cl; Dr John Coates crb (Boat)

All other images © Dorling Kindersley. 更多请见: www. dkimages.com

古罗马

DK出版社衷心感谢以下各位对本书的帮助：

The Department of Greek and Roman Antiquities, The British Museum, for providing ancient artefacts for photography; Emma Cox; Celia Clear, British Museum Publications; Mr. B. Cook & Mr. D. Bailey, The Department of Greek and Roman Antiquities; Dr. T.W. Potter & Miss C. Johns, The Department of Prehistoric and Romano- British Antiquities; Mr. D. Kidd & Mr. D. Buckton, The Department of Medieval and Later Antiquities; Peter Connolly for his model of the Colosseum on pp.156-157; Brian Lancaster, Thomas Keenes, Louise Pritchard, Jane Coney & Lester Cheeseman for their assistance. Ermine Street Guard pp. 138-139; Kathy Lockley for additional picture research; Jane Parker for the index; Julie Ferris for proof-reading; David Ekholm-JAlbum, Sunita Gahir, Nigel Ritchie, Susan St. Louis, Lisa Stock, & Bulent Yusuf for the clipart; Neville Graham, Sue Nicholson, & Susan St. Louis for the wallchart.

DK出版社衷心感谢以下各位许可使用 他们的图片：

t=top b=bottom m=middle l=left r=right a=above c=centre

Aerofilms 154bc; Aldus Archive / Syndication International: 151cl; / Museo Nazionale, Naples 187bl; / Alinari: / Juseo nazionale, Naples 183bc; Ancient Art & Architecture Collection: 166bl, 168c; / R Sheridan 195cr; 196bc; 196cb; Bridgeman Art Library: Musee Crozatier, Le Puy en Velay 140cl; / Antiken Museum, Staatliches Museen, W. Berlin 150cr, 153br, 160cl, 167tl, 174bl; British Film Institute: 161br; British Museum: 140br, 147tl, 147bl, 150tl, 151bl, 170bl 179tr, 184bl, 185tl, 187c, 192bc, 193bl, 198cla; 199tc; Capitoline Museums: 195bc; J. Allan Cash Photolibrary: 145cl; Michael Dixon, Photo Resources: 147br, 280tl 295bl, 294tr; Mary Evans Picture Library: 267br, 268cl, 274tl, 144bl, 146cr, 153c, 158tl, 184tr, 190bc, 191tr; Werner Forman 'Archive: 176bl, 177tr, 181tr, 185br; Sonia Halliday Photographs: 160tl, 186cr; Robert Harding Picture Library: 165tl, 187tr, 178tr; / Tony Waltham 196tl; Simon James: 140br, 142cr, 152cl, 154tl 155cl, 155cr, 156bl, 163tl 165tc, 166tl 172c, 173tr, 178cr, 184; Kobal Collection: 162cl; Louvre / © Reunion des Musees Nationaux: 148- 149b; Mansell Collection: 135t, 141tl;

Rex Features: 161br;

Jaap Bitendijk 161crb; Scala: 153bl; / Citta del Vaticano, Rome 141tr, 176cl; / Museo della Terme, Rome 146bl; / Musei Capitolini, Rome 164tl; / Museo Nazionale, Naples 164br, 169tl / Museo Civico, Albenga 188cl;

The Vatican: 197c

Wallchart credits: DK Images: British Museum cl, tr; Ermine Street Guard c, cb, clb (pilum), clb (sword and dagger), tc; National Maritime Museum cra (ship); Rough Guides tl; Getty Images: Bridgeman Art Library fbr

Illustrations by Peter Bill, p. 155; p.166; Eugene Fleury p. 135

All other images © Dorling Kindersley. 更多请见: www.dkimages.com

城堡

DK出版社衷心感谢以下各位对本书的帮助：

Caerphilly castle, Dover castle, Hedingham castle, Chateau de Loches, Marksburg, Pfalzgrafen-stein, Chateau de Saumur, British Museum, Museum of London; Alex Summers and the Order of the Black Prince for models and objects for photography; the Cotswold Farm Park for animals for photography; Gordon Models for model-making; Joanna Cameron for illustrations; Penny Britchfield, Dorian Davies, Paul Elliott, & Robin Pritchard for acting as models; Nicki Sandford for costumes; Caroline Giles for hair and make-up; Plantagenet Somerset Fry for consultancy; David Ekholm-JAlbum, Sunita Gahir, Susan Reuben, Susan St. Louis, Lisa Stock, & Bulent Yusuf for the clipart; Neville Graham, Sue Nicholson, & Susan St. Louis for the wallchart; Julie Ferris for proof-reading.

DK出版社衷心感谢以下各位许可使用 他们的图片：

t=top a=above b=below/bottom c=centre l=left r=right

Aerofilms: 196bl,199tl; Ancient Art & Architecture Collection: 196cl, 202tl, 222bl, 223tc, 224cr; Bridgeman Art Library / British Library: 197rc, 205bl, 212tr, 214tl, 223tr, 229tl, 230tl, 230bl, 621c, 234tr, 234br, 235tl, 236tl, 237bl, 240tc, 242tl, 245tl, 247tl; Bridgeman Art Library, London / New York: British Library, London, UK 256br; / Ecole des Beaux-Arts, Paris: 248bl; London Aerial Photo Library 258tr; Sandro Vannini 259tl; Patrick Ward 258c; Peter Wilson 258bc; Joe Cornish: 258-259; Corbis: Ric Ergenbright 254tr; Owen Franken 258-259b; Bibliotheque Nationale Paris: 214bl, 541c, 243tl, 751c; / University of Oxford for the Bodleian Library: 219cl 641c, 238c, 731c; / Musee Conde, Chantilly: 235br; / Giraudon / Musee Conde, Chantilly: 242tr; / Bibliotheque Municipale de Lyon: 215tr; Laros-Giraudon / Bibliotheque Municipale, Rouen: 240bl; / By Courtesy of the Board of Trustees of the Victoria & Albert Museum: 205tc; /Victoria & Albert Museum, London: 242rc; British Museum: 212cl, 228cl; English Heritage: 255tr; E.T. Archive: 210tl, 215cl, 217br, 220cr, 221tl, 221bc, 231tl, 671c, 245tr, 250tr, 250br, 252cl, 252tr; Mary Evans Picture Library: 208 cr; Flanagans Travels: 261bl; Britstock-IFA: 196tr. Bulloz / Ecole des Beaux-Arts, Paris: 249tc. Jean-Loup Charmet: 210bl; Werner Forman Archive / Museum of Catalan Art, Barcelona: 207tl; / Boston Museum of Fine Arts: 227br; / Burke Collection, New York: 226tl; /Kita-In, Saitumi: 226c; Robert Harding Picture Library: 198cl, 291c, 201tc, 218b, 218tl, 219tl, 225t; / British Library: 232tl; / British Museum: 200tr; / Bibliotheque Nationale, Paris: 216tl, 237tl; Michael Holford: 198tr, 206-207,206tl, 226bl;The Trustees of the Lambeth Palace Library & his Grace the Archbishop of Canterbury: 222br; Mark MacLoskey: 196-197; Mansell Collection: 252tl; National Maritime Museum: 260cl; National Portrait Gallery, London: 222cr; Tony Souter: 260-261; Syndication International: 207tr; / Biblioteca Medicea Laurenziana, Florence: 233tr; / British Museum: 212tl, 242br, 246bc; / Musee du Petit Palais, Paris: 236br; /Trinity College Dublin: 247br; Wallace Collection: 257tl 260c; ZEFA:207cr,208tr, 210-211, 253tr.

Wallchart credits: The Art Archive: British Museum / Harper Collins Publishers cra.

All other images © Dorling Kindersley. 更多请见: www.dkimages.com

---

绿色印刷　保护环境　爱护健康